统编小学语文教科书同步

U1070536

名师教语文

深度解读与学习设计

六年级
上册

主　　编　杨九俊

副 主 编　孙双金　薛法根

本册主编　薛法根　刘　昕

编写人员（以姓氏笔画为序）

于　东　王洁婧　水小叶　孔怡菲
申玲燕　刘　昕　刘冬亚　杨静莉
闵　慧　沃丽萍　沈玉芬　张　贤
范建健　季　勇　金洁萍　俞晓云
姜欢晓　夏江萍　钱军伟　徐　莉
徐　燕　徐国荣　梁昌辉　蔡海峰
蔡静艳　樊小园　薛法根　魏　星

华东师范大学出版社
·上海·

图书在版编目(CIP)数据

名师教语文.深度解读与学习设计.六年级.上册/杨九俊主编;薛法根,刘昕本册主编.—上海:华东师范大学出版社,2020
ISBN 978-7-5760-0602-5

Ⅰ.①名… Ⅱ.①杨…②薛…③刘… Ⅲ.①小学语文课—教学参考资料 Ⅳ.①G624.203

中国版本图书馆 CIP 数据核字(2020)第 107284 号

名师教语文:深度解读与学习设计 六年级上册
MINGSHI JIAO YUWEN SHEN DU JIEDU YU XUEXI SHEJI LIUNIANJI SHANGCE

主　　编　杨九俊
副 主 编　孙双金　薛法根
本册主编　薛法根　刘　昕
策划编辑　王　焰
项目编辑　游胜男　曹　琛
责任编辑　沈　苏　曹　琛
责任校对　时东明
装帧设计　刘怡霖

出版发行　华东师范大学出版社
社　　址　上海市中山北路 3663 号　邮编 200062
网　　址　www.ecnupress.com.cn
电　　话　021-60821666　行政传真 021-62572105
客服电话　021-62865537　门市(邮购)电话 021-62869887
地　　址　上海市中山北路 3663 号华东师范大学校内先锋路口
网　　店　http://hdsdcbs.tmall.com

印 刷 者　苏州工业园区美柯乐制版印务有限责任公司
开　　本　787 毫米×1092 毫米　16 开
印　　张　27.25
字　　数　506 千字
版　　次　2020 年 8 月第 1 版
印　　次　2023 年 8 月第 7 次
书　　号　ISBN 978-7-5760-0602-5
定　　价　60.00 元

出 版 人　王　焰

致读者

随着统编小学语文教科书在全国统一使用，广大一线的语文教师渴望有一套高质量的教学参考用书，不少家长为了更好地伴读，也有同样的心愿。所谓高质量，就是这套书应该有如下特点：一是有见地，不管在文本解读还是学习设计方面，都能见别人所未见，想别人所未想，给老师们以有益启示；二是用得上，一线老师最渴望的教学参考用书就是要管用、实在，学习设计操作性强，拿来就可以上手；三是普适性，中国地域广大，有城市，有农村，有东部发达地区，有西部欠发达地区，好的参考用书能够兼顾不同地区老师们各自的需求。

为了编写一套高质量的教学参考用书，同时让家长们读了也能指导自己孩子的语文学习，我们组织了以知名语文特级教师为主体的团队，编写了这套《名师教语文：深度解读与学习设计》丛书，以期达到“让每一位老师都成为名师，让每一位家长都成为老师”的目的。在编写过程中，编写组成员对所有单元的设计都反复试教，并在集体研讨的基础上多次进行修改或重写，努力把这套书打造成精品甚至上品。

本书体例有以下特点：

一、系统考量，整体布局。以单元为整体，在准确把握编写意图的基础上创新设计。每个单元由四个部分组成：一是任务与目标，这部分包含“单元整体思路”“核心任务”“学习目标”。二是课文解读与学习设计，课文解读包括“题解”“结构分析”“词语含义”“句意理解”“语段分析”“写作特色”“拓展学习资源”等，学习设计包含“学习目标”“课时”“学习活动”“板书设计”“精彩片段”。三是单元整体学习方案，包含“整体思路”“设计方案”。四是单元评价与积累，包含“倾听与说话”“梳理与积累”“阅读与运用”。这样的整体设计力图体现统编教科书的编写特色，突出语文要素和单元核心任务的落实。

二、文本解读，力求通透。解读文本是老师上好课的前提，真可谓：“千重要万重要，文本解读最重要；这个法那个法，不理解文本就没有办法。”本书在文本解读上下足功夫，既有画龙点睛的“题解”、整体观照的“结构分析”，又有牵一发而动全身的重点“词语含义”、重点“句意理解”和重点“语段分析”，更有独具慧眼的“写作特色”欣赏。编写团队希望通过深入研读，对文本的理解能够达到通体透明、形神兼备的境地。相信这样的文本解读对于一线老师既解渴又实用，对于家长也有很好的参考价值。

三、学习引导，精准有效。本书把“教学设计”更名为“学习设计”，其用意十分明确，就是要转变原有的教学观，从以教为主转变为以学为主，一切以学生的学习为出发点和归宿点。学习设计力图做到：词语教学扎实有效，问题设计精准而富有启发，重点学习环节有所创意，练习设计针对性强，板书设计新颖实用。每一课均有“精彩片段”，选取名师或优秀教师教学成功最为精彩的片段。这些精彩片段或是体现单元语文要素是如何落地的，或是展示名师是如何教学重点段落的，或是突出老师是如何突破教学难点的。这一个个“精彩片段”犹如一粒粒珍珠熠耀着教学智慧的光芒。

四、教学评价，落地生根。教学质量是教学的生命线，教学评价往往是教学的薄弱环节。本书为了强化教学质量意识，特别设置了“单元评价与积累”，主要是针对单元学习进行系统的梳理，对单元重点进行针对性训练，对本单元习得的语文认知图式加以拓展、迁移，以求在运用中巩固核心知识和关键能力。

五、弹性设计，留有空间。本书在每个单元设计了“单元整体学习方案”，并不是说按照教科书顺序一课一课、一个板块一个板块地教完了，还要再来一次“单元整体”教学。我们理解的大单元意识，主要体现在各课、各个板块的学习设计中。之所以编制“单元整体学习方案”，一者是提供一个新的视角，二者是考虑到有些老师尝试把大单元打通，供这部分老师作参考。“学习设计”并没有按照课时划分，也是考虑到给老师们自我创造留有空间。

当然，生活之树常青，在如琢如磨、精益求精的教学实践中，老师们一定会有更好的创造。相信通过大家的共同努力，这套书会更加完善，我们对统编小学语文教科书的使用，也一定能拾级而上、渐入佳境。

目　录

第一单元

第二单元

第三单元

第四单元

第五单元

第六单元

第七单元

第八单元

第一单元

一、任务与目标

1. 单元整体思路

本单元以“触摸自然”为主题，紧扣“阅读时能从所读的内容想开去”这一语文要素安排读写内容，引导学生像作家那样去观察、体验、思考，生发对自然的热爱和对生活、人生的思考。

《草原》《丁香结》《古诗词三首》《花之歌》四篇课文均使用了“情景交融”的表现手法。教学时，应根据课文表达特点，结合“交流平台”的提示引导学生阅读时从不同的角度想开去，活跃思维，激发创造力，加深对课文的理解。老舍先生的《草原》“即景生情”，要引导学生从课文中的“景语”想开去，将其还原成画面，体悟作者是如何运用恰当的修辞手法将“景语”和“情语”统一在一起的，还可以结合自己的生活经验进行移情体验；宗璞的《丁香结》“融情于景”，需要联系诗词中带有“丁香结”意象的诗句来反观作者对丁香的描写以及豁达的人生态度，引导学生联系生活中的所见所闻理解作者的人生感悟，与作者产生共鸣，进而从作者的人生感悟想开去，从文中的“我”读到生活中的自我，读到身边的人，还可以由丁香结联想到其他具有象征意义的事物，打开思维触角，活跃思想；学习《古诗词三首》，感受诗人“借景生情”，从描绘的画面、独特的意境、创作的背景、课文的插图等想开去；《花之歌》为略读课文，想象奇特，在充分学习本单元课文的基础上宜让学生迁移运用联想策略自主阅读。

《习作：变形记》的教学，可以通过图片引路、情境创设、题目提示等方式为学生搭建思维支架，引导学生发散思维，大胆想象，将自己“变形”为一种事物。在此基础上，运用“想开去”的策略，把奇妙的经历部分写得详细一些。

2. 核心任务

学习“从所读的内容想开去”，从“景语”中体悟“情语”，感受自然的风情，体会蕴含的哲思，发展形象思维，是本单元的核心学习任务。教学中，要引导学生从不同的角度想开去：一是打开想象，将所读的内容还原成画面，身临其境地去阅读体验；二是由所读的内容联想到自己的生活经验，与作者产生共鸣；三是由此及彼，由课文的内容产生相似的联想；四是将自己“变形”为另外一种事物，以别的事物的角度看世界、体验生活。

3. 学习目标

字词句： 会写“毯、缀”等字，会写“绿毯、宅院”等词语；体会排比句的特点和表达效果；理解分号的用法；初步了解地名和人名拼音的拼写规则。

阅读： 能正确、流利地朗读课文；背诵古诗词和指定的段落，默写《西江月·夜行黄沙道中》；能运用“从不同角度想开去”的策略阅读课文，想象课文描述的景色，体会作者表达的情感，表达自己的感受。

书面表达： 能根据习作要求和提示，联系生活经验，展开丰富的想象，记叙变形后的经历、生活，把重点部分写详细；能根据老师和同学的建议，运用修改符号修改自己的习作。

内容理解： 通过阅读感受自然景物的形象，体会自然景物或事物寄寓的情感和哲思，产生情感共鸣，并能通过朗读表现自己的感受。

二、课文解读与学习设计

1 草原

课文解读

题解

看到《草原》这一题目，会很自然地联想到“天苍苍，野茫茫，风吹草低见牛羊”的壮丽风光。老舍见到的草原是什么样的？他会用怎样的文字描绘他见到的景象？除了草原美景，他还会写些什么呢？简单的“草原”二字让读者满含阅读期待。

结构分析

课文可以分为三个部分。

第一部分（第 1 自然段）：描绘了一碧千里的草原风光。天空、草地、小丘、羊群、骏马、大牛皆是吸引老舍的景物。

第二部分（第 2、3 自然段）：描写了陈巴尔虎旗的蒙族同胞迎接远道而来的汉族客人的情景。

第三部分（第 4、5 自然段）：描写了蒙族同胞热情待客、主客联欢和话别的场景。

词语含义

在描写草原时，作者使用了 **“一碧千里”** 和 **“翠色欲流”** 两个词语。“一碧千里”是说一眼望去全是绿色，“翠色欲流”是说草原的绿色浓郁得将要流淌出来，形容绿到了极致。两个词语都意在描写草原的绿，但是“一碧千里”重在表现草原绿的范围广，“翠色欲流”则侧重表现草原绿的程度深。学生在品味的基础上，要通过边朗读边想象画面的方式，复活语言文字的生命。

句意理解

那些小丘的线条是那么柔美，就像只用绿色渲染，不用墨线勾勒的中国画那样，到处翠色欲流，轻轻流入云际。这种境界，既使人惊叹，又叫人舒服，既愿久立四望，又想坐

下低吟一首奇丽的小诗。

“渲染”“勾勒”是两种绘画技法，文中写小丘的柔美线条使得草原美景像“只用绿色渲染”“不用墨线勾勒”的中国画，正体现出景致的自然之美，浑然天成。紧接着，“翠色欲流”一词，让读者感到这静谧的草原绿色更显饱满。“轻轻流入云际”是草原的广袤让作者产生的神奇联想，一个“流”字，让这静态的绿色有了动态的美感。作者第一次来到草原，强烈的视觉冲击带给他丰富的感受，连用两次“既……又……”关联词，才让自己的感受得以充分表达，并让读者产生共鸣。

忽然，像被一阵风吹来似的，远处的小丘上出现了一群马，马上的男女老少穿着各色的衣裳，群马疾驰，襟飘带舞，像一条彩虹向我们飞过来。

这句话写了蒙族同胞身着盛装，骑马飞驰，迎接远客的热闹场面。“忽然，像被一阵风吹来似的”写出了蒙族同胞迎客心切，也反映了作者的惊喜；把穿着各色鲜艳衣服的蒙族迎接队伍比喻成“一条彩虹”，形象贴切，不仅形似，而且让人感受到蒙族同胞心中的热情。

蒙汉情深何忍别，天涯碧草话斜阳！

课文表达了老舍对草原风情的喜爱和对民族团结的赞美，作家的情感蕴含在景色描写中，也融入于人们“远迎”“会见”“款待”“话别”等诸多场景中。正是草原自然风光与两族人民深情厚谊画面的叠加，使“蒙汉情深”之旨跃然纸上。文末的这句话揭示主旨，蒙汉人民的依依惜别之情、民族团结之谊得以彰显。

语段分析

第1自然段

这一自然段色彩鲜明，动静相谐。“在天底下，一碧千里，而并不茫茫”，呈现了一幅辽阔壮美而又清晰的草原图景，草原的美不空洞，它美得实在，美得灵动。明朗的天空、清鲜的空气、绿绿的草地、柔和的小丘……这些景色在头脑中叠加，自然产生辽阔而“并不茫茫”的感觉。“羊群一会儿上了小丘，一会儿又下来，走在哪里都像给无边的绿毯绣上了白色的大花。”老舍先生精准炼字，一个“绣”字让这幅草原美图立即活了起来。文中最令人惊叹的画面当是：“那些小丘的线条是那么柔美，就像只用绿色渲染，不用墨线勾勒的中国画那样，到处翠色欲流，轻轻流入云际。”作者运用鲜活的语言实现了画技与写法的相合，静态与动态的相谐，色彩与空间的相交。段末骏马和大牛的悠闲自得又何尝不是人的真切感受呢？

写作特色

本课语言优美，适合积累，要引导学生体味散文优美而又精准的语言表达。**一是借景抒情，情景交融。**作家在绘景时会情不自禁地流露出兴奋、愉悦的心情，如“那里的天比别处的更可爱，空气是那么清鲜，天空是那么明朗，使我总想高歌一曲，表示我满心的愉快”，两个“是那么”，正是为后面“高歌一曲”作出的情感铺垫。课文中像这样的“描写景物+抒发感情”的句段很多，借景抒情，情景相融。**二是娓娓道来，文笔生动**。全篇流荡一种亲切、自然的气韵，写出了人与自然、主与客之间的和谐。课文多处运用比喻、拟人的修辞手法，生动、形象地展现了草原的迷人景色和男女老少骑马远迎的壮观场面，阅读时，要借助文字想象画面，让自己仿佛置身于草原，置身于这样襟飘带舞的热闹场景中。三**是感受细腻，用词贴切**。老舍先生是一代语言大师，这篇文章充分地体现了这一点。第 1 自然段初入草原，写草原的绿，就用了“碧”“绿”“翠”来描绘不同程度的绿色；第 2 自然段的“远迎”中，用了三个“飞”，“忽飞忽落”的小鸟、“像一条彩虹向我们飞过来”以及“车跟着马飞过小丘”，同样的“飞”字，表情达意各具特点。

拓展学习资源

老舍原作《内蒙风光》，包含“草原”“林海”“风景区”等小标题。原作发表于 1961 年 10 月 13 日《人民日报》。作者在引言中点明写作背景：

1961 年夏天，我们——作家、画家、音乐家、舞蹈家、歌唱家等共二十来人，应内蒙古自治区乌兰夫同志的邀请，由中央文化部、民族事务委员会和中国文联进行组织，到内蒙古东部和西部参观访问了八个星期。陪同我们的是内蒙古文化局的布赫同志。他给我们安排了很好的参观程序，使我们在不甚长的时间内看到林区、牧区、农区、渔场、风景区和工业基地；也看到了一些古迹、学校和展览馆；并且参加了各处的文艺活动，交流经验，互相学习。到处，我们都受到领导同志们和各族人民的欢迎与帮助，十分感激！以上作为小引。下面我愿分段介绍一些内蒙风光。

学习设计

学习目标

1. 会写“毯、玻”等字，理解“一碧千里、渲染、勾勒、奇丽、拘束、摔跤”等词语。

2. 体味精妙语言，积累优美语句，学习写景时展开想象、情景交融的表达方法。

3. 在草原自然美与人情美的熏陶感染下，受到热爱祖国和民族团结的教育，培养爱美的情趣。

课时

2 课时。

学习活动

学习活动一 整体感知，理清文脉

1. 激发情趣。

(1) 学生背诵描写草原的古诗（如《敕勒歌》），谈话：这首诗写出了什么地方的景色？（板书课题：草原）学生齐读课题，说说对草原的印象。

(2) 简介作者以及写作背景，出示：1961 年夏天，老舍等 20 余位作家、艺术家应邀到位于内蒙古自治区呼伦贝尔市西北部的陈巴尔虎旗参观访问，记下了进入草原的所见、所闻、所感。

2. 整体把握。

学生自由朗读课文，注意读正确、读通顺，想一想：课文是从哪些方面去写草原的？

(1) 检查反馈：

一碧千里　绿毯　翠色欲流　渲染　勾勒　奇丽　迂回　境界

衣裳　襟飘带舞　拘束　羞涩　摔跤

蒙汉情深何忍别　天涯碧草话斜阳

提示 1：引导学生发现这三组词语的特点，第一组是描写草原风光的，第二组是描写人们活动的，第三组则是作者参观访问草原后的感受。

提示 2：相机理解“一碧千里”“渲染”“勾勒”和“翠色欲流”的意思。“一碧千里”，写出了草原辽阔、碧绿的特点。“渲染”“勾勒”，均是绘画用语，“渲染”是指用水墨或淡的色彩涂抹画面，线条柔美，用来描绘小丘很恰当；“勾勒”是指用线条画出轮廓。“翠色欲流”，辨析作者为什么不说“翠色欲滴”，体会草原绿得饱满，绿得辽阔，与“一碧千里”相呼应。

(2) 引导学生注意课文是从自然美、人情美两个方面去写草原的，从而理清文本脉络。

学习活动二 还原想象，欣赏画面

1. 还原想象。

(1) 默读第 1 自然段，圈出描写到的景物，想一想：如果你是个小小摄影师，来到草原，你会从哪些角度去选景呢？把相关的语句用直线画出来，试着给摄影作品起个名字。

要点：蓝天、小丘、羊群、骏马、大牛。

(2) 同桌或小组交流准备拍摄的画面。

要点 1：草原一碧千里图。联系“天苍苍，野茫茫”理解“一碧千里，而并不茫茫”。

要点 2：羊群悠闲散步图。两个“一会儿”写出了羊群的悠闲，“给无边的绿毯绣上了白色的大花”写出了草原的色彩之美。

要点 3：小丘柔美翠色图。“翠色欲流”，翠色饱满、浓重，好像将要流下来一般，草原是“一碧千里”，与天相连，翠色也就“轻轻流入云际”，极言草原的绿与广，也可联系第 2 自然段的第 2—5 句理解。

要点 4：骏马大牛静立图。回味草原的无限乐趣。

2. 体味表达。

(1) 作者用丰富的想象描写了大草原的美丽风光，让我们仿佛身临其境。指名读第 1 自然段，思考：这一段中哪些句子描写了草原的优美风光？哪些句子写出了作者的感受？在写景中融入感受有什么好处？（以课后练习第 2 题为例进行品味学习）

要点：写景与抒情是融为一体的，情与景，所见与所感，水乳交融，更能表达内心独到的感受。

(2) 再从课文中找到其他类似的句子，交流、朗读。

3. 抒发感受。

当你置身于草原这样的美景之中，你想说点什么呢？你又会做些什么呢？把你最深的感受用一段文字写下来。

学习活动三　聚焦场面，体味风情

1. 提要概括。

草原风光美，草原人情更美。请大家读第 2—5 自然段，想一想：这一部分主要写了哪几个场面？试着用小标题概括。

要点：交流：远道迎客、握手言欢、敬酒联欢、依依话别。

2. 体味感情。

作者亲身经历了这次在草原的参观访问，他不由得赞叹“蒙汉情深何忍别，天涯碧草话斜阳”，你是怎么理解这句话的？又从课文哪些地方体会到了“蒙汉情深”？请用波浪线画出相关句子。

要点 1：远迎：①人多——男女老少、一群马；盛装——穿着各色衣裳；心情急切——群马疾驰，襟飘带舞，像一条彩虹向我们飞过来，重点体会“飞”字，感受蒙古人民的热情好客；想象自己和老舍先生在一起，见到了这感人的一幕，读出“蒙汉情深”。②一对反义词——“静寂”与“热闹”，抓住相关语句理解，体会此时草原的热闹与先前的静寂形成了鲜明的对比，让我们更能感受到“蒙汉情深”。

要点2：会见：“热乎乎地握着”“握住不放”“心可是一样”，体会“蒙汉情深”，指导朗读。

要点3：款待：热情好客的蒙古族人民用好酒好肉、载歌载舞招待客人，老舍一行也热情回敬。此时，蒙汉两族人民多像一个和睦的大家庭啊！

要点4：话别：理解“蒙汉情深何忍别，天涯碧草话斜阳”，假如你是客人，你会说些什么？假如你是主人，你又会怎么说？

3. 联系生活。

蒙汉情深，这是多么生动的画面！生活中你也有过与人惜别的经历吧，试着和同学们交流一下。

提示：惜别对象是谁？为什么分别？你是怎样表达惜别之情的？说清惜别时的情景，表达依依惜别之情。

学习活动四 拓展阅读，强化要素

1. 呈现老舍《内蒙风光》中的相关内容：

风景区

札兰屯真无愧是塞上的一颗珍珠。多么幽美呀！它不像苏杭那么明媚，也没有天山万古积雪的气势，可是它独具风格，幽美得迷人。它四面都有小山，既无奇峰，也没有古寺，只是那么静静地在青天下绣成一个翠环。环中间有一条河，河岸上，这里多些，那里少些，随便地长着绿柳白杨。几头黄牛，一小群白羊，在有阳光的地方低着头吃草，并看不见牧童。也许有，恐怕是藏在柳荫下钓鱼呢。河岸是绿的。高坡也是绿的。绿色一直接上了远远的青山。这种绿色使人在梦里也忘不了，所谓“陶醉”，也许就是这样吧？

2. 以“我读出了景色美”“我读出了情感美”“我读出了语言美”为话题欣赏上述段落。

(1) 任务一：我读出了景色美。

提示：可以抓住“幽美”，从小山、河、绿柳白杨、黄牛、白羊等构成的图画进行赏析。

(2) 任务二：我读出了情感美。

提示：可以抓住“陶醉”进行品味，陶醉在绿色之中，陶醉在清新的环境之中，陶醉在悠闲的氛围之中。

(3) 任务三：我读出了语言美。

提示：可以联系《草原》，体悟老舍的语言风格，作者使用了比喻、对比等修辞手法，增加了美感。

板书设计

1 草原

风光美 （初见草原） 情景交融

（民族团结） 人情美｛热情迎接（迎客）
盛情款待（待客）
深情话别（话别）｝ 从所读内容想开去

精彩片段

师：同学们，如果你是一个和老舍一起第一次踏上草原的摄影师，看到眼前的这一切，你会从哪些角度去选景？你的画面会是什么样的呢？请你好好读读第 1 自然段，把相关的语句画出来，想象画面，再试着给你的摄影作品起个名字。

（学生默读、圈画、思考后交流）

生：我想拍摄一碧千里的草原。

师：哦，是哪一句话打动了你呢？

生：“在天底下，一碧千里，而并不茫茫。”这么大的草原，可以和天相接，一眼望去都是绿色，让我很向往。

师：还有谁也想拍摄这样的画面？能说说你的想法吗？

生：“一碧千里”，满眼都是绿色，而且，哪怕到很远的地方，这个绿色都很清晰，不会模模糊糊，这在城市里根本看不到。

师：那你们打算给作品起个什么名字呢？

生：就叫“一碧千里”吧。

师：好一个“一碧千里”，天苍苍，野茫茫，一片可以自由驰骋的天地。其他同学呢？你们的镜头会对准什么？

生：我打算拍在草原上走动的羊群。草原如果只有绿色，看的时间长了会让人觉得有点儿单调，羊群就是一种点缀。

师：这点缀的效果正是老舍说的——

生：“走在哪里都像给无边的绿毯绣上了白色的大花。”

师：“绿毯”就是——

生：草原。

师："白色的大花"就是——

生：羊群。

师：多么贴切的比喻呀，两种色彩碰撞出了和谐的美。还有哪位小摄影师想拍这个画面？

生：我也想拍羊群，我觉得有了这些羊群，画面就动起来了，更有生机了。

师：你是个会读文章的孩子，这静中有动的画面让你捕捉到了。你们这幅作品的名字是什么呢？

生：散步的羊群。

师：真是悠闲自得啊。还有别的摄影作品吗？

生：我想拍的作品叫"水墨草原"。因为老舍说"那些小丘的线条是那么柔美，就像只用绿色渲染，不用墨线勾勒的中国画那样，到处翠色欲流，轻轻流入云际"，我是学国画的，我特别喜欢这样的画面。

师：这样的画面的确很吸引人，我觉得老舍的描绘同样吸引人，同意吗？

生：同意。看到草原想到"只用绿色渲染，不用墨线勾勒的中国画"就很特别了，关键是这画里面的颜色还会流动，很神奇。

师："翠色欲流""流入云际"，两个"流"字让画面动起来了，饱满的绿色把天都要晕染了，这种神奇用绘画、摄影这样的艺术表现形式无法体现，还得靠像老舍这样的语言文字大师呀。

生：我想拍草原上的骏马和大牛，名字就叫"回味"。

师：这个名字妙，说说你的感受。

生：我本来就喜欢动物，而且我觉得老舍笔下的骏马和大牛很有意思，明明只是站在那里，却说它们在"回味着草原的无限乐趣"，像人一样。

师：其实，在"回味着草原的无限乐趣"的是谁？

生：老舍自己。

师：哈哈，被你看出来了，老舍把自己的情感移到了景物身上，这可是一种高明的写作方法。

（赵敏芳老师执教）

点评： 教师创设"如果你是一个和老舍一起第一次踏上草原的摄影师"的情境，激发起学生深层的阅读期待。学生边读边想象文字描述的画面，感受作者表达的思想感情。学生交流"摄影作品"的过程，和文字赏析有机结合在一起，既理解了课文的内容，又巧妙地落实了本单元"从所读的内容想开去"的语文要素。

2 丁香结

课文解读

题解

“丁香结”指丁香的花苞。中国古典诗词中常用其来比喻愁思，逐渐成为经典文学意象。作者以丁香结象征生活中难解的结，但不取古人的惯常用法，认为人生如果没有解不完的结，就太平淡无味了，表达了积极豁达的人生态度。

结构分析

课文可以分为两个部分。

第一部分(第 1—3 自然段)：着力描摹了“城里街旁”“城外校园”“我的斗室外”三处地方的丁香花。

第二部分(第 4—6 自然段)：由关于丁香结的古诗词引入，描绘了雨中丁香的独特神韵，感悟“丁香结”蕴含的情意。

词语含义

积雪、雪白、莹白、银妆：在文中都指白色丁香花，形象地描摹出丁香的洁白纯净，让人产生视觉美感。其中“积雪”一词用得尤为精妙，下文“香气直透毫端”，自然让人联想到“遥知不是雪，为有暗香来”的诗句。檐前繁花，似雪非雪，清香幽雅，悦目又悦心，因此，后文说“人也似乎轻灵得多，不那么浑浊笨拙了”。

句意理解

在细雨迷蒙中，着了水滴的丁香格外妩媚。花墙边两株紫色的，如同印象派的画，线条模糊了，直向窗前的莹白渗过来。让人觉得，丁香确实该和微雨连在一起。

雨中的丁香色彩朦胧，“渗”字形象地写出了着了水滴的丁香，紫色与白色自然交融，色彩仿佛流动一般，情景如梦如幻，犹如一幅色彩边缘模糊的印象派画作。这朦胧婉约之美让作者不禁感叹丁香确实应该和微雨连在一起。

结，是解不完的；人生中的问题也是解不完的，不然，岂不太平淡无味了吗？

作者由丁香结年年都有的客观现实想到生活中的问题也是解不完的，然而她认为这是一种常态，要以平常心看待。如果人生没有任何困难，反而会缺少起伏，太平淡无味了。作者一反古人以丁香结喻愁思的惯常用法，表达了积极豁达的人生态度。

语段分析

第 4—6 自然段

这三个自然段着力写“丁香结”。第 4 自然段从关于丁香结的古诗句开始，描绘了雨中丁香的独特神韵，发出“丁香确实该和微雨连在一起”的感叹。第 5 自然段先写对“丁香结”这个说法不解，再写在一次春雨中忽然发现一柄柄花蕾恰似一个个的“结”，由此解开了心中的疑惑。最后一个自然段写由“丁香结”联想到人生中的愁怨，认为人生如果没有任何困难，就太平淡无味了，表达了积极豁达的人生态度。文章结尾以反问的语气发出感叹，引发读者对人生的思索。

写作特色

意象叙事，立意新颖。本文题为“丁香结”，古人惯常借丁香喻愁怨，而作者反其道而行之，借“结”表达积极乐观的人生态度，文字间充满哲思，立意新颖，体现出开阔的胸襟。

妙用动词，生动传神。本文遣词造句自然又传神，似信手拈来的一个动词，顿时使语言来了精神，画面灵动起来。描写“街旁丁香图”，一“探”一“窥”，形象地表现出丁香花体态娇小、活泼灵动的神韵；写斗室外的丁香，“白下面透出参差的绿”，“透”写出丁香开得极盛时花多叶少的景象；而“香气直透毫端”中的“透”让人似乎闻到了浓郁的香气。描写雨中的丁香时，以一“渗”字形象地表现出着了水滴的丁香，紫色与白色自然交融，犹如一幅色彩界限不甚分明的印象派画作。在这些精妙之处，应让学生充分地想象开去，让自己的观察经验和作者的文字发生关联，把文本内容化为脑海中的图像，丰富阅读感受，从而加深对文章内容的理解。

色彩点缀，巧绘画面。作者对中外绘画有较深的研究，写作中善用绘画的手段绘景状物，文字的画面感极强。比如，描写斗室外的三棵白丁香，运用了很多表现色彩的词，“积雪”“雪色”“莹白”“参差的绿”“红窗”，构成了一幅色彩鲜明的画面。同样表现丁香的白色，作者用了“雪白”“银妆”“白的潇洒”“积雪”“雪色”“莹白”等词语，对色彩的描绘生动饱满。本文不仅文字精美，而且语言节奏缓急相间，让读者感受视觉美的同时获得音韵美的享受。比如：“许多小花形成一簇，许多簇花开满一树，遮掩着我的窗，照耀着我的文思和梦想。”这样的文字音义相得益彰，教学中应把感悟和朗读有机结合起来，引导学生更好地品味意境和语言。

拓展学习资源

1. 宗璞有不少写景状物的散文，如《紫藤萝瀑布》《燕园树寻》《好一朵木槿花》等，可以组成“群文阅读”学习任务。

2. 诗词中的“丁香结”。

丁香是中国古代诗词中常见的一个意象，而且也有比较固定的寓意。古人发现丁香结（也就是丁香的花苞）极似人的愁心，所以常用其来表示愁思的一种情结。比如牛峤的“自从南浦别，愁见丁香结”，李商隐的“芭蕉不展丁香结，同向春风各自愁”，李璟的“青鸟不传云外信，丁香空结雨中愁”，都是以丁香来暗喻愁思。

学习设计

学习目标

1. 会写“缀、窥”等字，理解“浑浊、笨拙、印象派”等词语，准确、流畅地朗读课文。

2. 联系生活经验从所读的内容想开去，感受丁香的形象美，理解、感悟作者寄寓在丁香结中的人生态度，分享作者的人生体验。

3. 品味、积累文中富有新鲜感的语言，增强语感，受到审美熏陶。

课时

2 课时。

学习活动

学习活动一 解题导入，整体感知

1. 解题导入，初识丁香结。

（1）读题交流：你见过丁香结吗？课文中是怎么描写“丁香结”的？

（2）引导理解：小小的花苞圆圆的，鼓鼓的，恰如衣襟上的盘花扣。

提示：①出示句子，相机学习生字“苞”“襟”，理解“丁香结”指的是丁香花的花苞。②出示“丁香结”及“盘花扣”图片，通过比照，体会比喻之贴切。

2. 议一议：在预习课文的过程中，你认为哪些字音、书写需要提醒同学们注意呢？也可以提出不理解的字词。

提示：根据学生交流情况，突出重难点进行指导。

正音要点：多音字“参差（cēn cī）”“单薄（bó）”，“拙”读第一声。

书写要点：“幽”，山部三竖中竖高，两边低，竖画间距均匀。

词义可以随文理解。

3. 填一填：课题是“丁香结”，除了丁香结，课文还写了哪些内容呢？默读全文，填写课文框架图。

要点：

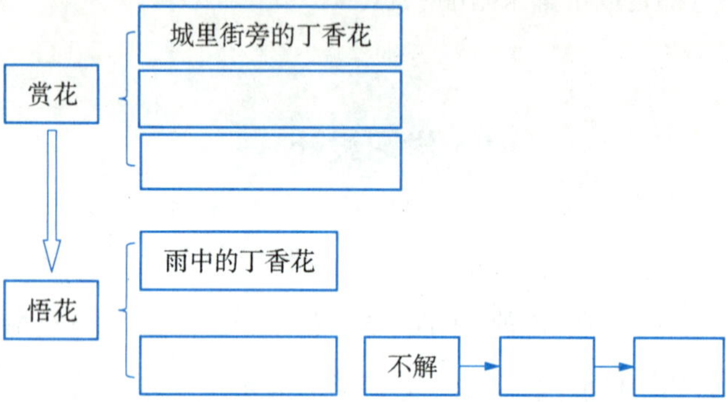

学习活动二 想象画面，品味语言

1. 说一说：丁香花是我们生活中常见的花，请你用自己的话描述一下这幅画面。（出示“街旁丁香图”）

2. 默读文章第 1 自然段，比较：文中的描写和你的描写有什么相同之处？又有什么不同呢？

提示：比较用词，体会课文语言之妙；表达感悟和朗读有机结合，通过朗读表现想象到的画面意境。

要点：

（1）“呈出两片雪白”，不仅写出了花的颜色，还表现出花盛放的态势。

（2）“探”和学生常用的“伸”比较，“探”写出半树丁香动人的姿态，和“窥”连用，赋予丁香人的情感。

（3）“星星般的小花”，简洁的比喻既写出了花小，又写出了花密，和“缀满”相呼应。

3. 自读其他三幅丁香图，边读边想象画面，在有新鲜感的词句旁做批注，写写阅读感受。

交流要点：

（1）“白的潇洒”“紫的朦胧”，用“潇洒”“朦胧”来形容颜色，融入了作者的感受，色彩描绘中蕴含着对丁香的欣赏之情；“朦胧”也符合夜色中观赏的情境，用词非常妥帖。

(2) “白下面透出参差的绿”，“透”表现出丁香开得极盛时花多叶少的景象；“香气直透毫端”，“透”似乎让人闻到了幽雅的甜香。

(3) “积雪”“莹白”“雪色”“参差的绿”“红窗”，作者用绘画的手法描写，给人以视觉的美感。“积雪”在这里指丁香花，既写出了花朵繁盛，洁白纯净，又非常贴合“檐前”这个环境。作者用了“雪白”“银妆”“白的潇洒”“积雪”“雪色”“莹白”等不同的词语表现丁香的纯白美丽，对色彩的描绘生动饱满。

(4) “渗”字写出了雨中的丁香，紫色与白色自然交融，色彩仿佛流动一般，情景如梦如幻。

4. 归纳作者是从颜色、形态、香味等方面描写丁香的。

学习活动三 再读画面，体会情感

1. 再品读几幅“丁香图”，细心感受，体会作者表达的情感。

2. 交流。

要点：

(1) 丁香给作者带来欢愉，作者对居所附近的丁香产生了很深的感情：“人也似乎轻灵得多，不那么浑浊笨拙了”“我经历过的春光，几乎都是和这几树丁香联系在一起的”“……照耀着我的文思和梦想”。

(2) 古人诗词以及微雨中丁香独特的美，让作者觉得丁香应该和微雨连在一起。

提示：大致理解文中两句诗的意思。

(3) 丁香结让作者产生了丰富的联想。

3. 悟一悟：“丁香结”引发了“我”对人生怎样的思考？结合生活实际，谈谈你的理解。

要点：丁香结象征生活中化解不开的烦恼、愁怨。结是解不完的，人生中的问题也是解不完的，这是生活的常态，要坦然面对。如果人生没有任何困难，反而会缺少起伏，太平淡无味了。

提示：引导学生联系生活中的所见所闻谈感受。

4. 阅读课后“阅读链接”，说一说：在古人的诗词中，“丁香结”和什么联系在一起？将古人的感叹与作者的感叹进行对比，你对作者产生了怎样的印象？

要点：古人惯常借丁香结喻愁怨；作者反其道而行之，新颖的立意体现出作者开阔的胸襟与积极的人生态度。

5. 认识作者：

宗璞，原名冯钟璞，中国当代作家。她是著名哲学家冯友兰先生的女儿，学养深厚。她的散文集《丁香结》荣获中国作家协会主办的首届新时期散文集嘉奖。

学习活动四 拓展阅读，迁移运用

1. 自读宗璞散文《紫藤萝瀑布》。

任务一：边读边想象“眼前的紫藤萝”和“十几年前的紫藤萝”两幅画面，结合具体语句说说感受。

任务二：结合写作背景，想一想：紫藤萝引发了“我”对人生怎样的思考？联系生活实际谈谈理解。

写作背景：文章写于1982年5月，当时作者的弟弟身患绝症，她非常悲痛，徘徊于庭院中，见一树盛开的紫藤萝花，睹物释怀，写下了这篇文章。

任务三：比较《丁香结》和《紫藤萝瀑布》，你发现它们有什么共同之处？

2. 交流。

要点：

任务一：从花朵繁盛的态势、颜色两方面体会紫藤萝“流动”的生命力，着重体会几处通感比喻的妙处。

任务二：眼前紫藤萝的繁盛、茂密和十几年前紫藤萝的稀落、伶仃形成了巨大的反差。作者从花儿自衰到盛的现象，感悟到人生的美好和生命的永恒。她认为生命的长河是无止境的，人生中遭遇各种不幸时，应以积极、奋勇向前的姿态面对，生命是充满希望的。

任务三：作者对景物的描写非常细腻，饱含情感，由景物描写自然引出抒情议论。两篇文章都借生活中的平凡事物表达了积极乐观的人生态度。

小结：在宗璞的散文中，那些傲然开放的丁香花、紫藤萝、木槿花大都是平凡之物，她擅长通过这些看似平凡而卑微的生命阐释深刻的人生领悟。

3. 拓展：读了这两篇文章，你有没有联想到生活中的一些事物？它们对你有什么启发？请将自己的感悟写下来。

板书设计

（见“学习活动”中的课文框架图）

精彩片段

师：请大家仔细品读课文第 1—3 自然段，边读边想象画面，在你觉得有新鲜感的词句旁进行批注，写写阅读感受。

（学生默读、圈画、思考后交流）

生：第 1 自然段描写了“街旁丁香图”，我觉得几个动词用得特别妙。“呈出两片雪白”，“呈出”让人感觉丁香开得很旺；而写宅院里“探出半树银妆”，“探”这个词又表现出丁香树动人的姿态。

师：我们平时习作时，可能会写“树枝从院内伸出来”，比较一下，“探”和“伸”，给你们的感觉有什么不同？

生：“探”会让人产生美好的想象，丁香树仿佛有了人的情感，和下面的“窥”字连起来看更觉得传神。

师：是的，“探”“窥”两个词让整个画面生动起来了。

生：作者描写丁香颜色的词也非常独特，“白的潇洒”“紫的朦胧”，用“潇洒”“朦胧”来形容颜色，流露出作者对丁香的喜爱、欣赏之情。

师：是啊，色彩描绘中蕴含着作者的情感。而且，“朦胧”也符合夜色中观赏的情境，用词是多么妥帖。

师：读到这里，我们发现作者很注重对色彩的描摹，你在阅读中对这一点有体会吗？

生：课文第 3 自然段描写斗室外的丁香时，用了很多表示颜色的词语：积雪、雪色、莹白、参差的绿、红窗，我感觉眼前出现了一幅色彩鲜艳的画。

师：作者用绘画的手法描写，给人以视觉的美感。让我们一起读一读这段描写，想象一下这幅画面。（朗读相关语句）

师：这里的“积雪”指什么？你是从哪里看出来的？

生：“积雪”就是指白色丁香花，因为下文写到“香气直透毫端”，可见这不是指真的雪。白色丁香花像雪一样纯白，又正好伸到檐前，便像“积雪”了。

师：好，你能联系上下文理解，走入了语言情境中。读到这两句，同学们联想到了哪些诗句？

生：遥知不是雪，为有暗香来。

师：作者的描写和王安石的诗句有异曲同工之妙。从课文内容想开去，我们就越读越有滋味了。

师：同样是写丁香的白色，你发现作者用了哪些词？从中又感受到什么？

生：文中描写白色丁香，用了不同的词语：雪白、银妆、白的潇洒、积雪、雪色、莹白。用词很丰富。

师：作者对“白色”的描写极具匠心，将修辞手法蕴含其中，值得我们好好品味。我们继续交流，你还体会到哪些精妙之笔？

生：第 3 自然段中，两个“透”字简洁、传神，“白下面透出参差的绿”，“透”表现出丁香开得极盛时花多叶少的景象；“香气直透毫端”，“透”似乎让人闻到了幽雅的甜香。

师：作者不愧是散文大家，用词纯朴雅致，耐人寻味。

点评：宗璞笔下的丁香，承载着作者独特的情感与认知，这种情感与认知通过个性化的表达方式展现了出来。本环节运用“从所读的内容想开去”的阅读策略，要求“边读边想象画面”，并找出“有新鲜感的词句”。通过品味描写丁香姿态、颜色、气味的词句，从语言中读出画面感、意义感，将“象”与“言”联系起来，通过“言”更深刻地把握“象”，并由丁香的颜色联想到其他的诗句，体悟作者个性化言语所表达出的细腻情感。

3 古诗词三首

课文解读

题解

本课由三首极富画面感的古诗词组成。《宿建德江》刻画了秋江暮色，写出了诗人的羁旅之思；《六月二十七日望湖楼醉书》描述了西湖雨中奇景，将一场突然而至的夏雨写得十分生动；《西江月·夜行黄沙道中》则写出了乡村夏夜的宁静优美。三首诗的作者分别是唐代诗人孟浩然，宋代诗人苏轼和词人辛弃疾，作品体裁诗词兼顾。

《宿建德江》是孟浩然仕途失意，寄情山水，羁旅途中写下的。诗题交代了事情——夜宿、地点——建德江，能推断出时间——天色不早(与诗中的"日暮"相合)。

《六月二十七日望湖楼醉书》是苏轼任杭州通判时所写。北宋熙宁五年(1072)六月二十七日，苏轼游西湖写了五首诗，这是其中一首，描绘了夏日一场来去匆匆的暴雨，"醉"字表明了苏轼写作时的状态。

《西江月·夜行黄沙道中》是辛弃疾被奸佞中伤，弹劾罢官之后，在上饶家居时，经过黄沙岭道所作。"西江月"是词牌名，"夜行黄沙道中"表明了时间和地点。

结构分析

《宿建德江》是一首五言绝句，先写羁旅夜泊，再叙日暮添愁，然后写到宇宙广袤宁静，明月伴人更亲。前两句触景生情，后两句借景抒情，一隐一现，虚实相间，两相映衬，互为补充，构成一个特殊的意境。

《六月二十七日望湖楼醉书》是一首七言绝句，短短四行，就涵盖了雨前、雨中、雨后的全过程。诗人从阴云压近湖面、急雨骤降的壮阔，写到烟消云散，雨过天晴，用笔跌宕起伏而又恢弘大气，四个画面使人目不暇接。

《西江月·夜行黄沙道中》是一首宋词，分上下阕，从视觉、听觉、嗅觉三个角度描写了夏夜的山村风光。

词语含义

《西江月·夜行黄沙道中》中的 **"见"** 同"现"，读音为 xiàn，意思是显现、出现，和"风吹草低见牛羊"中的"见"意思、读音相同。

《六月二十七日望湖楼醉书》中的**“白雨”**指夏日阵雨的特殊景观，因雨点大而猛，在湖光山色的衬托下，显得白而透明。

句意理解

移舟泊烟渚，日暮客愁新。

把小船停靠在烟雾迷蒙的小洲边，日暮时分新愁又涌上“我”的心头。下句中的“日暮”显然和上句中的“泊”“烟”有联系，因为日暮，所以船需要停宿。

黑云翻墨未遮山，白雨跳珠乱入船。

乌云像打翻了的墨水，还没来得及把山遮住，白亮亮的雨点就像散落的珠子，纷纷乱跳着进入船舱。作者用“黑云翻墨”“白雨跳珠”形成强烈的色彩对比，给人以很强的质感。此外，用“翻墨”描写云的来势，用“跳珠”描绘雨点飞溅的情态，以动词前移的句式使比喻运用得灵活生动却不露痕迹。

稻花香里说丰年，听取蛙声一片。

在稻花的香气里，人们谈论着即将到来的丰收年景，耳边传来一阵阵青蛙的叫声。这两句把人们的关注点从长空转移到田野，表现了词人不仅为夜间黄沙道上的柔和情趣所浸润，更关心扑面而来的漫村遍野的稻花香，又由稻花香联想到即将到来的丰年景象。“说丰年”的主体，不是人们常用的鹊声，而是一片蛙声，这正是词人匠心独到之处，令人称奇。

写作特色

《宿建德江》寓情于景。诗的前两句叙事——把小船停靠在烟雾迷蒙的小洲边，日暮时分新愁又涌上“我”的心头。一个“客”字，写出了自己的漂泊之苦，一个“愁”字，奠定了全诗的感情基调。诗的后两句写景——日暮时分，旷野无垠，远处的天空显得比近处的树木还要低，高挂天上的明月，映在清澈的江水中，和舟中的人是那么近。这里虽不再有“愁”字，但是，一颗愁心已化入天地之间，所幸孤月的亲近让他得到了一丝慰藉。全诗叙事也好，写景也罢，始终萦绕着“愁”情。

《六月二十七日望湖楼醉书》全诗通俗易懂，诗的每一句都是一幅画，展现了从阴到雨又到晴的变化过程。句中用“白雨”和“黑云”映衬，用“水如天”和“卷地风”对照，用“乱入船“与“未遮山”比较，都显出作者构思时的用心。诗中新奇、贴切的比喻让人拍案叫绝，尤其是“白雨跳珠乱入船”一句，最为传神。作者自己非常欣赏这首诗，他十五年后再到杭州，写诗说：“还来一醉西湖雨，不见跳珠十五年。”足见他对这首诗的喜爱。

《西江月·夜行黄沙道中》是宋词中以农村生活为题材的经典佳作。月夜的黄沙岭道本该万籁俱寂，却有了“惊鹊”“鸣蝉”，但是，“惊鹊”“鸣蝉”反倒使眼前之景有了动中寓静之妙，即所谓“蝉噪林逾静，鸟鸣山更幽”。“蛙声一片”更让人从眼前之景联想到丰收的将来，青蛙成了预告丰收的使者。短短四句构成的上片，让人感受到夏夜的幸福。下片以一组对仗开启，“七八个星天外，两三点雨山前”，简单的文字似是信手拈来，却有着扑面而来的恬静和野趣。词人沉醉其间，直到看到熟悉的茅店，才猛然回神。辛弃疾的作品以用典见长，但这首词却没用一个典故，于平淡中见洒脱。

拓展学习资源

1. 描写月夜的诗句。

《宿建德江》《西江月·夜行黄沙道中》都描写了月夜，但表达的情感各不相同。古诗中描写月夜的诗句很多，可以“飞花令”的方式，让学生收集带有“月”字的诗句，并说说诗人表达的感情。

2. 对《西江月·夜行黄沙道中》的一种理解。

在《中国诗词大会》第一季中，主持人有这样一段主持词：“稻花香里说丰年，听取蛙声一片。”（辛弃疾《西江月·夜行黄沙道中》）宋词原本的面貌，应该是阳春白雪，风花雪月。但是到了辛弃疾的手里，却更添了一份闲情逸致。在这里没有酒店，有茅店；没有菊花，有稻花；没有歌声，有蛙声。仕途失意的诗人却创造了一幅最美好的乡村意境。

3. 推荐作品。

推荐篇目	《旅夜书怀》 （作者：杜甫）

学习设计

学习目标

1. 有感情地朗读课文，背诵课文；默写《西江月·夜行黄沙道中》。
2. 会写“德、鹊”等字，理解“渚、茅店、社林”等字词的意思，理解古诗词的意思。
3. 抓住诗句的描写，展开想象，由画面感悟出景物的特点。
4. 感悟画面美的同时，理解诗词的意思，体会其中蕴含的思想感情。

课时

2 课时。

学习活动

学习活动一 激情导入，初读诗词

1. 创设情境，导入新课。

我们的祖国有巍峨的群山，有浩瀚的江海，有无边的森林，有起伏的稻田。唐诗宋词中，就有许多是描写自然山水风景的。如王之涣《凉州词》中的诗句："黄河远上白云间，一片孤城万仞山。"李白《望庐山瀑布》中的诗句："飞流直下三千尺，疑是银河落九天。"今天，我们将学习新课《古诗词三首》。（板书课题：古诗词三首）

2. 初读古诗，感受韵律美。

(1) 自读古诗词三首，要求：读准字音，正确断句。

(2) 指读，正音、识字，指导停顿、节奏。

要点：

① 识字。

"德"——关注字形，特别是"心"上一横；"鹊""蝉"——联系字义，借助汉字造字规律识记字形、读准字音。

《西江月·夜行黄沙道中》最后一句中的"见"为通假字，同"现"，诵读时要读"现"的音。

② 正确停顿。

《西江月·夜行黄沙道中》为长短句，诵读节奏如下：明月/别枝/惊鹊，清风/半夜/鸣蝉。稻花香里/说丰年，听取/蛙声/一片。七八个星/天外，两三点雨/山前。旧时茅店/社林边，路转/溪桥/忽见。

(3) 再读，读正确、读熟练。

(4) 知道前两首是诗，后一首是词；了解词牌名。

学习活动二 了解文意，体会诗情

1. 学习第一首：《宿建德江》。

(1) 教师范读，学生想象画面：读着诗句，你仿佛看到了什么？

要点：移舟泊烟渚：（诗人所做）天色将晚，烟雾迷蒙，诗人无奈夜宿。日暮客愁新：（诗人所思）诗人满腹愁绪，无心入眠。野旷天低树，江清月近人：（诗人所见）结合插图找到对应的景物,理解诗句的意思。

(2) 品读新"愁":诗中哪个字眼最能打动我们、感染我们?

① 引导学生由"愁新"想开去。

结合已有积累、已有体验想开去。联系创作背景,联系自己孤身一人离开父母时的情感体验,深入感受孟浩然的羁旅之苦:"愁新"就是"新愁"的意思,此时此刻,孟浩然的新愁是什么呢?(天色将晚,诗人寂寞、孤独、思乡之愁)从哪一个字看出来的?("客")

联系其他作者的类似作品、相同作者的其他作品想开去。联系王维"独在异乡为异客,每逢佳节倍思亲"中的"异客"一词,进一步体会孟浩然的思乡之愁。补充孟浩然的经历(皇皇三十载,书剑两无成。山水寻吴越,风尘厌洛京。),感受作者的"愁"。

② 引导学生由"月近"想开去。

诗中的"近"是什么意思?(亲近)诗人孤身一人,只有谁在陪伴他?为什么此刻诗人感觉"月近人"?为什么诗人觉得月亮在亲近人,在抚慰他?

补充诗句:"举头望明月,低头思故乡。""春风又绿江南岸,明月何时照我还?"了解"月亮"这一意象在古典诗词中的象征意义。

(3) 有感情地朗读、背诵。

提示:

① 试带着体会到的诗人的愁绪,用缓慢、低沉的语调诵读全诗。

② 借助插图,练习背诵。

③ 借助板书,练习背诵:诗人所做——诗人所思——诗人所见。

(4) 小结学法。

回顾学习过程,教师相机板书,提炼学法:想象画面,品读诗句,体会情感。

2. 学习第二首:《西江月·夜行黄沙道中》。

(1) 结合预习,学生初步说说题意和作者辛弃疾。

要点:

① "西江月"是词牌名,"夜行黄沙道中"是词题,告诉了我们词中内容所对应的时间、地点,也让读者对词作内容的环境有了概念。

② 出示辛弃疾简介。

(2) 抓住题眼,整体把握诗意。

诗人夜行黄沙道中,会看到什么、听到什么、闻到什么、想到什么?学生自读,小组交流,然后大组交流。诗人看到明月、惊鹊、星星、小雨,听到蝉鸣、蛙声,闻到稻花香,想到丰年、旧时茅店。在反馈中理解诗句意思:

要点:

① 明月别枝惊鹊，清风半夜鸣蝉。

从字面看，这两句诗是景物的叠加，且多是名词，理解的时候可以用上“加一加”“移一移”的方法——明月（照）别枝惊鹊，清风半夜（送来）（蝉鸣）。

② 稻花香里说丰年，听取蛙声一片。

以蛙声说丰年，这是辛弃疾极有创意的联想。理解的时候可以用上拟人手法。

③ 七八个星天外，两三点雨山前。

这两句诗同样可以用“移一移”的方法，把表示地点的“天外”“山前”移到句首。

④ 旧时茅店社林边，路转溪桥忽见。

“见”，通假字，同“现”，出现的意思。往日的小茅草屋还在土地庙的树林旁，道路转过溪水上的小桥，它便忽然出现在眼前。

（3）大组交流，想象动中寓静的画面，初步体会词人愉悦的心情。

提示：在学生想象画面的过程中，教师相机板书画面中的景物：“明月”“别枝”“惊鹊”“清风”“鸣蝉”“稻花香”“蛙声”“七八个星”“两三点雨”“旧时茅店”“溪桥”。

（4）有感情地诵读，背诵。

提示：

① 带着体会到的词人的愉悦之情，诵读全词。

② 练习背诵。

借助板书，想象画面，练习背诵。

精简板书（如下所示），想象画面，再次背诵。

月 枝 鹊 风 蝉 稻 蛙 星 雨 店 溪

去掉板书，想象画面，练习背诵。

学习活动三 诗词比较，品味异同

1. 诗词比较，发现异同。

再读《宿建德江》《西江月·夜行黄沙道中》，小组合作学习，讨论：这两首作品有什么相同之处？又有什么不同之处？

要点：①相同之处：都写了月夜的景色，都用了对仗的手法。②不同之处：《宿建德江》的景色描写以静景为主，而《西江月·夜行黄沙道中》则是动中寓静；前者表达了诗人的思乡之愁、羁旅之苦，后者表达了词人淡淡的愉悦之情。

2. 结合诗句，细悟情感。

结合具体的诗句，说说从哪些字词能体会到作者不同的心情，并通过朗读表达出来。

学习活动四 学法迁移，比较阅读

1. 学习第三首：《六月二十七日望湖楼醉书》。

（1）理解诗题，回顾学法：读了题目你知道了哪些信息？

要点：写诗的时间：六月二十七日；地点：望湖楼；作者写诗时的状态：醉。

回忆学习《宿建德江》的方法——想象画面，品读诗句，体会情感，并用这样的方法学习《六月二十七日望湖楼醉书》。

（2）想象画面，品读诗句。

这首诗的每一句诗都是一幅画，诗中描绘了几幅画面？每一幅画面是怎样的？

要点：

① 雨前——黑云翻墨未遮山。

提示：用自己的语言描述画面，知道描述的时候要加上“好像”等比喻词才能准确表达诗句的意思。

看到这幅画面，你会联想到哪些四字词语？（乌云翻滚、乌云密布、乌云滚滚……）与“黑云翻墨”相比较，联系生活经验，感受诗人用新奇、贴切的比喻写出了乌云扩张、蔓延的变化过程，而且这一变化几乎发生在一瞬间。

② 雨中——白雨跳珠乱入船。

提示：描述画面，同样体会比喻的贴切、新奇，感受雨的又大又急。

③ 雨后——卷地风来忽吹散，望湖楼下水如天。

提示：描述雨后的画面。

（3）有感情地朗读。

提示：六月二十七日这一天，苏轼站在望湖楼上看着眼前变幻莫测的西湖雨景，是一种怎样的心境？（愉快、陶醉、愉悦、沉醉……）

2. 出示《饮湖上初晴后雨》（其二），比较异同。

要点：（1）相同之处：都写了西湖雨景，都用了比喻。（2）不同之处：《六月二十七日望湖楼醉书》是先雨后晴，《饮湖上初晴后雨》（其二）是先晴后雨；前者是以景喻景，后者是以人喻景。

3.课后延伸：比较本课三首诗词，发现异同。

要点：（1）从内容来看，三首作品都有景色描写，每一句写景的诗都是一幅极美的中国画。《宿建德江》主要是静态之景，《六月二十七日望湖楼醉书》主要是动态之景，《西江月·夜行黄沙道中》则是动中寓静。（2）从写法来看，三首作品都用到了对仗的手法，对仗工整的句子使得作品更有节奏感和音律美。(3)从表达的情感来看,《宿建德江》表达了诗人的羁旅之愁,《西江月·夜行黄沙道中》表达了作者淡淡的愉悦,《六月二十七日望湖楼醉书》则体现了作者豪放的胸襟。

精彩片段

师：请同学们再读一读《宿建德江》,你觉得诗中哪个字眼最能打动我们、感染我们?

生：“愁”字最能感染我。

师：为什么呢?

生：看到这个字我就会想到孟浩然肯定很不快乐,很需要人安慰他。

师：你们也被这个字打动了吗?谁来说说自己的感受?

生：我看到这个“愁”字,也觉得孟浩然肯定有很多烦恼,哪怕看到树啊,江水啊,月亮啊,这么美的景色也高兴不起来。

师：所以,我们是被诗中的这种情感感染了,对吗?那你们知道孟浩然为何而“愁”吗?

师：孟浩然早年热心功名,但是科举失利,饱受打击,一直没能得到引荐的机会,满腹才学却得不到朝廷的重用,只能在隐居和漫游中度过他人生的大部分时间。这一天,孟浩然孤身一人,途经建德江,夕阳西下,倦鸟归巢,劳作了一天的人们回到家中,而他却只能在船上过夜。同学们,你们有过孤身一人、远离家人的时候吗?

生：我参加军训的时候在外面住了好几天,特别想家。

生：我也是,电话也不能打,心里特别难受,还好有同学和老师陪着我。

师：此时的孟浩然身边有陪伴他的人吗?他心中泛起的“新愁”是什么“愁”?

生：他也想回家了。

师：思家之愁。

生：他想家里的亲人了,是思亲之愁。

师：对,诗中有一个字告诉我们他想家,想家人了,哪个字?

生：“客”字,他知道自己在这里只是一个客人。

师：对,是一个过客。王维有一首诗中也有一个“客”字,还记得吗?

生：独在异乡为异客,每逢佳节倍思亲。

师：离家在外,到哪里都只是一个匆匆过客,那为什么不回到家中和亲人团聚呢?(补充《自洛之越》:皇皇三十载,书剑两无成。山水寻吴越,风尘厌洛京。)读读孟浩然写的另一首诗,你读懂了什么?

生：他觉得自己没有什么成就,没脸回去。

师：有这个意思，孟浩然想家，但他的骄傲又让他不能这样一事无成地回家，所以，这个“愁”绪啊，就更难排解了。来，我们来读好这两行诗。

点评： 由诗眼“愁”字打开，第一步找出诗眼，说说从哪里看出诗人的愁，由诗中描绘的景物体会诗人的愁；第二步知人论世，联系写作背景理解诗人为何而愁；第三步切己体察，联系自己生活中的相似体验，反观诗人的心境；第四步互文阅读，补充孟浩然的《自洛之越》，进一步理解“孟浩然想家，但他的骄傲又让他不能这样一事无成地回家”，所以借此诗排遣自己的愁绪；第五步有感情地朗读，表达自己的阅读所得。这样给学生提供多种“想开去”的策略，层次清晰，方法得当，使古诗教学充盈浓浓的语文味儿。

4* 花之歌

课文解读

题解

《花之歌》是纪伯伦作品中具有代表性的一首散文诗。作者围绕“花”展开奇特的想象，将花描绘成“大自然的话语”“从苍穹坠落的星星”“诸元素之女”“亲友之间交往的礼品”“婚礼的冠冕”“生者赠予死者最后的祭献”，“与晨风群鸟一起迎送光明”“与万物和谐共处”。题目中的“歌”是诗歌，更是赞歌。作者以第一人称自述的方式，借助花这种大自然的语言，来寄托自己的伟大情操。

结构分析

《花之歌》是一篇略读课文。文章共 7 个自然段，从内容及语言表达上来看，可分为两个部分。

第 1—4 自然段为第一部分。这部分以“我是……”的句式对花的形象展开描绘，讲述了花的成长、芬芳及凋谢。第 1 自然段写“我是大自然的话语”。第 2 自然段写“我是星星，从苍穹坠落在绿茵中”，以星喻花，突出花的高洁夺目。第 3 自然段写“我是诸元素之女”，“诸元素”指冬、春、夏、秋，写出了花孕育、生长的过程。第 4 自然段写“我是亲友之间交往的礼品，我是婚礼的冠冕，我是生者赠予死者最后的祭献”，写出了花对人类无私的奉献。

第 5—7 自然段为第二部分。这部分主要围绕“我在做什么”继续描写花的形象，表现了花积极乐观的态度。这一段分别写了“我”的一天如何度过，“我”怎样和周遭世界和谐相处，以及“我”在享受世界无私给予的同时，坚持追求光明的决心与行动。

词语含义

诸元素： 原指各种元素，文中指的是四季，即冬、春、夏、秋，写出了花芬芳而短暂的一生。作者把花比作诸元素之女，意味着花就像大自然的女儿一样娇美可爱。

心驰神往： 原指心神飞到(向往的地方)，形容非常向往。文中暗指诗人“向往光明”。

顾影自怜、孤芳自赏： 都指自我欣赏。“顾影自怜”偏重于自我怜惜，“孤芳自赏”偏重于自命清高。“不顾影自怜”“不孤芳自赏”是花的精神，也是作者的精神。

句意理解

我微睡时，黑夜星空的千万颗亮晶晶的眼睛对我察看；我醒来时，白昼的那只硕大无朋的独眼向我凝视。

这一句从“微睡时”和“醒来时”两个方面，写出了花怎样和周遭世界和谐相处。“千万颗亮晶晶的眼睛”指夜空中的星星，“硕大无朋的独眼”指白天那硕大明亮的太阳。作者运用比喻及拟人的修辞手法，生动形象地表现出花在昼夜更替时的自然变化。同时，本句句式整齐，富有节奏感和音韵美，读起来朗朗上口，生动形象的画面跃然纸上。

而这些哲理，人类尚未完全领悟。

句中的“哲理”指“我总是仰望高空，对光明心驰神往；我从不顾影自怜，也不孤芳自赏”。“人类尚未完全领悟”说明人类没有像“我”一样领悟这些道理，暗含了对人类的批评。

语段分析

第 7 自然段

这一自然段共有 3 句话，写“我”在享受世界无私给予的同时，坚持追求光明的决心与行动。第 1 句，作者把露水想象成琼浆一样的美味，把鸟儿的鸣叫想象成歌唱，把风中花草的摇摆想象成跳舞、鼓掌，充满情趣，充分表现了花在享受世界无私的给予。第 2 句，是全文的点睛之笔，写出了花儿知道自己有开有落，但它开花时不孤芳自赏，凋落时不顾影自怜；无论外界环境如何，都将其当作生命的常态，完全接纳，得意时不骄傲，失意时不自卑，无论怎样，都要仰望高空，向往光明。第 3 句，作者笔锋一转，由花及人，点明了本文的写作主旨：作者表意是写花，其实是写人，以花自喻，托物言志，通过大自然的语言，来寄托自己的伟大情操，表明自己坚持追求光明的决心与行动。

写作特色

作为阿拉伯文学的主要奠基人，纪伯伦的作品常常通过大胆的想象和象征手法来表达深沉的感情和远大的理想，并常常流露出愤世嫉俗的态度。就本文而言，主要有以下写作特色：

想象奇特，充满画面美。全文无一“花”字，却句句在写花。作者奇特的想象，为花描绘出一个个积极向上的形象，如“大自然的话语”“从苍穹坠落的星星”“诸元素之女”“亲友之间交往的礼品”“婚礼的冠冕”“生者赠予死者最后的祭献”“与晨风群鸟一起迎送光明”“与万物和谐共处”，营造出丰富雅致的诗文意境，呈现出一幅幅无比美妙的画面。

句式整齐，富有音韵美。作者连续使用大量结构整齐的句式，很有特色。如，第 1—4 自然段均以“我是……”开头，第 3 自然段中“冬将我孕育，春使我开放，夏让我成长，秋令我昏昏

睡去”，第 5 自然段“清早，我同晨风一道将光明欢迎；傍晚，我又与群鸟一起为它送行”，第 6 自然段“我在原野上摇曳，使原野风光更加旖旎；我在清风中呼吸，使清风芬芳馥郁。我微睡时，黑夜星空的千万颗亮晶晶的眼睛对我察看；我醒来时，白昼的那只硕大无朋的独眼向我凝视”。这些整齐的句式使本文语言富有节奏感和音韵美，不仅读起来朗朗上口，而且层次清晰地将作者的想象一一铺陈开来，画面丰富而有气势。作为一首散文诗，全诗尽显纪伯伦诗歌风格中轻柔、凝练、隽秀与清新的特点，富有感染力和启发性。

一咏三叹，富有哲思美。课文第 1 自然段将花比作“大自然的话语”，“大自然说出来，又收回去”，然后“又说一遍”，循环往复，生生不息。后面所有自然段都使用相似的表达，在一咏三叹中表达生命的赞歌。作者熟练运用比喻、拟人、排比等修辞手法，既生动形象地写出了花的特点，又充分地表达了自己“总是仰望高空，对光明心驰神往；从不顾影自怜，也不孤芳自赏”的伟大理想。

拓展学习资源

1. 纪伯伦经典语录。

① 和你一同笑过的人，你可能把他忘掉；但是和你一同哭过的人，你却永远不忘。

② 再遥远的目标，也经不起执着的坚持。

③ 你背朝太阳，就只能看到自己的影子。

④ 用记忆拥抱着过去，用希望拥抱着未来。

⑤ 生命的确是黑暗的，除非是有了激励；一切的激励都是盲目的，除非是有了知识；一切的知识都是徒然的，除非是有了梦想；一切的梦想都是虚空的，除非是有了爱。

2. 纪伯伦生平简介。

在短暂辉煌的生命之旅中，纪伯伦饱经颠沛流离、痛失亲人、爱情波折、债务缠身与疾病煎熬之苦。他出生在黎巴嫩北部山区的一个农家。12 岁时，因不堪忍受奥斯曼帝国的残暴统治，他随母亲去美国，过着清贫的生活。1898 年，15 岁的纪伯伦只身返回祖国学习民族历史文化。1902 年返美后，病魔先后夺去了他的三位亲人。他以写文卖画为生，挣扎在金元帝国的底层。1908 年，他在友人资助下赴巴黎学画，并得到罗丹等艺术大师的指点。1911 年，他再次返美后长期客居纽约，从事文学与绘画创作。当他感到死神即将来临，决心让自己的生命之火燃烧得更加光耀，遂不顾病痛，终日伏案写作，直到 48 岁英年早逝。

3. 推荐作品。

推荐篇目	《浪之歌》《雨之歌》 （作者：纪伯伦）

学习设计

学习目标

1. 有感情地朗读课文，体会散文诗的节奏感和音韵美。

2. 能说出课文中哪些地方可以看出“我”是花，能说出对花的各种形象的理解，感受花“总是仰望高空，对光明心驰神往；从不顾影自怜，也不孤芳自赏”的精神。

3. 能找出课文和“阅读链接”中想象奇特的地方，体会作者借助比喻、拟人等修辞手法来表情达意的效果。

课时

1 课时。

学习活动

学习活动一 朗读课文，整体把握

1. 教师有感情地诵读课文片段。同学们，老师诵读得怎么样？学生交流，揭示课题。

2. 学生充分朗读课文，在朗读中相机理解“苍穹、冠冕、旖旎、鸣啭、祭献”等词语。

3. 交流分享：从哪些地方可以看出“我”是花？为什么？学生在交流中体会作者想象的奇特。

要点 1：作者把花比作大自然的语言、星星和诸元素之女，写出了花孕育、成长、芬芳和凋零的过程，如“大自然说出来”喻指花开，“又收回去”喻指花落，“然后又说一遍”喻指这个过程的循环往复。

要点 2：从“亲友之间交往的礼品”“婚礼的冠冕”“生者赠予死者最后的祭献”可以看出作者写的是花，花是人类纯洁和神圣感情的寄托，生活中经常用花来表达感情。

要点 3：从“清早……傍晚……”“我在原野上摇曳……我在清风中呼吸……”等词句可以看出写的是花，花的一天如何度过，花怎样和周遭世界和谐相处。

4. 指导学生有感情地朗读课文。

学习活动二 介绍背景，深化理解

1. 想一想：你觉得纪伯伦仅仅是在写花吗？他真正想告诉我们的是什么？学生交流。

要点：《花之歌》是一首赞歌，赞扬生生不息的生命精神，无论处在什么样的境地“总是仰望高空，对光明心驰神往”。

2. 补充介绍作者的写作背景。（见“拓展学习资源”）

3. 说一说：了解作者的生活经历后，你对课文有了什么新的认识？

提示：引导学生联系纪伯伦的生活经历，说说从“花”中读到一个怎样的“我”。特别要关注以下三点：(1)生生不息的顽强精神；(2)在各种遭遇面前“不顾影自怜”，在荣耀面前“不孤芳自赏”；(3)心怀梦想，“总是仰望高空，对光明心驰神往”。

4. 聊一聊：作者说，“而这些哲理，人类尚未完全领悟”。你领悟了多少呢？能结合自己的生活实际聊一聊吗？

5. 总结全文：《花之歌》一文表意是写花，其实是写人。作者正是利用花这种大自然的语言，来号召我们要“总是仰望高空，对光明心驰神往；从不顾影自怜，也不孤芳自赏”。

学习活动三 拓展阅读，互学互享

1. 过渡：看来，我们要真正读懂一首散文诗，就要学会在阅读时从所读的内容想开去，这样才能对诗歌的意境以及蕴含的哲理有更准确的认识。

2. 出示“阅读链接”《杨柳与水莲》一文，简介作者宗白华。

3. 自由朗读文章，想一想：本文又有哪些想象奇特的地方？

要点 1：这是一个寓言故事，作者运用拟人化的手法，展开丰富的想象，以“杨柳”和“水莲”对话的形式来说明抽象的道理。

要点 2：面对刚刚逝去的夜，杨柳和水莲有着不同的感受。

杨柳：感受着“夜的美”。（如第 8 自然段）

水莲：“恐惧悲哀”，感受着“夜的黑暗”“污泥的冷湿”。

要点 3：杨柳与水莲有着截然不同的生活态度。

杨柳：立于“碧夜的幕中”。

水莲：躲于“绿叶的沉梦里”，“抱着她悲哀的心，含泪的眼，婷婷地立在黑暗的深处”。

4. 想一想，说一说：宗白华通过杨柳与水莲的对话又想告诉我们什么呢？

要点 1：“杨柳”代表的是一种执着探寻、积极追求的人生态度。

要点 2：“水莲”代表的是一种畏畏缩缩、缺乏自信的人生态度。

要点 3：世间万物，如“杨柳”一般圆满的毕竟只是少数，更多的是像“水莲”一般在残缺中追求圆满。它出淤泥而不染，面对黑暗却不失希望，在现实中藏着梦幻，在逆境中怀着感恩，这样的人生泪中有笑，笑中有泪。

5. 指导学生有感情地朗读课文。

6. 布置作业。

小练笔：仿照《花之歌》开篇连用四个“我是……”的比喻，运用比喻、排比、拟人等修辞手法，展开丰富的想象，写一写你心目中的“草之歌”“树之歌”“云之歌”等。

板书设计

4* 花之歌

纪伯伦

总是仰望高空，对光明心驰神往

从不顾影自怜，也不孤芳自赏

（想象奇特）

比喻　拟人　排比

精彩片段

师：你觉得纪伯伦仅仅是在写花吗？

生：不是的。

师：纪伯伦真正想告诉我们的是什么？

生：纪伯伦看似在写花，实际上是在写人。因为课文最后一句说“而这些哲理，人类尚未完全领悟”，可见，作者最终的目的是希望人类明白其中的道理。

师：你很会读书，善于抓住关键的词句来捕捉信息。还有补充吗？

生：我也觉得作者实际是写人。因为全文是用第一人称来写的，貌似在写花，但实际上花的种种行为也是我们人所拥有的。花和人已经融为一体了。

师：要想真正读懂一篇文章，首先要读懂作者这个人。让我们一起来了解一下纪伯伦短暂辉煌的生命旅程。

（出示纪伯伦生平，详见“拓展学习资源”）

师：了解了作者的生活经历，你对课文有了什么新的认识？

生：了解了纪伯伦的人生经历，我更加明白，作者希望自己能像花儿一样生活。花儿能坦然面对周围的世界，不管是花开还是花落，它总是不骄傲也不自卑，积极乐观地面

对生活。

生：纪伯伦一生非常悲惨，但他希望自己能像花一样勇敢地面对生活，始终仰望高空，始终向往光明，让自己的生命变得更有价值。

师：尽管纪伯伦遇到了非常多的打击与磨难，但他依旧直面困难，勇于挑战，在有限的生命里取得了不朽的成就。他的人生，他的艺术成就，也值得像花儿一样歌颂。

（出示：我总是仰望高空，对光明心驰神往；我从不顾影自怜，也不孤芳自赏。）

师：看来，你们不仅读懂了《花之歌》这首诗，也读懂了纪伯伦这个人。现在，你能联系自己的生活实际，来谈谈对课文中这句话的理解吗？

生：我想到了自己学琴的经历。在每天练习的过程中，我经常会因为没有玩耍的时间而生气，为此不仅不好好练习，还经常会对父母发脾气。现在对照作者，我这点困难真是不值一提。所以还是应该让自己静下心来，只有勤学苦练才能取得成绩。

生：我学习不是太好，遇到难题就举手投降。现在看来，这真是对自己不负责任。还是应该多多请教，多多练习，让自己每天能进步一点点。

生：现在我们的生活条件都比较好，但千万不能满足于这种安逸的生活。还是应该趁自己年少的时候，好好学习，不虚度光阴，用自己的进步和成功来证明自己的价值。

师：听了大家的交流，我想你们已经真正读懂了《花之歌》。纪伯伦看似在写花，其实是写人。他用花这种大自然的语言，来号召我们要“总是仰望高空，对光明心驰神往；从不顾影自怜，也不孤芳自赏”。希望大家好好努力，争取谱写出属于自己的“花之歌”。

点评：从文本的表层结构进入深层结构，读出“花语”的隐喻义，理解“我总是仰望高空，对光明心驰神往；我从不顾影自怜，也不孤芳自赏”这句话的意蕴，是本文教学的难点。教师为学生搭建思维支架，先是挑起“你觉得纪伯伦仅仅是在写花吗”的认知冲突，引发学生从人称、表达中心的关键语句等角度进行思考。然后补充纪伯伦的人生际遇，再反观文本，理解作者借花自喻，“我总是仰望高空，对光明心驰神往；我从不顾影自怜，也不孤芳自赏”，这不正是作者人生的真实写照吗？最后让学生联系生活经验，从“花之歌”中读出自己、读出生活，有效地落实了“从所读的内容想开去”这一语文要素。

习作：变形记

学习设计

学习目标

1. 能发挥自己的想象，将自己变成另外一种事物后的经历写具体。
2. 使用具有新鲜感的词句将想象的世界写得有情趣。
3. 在与同伴的合作学习中，养成合作分享、互赏互改的习作习惯。

课时

2 课时。

学习活动

学习活动一 激发动机，指导审题

1. 导入语：在《花之歌》中，作者展开奇特的想象，使自己“变形”为花朵；在奥地利小说家卡夫卡的《变形记》中，主人公格里高尔由人“变形”为一只甲虫；在神话故事中，不少神话人物，如孙悟空、哪吒、猪八戒等，还能“变形”为多种事物……如果你也有这样一个“变形”的机会，把自己变成另一种事物，你想变成什么？又会发生些什么故事？今天，就让我们来写写属于自己的“变形记”。

2. 聊一聊：

(1) 板书“变形”，提问：从这个词眼看，这是什么类型的习作？

要点：想象类习作。

(2) 板书“记”，提问：通过这个“记”字，你又明确了什么习作要求？

要点：联系《西游记》《鲁滨逊漂流记》《汤姆·索亚历险记》等理解“记”的意思为见闻、感受、经历等，从而明确本文不仅要写“变形”，更主要的是写“变形”后的“记”，属于故事性质的文体。

学习活动二 畅谈“变形”，打开思路

1. 聊一聊：跟学生聊聊“想象”的作用和内容，边交流边逐步出示和完善思维导图（要点

见下图），尽可能让学生多角度想开去。

2. 想一想：回顾本单元略读课文《花之歌》，引导学生想开去：此文中作者变形为花，最想表达什么？

要点：作者变形为花，以花的视角和口吻进行表达，是为了抒发自己对人生的思考、探索和感悟：人生就是一朵花，失意时不要顾影自怜，得意时不要孤芳自赏，不论失意还是得意，心里总要开满怡人的"鲜花"。

3. 说一说：

（1）出示几个故事题目，让学生围绕这些题目进行选择并畅谈：我最想变成……，通过这样的变形，我最想表达……

提示：允许学生自由选择、畅谈，鼓励一题多谈，引导他们要有独特的构思；通过适时点拨、补充，引导他们在习作的主旨立意上追求真善美。

（2）学生联系生活实际继续交流：我还想变成……，我最想表达……

提示：引导学生联系自己的生活，以生活为不竭源泉，进行个性化的再想象，仍要注意主旨立意方面的引导，努力展现生活中的真善美。

学习活动三 依凭范例，学写"变形"

1. 找一找：

（1）人一旦变形后，生活的世界便随之发生改变。请你从课文《花之歌》中找出表明作者已经变形为"花"的句子。

学生交流，交流要点如下：

要点1：交流并出示文中相应的语句——"我在原野上摇曳……白昼的那只硕大无朋的独眼向我凝视。"引导学生理解并板书"写变形"的方法一——"周围环境的变化"。

要点2：交流并出示文中相应的语句——"我饮着朝露酿成的琼浆……芳草为我鼓掌。"

引导学生理解并板书“写变形”的方法二——“自身特点的变化”(生活习惯的变化)。

(2) 出示奥地利作家卡夫卡小说《变形记》中的有关语段,让学生找出表明主人公已经变形为“虫”的有关语句。

出示:

变形记(节选)

[奥]卡夫卡

一天早晨,格里高尔·萨姆沙从不安的睡梦中醒来,发现自己躺在床上变成了一只巨大的甲虫。他仰卧着,那坚硬的像铁甲一般的背贴着床,他稍稍抬了抬头,便看见自己那穹顶似的棕色肚子分成了好多块弧形的硬片,被子几乎盖不住肚子尖,都快滑下来了。比起偌大的身躯来,他那许多只腿真是细得可怜,都在他眼前无可奈何地舞动着……格里高尔的眼睛接着又朝窗口望去,天空很阴暗——可以听到雨点敲打在窗槛上的声音——他的心情也变得忧郁了。“要是再睡一会儿,把这一切晦气事统统忘掉那该多好。”他想。但是完全办不到,平时他习惯于向右边睡,可是在目前的情况下,再也不能采取那样的姿态了。无论怎样用力向右转,他仍旧滚了回来,肚子朝天。他试了至少一百次,还闭上眼睛,免得看到那些拼命挣扎的腿,到后来他的腰部感到一种从未体味过的隐痛,才不得不罢休。

学生交流,交流要点如下:

要点1:交流并标红文中相应的语句——“他仰卧着,那坚硬的像铁甲一般的背贴着床……都在他眼前无可奈何地舞动着……”引导学生理解并完善板书“写变形”的方法二——“自身特点的变化”(外形)。

要点2:交流并标红文中相应的语句——“格里高尔的眼睛接着又朝窗口望去……把这一切晦气事统统忘掉那该多好……”引导学生理解并完善板书“写变形”的方法二——“自身特点的变化”(心理)。

要点3:交流并标红文中相应的语句——“无论怎样用力向右转……才不得不罢休。”引导学生理解并完善板书“写变形”的方法二——“自身特点的变化”(动作)。

2. 写一写:学生尝试运用以上方法写“变形”部分,教师巡视、指点,要点见板书。

3. 评一评:指名读文,其余倾听,一方面对照板书要点进行评价,另一方面点评文中具有新鲜感的词句。

4. 改一改:引导学生根据评价和建议,修改习作片段。

学习活动四 比较写法,创编故事

1. 看一看:有一个人跟作家卡夫卡笔下的格里高尔一样,也变形为一只昆虫,他变形后

又有什么特别的经历呢？请看——(出示习作例文《变形记》)

我家后面有一座山，那是我童年的乐园，山上到处都有蚂蚁、蚱蜢、蜻蜓和蝴蝶。我常蹲在一个地方看绿色的蚱蜢，它停在绿色的叶片上，一动不动，我也一动不动，有时我忍不住伸出手想抓住它，可还没等我靠近，它一蹬腿，就跳到老远的叶丛中了。

有一次，我躺在一块大石头上晒太阳，不知不觉睡着了，还梦见自己成了我熟悉的那只蚱蜢：我全身都变成绿色的了，后腿特别长，我在草虫的村落里兴奋地蹦来跳去。突然，有一只麻雀朝我飞来，它想吃我，我便用尽全力一跳，故意跳到一片显眼的叶子上，扭动着触须，冲它喊道："来呀，来呀，来抓我呀！"麻雀似乎被惹怒了，便扑扇着翅膀继续朝我冲过来，眼看它的嘴就要啄到我了，我瞄准时机，双脚一蹬，居然跃到了它的背上。麻雀恼羞成怒，一会儿飞得高高的，一会儿飞得斜斜的，总之它想甩掉我。我呢，紧紧搂着它的脖子，绝不让自己掉下来。"咦，那不是邻居家的桃林吗?"想到他们家的水蜜桃又大又甜，瞬间我的口水就流了下来。可惜邻居家的狗很凶，好几次我刚靠近桃林，那狗就"汪汪"地叫着冲我跑过来，摇着尾巴，瞪着我，不让我靠近桃林半步。我突发奇想：今天我为何不说服麻雀一起去吃个够呢！于是，我搜肠刮肚地用尽我所有的赞美之词，终于说服麻雀，让它与我化敌为友了。我们很快飞进桃林，落到了一个又大又红的桃子上。我迫不及待地吃起来，可惜由于我变成蚱蜢了，所以肚子太小，一个桃子还没吃完就饱了。

我惬意地躺在桃叶上晒太阳，想歇一会儿再继续吃，可就在这时，另一个熟透了的桃子砸到了我脸上，我的梦就醒了，我又躺回到了那块大石头上。

(根据福建省厦门市人民小学黄黎明老师的课堂实录改编)

2. 比一比：学生自读例文，展开比较阅读并思考：同样是写"变形"，这篇文章与《花之歌》有什么不同点？

3. 说一说：

要点：《花之歌》的内容是变形为植物，体裁是散文诗，通过比喻、拟人等修辞手法生动地展示了花的诞生、作用和追求等方面，读起来让人感觉富有哲理；这篇例文的内容是变形为动物，体裁是童话，有着扣人心弦的故事情节，读起来让人感觉很有意思。

4. 找一找：学生精读例文《变形记》，发掘创编"记"的"妙招"。

组织交流，引导学生梳理出以下"妙招"：

要点1：有画面感(旨在引导学生从动作、神态、语言、环境描写等方面想开去)。

要点2：有真切感(旨在引导学生从心理描写方面想开去)。

要点3：有波折感(旨在引导学生从情节设计方面想开去)。

5. 写一写：学生尝试运用以上"妙招"写变形后的"故事情节"部分，教师巡视、指点，要点见板书。

学习活动五 分享交流，互赏互改

1. 活动一：小组分享。

（1）提示分享顺序：按照四人小组顺时针顺序分享自己的习作。

（2）提示分享步骤：

① 认真默读，用红笔圈画具有新鲜感的词句。

② 对照比较，谈谈对自己的启发，或者提出一些问题或建议。

③ 推选佳作，任务分工。

2. 活动二：全班分享。

提示：小组集体展示，先由推选出的佳作作者朗读自己的作文，然后组内伙伴按照分工，依次点评精妙词句、提出问题或建议等。

3. 改一改：学生根据评价和建议，完成习作的修改。

板书设计

习作：变形记

变形		记
周围环境的变化		有画面感
自身特点的变化	生活习惯的变化	有真切感
	外形、心理、动作等变化	有波折感

精彩片段

师：通过刚才的交流，我们发现：我可以变成一只蚂蚁，可以变成一盏路灯，可以变成一朵花，可以变成一粒石子……变形后，我的生活也发生了巨大而有趣的变化。如果现在让你也来变一变，你最想变形为什么？变形后又会发生什么有趣的故事？请你从下面的四个题目中选择一个，用两三句话来说一说。

（出示：地球自述　我是一条幸福的蚯蚓　飘在天上的日子　夜晚，一棵大树下的故事）

生：我变形为人类的家园——地球。变形后，我发现由于人类乱排乱放，导致水污染严重；由于人类乱砍滥伐，所以地球荒漠化加剧。我想借此向人类呼吁：保护环境，保护地球，已到了刻不容缓的时候。

师：你把自己变形为真实的地球，表达了保护环境的主题。你真是一个很有社会责任感的孩子。

生：我变形为空中的一朵云。作为一朵云，飘在天上的日子里，有时，我会变成一阵大雨，为干旱的禾苗送去甘霖；有时，我会张开双臂，为孩子们挡住炎炎的烈日。

师：你把自己变成了一种自然现象，变成了一朵充满爱心的云。

生：我变形为一条蚯蚓。在我万分寂寞的时候，我遇到了一颗种子。于是，我每天都陪它说话，给它松土。慢慢地，种子发芽、生根、抽枝、长叶，最终变成了一棵郁郁葱葱的小树。

师：陪伴种子成长，你真是一条幸福的蚯蚓。

生：我变形为一棵大树。夜晚，我看着大树下发生的一个个故事。老人们在大树下喝茶聊天，大人们在大树下纺纱织布，孩子们在大树下奔跑嬉戏。人们安居乐业的生活真是无比惬意。

师：你以大树这个旁观者的身份见证了人们看似平淡，却又无比幸福的生活，也非常有创意。刚才同学们选择了书上的四个话题进行交流。接下来，我们继续进行“超级变变变”活动，发挥你的想象，你还能变形为什么呢？又会发生什么故事呢？

生：平时忙于学习的我，希望自己能变成一只白白胖胖、衣食无忧的猪。梦想成真后，在一次意外事件中，我冲出了猪圈，却遇到了想把我当成盘中餐的狼，遇到了名副其实的猪队友，从而吃尽了苦头。被生活折磨得生不如死的我，最后强烈渴望能重返人间。我觉得，学习虽然辛苦，但是无比幸福。

师：多么痛的领悟啊！看来，幸福的生活都应该是奋斗出来的。

生：我变形为一棵小草。春天，我从泥土里探出脑袋，沐浴着温暖的阳光。夏天，我换上新装，与知了尽情地聊天。秋天，我离开大地妈妈的怀抱，给老婆婆送去温暖，结束了短暂而幸福的一生。

师：离离原上草，一岁一枯荣。你不仅给了小草顽强的生命力，还赋予了它满满的爱心。

生：我变形为一只小鸟。我会飞到北京去看鸟巢、水立方、圆明园；我会飞到台湾去看美丽的日月潭，去倾听游子的诉说；我会飞到大海上去和海豚打招呼，和鲸鱼做游戏……

师：同学们，《变形记》就是让我们给自己插上想象的翅膀，充分展开自己的奇思妙想。你可以把自己变成动物，天上飞的，地上跑的，水中游的，都可以进入你的视野；你可以把自己变成植物，高大的，矮小的，都有它独有的生活；你可以写生活中的各种物品，生活物品，学习物品，也有别样的精彩。只要你对它的世界感兴趣，就可以把它

写到你的作文中，它一定也会让你的世界充满趣味。

（王勇燕老师执教）

点评：“《变形记》就是让我们给自己插上想象的翅膀，充分展开自己的奇思妙想。”上述教学多角度打开思路，将思维可视化，引导学生进入陌生的领域，把自己当成某种动物、植物或物品。怎样把作文写得详细些呢？这里充分运用“想开去”的策略，让学生“变形”后浸入故事的情境中，站在别的事物的角度去演绎精彩的故事。

语文园地

学习设计

学习目标

1. 在经验交流中获得“阅读时能从所读的内容想开去”的策略性知识。

2. 了解排比句的特点，学习分号的用法，会借助拼音认识地名。

3. 朗读并背诵《过故人庄》。

课时

2 课时。

学习活动

学习活动一 交流平台

1. 任务驱动。

同学们，阅读有两个法宝——“读进去”与“想开去”。首先是要“读进去”，其次能够练习“想开去”。怎样“想开去”呢？

2. 交流经验。

教师在倾听中开发学生自我的学习经验。

要点 1：联系生活经验想开去。如阅读《草原》，读到课文中主客相聚与惜别的内容，可以联想生活中自己与别人相聚和惜别的情景，从而与作者产生共鸣。

要点 2：联系课文内容想开去。如阅读《丁香结》，丁香结引发了作者对人生的思考，由此可以联想到梅、兰、竹、菊这“四君子”，再想到它们的品性，从而想到人生的追求。

3. 迁移练习。

可以利用“想开去”这一阅读策略自主阅读“日积月累”中的《过故人庄》。

4. 教师小结。

这样阅读，既能读进去，与作者产生共鸣，又能想开去，活跃思维，激发创造力，让知识融会贯通，让阅读的收获更加丰富。

学习活动二 词句段运用

1. 学习使用排比句。

(1) 自读自悟。读一读第一组三个句子，每句话写了什么内容？这样写有什么好处？

要点1：第一句话出自课文《花之歌》，写出花是礼品，是冠冕，是生者赠予死者最后的祭献。

要点2：第二句话出自课文《桂林山水》，写出了漓江的水静、清、绿的特点。这句话还把漓江的水比作翡翠。

要点3：第三句话出自课文《我和祖父的园子》，运用拟人的手法写出了园子里花、鸟、虫子自由自在的生活。

要点4：这三句话都是排比句。排比句一般由三个或三个以上的短句或分句构成，短句或分句的构成方式、字数相同或相近，句式排列也很整齐。排比句对事物特点的描写更加全面细致。排比句读起来节奏鲜明、情感浓厚、气势强烈。

(2) 领悟用法。读一读第二组两个句子，说说分号的用法。

提示：先圈出句中的主导词，再领会分句之间是并列关系，最后把分号换成别的标点，再次体会分号的作用。

(3) 练习运用。出示一组词语，让学生选择最感兴趣的一个，写一句排比句。

出示：四季 书 幸福 母爱 爱心 友谊 时间

示例：我爱春天，爱她的草长莺飞，爱她的万紫千红；我爱夏天，爱她的疾风骤雨，爱她的艳阳高照；我爱秋天，爱她的天高云淡，爱她的硕果累累；我爱冬天，爱她的漫天飞雪，爱她的洁白无瑕。

学生交流，师生点评。

2. 借助拼音认地名。

(1) 激活经验。平时行走或乘车，我们经常看到很多路牌，课本中出示的图片就是路牌，想一想：你分别在哪些地方看到过类似的路牌？这些路牌上有哪些信息？

要点：左图是街道指路牌，蓝底白字，有地名、地名的拼音和方向；右图是高速公路指路牌，绿底白字，有地名、地名的拼音和公里数。

(2) 任务驱动。看路牌时，如果遇到不认识的地名，我们应该怎么办呢？用拼音拼写地名，有哪些规则？

要点：借助拼音认识地名。右图中，拼音字母都是大写，不标声调，前两个地名的拼音没有间隔，第三个地名中"湖"的拼音前有一个空格，间隔大于一个大写的拼音字母。

（3）迁移运用。你会用拼音拼写自己的名字吗？

要点：姓在前名在后；姓和名中的第一个字母必须大写，其余字母一律小写、连写，复姓连写，字间既不空格也不用连接号；无缩略形式；必要时用隔音符号。

学习活动三 日积月累

1. 走近作者。我们读过孟浩然的诗，比如《春晓》。你们把老师当作孟浩然，你们知道我的哪些信息？还想知道哪些信息？

要点：唐代诗人；“山水田园派”诗人；与王维齐名，并称“王孟”等。

2. 自读古诗。给学生充分时间朗读《过故人庄》，然后运用猜读、联系上下文语境、查阅资料等方式尝试自己读懂。交流：怎样让老师知道你已经读懂了呢？

提示1：学生朗读，读准字音，读通句子。

鸡黍（shǔ） 郭外斜（xié）

提示2：学生朗读，说说诗句的大意，理解“过、故人、具、鸡黍、就”等词语的意思。

3. 展开联想。在这个单元中，我们学习了“从所读的内容想开去”的策略。阅读这首诗，可以从哪些地方“想开去”呢？

提示1：想象“绿树村边合，青山郭外斜”的画面，近景绿树环抱，远景青山相依。

提示2：联系生活想象“开轩面场圃，把酒话桑麻”的场景，可以让学生扮演孟浩然和他的好朋友，将他们“端着酒，打开窗子面对着打谷场和菜园，谈论着农事”的情景表演出来。

提示3：想到以前学过的《四时田园杂兴》《清平乐·村居》等描写田园的诗。

提示4：想到孟浩然其他的诗，如《宿建德江》《望洞庭湖赠张丞相》等。

4. 多种形式朗读，体会诗人对田园生活的向往之情。

5. 背诵古诗。

板书设计

语文园地

阅读策略：从所读的内容想开去

联系生活经验想开去

联系课文内容想开去

精彩片段

师：通过刚才的交流学习，你对排比句有了哪些了解？

生：我知道排比句一般由三个或三个以上的短句或分句构成。这些短句或分句的字数、构成方式都相同或相近。

生：我知道排比句读起来很有节奏感，表达的感情也更加强烈。

生：我知道排比句中也可以同时运用比喻、拟人等修辞手法，这样表达得更加生动。

生：排比句的分句之间，如果句子比较长，可以用分号隔开。

师：排比句就是这么有趣，它是我们学好语文必须要掌握的一个内容。今天，我们还要来练习写一写排比句。你能从下面的词语中选择最感兴趣的一个来写一句排比句吗？

（出示：四季　书　幸福　母爱　爱心　友谊　时间）

生：爱心是一片照射在冬日的阳光，使贫病交迫的人感到人间的温暖；爱心是一泓出现在沙漠里的泉水，使濒临绝境的人重新看到生活的希望；爱心是一首飘荡在夜空的歌谣，使孤苦无依的人获得心灵的慰藉。

生：我爱春天，爱她的草长莺飞，爱她的万紫千红；我爱夏天，爱她的疾风骤雨，爱她的艳阳高照；我爱秋天，爱她的天高云淡，爱她的硕果累累；我爱冬天，爱她的漫天飞雪，爱她的洁白无瑕。

生：友谊是一杯清茶，润人心脾；友谊是一片秋叶，撩人相思；友谊是一缕阳光，暖人灵魂。

生：母爱是高耸的灯塔，指引前进的方向；母爱是冬日的阳光，温暖赤子的心灵；母爱是甘甜的雨露，滋润孩子的心田。

生：时间就是生命，时间就是力量，时间就是财富。

生：书是一把钥匙，打开智慧的大门；书是一盏明灯，照亮前进的方向；书是一剂良药，医治心灵的愚昧。

生：幸福是妈妈温暖的怀抱，幸福是朋友无私的关怀，幸福是世人友善的赞许。

生：幸福是生病时的一杯白水，幸福是困境中的一声问候，幸福是失意时的一次鼓励，幸福是绝望中的一回挽救。

师：今天，我们认识了排比句，诵读了排比句，练写了排比句，也充分感受到了中国文字的魅力。希望同学们能多阅读，多积累，多练习，让自己写出更多有生命力的文字。

（赵敏芳老师执教）

点评：上述教学处理好了“语知”和“语用”之间的关系，先是认识排比句的特点，然后给出“四季、书、幸福、母爱、爱心、友谊、时间”这一组词语，帮助学生搭建思维支架，在“试误——交流”这样的练习机制中领悟排比句的特点。

三、单元整体学习方案

1. 整体思路

本单元有两项学习重点：(1)阅读时能从所读的内容想开去；(2)习作时发挥想象，把重点部分写得详细一些。两项内容均含有“想象”“联想”的内容，教学时可以以“想开去”为策略，采用“还原与体验”“类比与感悟”“变形与创造”等方法重组教学内容，设计学习任务群。

<table>
<tr><th>学习情境</th><th>语文主题</th><th colspan="2">学习策略与活动</th><th>课时</th><th>学习内容</th></tr>
<tr><td rowspan="8">触摸自然</td><td rowspan="8">景语与情语</td><td rowspan="8">想开去</td><td rowspan="3">还原与体验</td><td rowspan="3">5—6</td><td>《草原》</td></tr>
<tr><td>《古诗词三首》</td></tr>
<tr><td>《语文园地》中“日积月累”</td></tr>
<tr><td rowspan="2">类比与感悟</td><td rowspan="2">4—5</td><td>《丁香结》</td></tr>
<tr><td>《语文园地》中“词句段运用”</td></tr>
<tr><td rowspan="3">变形与创造</td><td rowspan="3">4—5</td><td>《花之歌》</td></tr>
<tr><td>《习作：变形记》</td></tr>
<tr><td>《语文园地》中“词句段运用”</td></tr>
</table>

2. 设计方案

教学时可以从生活情境入手，让学生交流暑假中看到的自然风景，或观察到的自然事物。在此基础上，教师出示“日出、斜阳、月亮、流星、溪水、胡杨、梅兰竹菊”等词语，让学生的想象向四面八方打开，说一段描述自然的话，表达自己的情感。然后提出本单元的要求：我们要在作家笔下的自然世界中徜徉，体会表达的思想感情，并学习进入自然的世界，来表达自己的想象和情感。

(1) 还原与体验

《草原》是游记散文，教学时在整体把握的基础上，播放朗读录音，创设情境：如果要给朗读配上音乐、画面，你觉得应该加上什么样的音乐、什么样的画面？找出课文中的语言来支撑自己的想法。学生细读课文，聚焦一个个画面、场面，打开自己的想象去体验、去表达。想象草原美景，体悟作者情感，学习表达技巧，将其融合在“朗读配音、配画”的语言实践活动

之中。

学习完《草原》这一课之后，以“祖国的山川湖海、自然风光常常会让人诗兴大发，古人也留下了很多这一类的佳作，我们再来学习一组诗词”过渡。教学时的大体程序：

① 充分自读，思考：如何运用“想开去”的方法，证明自己已经读懂了？

② 学生运用朗读、描述画面、结合诗人写作背景等多种方式交流、讨论。

③ 通过抓住诗眼或者抓住诗中的意象体会诗人情感。

④ 三首诗词放在一起比较阅读，深化认识。三首作品都有景色描写，《宿建德江》主要是静态之景，《六月二十七日望湖楼醉书》主要是动态之景，《西江月·夜行黄沙道中》则是动中寓静，通过不同的“景语”体会诗人不同的“情语”。

⑤ 在完成《草原》和《古诗词三首》的学习后，迁移学习《语文园地》中“日积月累”中的古诗。

(2) 类比与感悟

① 感悟意象：借鉴《中国诗词大会》“飞花令”的方法，交流课前收集到的带有“丁香结”的诗句。讨论：这些诗句表达了什么样的感情？为什么诗人发明了“丁香结”这个意象？为什么用它来表达愁绪呢？

② 比较阅读：有了先前的学习经验之后，阅读宗璞的《丁香结》，先读出作者描绘的几幅丁香图，然后进行比较阅读：作者表达的情感和古人有什么不同？

③ 拓展：复习描写“梅花”的诗句，用王安石的《梅花》和王冕的《墨梅》相比较，体会诗人表达的不同情感。

④ 让学生选择自然界的事物来表达一种心情或志向。

(3) 变形与创造

① 利用阅读提示教学《花之歌》。从哪里可以看出作者描写的是花？作者赞扬了花的什么精神？

② 学习作者“变形”的手法。讨论：《花之歌》和一般描写自然事物的文章有什么不同？作者将“花”拟人化，以“我”的口吻来写。

③ 教学习作《变形记》。如果你有这样一个机会，将自己变成自然界的一种事物，你想变成什么？学生运用“想开去”的策略，尽情描绘那个新奇的世界。

四、单元评价与积累

倾听与说话

（一）听故事，完成相关练习。听两遍。

	时间	目的	经历
第一次			被俘→被软禁在草原上→逃出草原，来到____________等国
第二次			带了______等贵重礼物，先后到过多个国家

【附听力材料】

公元前139年，为了联合大月氏共同抗击匈奴，汉武帝派张骞出使西域。张骞带着一百多人从长安出发，在穿越广阔的荒漠时，不幸被匈奴骑兵发现了。他们寡不敌众，有的被杀死，其余的都成了俘虏。

张骞被软禁在草原上放牧。十年过去了，他始终没有忘记自己的使命。终于等到一个机会，他们在一天夜里逃了出来。

张骞等人马不停蹄，继续向西行进。他们常常忍饥挨饿，吃尽了苦头，终于到达一个叫大宛的国家。大宛王热情地接待了他们。后来，他们还到了康居、大月氏等国。

公元前126年，张骞回到了长安。张骞虽然没有完成最初的使命，但是获得了大量有关西域地区的人文和地理信息，他一一向汉武帝作了报告。从他的口中，汉武帝了解到了西域的真实情况，知道有许多国家希望和汉朝友好往来。于是，公元前119年，汉武帝再次派张骞出使西域。这一次，张骞带了三百多人，并带去了大批丝绸、金银等贵重礼物。

张骞等人先后到过三十多个国家，在他们的努力下，汉朝和西域地区建立了友好关系。西域地区的使节和商人也纷纷前往长安。中国的丝绸等各种商品源源不断地经过西域运到西亚，再转运到欧洲。后来，人们把这条贯通中西方的商路称作“丝绸之路”。

（二）看到下面的词语，你联想到了什么？选择一个词语说几句话，描述你想到的画面。

汹涌澎湃　　威风凛凛　　斜风细雨　　银装素裹

梳理与积累

(一) 按要求完成练习。

1. 照样子填空。

如果你是鱼儿，那快乐就是一汪清凉的水；如果你是小草，那快乐就是一束温暖的阳光；如果你是__________，那快乐就是____________________；如果你是__________，那快乐就是____________________。

2. 最近，你参加了哪些有趣的活动？请运用排比的修辞手法写一个活动场面。

____

____

(二) 诗文积累。

触摸自然

日暮江景：
______________，
江清月近人。

（　　　　）：
黑云翻墨未遮山，
______________。

山村夜景：
明月别枝惊鹊，
______________。
______________，
听取蛙声一片。

（　　　　）：
______________，
______________。

阅读与运用

阅读《守候一株水仙》，完成练习。

守候一株水仙

那年春天，我把母亲从乡下接进城来同住。一进门，母亲便看到了窗台上的花，满心欢喜。窗台上，葱兰、芦荟、吊兰、茉莉……在暖暖的春风里，长得郁郁葱葱，娇艳欲滴的叶子沐浴在阳光里。

忽然，母亲看着窗台一角的花说："这盆花都蔫了，真可惜。"母亲久居乡下，不识得那盆花。那是年前，妻在县城一家花店特意买的水仙，就因它能赶在过年前开花，能给我们的新

年增添一抹淡香。如今,已经是阳春三月了,水仙花期早过,它的枝叶散了,耷拉着,渐渐腐朽、干枯。水仙已经走过了生命里最美的时光,赖以生存的根须已被掏空了养分。

我安慰母亲说:"这是水仙,花开花谢之后就变成这样了。因为我们这里的气候土壤不适合水仙生长,它以后再也不会开花了。您看到的那些开花的水仙都是从外地买过来的。"说完,我用手轻轻一提,便把水仙从沙土里提出来了,一粒粒细沙稀稀落落地粘在水仙的根须上。

我刚要把水仙扔掉,母亲连忙制止我:"好歹也是生命,怎能随手扔掉呢?"母亲抢过水仙,像宝贝似的把它种在一个闲置的大花盆里,还用黑泥把它的根须盖好,压实。

看着母亲执着的样子,我没有再说什么,只能任由母亲去折腾。

母亲把水仙摆在窗台最靠近阳光的地方,日复一日地浇水、施肥、松土、除草。然而,尽管母亲费尽心思,它还是渐渐蔫下去,直到落尽最后一片叶子。我以为,只要水仙落尽了叶子,母亲便会不再搭理它,可母亲仍旧日复一日地呵护它。在母亲心里,只要水仙一息尚存,就还有希望。

夏天过去了,秋天也接近了尾声,母亲告诉我说:"你知道吗,水仙又冒出绿芽了。"我点点头,看着母亲高兴的样子,笑了。我知道,即便水仙长出了绿叶,也还是一株野草,不会再开花了。

果然,一切如我所料,一年又一年过去了,水仙只管冬日里长出茂密的叶子,然后春日里悄然落尽。尽管水仙从未放弃过生命,但它丝毫也没有开花的迹象。

又是一年春草绿,当我忙完了一天的工作回到家的时候,母亲惊喜地告诉我:"水仙开花了!"我走近窗台,凝望着那株水仙,我惊呆了——就在一丛水仙叶子的中间,单单一朵水仙花恣意地绽放着,如从天而降的仙女,超凡脱俗。在我们这里种植的水仙不是不能开花吗?这株水仙是怎么开花的?我惊讶得张大了嘴巴,连呼吸都屏住了。我的眼睛一眨也不敢眨地看着水仙花,生怕转眼之间这位落入凡间的仙女就要离我而去。

一株被带离故土的水仙,花开花谢之后,在快成一株干草的时候,被一位疼爱它的人拾起,小心浇灌,倍加怜惜。想不到,身处他乡的水仙,在主人日复一日年复一年的守候中竟然也能绽放出最美的花朵,以独有的姿态展现自己的价值。

守候一株水仙,它是不会让人失望的;守候一株水仙,就是守候一个顽强的生命,就是守候一颗执着开花的心。我们的身边是不是也有一个疼爱自己的人在守候?我们的生命是不是也能像一株水仙?

1. 根据文章内容，用简练的语言完成填空。

水仙	“我”的态度	母亲的态度
开过一季，枯萎了		
冒出了绿芽		
开出花朵		

2. 通过填表梳理，我们发现文中多处运用了对比描写：

① ______

② 鲜花谢了以后枯萎的样子和最终开出的花朵形成对比。

③ ______

3. 联系生活实际，谈谈你阅读本文后的感受。

______

______

第二单元

一、任务与目标

1. 单元整体思路

本单元的人文主题为“重温革命岁月”。编排了三篇精读课文，即毛泽东的律诗《七律·长征》、英烈故事《狼牙山五壮士》和记叙文《开国大典》，两篇略读课文《灯光》《我的战友邱少云》，还有《口语交际：演讲》《习作：多彩的活动》和《语文园地》。

本单元的五篇课文，从五个不同的时间节点来表达“重温革命岁月”这个主题。《七律·长征》写在红军长征即将取得胜利时期，全诗生动地概述了两万五千里长征的艰难历程。《狼牙山五壮士》写在抗日战争时期，五名战士为掩护群众和连队转移，英勇杀敌，把敌人引上狼牙山，自己英勇跳崖的故事。《开国大典》写在新中国成立后，记叙了 1949 年 10 月 1 日首都北京举行开国大典的盛况。《灯光》回忆的是解放战争时期的一段往事：郝副营长在战斗中点燃书本，用火光为部队找到突破口而壮烈牺牲。《我的战友邱少云》回忆的是抗美援朝战争中邱少云同志为了革命的胜利任凭烈火烧身纹丝不动直至牺牲的感人故事。这五篇课文从不同角度重现了不同革命时期的历史画面，描写的场面都很宏大。

本单元的语文要素是“点面结合写场面”。所谓“点”，指的是对最能显示人事景物的形象状态特征的详细描写；所谓“面”，指的是对人事景物的整体叙述或概括性描写。点面结合就是“点”的详细描写和“面”的整体叙述或概括性描写的有机结合。其一，“点”和“面”的描写在表达的目的和情感上是一致的。如《七律·长征》中“红军不怕远征难，万水千山只等闲”这个“面”和后面“五岭”“乌蒙”“金沙”等具体的“点”，都写出了长征的艰难历程，表达了红军的艰难和大无畏的乐观主义精神。《狼牙山五壮士》中“五个战士”的“面”的描写和“班长”“副班长”“宋学义”等每个战士的“点”的刻画，共同写出了战士们奋勇杀敌、热爱祖国、热爱人民、不怕牺牲的革命精神和英雄气概。《开国大典》中无论是“会场”“典礼”“阅兵”“游行”等“面”的描写，还是“毛主席”“各方阵”等“点”的描写，都写出了开国大典的盛大和激动人心。其二，“点”和“面”在描写上立足

的视角是不一样的。“面”是一种“俯瞰”视角，具有概述性，而“点”更具象。如《开国大典》中阅兵场面的描写，让我们从整体上感受到阅兵部队的整齐威武；而不同方阵的描写，让我们从细节处感受到各个方阵的精彩。“点面结合”，既让我们看到完整的场面，又让我们看到鲜活的个体。其三，点面呈现场景是有选择的。“面”是有选择的：如《七律·长征》中“红军不怕远征难，万水千山只等闲”这一句“面”的描写概括全文，属于概要式，而《狼牙山五壮士》《开国大典》《灯光》《我的战友邱少云》中的场面描写是分幕式的。“点”也是有选择的：如《狼牙山五壮士》中，第2自然段写每一位战士，全文又重点描写“马宝玉”这个典型人物；《开国大典》中重点描写“毛主席”，烘托人物形象，抓住“各方阵”，将场景中的细节放大，具象。其四，点面的呈现方式是多样的。既有“点面分述”，又有“点面交替”；既有“点详面略”，又有“点略面详”，也有两者兼具。如《七律·长征》是点面分述，而另外三篇是点面交替。点和面的详略有利于凸显点面结合的表现力。

本单元教学的整体思路：《七律·长征》作为点面结合朗读训练的例文，读出“点”“面”不同的气势，感受革命精神；《狼牙山五壮士》作为初步了解“点面结合写场面”的例文；《开国大典》里有很多场面描写，有多处“点面结合”，语言朴实，可以作为学生学习的样本。《灯光》《我的战友邱少云》作为略读课文，重在要求学生运用所学方法读懂故事，理解人物形象。《口语交际：演讲》和《习作：多彩的活动》，主要是让学生进行一个读写的迁移。《语文园地》为增强场面感染力进行了阶梯训练：“交流平台”板块让学生交流点面结合的表达效果，“词句段运用”板块让学生积累“说”的不同表达方式，“书写提示”板块提示学生书写时的注意事项，“日积月累”板块引导学生了解爱国人物故事、积累爱国诗句。

2. 核心任务

学习点面结合写场面，感受斗争场面，重温革命岁月是本单元最核心、最重要的学习任务。本单元三篇精读课文和两篇略读课文都通过点面结合的描写，从四个不同的时间节点来表达人文主题。学生需要理解“点”和“面”：所谓“点”，指的是对最能显示人事景物的形象状态特征的详细描写；所谓“面”，指的是对人事景物的整体叙述或概括性描写。了解“点面结合”写场面的好处：点面结合，可以既有深度又有广度地反映人事景物的形象状态，充分地表达思想，抒发感情。初步习得“点面结合”写场面的方法：写场面时既注意整体面貌的勾勒，又注意局部细节的刻画，两者有机结合。

3. 学习目标

字词句： 读准 1 个多音字，会写“律、寇”等字，会写“日寇、政府”等词语；正确理解“晋察冀根据地”“日寇”“大举进犯”等词语，体会故事发生的背景和环境特点，正确理解“沉着指挥”“全神贯注”“斩钉截铁”“昂首挺胸”“横七竖八”“粉身碎骨”等词语，体会词语的感情色彩；积累 4 句爱国诗句；能在写人物说话时，不用“说”来表达。

阅读： 结合背景资料读出气势，感受英雄气概；用批注阅读、默读等方法感受课文点面结合描写场面的方法；结合“阅读链接”开展专题阅读，把握内容，体会情感。

口语交际： 能围绕一个主题展开，语气、语调适当，姿态大方；演讲时能利用停顿、重复或者辅以动作强调要点，增强表现力。

书面表达： 认识“多彩”，确定合适的写作内容，合理取舍素材；尝试使用“点面结合写场面”的方法写作，既关注整个场景，又注意人物的动作、语言、神态；能自己修改习作，将习作誊写清楚。

内容理解： 通过阅读，感受英雄人物的形象，感受革命斗争的场面，重温革命岁月，珍惜如今的幸福生活。

二、课文解读与学习设计

5 七律·长征

课文解读

题解

《七律·长征》是毛泽东在红军长征胜利前夕激情挥毫而成的一首七言律诗。“七律”是指诗歌的体裁，“长征”是指诗歌描写的内容。全诗一共八句四联，生动地概述了中国工农红军1934—1936年由长江南北各苏区向陕甘宁苏区战略转移时所经历的艰难而伟大的历程，赞颂了红军的革命英雄主义和革命乐观主义精神。长征不仅是中国工农红军在人类战争史上创造的奇迹，更是中华民族百折不挠、自强不息的民族精神的典型表现。

结构分析

全诗共八句，每句七个字，每两句为一联，共四联，分为首联、颔联、颈联、尾联。

首联，“红军不怕远征难，万水千山只等闲”，直白的语言、豪迈的气势，不仅为全诗定下了高昂豪迈的基调，还起到了总领全诗的作用。

颔联，承接“千山”而歌，想象超群，意境开阔。作者先用“逶迤”和“磅礴”的夸张极言山势险峻，后用“细浪”和“泥丸”的比喻极言其渺小，扬抑之间更加凸显出红军不畏艰险的伟大形象。“腾”与“走”采用拟人化动态描写，使得山水与红军都灵动起来，有了生命感。

颈联，呼应“万水”而咏，对仗工整自然，画面磅礴宏大。一“暖”一“寒”，既写出了天气情况，又写出了心理感受。作者以两种感觉相互对比，既写出了红军渡过金沙江后的喜悦，又表现了夺取泸定桥的惊心动魄。一“拍”一“横”，一动一静，画面气势磅礴，将无限感慨寄寓在自然风景的描摹之中。

尾联，描述了长征最后的历程，以“尽开颜”收篇，写出了红军翻越雪山后一片欢腾的喜悦之情，同时也昭示着长征最后的胜利。

词语含义

逶迤： 形容道路、山脉、河流等弯弯曲曲延续不绝的样子，在这里是指位于湖南、江西、广

东、广西四省区交界处连绵不断的群山弯弯的样子。

铁索寒，云崖暖：铁索是大渡河桥面上的铁索，云崖指金沙江边上的悬崖。铁索和云崖原本是事物，但是这里却用一“寒”一“暖”来形容它们，既是跟当时的实际情况有关，也写出了诗人具体的感受，需要我们仔细品读，还原诗歌所咏历史事件本身来理解词语的含义。

句意理解

红军不怕远征难，万水千山只等闲。

面对如此艰难的长征，红军怕吗？是的，红军“不怕远征难”，这些万水千山在面对英勇无畏的红军时也只能“等闲”。作者以“远征难”和“只等闲”作对比，是为了凸显红军大无畏的革命精神，为下文作铺垫。

语段分析

五岭逶迤腾细浪，乌蒙磅礴走泥丸。

金沙水拍云崖暖，大渡桥横铁索寒。

弯曲绵延、磅礴起伏本来就是五岭、乌蒙山固有的自然特色，但是诗人却把它们比作翻腾的细浪、滚动的泥丸，运用化“极大”为“极小”的夸张手法，将看似极其险峻的五岭和乌蒙山当成了脚下的细浪和泥丸。其根本原因在于，红军将这些困难都一一克服了！奇特夸张的比喻，表达了诗人战胜困难时的喜悦和自豪。这扬抑之间，对比之下，更加凸显出了红军的伟大，红军不怕“远征难”。

金沙江战役，大渡河战役，是危险的，是残酷的，是惨痛的，可是，在诗人眼里只剩下了“暖”和“寒”。这是因为红军已经渡过去了，已经结束了，当时残酷的战役在心里留下了深刻的联觉印象，深入骨髓。此时，诗人的心里更多的是对革命胜利的憧憬。

这两联既是“长征”途中艰难险阻的具体代表，也是诗人高超诗歌艺术最为典型的体现之处。诗人以长征途中的典型事物入诗，以点带面，以局部表现整体。同时，比喻、夸张、对比等修辞手法的集中运用，更是将长征那段难忘的岁月真实而生动地再现在人们眼前。

写作特色

点面结合写长征。首联虽以“远征难”概述了长征途中所遇的艰难险阻，但纵观全诗，作者并没有面面俱到地描述长征途中所经过的重重困难，而是以点带面，点面结合来写长征。“面”是“远征难、万水千山只等闲”，引发读者脑海中一幅幅画面、一场场战役、一个个形象……“点”是腾越五岭、急跨乌蒙、巧渡金沙江、飞夺泸定桥、喜踏岷山雪五个场景，这一连串的具体事件组合在一起，共同构成了气势恢宏、令人难忘的长征。

诗歌语言凝练。全诗只有 56 个字，却高度浓缩两万五千里长征的历程，说尽艰难险阻。

首联以“不怕难”“只等闲”起调，颔联中“逶迤”的五岭、“磅礴”的乌蒙既是具体的地理事物，也是“万水千山只等闲”的代表，它们的存在既表现了红军克服的具体困难，也凸显了工农红军不畏艰险的形象。“云崖暖”与“铁索寒”既是当时具体事件的概述，也是诗人真实的心理感受，以灰冷色调的词语入诗，更加精准地反映诗人的心理感受。“更喜岷山千里雪”的“更喜”不仅是作者内心情感的表露，也是对全诗情感的收束。全诗对仗工整自然，诗人将宏大的场面、真切的感觉、内心情感的变化巧妙地融合在诗中，这不仅是诗歌本身的魅力，更是诗人自身语言艺术的结晶。

拓展学习资源

阅读词作《清平乐·六盘山》，体会其蕴含的革命英雄主义精神。

清平乐·六盘山

毛泽东

天高云淡，望断南飞雁。不到长城非好汉，屈指行程二万。

六盘山上高峰，红旗漫卷西风。今日长缨在手，何时缚住苍龙？

学习设计

学习目标

1. 朗读，在质疑、对比中发现七言律诗的特点，读出诗歌恢弘的气势。

2. 结合历史背景，理解关键词句的含义；通过对比阅读，感受诗人的英雄气概和红军的革命乐观主义精神；能够有感情地朗读。

3. 抓住“远征难”“只等闲”这一对关键词，体会诗句所蕴含的典型画面，感受红军精神，领会“以点带面”的写法。

课时

2课时。

学习活动

学习活动一 质疑对比，发现七言律诗的特点

1. 读课题，发现课题的独特之处。“长征”是诗题，“七律”指诗歌的体裁。读这样的题

目，间隔号处要适当停顿。

2. 对比发现七言律诗的特点。

（1）七言律诗，一共八句，两句一联，分为首联、颔联、颈联、尾联。

（2）对比朗读，发现律诗颔联、颈联对仗的特点。

（3）读这首诗第二、四、六、八句的最后一个字，发现律诗押韵的特点。

3. 借助押韵、停连把握诗歌的节奏。

学习活动二 体会长征的艰难，练习有感情地朗读

1. 阅读“资料袋”，联系自己课前对长征资料的收集与整理，交流你所知道的长征故事，体会长征的艰难。

2. 长征，是一段我们难以想象的艰难历程。读一读课文，思考：从哪里可以读出红军长征时的艰难？

3. 红军在长征途中曾无数次在连绵不断、海拔较高、空气相对稀薄的大山中前行，他们都经过了哪些大山？

4. 借助补充资料，体会长征过程的艰难。

5. 根据交流内容，小组合作，完成表格。

	难在何处？	你感受到了什么？
“远征难”	自然环境恶劣	坚强、乐观
	战斗惨烈、处境艰难	勇敢
	物资的缺乏	坚忍不拔
	路途的艰难	担忧、惊心动魄

6. 再次朗读诗歌。红军长征途中的经历是极其艰难与惊险的，相信此刻你已经对这首诗有了新的认识，现在让我们再来读一读这首诗，注意读出感情来。

学习活动三 还原典型画面，感受红军精神，领会“以点带面”

1. 长征路上，苦难千千万万，诗人为何唯独选取了这几处？引导学生发现诗歌以典型事物、典型事件来表现整个事件的写法。

2. 发现“远征难”与“只等闲”的对比，体会诗人构思的巧妙。

3. 诗人运用点面结合的写法，通过选取典型的事物，高度概括了长征过程中典型的事

件，只用八句四联、56个字，就浓缩了这段艰难岁月。

学习活动四 抓关键点，对比阅读，感受革命精神

1. 抓关键点，感受诗人笔下的长征。

“更喜岷山千里雪，三军过后尽开颜。”这句诗表现了诗人怎样的心情？开心、喜悦。该句是全诗点睛之笔，道出了诗人在长征途中心境从焦急忧愁到胜利喜悦的转变。补充历史背景，理解“更喜”二字的背景意义。

2. 体悟红军的长征精神。

(1) 长征精神。长征虽然充满了各种艰难险阻，但是广大红军战士在中国共产党的正确领导下，克服种种困难，以大无畏的革命乐观主义和英雄主义精神，最终取得了两万五千里长征的胜利，实现了党和红军的战略大转移，为后来的中国革命打开了新局面。

(2) 长征的新时代意义。在新时代的背景下，长征精神依然有着特殊的意义。当我们面临各种看似无法逾越的困难时，长征精神就像一盏明灯，一直指引着我们前进。面对汶川地震，全国人民秉承“一方有难、八方支援”的理念，全力奔赴抗震救灾第一线；面对新型冠状病毒，我们在党的领导下全国一盘棋，医护部门、解放军部队、物资保障部门和全国各族人民都以自己的方式来团结一心，共同面对这场战役，这正是我们不怕牺牲、团结奋进、顾全大局的新时代长征精神的体现。

3. 体会诗人情怀，熟读成诵。

毛泽东既是伟大的无产阶级革命家，也是著名的诗人。在他的笔下，险滩恶水变成了“翻腾的细浪”“游走的泥丸”，这既是艺术的夸张化处理，更是诗人大无畏人格的体现。因为不怕，所以不惧。因此在诵读诗歌时，要注意体会诗人的情怀。

板书设计

5 七律·长征

远征难 → 红军 ← 只等闲

红军

豪迈 乐观

勇敢 顽强

精彩片段

师：长征的过程是异常艰难的，诗人为什么说"更喜岷山千里雪，三军过后尽开颜"呢？

生：因为长征快要结束了。

师：这句诗中包含着一种怎样的心情？

生：开心、喜悦。

师：前面三联中诗人的心情是怎样的？（忧愁、担忧）最后一联是全诗点睛之笔，道出了毛泽东在长征途中心境从焦急忧愁到镇定喜悦的转变。

（教师补充历史背景，引导学生理解"更喜"二字的背景意义：红军过五岭、越乌蒙、渡金沙、抢大渡，从敌人的重重包围中杀出了一条血路，粉碎了敌人一次又一次的围剿，自然令人欣喜。而翻越岷山，即将进入陕北，胜利大会师已经不远，红军战略大转移的目标已基本实现，所以面对此情此景，作者的内心喜悦溢于言表）

师：读完了"资料袋"的内容，我们明白了作者心情发生转变的原因是翻过岷山，长征胜利在望，所以这种"喜"中还包藏着"自豪和骄傲"。

师：那么，诗人的这种"喜"，还表现在哪些方面？请同学们潜心阅读，推敲诗句，用心感受。

（生读）

师："五岭逶迤腾细浪，乌蒙磅礴走泥丸。"弯曲绵延的五岭，山势陡峭的乌蒙，夸张的手法让它们看起来极其险峻，但诗人却说"腾细浪"，"走泥丸"，这种奇特夸张的比喻，实则表达了诗人怎样的心情？

生：战胜困难后的喜悦和自豪。

师：是的。这扬抑之间，其实更突出了红军的伟大，红军不怕"远征难"。

师：金沙江战役，大渡河战役，应该是危险的，是残酷的，是惨痛的，可是，在诗人眼里只剩下什么？

生："暖"和"寒"。

师：金沙江的"暖"，大渡河的"寒"。为什么只剩下一种感受了呢？

生：因为红军已经渡过去了，都已经结束了。

师：是呀，此刻的毛泽东心里更多的是对革命胜利的憧憬，他在写这首诗的时候内心是喜悦的，自豪的……

点评： 在这个教学片段中，教师从长征的艰辛与隐藏在诗歌中的“喜悦”这一矛盾入手，引导学生去品读诗歌中所包含的历史事件，感受诗人内在的情思，品味诗歌精妙的语言。以一个看似简单的矛盾，调动起学生品读诗歌的兴趣，层层推进，最后引导学生发现诗歌语言背后的秘密，这点是值得我们关注的。

6 狼牙山五壮士

课文解读

题解

《狼牙山五壮士》是一篇以主要人物为题的课文。“狼牙山”在河北省保定市易县西南部，是晋察冀根据地边区东大门，因为峰峦的形状像狼牙而得名，在军事上占有重要地位。“五壮士”是指在狼牙山战斗中英勇抗击日军和伪满洲国军的八路军五位英雄：马宝玉、葛振林、宋学义、胡德林、胡福才。文章紧扣题眼“壮”字展开叙述：先写五位战士面对超过自己数倍的敌人，接受掩护任务，揭示其胆之“壮”；再写英勇战斗，打击敌人，揭示其行之“壮”；接着写诱敌入绝境，揭示其举之“壮”；最后高呼口号舍身跳崖，揭示其气节之“壮”。五位战士视死如归、勇于献身，用生命和鲜血谱写出一首气吞山河的壮丽诗篇，因此被称为“壮士”。

结构分析

课文按事情的发展顺序可以分为五个部分。

第一部分(第 1 自然段)：写七连六班接受掩护群众和连队转移的任务。

第二部分(第 2 自然段)：写六班五个战士诱敌上山，痛击敌人的情形。

第三部分(第 3 自然段)：写五个战士决定把敌人引上绝路。

第四部分(第 4、5 自然段)：写五个战士把敌人引上狼牙山峰顶后再次痛击敌人。

第五部分(第 6—9 自然段)：写五位壮士英勇跳崖。

各部分的小标题分别是：接受任务、痛击来敌、诱敌上山、顶峰歼敌、舍身跳崖。

词语含义

晋察冀根据地：“晋”指山西省，“察”指察哈尔省(民国时期设的一个省)，“冀”指河北省，是抗日战争时期共产党领导的八路军在敌后创建的第一个根据地。它位于华北北部，处于华北抗战最前沿。人们熟悉的地道战、地雷战、麻雀战等就是在这块土地上孕育发展起来的。除了狼牙山五壮士，还诞生了王二小、雨来这样的英雄。

句意理解

为了不让敌人发现群众和连队主力，班长马宝玉斩钉截铁地说了一声：“走！”带头向

棋盘陀走去。 战士们热血沸腾，紧跟在班长后面。

通过马宝玉说话时“斩钉截铁”的语气和简洁但坚定的语言，感受作为班长的他在生死抉择面前那种坚决果断，毫不犹豫的态度。通过“热血沸腾”，体会战士们对于班长所作决定的认同，以及舍生取义的决心。

他刚要拧开盖子，马宝玉抢前一步，夺过手榴弹插在腰间，猛地举起一块大石头，大声喊道：“同志们！ 用石头砸！”

从“抢前一步”“夺过”等动作描写可以体会到班长马宝玉的当机立断、有勇有谋，从“猛地举起”“砸”可以体会到他的果敢勇毅和对敌人的强烈仇恨，字里行间洋溢着对英雄的崇敬与赞美之情。

语段分析

第 2 自然段

这一自然段“痛击来敌”是一个典型的场面描写。作者抓住了人物的神态、动作等细节，对五个壮士逐一进行个体描写，生动展现了各自不同的特点：沉着善战的马宝玉指挥作战有条不紊，英勇刚烈的葛振林痛击敌人毫不客气，嫉恶如仇的宋学义扔起手榴弹来拼尽全力，年纪轻轻的胡德林和胡福才射击时严肃认真。这些个体的描写就是“点”。然而仅有“点”的描写是不够的，还需要群像的塑造。作者先描写了五个战士群体痛击敌人的概况：“一边痛击追上来的敌人，一边有计划地把大批敌人引上了狼牙山。他们利用险要的地形，把冲上来的敌人一次又一次地打了下去。”这些群体的描写就是“面”。就这样，痛击来敌的场面中，有“点”也有“面”，点面有机结合，使得英雄的群像与个体的形象互相映衬、互为补充，既让读者深切体会到战斗的激烈，又让读者感受到五位战士的英勇无畏和同仇敌忾。

写作特色

点面结合，强化了描写的层次感和画面感。课文最大的写作特色是有点有面，点面结合。除了第 2 自然段是点面结合的场面描写外，第 4、5 自然段的“顶峰歼敌”描写也是。这个场面中对于“点”的描写集中在马宝玉这一个体形象上：从“抢”“夺”“插”“举”“喊”“砸”和“拔”“拧”“扔”等一系列动作描写，可以感受到马宝玉的身先士卒、英勇顽强、随机应变等品质；从“同志们！ 用石头砸！”这一语言描写，可以感受到人物的刚毅果敢。为什么此处重点写了马宝玉这个“点”？ 这既是因为他是班长，更是因为他的行为最具代表性，以一人之“壮”折射了整体之“壮”。

第 6—9 自然段“舍身跳崖”还是侧重班长马宝玉这个“点”，不过结构上呈现为“面——点——面”。马宝玉从一开始带头把敌人引上绝路，到顶峰负伤后顽强歼敌，再到完成任务

后砸枪跳崖，以身殉国，完成了英雄的壮举。这个“点”为何如此感人？从马宝玉“激动地说”“砸碎”“走到”“第一个纵身跳下”以及跳崖时壮烈豪迈的口号声中，我们强烈感受到人物坚贞不屈的英雄气概和为人民利益壮烈献身的大无畏精神。“像每次发起冲锋一样”，何等视死如归，何等英勇无畏，何等荡气回肠！此处“面”的描写，既在开头，也在结尾。前面“眺望”写出了五位壮士在绝境中心系群众、心系部队的情感，“回头望望”“脸上露出胜利的喜悦”表现出五位壮士完成任务后的骄傲和喜悦。后面“昂首挺胸”“相继”及最后群体的口号声犹如生命的最强音，将场面渲染得如此悲壮，将战士们塑造得如此壮烈，震撼人心。

像这样有点有面的描写，层次感和画面感强，让我们既能感受到五壮士作为一个战斗群体的团结勇敢，又能感受到每一位战士的英勇顽强，塑造了令人印象深刻的抗日英雄群体和个体的形象。

善用四字词语，饱含情感，富有震撼力。课文中大量运用了富有情感的四字词语：全神贯注、横七竖八、斩钉截铁、热血沸腾、居高临下、坠落山涧、粉身碎骨、叽里呱啦、昂首挺胸、壮烈豪迈、坚强不屈、惊天动地、气壮山河。这些词语有描写敌人的，有描写五位壮士的，字里行间饱含着对敌人的憎恨与唾弃之情，对五位壮士的崇敬与颂扬之情。四字词语的有效运用，让行文更具感染力和震撼力。

拓展学习资源

推荐篇目	《晋察冀军区关于学习狼牙山五壮士的训令》 （晋察冀军区司令员兼政治委员聂荣臻、 政治部主任舒同、副主任朱良才共同签署颁布）	《虎门销烟》 （作者：孙宝林、许肇建）
推荐影片	《狼牙山五壮士》	

学习设计

学习目标

1. 会写“寇、副、榴”等字，分类积累词语，了解故事发生背景。

2. 学会按事情发展顺序，概括各部分中心内容；能简要复述故事。

3. 聚焦点面结合的场面描写，体会课文既关注群体，又聚焦个体的写法；体会其好处，并能在片段练笔中迁移内化。

4. 通过具体的语言文字，感受五位壮士的英雄气概；能有情感地朗读课文。

课时

2 课时。

学习活动

学习活动一 分类积累词语，了解故事发生背景

1. 出示第一组词语：晋察冀根据地、日寇、大举进犯。

（1）借助拼音读正确。

（2）教师讲解和联系语境相结合，理解词义。

（3）关联三个词语，体会故事发生的背景和环境特点。

要点1：晋察冀根据地是抗日战争时期共产党领导的八路军在敌后创建的第一个根据地；日寇，指侵华日军，“寇”的意思是强盗或外来的侵略者；大举进犯，“举”是举动的意思，指日寇率大军大规模侵犯。

要点2：根据电影片段聊聊日寇大举进犯的罪恶行径，体会当时形势的严峻。

2. 出示第二组词语：沉着指挥、全神贯注、斩钉截铁、昂首挺胸。

（1）借助拼音读正确。

（2）理解词义。

（3）关联四个词语，体会词语的感情色彩。

要点：体会五位壮士的沉着、英勇、无畏，体会作者对五壮士的赞美之情。

3. 出示第三组词语：横七竖八、粉身碎骨、叽里呱啦、开了花。

（1）借助拼音读正确。

（2）联系课文理解词语。

（3）感受这组词语的感情色彩。

要点：敌人应得的下场，隐含着作者对敌人的憎恨之情。

小结：从第二、三组词语中可以看出课文用词恰切，带有明显的感情倾向。

学习活动二 学习概括方法，厘清课文主要内容

1. 读一读：课文是按照什么顺序写的？

要点：课文是按照事情发展的顺序写的，即事情的起因、经过、结果。

2. 填一填：根据事情的发展顺序概括各部分中心内容，完成填空。

接受任务——（　　　　）——（　　　　）——（　　　　）——英勇跳崖

（1）引导学生按照事情的发展顺序发现：接受任务是起因，舍身跳崖是结果，中间三个空应填事情的经过。

（2）找对应的自然段。“接受任务”是第 1 自然段的内容，“英勇跳崖”是第 6—9 自然段的内容，中间三个空应是第 2—5 自然段的内容。

（3）思考第 2—5 自然段讲了什么，以正面人物的活动来概括内容。

（4）哪些自然段可以合并概括？引导学生通过抓关键词句发现：第 2 自然段写了痛击来敌（敌人），第 3 自然段写了诱敌上山（引上绝路），第 4、5 自然段写了顶峰歼敌。

3. 讲一讲：概括故事主要内容。

提示：简洁、精炼、概括。

参考：课文主要记叙了抗日战争时期，八路军某部七连六班的五个战士为了掩护群众和连队转移，毅然接受任务，诱敌上山，英勇杀敌，最后英勇跳崖的故事。

学习活动三　关注场面描写，体会人物英雄形象

1. 课文描写的是一次群体战斗，其中描写在特定时间与地点内许多人物活动的总体情况，就是场面描写。让我们聚焦第 2 自然段，看看作者是怎样描写“痛击来敌”这个场面的。

点拨：先写群体英勇无畏的表现，这是“面”的描写；再逐一写五位战士的个体表现，这是“点”的描写。

2. 成功的场面描写总是“点”“面”结合的。请学生把写“点”的句子用直线画出来，把写“面”的句子用波浪线画出来，反复朗读体会。

3. 出示写“点”的句子，思考：五位战士分别有什么特点？作者是用什么样的方法来写“点”的？

点拨：马宝玉——“沉着”“让敌人走近了，才下命令狠狠地打”，从神态和语言上表现了人物的冷静善战；葛振林——“打一枪就大吼一声”，从动作和语言上表现了人物的勇猛；宋学义——“扔”“抡”等动作描写，表现了人物的嫉恶如仇；胡德林和胡福才——“把脸绷得紧紧的”“全神贯注”，从神态上表现了人物对敌时的专注和认真。这些个体形象的细节描写就是场面描写中的“点”，既表现了不同人物的性格特点，又互为依托，完成了群像的塑造。

4. 出示写“面”的句子，齐读，体会当时战斗场面的激烈，对总体面貌有所了解。

5. 议一议：“痛击来敌”部分点面结合的场面描写有何作用？

点拨：“痛击来敌”运用了点面结合的场面描写，既有群体叙述，又有个人描写，既有总体

概括，又有具体刻画，这样读者既对总体面貌有所了解，又对个体活动有具体认知，给人身临其境的感觉。同时，点面结合的场面描写还可以更好地渲染气氛，塑造人物，表现主题。

6. 齐读第2自然段，再次体会点面结合描写场面的好处。

学习活动四 由扶到放，再悟点面结合的场面描写

1. 自读“顶峰歼敌”和“英勇跳崖”部分，思考：作者是如何展开“点”“面”描写的？把写“点”的语句用直线画出来，写“面”的语句用波浪线画出来。

要点1：写“点”的语句。

他刚要拧开盖子，马宝玉抢前一步，夺过手榴弹插在腰间，猛地举起一块大石头，大声喊道：“同志们！用石头砸！”

马宝玉嗖的一声拔出手榴弹，拧开盖子，用尽全身气力扔向敌人。

班长马宝玉激动地说：“同志们，我们的任务胜利完成了！”说罢，他把那支从敌人手里夺来的枪砸碎了，然后走到悬崖边上，像每次发起冲锋一样，第一个纵身跳下深谷。

三句话都是写“点”，都描写了同一个人物马宝玉，侧重描写人物的动作、语言、神态，生动传神地刻画出了马宝玉作为班长的当机立断、英勇无畏，对敌人满腔的仇恨以及视死如归、以身殉国的英雄气概，壮士形象跃然纸上。

要点2：写“面”的语句。

“顶峰歼敌”中第4自然段的第1—4句是写“面”，描写了五位壮士群体活动的情况及敌人的情况；“舍身跳崖”中第6自然段的第1、2句是写“面”，第5、6句也是写“面”。

2. 议一议：同样是点面结合的场面描写，“顶峰歼敌”“英勇跳崖”和“痛击来敌”在写法上有何不同之处？为什么这样写？

不同之处：“点”的选择不同。“痛击来敌”将五位战士作为“点”逐一展开描写，“顶峰歼敌”“英勇跳崖”则是将马宝玉作为“点”集中描写。

这样写的原因：一开始五位战士面面俱到，可以让读者对人物形象有总体的了解，有利于群像的塑造；后来抓住重点人物马宝玉具体描写，可以凸显主体人物的壮言壮行，让其有血有肉，形象丰满，从而以点带面，给人留下深刻的印象。

3. 如果你是导演，要拍摄一个顶峰歼敌的电影场景，你会怎样选择人物和镜头？

要点：可先拍摄五位战士的群像，再拍摄马宝玉的单人镜头，最后再拍摄五位战士的群像和敌人的丑陋姿态。讨论时让学生充分展开，并且追问这样选择镜头的原因，看其是否真正理解了点面结合写场面的好处。

4. 观看影片片段，对照设计，发现场面描写与电影镜头之间的异曲同工之妙。

学习活动五 拓展延伸，迁移运用写法

1. 观察一次活动(班级运动比赛等)，运用点面结合的写法描写其中的场面，再现当时的氛围。

要点：

(1) 注意观察群体的活动情况，观察两三个主要个体的活动情况。

(2) 描写“点”时抓住个体神态、动作、语言等细节展开；描写“面”时可以先交代清楚场面的背景(时间、地点、环境等)，然后抓住活动的总体气氛，勾勒出“面”的情况。

(3) 写场面要有顺序。一般按照由面到点再到面的顺序来安排。这样描写，既关注了整个场面，又聚焦了个体活动细节，给人全面、具体的感觉。

2. 学生练写，教师巡视。

3. 注意要点，评析片段。

板书设计

6 狼牙山五壮士

壮行　壮言　壮举

顶峰歼敌

诱敌上山

痛击来敌

接受任务

英勇跳崖 ↓

壮烈豪迈、气壮山河

群体：一边……一边……　一次又一次　(面)

个体：沉着　吼　抡　绷　(点)　点面结合

马宝玉　(点)

精彩片段

师：同学们，同样是点面结合的场面描写，“顶峰歼敌”“英勇跳崖”和“痛击来敌”在写法上有何不同？

生：我发现“顶峰歼敌”“英勇跳崖”主要写了一个“点”——马宝玉。

生：我发现“痛击来敌”部分对五位战士平均用力。每位战士都是一个“点”，从不同的角度描写人物，呈现不同的人物特点。

师：你们观察得真仔细！读书就是要这样用心。请同学们再深入地思考：为什么“点”的选择有所不同呢？

生：我认为一开始把五位战士作为“点”来描写，可以让我们对五位战士这个群体有个大致的了解。

生：一开始逐一描写五位战士，可以让我们感受到每位战士都是英雄。

师：确实，把五位战士作为“点”来写，可以让读者对人物形象有大致的了解，从而对这个群体形象产生认知，感受到他们都有英雄的气概。

生：“顶峰歼敌”和“英勇跳崖”部分重点写了马宝玉，是因为马宝玉作为班长，果敢、英勇，很多行为都是他带的头，他是其他战士的榜样。

生：其他战士也是英雄，但马宝玉的语言、动作等更突出，更壮烈，更让人震撼。

师：是呀，对马宝玉的描写是以一人之“壮”带动群体之“壮”，给人留下深刻的印象！这就是以点带面，可以让场面描写更有层次感和画面感，也更能打动人心。如果你是导演，要拍摄一个顶峰歼敌的电影场景，你会怎样选择人物和镜头？

生：我会把第一个镜头给五位战士。他们登上顶峰后虽然没有退路，但临危不惧，依然有条不紊地向紧跟在身后的敌人射击。

生：我会把第二个镜头给马宝玉，拍他在负伤、子弹打完的情况下，果断用石头砸敌人的镜头，一边砸还一边高喊。然后战士们一起举起石头砸敌人。

生：我会把第三个镜头转向敌人，拍他们被石头砸中滚落深谷、大快人心的情景。然后镜头一转，又有一群敌人扑上来，局势又变得紧张起来。

生：接下来我会再次把镜头给马宝玉，拍他把唯一的手榴弹扔向敌人的画面，把他的勇敢和对敌人的憎恨表现出来。

师：从同学们想象的拍摄中，老师感受到你们已经学会了用点面结合来表现场面的激烈。其实文章中的“点”就相当于电影中的特写镜头，都能很好地凸显人物，为“面”服务。接下来请同学们认真观看影片片段，对照自己的设计，评估一下自己是不是一位合格的导演。

点评：阅读与表达并重，是统编教材的重要编排理念。这一板块的教学，引导学生从阅读中学会比较，发现“点”的选择不同，从而关注语言表达的形式及表达的效果。在此基础上，创设学生喜闻乐见的情境——让学生做导演拍摄镜头，在交流表达中检测学生是否真正掌握了点面结合的写法和理解了其妙处，设计颇为巧妙。最后让学生观看影片，在观看中与自身设计对照、碰撞，延伸了点面结合写场面的内涵，丰富了学生的审美经验，赋予了学习更广阔的空间。

7 开国大典

课文解读

题解

“大典”指隆重的典礼，“开国大典”更是非同一般的典礼。它是一个历史性的大事件，对于我们的国家和民族具有重大意义。以“开国大典”为题，开门见山地揭示了本文的描写对象。文章按照开国大典的顺序，叙述了会场氛围、大典仪式、阅兵盛况和群众游行四部分内容。课文选取了一个个有代表性的场面进行描写，表现了全国人民对新中国诞生的无比激动和自豪，语言中饱含激昂的情感，极具感染力。

结构分析

本文篇幅较长，按照时间顺序，全文可以分成四个部分。

第一部分(第 1—4 自然段)：写大会开始前的会场氛围。

第二部分(第 5—10 自然段)：写大典仪式，这是开国大典的重要部分，主要写毛主席做了三件事：一是宣布“中华人民共和国中央人民政府今天成立了”；二是升起新中国第一面五星红旗；三是宣读中央人民政府的公告。

第三部分(第 11—13 自然段)：写阅兵式的盛况，主要写了两方面的内容：一是各兵种接受检阅；二是群众看到检阅部队后激动的情景。

第四部分(第 14—15 自然段)：写群众游行，光明充满北京城，暗示着中国人民从此走出黑暗的统治，迎来光明的未来。

词语含义

擎着红旗：“擎”有拿的意思，但是在文章中又比“拿”多了一份庄重，多了一份激动。“提着红灯”“舞着火把”中的“提”“舞”，同样都有“拿”的意思，但是“舞”比“拿”又多了一份动感，多了一份激动。同样是“拿”，作者用不同的动词来表达，体现了语言表达的高品质。

瞻仰：意思是恭敬地看。

一齐脱帽肃立，一齐抬起头：体现了人民群众对五星红旗的敬仰之情，也体现了对祖国的热爱，对烈士们的追怀，从而让我们感受到典礼的庄严和隆重。

句意理解

五星红旗升起来了，表明中国人民从此站起来了。

五星红旗代表的是中华人民共和国，代表的是人民当家作主的国家。旧社会，人民受剥削受压迫，没有自由没有尊严。新中国的成立，代表人民推翻了黑暗的统治，代表每一个受苦受难的中国人从此翻身做了主人。

光明充满了整个北京城。

这里的“光明”不仅指北京城灯火通明，更是象征着新中国的成立，人民从此推翻了反动政府的黑暗统治，走向光明。

语段分析

第7自然段

句式对仗工整：“这庄严的宣告，这雄伟的声音，使全场三十万人一齐欢呼起来。这庄严的宣告，这雄伟的声音，经过无线电广播，传到长城内外，传到大江南北，使全中国人民的心一齐欢跃起来。”“这庄严的宣告”指的是毛主席宣布：“中华人民共和国中央人民政府今天成立了！”“传到长城内外，传到大江南北”，意味着向全中国人民宣告了新中国的成立。这一宣告不但让天安门广场上的三十万人激动不已，也让所有中国人充满自豪。这段话运用了反复的手法，增强了抒情的感染力。“这庄严的宣告，这雄伟的声音”出现了两次，在语音上形成有节律的情感冲击波，“庄严”和“雄伟”两个词的发音充满了豪情和力量；“长城内外”和“大江南北”都是指全中国，语义上形成反复，叠加在一起，画面变得更加开阔，便于积蓄情感，在后半句长句上得到自然的抒发。

第12自然段

这一自然段是一个典型的点面结合的场面描写。这一段中的“点”是参与阅兵式的各个兵种，抓住了每个兵种的特点，体现了解放军的精神风貌。这一段中的“面”是观看阅兵式的人民群众，对“面”的描写也非常详细，场面激动人心。这样的点面结合，让我们不仅感受到了阅兵式的庄严隆重，更对各具特色的阅兵队伍留下了深刻的印象。

写作特色

点面结合，聚焦主要人物，体现场面的壮观和热烈。本课“点面结合写场面”的方法主要体现在“典礼”和“阅兵”两个议程的叙写中。

“典礼”这一内容实际上是按照时间顺序写了一串场面，采用了点面交替的写法。“点”集中在毛主席身上，四次写到毛主席，分别是他出现在主席台上、宣告中央人民政府成立、升

国旗和宣读政府公告；“面”则集中在群众的表现上，围绕“点”一一对应地描写了群众的目光、欢呼声、掌声等。毛主席具有历史意义的言行与群众的表现相互结合，组成了“见面”“宣告成立”“升国旗”“宣读公告”等四个场面。写法上点面相互交替，效果上点面相互映衬，突出了大典的庄严热烈，使得毛主席的形象给读者留下了深刻的印象，又让读者被人民群众对新中国和毛主席的无比热爱之情深深感染。

“阅兵”这一场面写得相对集中，先是一句话整体交代阅兵式的情况，继而抓住各个兵种的特点特写各个行进的方阵，让人从细节处感受中国人民解放军的威武强大，然后再详细写阅兵过程中群众热烈的表现。结构上先面后点再面，效果上以面衬点，以群众表现侧面衬托阅兵式的震撼，突出了中国人民解放军的威武强大，表达了人民对新中国人民解放军的热爱之情，给读者留下了深刻的印象。

“典礼”和“阅兵”两个部分都运用了点面结合的手法，但在“点”和“面”的选取上又有不同，前者聚焦一个人——毛泽东，突出伟人形象，后者以一个个受阅部队为“点”，每一个“点”都具有鲜明的特点。整篇文章在写作上极具特色。

反复手法，句式工整，富有气势。课文中多处使用了反复手法。“这庄严的宣告，这雄伟的声音，使全场三十万人一齐欢呼起来。这庄严的宣告，这雄伟的声音，经过无线电广播，传到长城内外，传到大江南北，使全中国人民的心一齐欢跃起来。”“三十万人一齐脱帽肃立，一齐抬起头，瞻仰这鲜红的国旗。”“两个半钟头的检阅，广场上不断地欢呼，不断地鼓掌，一个高潮接着一个高潮。群众差不多把嗓子都喊哑了，把手掌都拍麻了，还觉得不能够表达自己心里的欢喜和激动。”“天上五颜六色的火花结成彩，地上千千万万的灯火一片红。”这些句子中反复手法的运用，不但让句式更加工整，读起来富有节奏感，更是突出了大典庄严、热烈的氛围，让读者感受到场面的宏大壮观。

拓展学习资源

推荐书目	《开国大典6小时——大典背后的秘闻》 （作者：于江；出版社：辽海出版社）	
推荐影片	《开国大典》	《建国大业》

学习设计

学习目标

1. 默读课文，梳理内容，概括场面，概述大典。会写“政、府”等字。

2. 赏析重点语句，感受庄严，体味自豪。

3. 品析“阅兵式”，感受抓特点写方阵、写群众衬方阵的方法。

4. 迁移运用，仿写一个运动会的场面。

课时

3 课时。

学习活动

课前准备：观看电影《开国大典》；开展一次年级小型运动会，将重要的场面拍摄成视频，进行适当的剪辑。

学习活动一 字词教学，丰富词汇

1. 在括号里填上合适的词语。

(1)（　　）着红旗　　（　　）着红灯　　（　　）着火把

(2)（　　）的掌声　　（　　）的掌声

2. 第一组括号内所填词语，能不能都换成“拿”？为什么？

要点：如果都换成“拿”是可以的，但是没有原来的词语贴切。“擎”表现了人们“激动”的心情，表达了对新中国的热爱；“提”定格了拿的方式，十分形象；“舞”突出了人们挥动火把的节奏，传递出了激动的心情。

3. 第二组，同样是描写掌声，两个词组有什么不同？想象一下，课文中的掌声还可以用什么词语来形容？

要点：“排山倒海”突出了鼓掌的人多，掌声此起彼伏，声浪一波又一波，充满了力量；“雷鸣般”突出了掌声响亮到了极点，饱含人民群众激动的心情。还可以用经久不息、惊天动地等词语来形容。

4. 朗读这些词语。

学习活动二 概括场面，概述经过

1. 默读课文，找出课文中描写典礼的内容，用关键词进行提炼概括。

要点：文章写了会场、典礼、阅兵、游行四个部分，其中重点写了“典礼”和“阅兵”。

2. 初步聚焦“典礼”，梳理具体议程。

要点：国家领导人来到主席台——奏国歌——毛主席宣告新中国成立——升国旗——鸣礼炮——毛主席宣读政府公告。

3. 联系起来简要说一说开国大典的过程。

要点：理出具体的时间短语，厘清主要人物及活动，最低标准是叙述清楚，不求细节；学生练习，教师点拨；交流感受。

学习活动三 品读语言，感受庄严热烈的场面

1. 老师朗读下面三句话，学生感受字里行间传达出的庄严、热烈的氛围。

(1) 主席台设在天安门城楼上。城楼檐下，八盏大红宫灯分挂两边。靠着城楼左右两边的石栏，八面红旗迎风招展。

要点：①老师范读；②学生模仿朗读；③适当补充资料；④想象画面，感受场景的庄严；⑤展示老师书上的批注(拍照投示)。

资料：这八盏大红宫灯是有史以来最大的。每盏高 2.23 米，周长 8.05 米，直径 2.25 米，重达 80 公斤。

(2) 到了正午，天安门广场已经成了人的海洋，红旗翻动，像海上的波浪。

要点：①老师范读；②学生模仿朗读；③借助比喻，想象画面，感受场面的热烈；④展示老师书上的批注(拍照投示)。

(3) 两个半钟头的检阅，广场上不断地欢呼，不断地鼓掌，一个高潮接着一个高潮。群众差不多把嗓子都喊哑了，把手掌都拍麻了，还觉得不能够表达自己心里的欢喜和激动。

要点：①老师范读；②学生模仿朗读，想象画面；③发现句式中的反复手法突出了群众的欢喜和激动；④展示老师书上的批注(拍照投示)。

2. 默读课文，画出类似的语句，模仿老师写批注，而后与大家分享。

要点：学生交流批注，教师点拨，然后练习朗读。

(1) 人们有的擎着红旗，有的提着灯笼……一下火车就直奔会场。(“擎”字的选用，突出了人们内心的激动；“直奔”一词突出了人们心情的迫切)

(2) 下午三点整，会场上爆发出一阵排山倒海的掌声……三十万人的目光一齐投向主席台。(“排山倒海”突出了掌声的热烈与持久，突出了群众激动的心情；“一齐投向”突出了人民群众对毛主席的敬爱之情)

(3) 这庄严的宣告，这雄伟的声音，使全场三十万人一齐欢呼起来。这庄严的宣告，这雄伟的声音，经过无线电广播，传到长城内外，传到大江南北，使全中国人民的心一齐欢跃起来。(①通过整齐的句式，增强节奏感；②“长城内外”与“大江南北”都是指全中国，这里是通

过语义反复来突出毛主席的宣告的影响力；③观看电影相关片段，感受氛围；④重点指导朗读，读出气势，感受场上的群众以及全中国人民的激动心情）

(4) 三十万人一齐脱帽肃立，一齐抬起头，瞻仰这鲜红的国旗。五星红旗升起来了，表明中国人民从此站起来了。（“一齐脱帽肃立”“一齐抬起头”“瞻仰”等词突出了群众对五星红旗的敬仰之情；两个“了”决定了后一句话的语调，朗读时要强调）

(5) 升旗的时候，礼炮响起来。每一响都是五十四门大炮齐发，一共二十八响。起初是全场肃静，只听见炮声和乐曲声，只听见国旗和其他许多旗帜飘拂的声音，到后来，每一声炮响后，全场就响起一阵雷鸣般的掌声。（①理解两个具有纪念意义的数字。“五十四门大炮”代表中央人民政府由 54 个单位组成，“二十八响”代表中国共产党从建党到新中国成立一共 28 年；②“肃静”突出了人民群众对国旗的敬仰（联系每周一的升旗仪式体会），“雷鸣般的掌声”突出了人民群众对新中国的热爱；③朗读，读出节奏，读出肃静到情感宣泄的情绪变化）

(6) 天上五颜六色的火花结成彩，地上千千万万的灯火一片红。（整齐的句式，宽泛的对仗，一切景语皆情语，礼花和灯火衬托出了人民群众内心的激动与自豪）

(7) 两股“红流”分头向东城、西城的街道流去，光明充满了整个北京城。（比喻突出了场面的壮观、热烈，象征着中国人民从此走向光明，走向幸福）

…………

3. 总结文章语言特点。

(1) 同学们，上述语句生动地传达了大典庄严、热烈的氛围。你能发现这些句子里藏着哪些规律性的写法吗？

要点：用词准确，如“擎”红旗、“瞻仰”五星红旗等；句式整齐，富有节奏；语义反复，强调感情；善用富有感情的比喻等。

(2) 选择自己喜欢的句子练习朗读，读给同学听。

小结：描写热烈的场面，要学会用词准确、句式整齐，恰当运用修辞手法，这能更好地帮助我们表达感情。

学习活动四 聚焦阅兵式，学习点面结合的写法

1. 复习《狼牙山五壮士》中“诱敌上山”这个场面的点面结合的结构：课文写了哪些镜头？何为点？何为面？

要点：五位壮士一边攀登一边射击——班长马宝玉命令大家用石头砸——敌人纷纷滚落山崖。马宝玉的表现是“点”，写了他的动作、语言；其他战士的表现是“面”，敌人的表现也是“面”，起到衬托战士英勇无畏的作用。

2. 指名朗读第11—13自然段，边听边想象画面，这个场面描写与五壮士“诱敌上山”有什么相同的地方？

要点：先是部队整体由东往西，缓缓进场，这是“面”；然后是海军、步兵、炮兵、战车师、骑兵师和空军的行进方阵，这是“点”；最后是群体的表现，这是“面”，其中群众的表现这个“面”起到衬托作用。

3. 那么它们又有什么不同的地方呢？

要点：“阅兵”的场面描写中，“点”描写的不是一个人，而是不同兵种的方阵，比较复杂；群众这个侧面描写的“面”写得特别具体。

4. 这里的“点”比较复杂，作者是怎么写清楚的呢？作者写不同方阵的着眼点有什么不同？默读第12自然段，填表。

参考：

兵种	海军	步兵	炮兵	战车师	骑兵师	空军
着眼点	服饰	步伐	各式各样的炮	装甲车、坦克车	红马连、白马连，马的步伐	飞机排成人字形飞过

5. 这个场面描写，为什么后面群众的表现要花这么多笔墨？

（1）再次朗读描写群众表现的语句。

（2）能不能就写“两个半钟头的检阅，广场上不断地欢呼，不断地鼓掌，一个高潮接着一个高潮”这一句？为什么？

要点：结构上来说是可以的，但是这样写没有课文生动。课文不但写了欢呼声和掌声，还写了人们把能抛上天空的东西都抛了出去，这种激情让人身临其境；课文还联想到了人们嗓子哑了，手掌麻了，激动到了极点。这样详细地描写群众的表现，衬托出了人民对中国人民解放军的热爱之情，增强了文章的感染力。

6. 观看视频，整体朗读，感受点面结合写阅兵的好处。

要点：不仅让我们感受到了整个阅兵式的庄严、隆重，还让我们对各具特色的队伍产生了深刻的印象，体会到了群众对中国人民解放军的热爱之情。

学习活动五 迁移运用，用点面结合的方法写一个场面

1. 观看学校运动会男子50米接力比赛的录像。

2. 梳理镜头，理清“点”与“面”。

要点：比赛开始前，场地上啦啦队和运动员的情况，这是“面”；比赛过程中，自己班级的运动员的表现，这是“点”；比赛结束后，班级所有人的情绪表现，这又是“面”。

3. 再次观看视频，感受“面”的氛围，观察“点”的细节化表现（动作、神情、语言等）。

4. 模仿“阅兵式”的场面描写，练写一个片段。

5. 作后讲评。

要点：①“点”与“面”是否分得清；②点面结合的结构是不是“面——点——面”；③“点”的描写是否表现出运动员的特点，遣词造句是否形象等。

6. 当堂修改片段。

参考：

50米男子接力赛马上就要开始了，参加比赛的同学个个摩拳擦掌，既紧张又兴奋，各班的啦啦队员在跑道外面站好。大家都在紧张地等待比赛开始的枪声。突然，“砰”的一声，比赛开始了！四位运动员都像离弦的箭一样冲了出去。我班×××真像一头正在追赶猎物的豹子，身子前倾，牙关咬紧，估计吃奶的力都用上了，步子飞快，一下子跑在了其他三个班运动员的前面，很顺利地把棒传给了×××。×××又飞了出去！我们班的啦啦队员整齐地高喊：“四班加油！四班必胜！”声音响彻了整个操场，响彻了整个校园的天空。比赛结束了，我们班获得完胜。班主任脸上漾起了微笑，和我们一起围着运动员跳啊，叫啊，沉浸在胜利的喜悦中……

板书设计

7　开国大典

进场——典礼——阅兵——游行

（点面结合）

精彩片段

师：同学们，阅兵式中的“点”描写的不是一个人，而是不同兵种的方阵。这里的“点”比较复杂，那么作者是怎么写清楚的呢？作者写不同方阵的着眼点有什么不同？请大家默读第12自然段，填写表格。

生：写海军主要写他们的服装，“雪白的帽子，跟海洋一个颜色的蓝制服”。写步兵重点写他们的步伐，“列成方阵，齐步行进”。写炮兵是抓住了各式各样的炮。战车师重

点写了装甲车和坦克车。骑兵师则是重点写颜色，“红马连”和“白马连”。

生：还有空军，重点写了飞机的队列。

师：同学们很会读书，你们关注了每个方阵不同的着眼点。受阅的部队有海军、步兵、炮兵、战车师、骑兵师、空军，你对哪一个方阵印象最深？

生：我对炮兵师印象最深。我查了资料，当时炮兵受阅时的各式各样的炮都是从敌人手里缴获来的。

师：你真会学习！是啊！当时参加受阅的武器装备不少都是从战场上缴获来的，仅不同口径的大炮，就有日式、美式、德式、英式、苏式等好多种，所以有人说当时我军的武器装备是“万国牌”的。我军就是在这样武器装备极差、条件极其艰苦的情况下取得了抗日战争、解放战争的胜利，多么了不起的一支军队！请你读一读写炮兵师的句子。

（生读）

师：所以作者写炮兵师就着重写了野炮、榴弹炮等各式各样的炮，突出了炮兵师的特点。

生：我对战车师印象比较深，“战士们挺着胸膛站在战车上，像钢铁巨人一样”让我感受到了解放军战士的威武雄壮。

师：我们的解放军战士就是一个个钢铁战士！你能用朗读把你的感受表现出来吗？

（生读）

生：老师，我还知道为了防止国民党袭击开国大典，当时我们的空军受阅的飞机中有4架是全副武装、带弹飞行。

师：你了解得真多！查阅资料能帮我们更好地理解文章内容。谢谢你给我们带来了这么珍贵的材料！让我们再一起去感受阅兵式上各个兵种的特点，想象画面。

生：（分组朗读）开头是海军两个排……飞过天空。

师：作者抓住了不同兵种的特点，通过一个个“点”的描写，让我们从细节上感受到人民解放军的威武强大。后面为什么还要写群众的表现？

生：写一个个兵种是“点”的描写，写群众是“面”的描写。

生：如果只有一个个“点”的描写，那么还不能突出场面的壮观和热烈。

生：写群众的表现也是为了突出受阅部队。

师：你们都说得非常好！这就叫作——

生：点面结合。

师：让我们再次朗读描写群众的句子。

生：群众看见了……盖过了飞机的隆隆声。

生：两个半钟头的检阅……心里的欢喜和激动。

师：同学们，这一段对群众的描写特别详细。能不能就只写“两个半钟头的检阅，广场上不断地欢呼，不断地鼓掌，一个高潮接着一个高潮”这一句？为什么？

生：课文中还写了人们把头上的帽子、手里的报纸和别的东西抛上天去，可见人们的心情多么激动！

生：如果只是写不断地欢呼，不断地鼓掌，不能体现出这个欢呼和鼓掌到底有多热烈。后面这句“群众差不多把嗓子都喊哑了，把手掌都拍麻了”，就把人们这种激动的心情写得更详细了。

师：如果只写这一句，从结构上看也是可以的。但课文中对群众的描写更详细，更渲染了阅兵式场面的热烈，让我们仿佛身临其境。“面”的详细描写，更好地衬托了群众对中国人民解放军的热爱之情，让场面描写更有感染力。

师：让我们一起来观看开国大典时阅兵式的视频，重温那激动人心的时刻。

（生整体朗读第 12、13 自然段）

师：这一场面描写，既抓住了一个个“点”的特点，让我们感受到各个方阵的飒爽英姿，又对人民群众这个“面”进行了详细描写，表达了人民群众对子弟兵的无比热爱。点和面结合，向我们呈现了阅兵式这一激动人心的热烈场面。

点评：本单元的语文要素是“了解文章是怎样点面结合写场面的”。本课中阅兵这一部分是“点面结合写场面”的一个典型。这一段中的“点”“面”和前文“典礼”部分中的“点”“面”又有所不同，“点”是一个个兵种，“面”是人民群众。这一片段的教学中，老师不仅让学生厘清了什么是“点”什么是“面”，还让学生知道了作者是怎么抓住特点把“点”写清楚写具体的。对群众的描写部分，老师通过追问，让学生感受到如何对“面”进行详细描写，从而充分体会场面的壮观和人民群众的激动心情。这一片段的教学聚焦阅兵式这一场面，通过比较、品味，让学生充分了解文章是怎样点面结合写场面的，为下一板块的迁移运用打下扎实的基础，有效达成了从阅读到表达的语用训练目标。

8* 灯光

课文解读

题解

《灯光》是本单元的略读课文，也是一篇叙事散文。“灯光”是一个特殊的事物，也是一个特殊的意象。灯光的特殊含义：既指天安门前的灯光，又指军营里的火柴光，也指郝副营长憧憬的电灯，更指郝副营长用书本点燃的引向光明的火光。所以，以“灯光”为题，是有多重含义的，既有表面的意思，又有深层的情感寄托，蕴含着作者深刻的写作目的。它既是题目，又是贯穿全文的线索，也揭示了文章的主旨。散文字里行间饱含“我”对战友的赞美、怀念和对新中国的热爱之情。

结构分析

本文以“灯光”为主线展开叙述，全文可以分为三个部分。

第一部分（第 1—2 自然段）：清明节前的一个晚上，“我”漫步于天安门广场，听到“多好啊”的赞叹，引起了对往事的回忆。

第二部分（第 3—11 自然段）：讲述了关于灯光的往事：战斗前，郝副营长在战壕里看书，对电灯下的读书生活充满了向往；战斗中，郝副营长点燃那本书为部队突围引路，英勇牺牲。

第三部分（第 12 自然段）：在璀璨的华灯下，“我”又想起了这位亲爱的战友。

词语含义

黑魆魆： 形容黑暗。

震天动地： 形容声音或声势极大。

千钧一发： 钧：古代重量单位，一钧为三十斤。千钧的重量系在一根头发上，形容事态极其危险。

璀璨： 形容珠玉等光彩鲜明。文中指天安门前的灯光闪亮耀眼，光彩夺目。

句意理解

“多好啊！”（第 2 自然段）

“多好啊！”(第 5 自然段)

“赶明儿胜利了，咱们也能用上电灯，让孩子们都在那样亮的灯光底下学习，该多好啊！”

文中出现了三处“多好啊”。第一处是对天安门灯光的赞叹，表达“我”对北京、对天安门广场、对人民幸福生活的赞美之情。第二处表达郝副营长对插图上的孩子能够在电灯下读书的赞美之情，触景生情，暗下决心，为了下一代能过上美好生活，不怕牺牲，勇往直前。第三处表达郝副营长对孩子们都能在电灯下读书的无限向往之情，表现他对未来幸福生活的憧憬。

突然，黑暗里出现一星火光，一闪，又一闪。

此处的“一星火光”暗示英雄牺牲，火光是英雄的精神之光，鼓舞战士们英勇杀敌，使战斗取得胜利。“星星之火，可以燎原”，郝副营长为了心中崇高的理想，为了孩子们能在电灯下学习，不惜牺牲自己年轻的生命。这也是作者对战友深深的怀念。

语段分析

《灯光》作为略读课文，教学时可以重点抓住阅读提示“课文中，天安门前璀璨的灯光、郝副营长书上插图中的灯光和战场上微弱的火光，三者之间有什么联系？它们与课文题目又有什么联系？”展开自主阅读。天安门前璀璨的灯光象征着新中国的繁荣昌盛，是无数革命烈士为之奋斗为之献身的理想；郝副营长书上插图中的灯光象征着郝副营长参加革命的初心——让人民过上光明美好的生活；战场上微弱的火光象征着郝副营长为了“初心”宁愿献出年轻生命的献身精神。

三处“灯光”，体现出“理想——奋斗——现实”三者的关系，互为因果，紧密相连：插图中的灯光是郝副营长和千千万万战士的革命理想；天安门前的灯光把这种理想变成了现实；在理想和现实之间，战场上微弱的“火光”架起了桥梁，成千上万的战士们为之奋斗，甚至献出了宝贵的生命。

写作特色

本文属于叙事散文，**采用倒叙的手法**，由天安门广场的灯光写起，叙述过去的事情——解放战争时期，郝副营长憧憬明亮的灯光，并化身为光，英勇献身，文章结尾又回到灯光。通过倒叙的手法，设置悬念，引出下文。以“灯光”引起回忆，再回到“灯光”，首尾呼应，结构紧凑，突出了文章中心思想，凸显了英雄的高大形象，增强了文章的生动性。

细节描写。(1)战斗前，郝副营长借火柴亮光，深情注视旧书中孩子在电灯下读书的图画的细节描写。通过郝副营长语言、动作、神情的具体刻画，体现革命战士的美好愿景。通过

细节描写，体现了郝副营长对于幸福生活的向往，为下文英雄的牺牲埋下伏笔。(2)战斗时，郝副营长在千钧一发之际点燃书本，燃起“一星火光”，在黑暗中指引战士们突围的细节描写。通过“一星火光”的刻画，体现郝副营长为了美好的灯光，不惜将自己的生命化为火光，照亮战士们前进的道路。运用细节描写，体现了战斗时情况的万分危急，凸显了郝副营长的献身精神。

拓展学习资源

推荐篇目	《大江保卫战》 (苏教版五年级下册语文课本第 22 课)
推荐影片	《董存瑞》

学习设计

学习目标

1. 快速浏览课文，按照时间顺序，概括故事内容，初步感受人物形象。
2. 将文中三处“光”的描写联系起来，玩味它们的不同含义，理解课文题目的含义。
3. 迁移学法，自主学习《灯光》中战斗场面的描写。

课时

1 课时。

学习活动

学习活动一 整体感知，体会三处“光”的含义

(一) 概述故事，了解人物。

1. 快速默读全文，思考：《灯光》一文中作者主要回忆了一件什么事?

要点：发现写作顺序：按照事情发展顺序，先写战斗前，再写战斗时，最后写战斗后。战斗前，郝副营长在战壕里看书，为书上“孩子在电灯下读书”的插图着迷。战斗中，部队遭到阻击一时找不到突破口的时候，突然出现一星微弱的火光，指引了部队前进的方向。战斗结

束后，战士们才知道是郝副营长点燃了那本书，献出了年轻的生命。

2. 这位郝副营长哪些地方让你感动？

要点：美好的革命理想；为了理想勇于献身的精神。

3. 朗读令自己感动的画面。

要点：①朗读第5—7自然段，抓住郝副营长的话语，读出深情，读出向往；②朗读第8—11自然段，边读边想象画面，紧扣“千钧一发”中出现的“一星火光”，读出紧张之感和钦佩之情。

（二）玩味三处“光”。

1. 填表梳理。

时间		哪里的光
清明节前的一个晚上		天安门前的华灯
1947年初秋	战斗前	书本上插图中的电灯光
	战斗时	书本燃烧发出的火光
清明节前的一个晚上		天安门前的华灯

2. 出示本课阅读提示：“课文中，天安门前璀璨的灯光、郝副营长书上插图中的灯光和战场上微弱的火光，三者之间有什么联系？它们与课文题目又有什么联系？”

（1）郝副营长书上插图中的灯光和战场上微弱的火光之间，有什么联系？

要点：插图中的灯光象征着郝副营长对幸福生活的憧憬，象征着郝副营长的革命理想；战场上微弱的火光象征着郝副营长为了理想英勇献身的精神。

（2）作者为什么要在开头和结尾写天安门前的灯光呢？

要点：开头是“我”看到灯光感慨新中国的美好；结尾是“我”借灯光缅怀革命先烈。

（3）比较：课文能不能以“华灯下的回忆”为题？与以“灯光”为题有什么不同？

要点：“华灯下的回忆”题意比较狭窄，主要表达了“我”对战友的怀念；“灯光”题意丰富，不仅承载着“我”对战友的怀念，还表达了“我”对新中国的热爱，更重要的是这个题目能引发我们思考今天的幸福美好与无数像郝副营长一样的先烈献身之间的关系，激发我们对当下美好生活的珍惜。

学习活动二 聚焦场面，赏析点面结合的写法

1.《狼牙山五壮士》《开国大典》两篇课文中，课文是怎样描写大场面的？

要点：如《狼牙山五壮士》中描写五位战士痛击敌人时先整体上描述他们的打法，然后用

一个个特写镜头细节化描写每一位战士的富有个性的打法，给人身临其境之感；如《开国大典》描写阅兵式时，既从整体上描写受阅部队走过天安门广场的整齐威武的情景，又细节化地描写各个方阵的不同风采，让我们感受到了阅兵式的壮观、庄严。

2.《灯光》这篇课文有没有运用“点面结合”的写法进行场面描写？

要点：第 8—10 自然段中战斗的场面。

3. 自读第 8—10 自然段，用不同的线画出“点”与“面”，并批注自己的感受，然后交流。

要点：

(1) 分工朗读描写“点”与“面”的语句：

面：“三发绿色的信号弹……和突击连失去了联系。”“整个团指挥所的人都焦急地钻出了地堡，望着黑魆魆的围墙。”“战士们靠着这微弱的火光冲进了围墙。”“围墙里响起了一片喊杀声。”

点：“突然，黑暗里出现一星火光……已经足够亮了。”“在这千钧一发的时刻，是郝副营长划着了火柴……他被敌人的机枪打中了。”

(2) “面”的描写的作用：“在黑暗里找不到突破口”“望着黑魆魆的围墙”，突出战斗形势的危急，体现郝副营长为战斗胜利起到的关键作用，为郝副营长点燃书本、英勇牺牲作铺垫。

(3) “点”的描写的作用：突出火光虽然微弱，但是足够亮了。火光化为英雄的精神之光，鼓舞战士们英勇杀敌，最终取得战斗胜利。通过“一星火光”的描写，暗示英雄的牺牲。与其说郝副营长点燃了书本，不如说他点燃的是自己的生命，点燃的是自己的理想，刻画了英雄的高大形象。

(4) 点面结合描写的好处：点面鲜明对比，推动情节发展，体现郝副营长在千钧一发时点燃书本牺牲自己，其行为对战斗胜利的重要意义，凸显了英雄的高大形象。

4. 练习有感情地朗读第 8—10 自然段。

学习活动三 链接阅读，自主学习

1. 课后阅读《大江保卫战》，思考这篇文章与本单元文章在写法上有哪些相同之处。提示：分别找出文中的群体描写(面)和个体描写(点)的语句，从相关语句中圈画关键词，批注感受，和同学们交流。思考：同样是写保大堤，第 2 自然段和第 4 自然段的写法有什么不同？运用了什么写法？这样写的好处是什么？

要点 1：第 2 自然段中保大堤的场面描写，紧扣官兵们的动作、语言、神态、心理等进行描写；第 4 自然段，列举四连连长黄晓文拔掉插入脚底的铁钉，继续扛起沙包抗洪的典型事例，进行具体刻画。

要点 2:《大江保卫战》与本单元学习的《灯光》《开国大典》《狼牙山五壮士》等课文一样，都运用了“点面结合”的写法。这样写的好处在于，具体、生动、形象地刻画了抗洪救灾时，人民子弟兵英勇顽强、铁骨铮铮的英雄本色。点面结合，真实感人，有画面感。

2. 听歌曲《春天的故事》，学唱《我的中国心》，从中感受爱国情怀。

板书设计

8* 灯光

书上的灯光	战场上的火光	广场上的灯光
理想	——奋斗——	现实
点面结合		

精彩片段

【赏析“点面结合”的写法】

师：《狼牙山五壮士》《开国大典》两篇课文，分别是怎样描写大场面的?

生：运用了“点面结合”的写法。

师：《狼牙山五壮士》是如何运用这一写法的呢?

生：课文第 4—6 自然段用了“点面结合”的写法，写了五位壮士一起向敌人射击的场面，对战士们的神态、动作等进行了描写。

师：能不能具体地说一说哪里是“点”，哪里是“面”?

生：第 4 自然段的第 1、2、3 句是“面”的描写，写了五位壮士击退敌人。

师：夏羽飞同学能够找出“面”的句子，但是如何正确地、清晰地表述呢? 在概括上还存在一点小问题。“面”是群体，“点”是个体，谁继续补充?

生：课文第 2 自然段，讲了五位战士痛击敌人。先是“面”的描写，写了五位战士痛击敌人的整体场面，然后运用了“点”的写法，写出了每一位战士打法的不同，分别写出了他们不同的神态和动作。

师：在进行“点”的描写时，这一位位战士的形象，就像电影里所拍摄的什么镜头? 这样写有什么好处呢?

生：特写镜头。生动形象，给我们身临其境的感觉。

生：有画面感，可以让我们牢牢地印在脑海中。

生：我的脑海里出现了五位战士奋力击退敌人的画面。

生：五位壮士面对强敌，毫不畏惧，英勇顽强。

师：《开国大典》中阅兵场景的描写，是怎样运用点面结合写法的呢？

生：海军方阵的服装描写，步兵方阵的动作、精神面貌描写，这些都是“点”的描写，体现各个兵种方阵的飒爽英姿。

师：通过这些“点”的描写，你体会到了什么？感受到了什么？

生：体会到了不同方阵的不同魅力。

生：我感受到了整个阅兵仪式的壮观和隆重。

生：我还感受到了国家的崛起、强大！

师：哪里有“面”的描写，又有什么作用呢？

生：第 11 自然段最后一句是“面”的描写，整体写了受检阅的部队出场时的场景，写出了整个阅兵仪式的恢宏气势。

生：这句还起到了承上启下的作用，先整体描写了军队进场的壮观场景，然后引出下文，写了各个方阵的不同风采。

生：第 13 自然段也是“面”的描写，通过群众的表现，衬托群众对人民子弟兵的信任和热爱。

师：我们今天学习的《灯光》这篇课文，有没有“点面结合”的场面描写？分别起到了什么作用？

生：课文的第 8—10 自然段，描述了战斗场面。“点”是一星火光一闪又一闪，写了郝副营长点燃了书本，牺牲了自己。

生：这里的火光虽然微弱，但是对于寻找突破口的部队来说，足够亮了，写出了一星火光的作用之大。

师：所以说这里的郝副营长，与其说他是点燃了书本，不如说他是——

生：点燃了生命。

生：点亮了战士们前进的方向。

师：战斗时，场面的描写具体体现在哪里？

生：第 9 自然段最后一句“围墙里响起了一片喊杀声”，写的是寻找突破口的部队，依靠火光，顺利冲进了围墙。郝副营长点燃了战斗的胜利之光。

师：苏欣同学说得非常完整到位，那在这之前，战斗形势是怎样的呢？

生：十分危急。

生：“黑魆魆的围墙”“在黑暗里找不到突破口”，为郝副营长的牺牲埋下了伏笔。

生：突出了战斗形势的危急。

师：瞧，这就是“点面结合”的写法在文中所起的作用。

点评： 回顾赏析写法——自主阅读发现写法，层层深入。第一，通过旧知导入，回顾课文《狼牙山五壮士》《开国大典》的场面描写，让学生体会到点面结合写法对于刻画人物形象，推动情节发展所起到的重要作用。第二，引导学生自主发现，学习略读课文《灯光》，在自主探究、小组合作交流中，体会到点面结合写法的妙用。前面的学习铺垫将为本单元的习作中学生迁移和运用“点面结合”“场景描写”“细节描写”等写法作好铺垫。

9* 我的战友邱少云

课文解读

题解

《我的战友邱少云》是一篇革命回忆录。“邱少云”点明了文章要叙述的主要人物。他是四川省铜梁县人，1931 年生，1949 年参加中国人民解放军，1951 年参加中国人民志愿军。1952 年 10 月 12 日，在朝鲜平康以南铁原东北的 391 高地的战斗中光荣牺牲。“我”是作者李元兴同志——邱少云生前所在班的副班长，以目击者、亲历者的身份写下了战友邱少云在烈火中壮烈牺牲的经过。全文情感真挚，揪心感人，采用第一人称淋漓尽致地表现了邱少云为了战友的安全，为了战斗的胜利，严格遵守纪律而英勇献身的伟大精神和钢铁般的坚强意志。

结构分析

课文按时间顺序可以分为四个部分。

第一部分（第 1 自然段），写天亮以前“我们”找了一条比较隐蔽的山沟潜伏起来。

第二部分（第 2—6 自然段），写天亮后“我们”潜伏的山沟环境和潜伏情况。

第三部分（第 7—13 自然段），写约莫 11 点时敌人突然开炮，邱少云在烈火烧身的情况下，纹丝不动，直至壮烈牺牲。

第四部分（第 14—16 自然段），写黄昏时战友们在邱少云英勇行为的鼓舞下，夺取战斗的胜利。

词语含义

391 高地： 军事上的习惯叫法，即某一个 391 米高的高地。

山坳： 山间的平地，两山间的低凹处。

胸墙： 这里指为了便于射击和减少敌人火力可能造成的伤害，在掩体前面和战壕边沿用土堆砌起来的矮墙。

火力警戒： 用不断开枪、打炮的方法防止对方的攻击。

最后一息： 最后一口气。表示人的生命到了最后的阶段。息，呼吸。

句意理解

天亮以前，我们在391高地的山坳里，找了一条比较隐蔽的山沟潜伏起来。

这句话中的“比较”用词准确，既说明了在这个山沟潜伏的可能性，又指出了在这里潜伏的危险性。如果不用这个词修饰，后面叙述的危险处境就无法解释。

这个伟大的战士，像千斤巨石，伏在那儿纹丝不动，直到牺牲前的最后一息，都没发出哪怕是极轻微的一声呻吟。

句中称邱少云为“这个伟大的战士”，与前文“这个年轻的战士”形成了鲜明的对比。前文之所以这样称呼是因为邱少云还没有经受过长期严峻的革命战斗的锻炼，“我”担心他会做出不合时宜的举动；后来这样称呼是因为看到他为了战友的安全，为了战斗的胜利，“像千斤巨石”“纹丝不动”“没发出哪怕是极轻微的一声呻吟”，忍受了常人难以忍受的痛苦，献出了自己宝贵的生命，“我”由衷地敬佩和感激。前后两个称呼，对邱少云的情感已经发生了巨大的变化，凸显了人物的英雄形象。

语段分析

课文第3段围绕“这条干涸的小山沟并不十分隐蔽”展开。从“离敌人太近了”和“敌人居高临下”两个方面说明了“并不十分隐蔽”的原因，“我们必须僵卧着一动不动”。“低低的”“轻轻地”两个叠词凸显了潜伏的危险性、困难性。此处山沟环境描写与第4段“我们全靠身上的伪装掩护自己”形成呼应。正因为潜伏环境不十分隐蔽，才需要战友们“全心全意”地伪装。这两自然段是“面”的描写，既说明了潜伏的山沟环境，又交代了战友们的潜伏情况。

课文第8、9自然段描写火势蔓延的情况。从句中“呼呼地”“毕毕剥剥地响”“一伸一伸的”“热辣辣地疼”等词语可以真切感知当时情况的危急、潜伏的凶险。这也是“面”的描写。

课文第12自然段是一个典型的心理活动描写。一开始，“我”担心邱少云这个年轻的战士忍受不了这种无法忍受的痛苦，会突然跳起来，或者突然叫出声来，那样潜伏部队就会暴露目标，后果不堪设想，所以“我的心紧缩着”。但是，邱少云既没有跳起来，也没有叫出声来，他顽强地忍受着烈火烧身的煎熬。于是，“我”紧张的心情变为难以言喻的矛盾、痛苦，“几次回过头来，不敢朝他那儿看，不忍看着我的战友被活活烧死，但是我又忍不住不看”，“心里像刀绞一般，眼泪模糊了我的眼睛”，正是“我”当时心情的真实写照。这种紧张、担心、矛盾、痛苦的心情，饱含了作者强烈的情感，侧面烘托了邱少云英雄的形象，令读者产生由衷的钦佩。

邱少云和战友们潜伏的山沟环境、敌人使用燃烧弹后的火势描写都是“面”的描写，“面”是紧张的、危险的；而邱少云在潜伏时和被烈火烧身时的表现是“点”的描写，“点”是坚决的、果敢的。点面结合有力地凸显了邱少云对革命事业的忠诚和勇于献身的光辉形象。“我”的心理活动是侧面描写，邱少云的表现是正面描写。侧面与正面相结合，互为补充，丰富了邱少云这个英雄的形象。

写作特色

1. 细腻的心理活动有力衬托人物形象。

课文以第一人称展开叙述，从“我”的视角写了邱少云在烈火中壮烈牺牲的全过程。其中描写“我”心理活动的句子细腻感人。如课文的第 11 自然段，当“我”看到一团烈火把邱少云整个包围时，设想了两种使他获救的方式。但是不管是自救还是他救，都行不通。因为这样一来，“我们”“我们身后的整个潜伏部队”“作战计划”都将遭受巨大损失。

再如课文的第 12 自然段，“我”的心理活动更加复杂。从一开始的紧张、担心，到后来的不忍、痛苦，心理的转化完全被邱少云顾全大局、遵守纪律和坚强意志所折服，有力地衬托了邱少云的英雄形象。

再如课文的第 15 自然段，“我当时的感觉，仿佛邱少云同志并没有牺牲，他和我们一起向敌人冲锋！”之所以有这样的心理是因为“我”目睹了邱少云的牺牲，对敌人产生深深的仇恨，化悲愤为动力；同时也从侧面衬托邱少云的革命形象，暗示不管在什么时候他都永葆革命的姿态，冲锋陷阵，至死不渝地完成组织交给他的任务。

2. 语言朴实、准确，注重前后勾连。

课文语言朴实，娓娓道来，仿佛在讲一个故事。但故事的旋律是悲壮的，是震撼人心的，这源于作者准确的表达。如第 1 自然段“比较隐蔽”的表达，既暗示了山沟隐藏的条件，又暗示了山沟隐藏的危险性、困难性。下文直接点出“不十分隐蔽”的原因，用了“不但……而且……甚至……”等关联词准确地说明了潜伏地点离敌人太近，更由于敌人居高临下，所以容易被发现。这样前后勾连就清楚直观地说明了当时潜伏的环境之危险，为下文邱少云选择纹丝不动、一声不吭在烈火中壮烈牺牲埋下了伏笔，体现了他顾全大局、自我牺牲的可贵品质。

再如第 12 自然段中“这个年轻的战士”和第 13 自然段中“这个伟大的战士”，前后两个称呼勾连起来看，会发现作者情感的变化。邱少云在作者心目中的形象变得高大起来，表达出作者对邱少云由衷的敬佩之情。

拓展学习资源

推荐篇目	《谁是最可爱的人》 (作者:魏巍)
推荐影片	《邱少云》 (导演:张新武)

学习设计

学习目标

1. 快速浏览课文,按照时间顺序概括故事主要内容。

2. 聚焦邱少云这个“点”的描写,结合山沟环境和火势情况等“面”的描写,体会点面结合的好处及邱少云的人物形象。

3. 聚焦“我”的心理活动,揣摩邱少云的心理活动,再悟邱少云是一位“伟大的战士”。

4. 有感情地朗读课文,观看相关的影片并阅读相关文学作品。

课时

1 课时。

学习活动

学习活动一 整体感知,概括故事主要内容

1. 快速默读课文,思考:《我的战友邱少云》一文,作者主要回忆了一件什么事?

要点:(1) 发现写作顺序:按照时间顺序,先写天亮以前,然后写太阳渐渐爬上山头,接着写约莫 11 点钟的时候,最后写黄昏时。

(2) 天亮以前,“我们”找了一条比较隐蔽的山沟潜伏起来。天亮后,“我们”的炮兵不断地向敌人阵地袭击,“我”盼望快点天黑,好痛痛快快地打一仗。约莫 11 点时,敌人突然开炮,邱少云在烈火烧身的情况下,纹丝不动,直至壮烈牺牲。黄昏时,“我们”在邱少云英勇行为的鼓舞下,夺取战斗的胜利。

2. 根据时间顺序和主要内容给课文分段。

要点：参照“结构分析”。

学习活动二 聚焦“点”的描写，初悟人物形象

1. 默读课文，找出直接描写邱少云的神态、动作的语句，体会人物形象。

交流要点：

(1) 我又看了看伏在不远处的邱少云，他也全身伪装，隐蔽得更好，相隔这么近，我都几乎找不到他。

(2) 他的棉衣已经烧着了，浑身火苗乱窜，看样子是溅上了燃烧弹的油液。

(3) 烈火在我的战友邱少云身上烧了半个多钟头才渐渐熄灭。这个伟大的战士，像千斤巨石，伏在那儿纹丝不动，直到牺牲前的最后一息，都没发出哪怕是极轻微的一声呻吟。

这三处句子，表现出邱少云遵守纪律，为了完成任务“隐蔽得更好”，“几乎找不到他”，在棉衣被烧的危险处境中，“纹丝不动”长达半个多钟头，一声不吭，“像千斤巨石”伏在那儿。他严格遵守纪律，有勇于献身的可贵精神。

2. 有感情地朗读这三处句子，读出情况的危险及作者对邱少云的敬佩。

学习活动三 点面结合，再悟人物形象

1. 默读课文，思考：为什么邱少云有这样的表现？让我们从课文中找依据。

要点一：潜伏的山沟环境很危险。

(1) 读课文第2、3、4自然段，具体说说危险在哪里。

(2) 出示句子：“我们不但可以看见敌人设置的铁丝网和胸墙，而且可以看见敌人主阵地上的地堡和火力点，甚至连敌人的谈话声都听得见。”

点拨：运用关联词“不但……而且……甚至……”说明了我们的潜伏点离敌人太近了，很容易被发现。

(3) 敌人居高临下，发现“我们”更容易。

(4) 小结：在如此危险的情况下，“我们”必须僵卧着一动不动，并且要依靠伪装掩护自己。邱少云全身伪装得好，而且一动不动，所以作者说他“隐蔽得更好”。

要点二：火势凶猛。

(1) 默读课文，圈画出描写火势凶猛的词句。

点拨：从“呼呼地蔓延”“烧得枯黄的茅草毕毕剥剥地响”“火苗子一伸一伸的”“热辣辣地疼”“趁着风势，一团烈火把他整个包围了”等语句可以发现火势很大，潜伏变得更危险了，任

务变得更艰巨了。

(2) 邱少云身上为什么会着火?

点拨：全身伪装，披着厚厚的枯黄的茅草；身着棉衣；敌人使用燃烧弹，油液四溅；火借风势变大……

要点三：必须一动不动。

(1) 自读第 11 自然段，讨论邱少云有没有活着的可能。

点拨：尽管面对火势有自救或他救的可能，但最后活着走出去的可能性几乎没有。因为只要救火，就会被敌人的哨兵发现，那么死的不是一个人，“我们”一个班就要牺牲在这里，包括邱少云。

(2) 讨论“动”的后果。

点拨：不仅一个班要牺牲在这里，埋伏在“我们”身后的整个潜伏部队都要受到重大损失，更严重的是“我们”准备了好久的作战计划要完全落空。

(3) 讨论“不动”的后果。

点拨：自己会牺牲，可是保证了队友的安全、战斗的胜利。教学中让学生联系生活中的烫伤经历，想象被烈火灼烧会是怎样的情景，将承受如何巨大的痛苦。更何况一动不动，一声不吭，历经半个多钟头，这需要多大的意志力，这种煎熬常人难以想象。

(4) 小结：正是对革命事业的无限忠诚支撑邱少云做出了如此震撼人心的壮举。

2. 思考：课文写了邱少云和战友们潜伏的山沟环境、又写了火势蔓延的凶险情况，还写了邱少云任凭烈火烧身纹丝不动，为什么这样写？三者有什么联系？

要点：邱少云和战友们潜伏的山沟环境、火势蔓延的凶险情况是“面”的描写，“面”是紧张的、危险的；而邱少云任凭烈火烧身纹丝不动是“点”的描写，“点”是坚决的、果敢的。点面结合有力地凸显了邱少云对革命事业的忠诚和勇于献身的光辉形象：任凭烈火烧身纹丝不动，不愿暴露潜伏地点，不愿连累战友，不愿让作战计划落空，对革命事业无限忠诚，遵守纪律，甘于牺牲。

学习活动四 揣摩心理活动，迁移读写训练

1. 默读课文，找出描写“我”心理活动的句子，说说自己的理解。

交流要点：

(1) 看到山顶上敌人被我军炮火轰击的情景，我只盼望快点儿天黑，好痛痛快快地打一仗。

(2) 我的心紧缩着，我担心这个年轻的战士会实在忍耐不住突然跳起来，或者突然叫出

声来。我几次回过头来，不敢朝他那儿看，不忍看着我的战友被活活烧死，但是我又忍不住不看。我心里像刀绞一样，眼泪模糊了我的眼睛。

（3）我当时的感觉，仿佛邱少云同志并没有牺牲，他和我们一起向敌人冲锋！

2. 这三处心理活动，你最想交流哪一个？为什么？

要点：第二处。这里的心理活动非常复杂。一开始“我”紧张担心，担心这个年轻的战士会突然跳起来，或者突然叫出声来。因为他是如此地年轻，没有经过长期的革命锻炼。然而他“伏在那儿纹丝不动”“没发出哪怕是极轻微的一声呻吟”！后来“我”内心矛盾、痛苦。“我”明明就在旁边，却不能去救。“我”不忍看着战友被活活烧死，可是“我”又忍不住不看。“我”希望有奇迹发生，然而奇迹没有发生。多么复杂的心理活动，真实地再现了作者当时的心路历程。

3. 想一想：为什么要把“我”的心理活动写得如此丰富呢？

要点：“我”的心理活动，代表了在场战士的心理活动，这是典型的侧面描写。从旁观者的角度，侧面烘托了邱少云在烈火烧身时忍受了巨大的痛苦，做出了常人难以做出的伟大选择：纹丝不动，一声不吭，牺牲自己，顾全大局。心理活动描写留给读者想象的空间，让邱少云这个“点”更加立体丰满。

4. 请想象邱少云被烈火焚烧时的心理活动。要求：真实、合理、感人。

要点：猛烈的火在邱少云的身上肆虐，巨大的痛苦让邱少云难以忍受，他用力把手伸进泥土里，牙关紧紧咬着，眼神坚定地望着前方。他心想：我绝不能发出一声呻吟，我绝不能移动分毫，我绝不能让敌人发现我们的潜伏点，绝不能因为我个人原因拖累整个作战计划。我要坚决完成组织交给我的任务，即使粉身碎骨也在所不惜。再忍耐一下，很快就可以了……

（1）学生练写，教师巡视。

（2）交流点评。

（3）小结：邱少云真是一位“伟大的战士”！

板书设计

9* 我的战友邱少云

“点”的描写：	潜伏——着火——牺牲 （纹丝不动 一声不吭）	顾全大局 意志坚定 遵守纪律 勇于牺牲
“面”的描写：	山沟环境、火势情况	
“我”的心理：	盼望、紧张、担心、矛盾、痛苦、敬佩	

精彩片段

师：同学们，让我们默读课文的第 11 自然段，思考：邱少云有没有活着的可能？

生 1：我觉得是有可能的，因为他只要迅速从火堆里跳出来，就地打几个滚，身上的火就可以扑灭。

生 2：我也觉得是有可能的。因为“我们”就在他的附近，只要有人帮他扯掉身上的棉衣，就能把他救出来。

生 3：我觉得邱少云没有活着的可能。尽管他身上的火可以扑灭，但是这样就会被敌人发现，整个班都会牺牲在这里。

生 4：确实是这样，我军的潜伏地点离敌人只有几十米，实在太近了，很容易被发现。

师：同学们讨论得非常全面。的确如此，一旦被敌人发现，“我们”一个班就要牺牲在这里。而且还会有更严重的后果，谁来说说？

生 1：埋伏在“我们”身后的整个潜伏部队要受到重大损失。

生 2：更严重的是“我们”准备了好久的作战计划要完全落空。

师：看来“动”的后果非常严重，所以邱少云选择了“一动不动”“纹丝不动”。那么同学们，“不动”的后果是什么？

生 1：忍受着巨大的痛苦，自己被活活烧死。

生 2：保全了战友，保全了这次作战计划。

师：在“动”与“不动”中，你会选择哪个？

生 1：我会选择“动”，因为被活活烧死实在太可怕了，还不如被炮弹轰一下就没了。

生 2：我也会选择“动”，因为我曾经被烫伤过，疼得我大哭大叫。我很难想象被火烧半个多钟头不能动不能叫会是什么感受。

生 3：长痛不如短痛，死就死得痛快点。（生笑）

生 4：我想选择“不动”，这样死得有意义，但是我不知道自己能不能坚持住。（生又笑）

师：从同学们刚才的发言中，我感受到了你们潜入文本细细体悟的一颗心。你们与主人公同呼吸共命运，这是一种很好的阅读方法。不管如何，邱少云没有多做考虑，他只是坚决地选择了“不动”，他选择了顾全大局，牺牲自我。这就是英雄的选择，这就是英雄的行为，让我们肃然起敬！最后让我们饱含深情地读读课文的第 7—13 段吧！

点评： 思维碰撞产生火花。语文课也是思维训练的有效场所。本教学片段中，教师在课堂上组织学生展开了四次讨论，抽丝剥茧，层层深入，直抵问题的核心：在危险面前我们会做何选择，是考虑自己，还是考虑他人？显然答案是多元的。但是邱少云却选择了牺牲自己、顾全大局，这种行为、这种精神作为人文素养经过老师精心组织的讨论根植于每个学生的心灵。在课堂上，学生获得了思维的发展、价值观的提升，可谓一举多得。

口语交际：演讲

学习设计

学习目标

1. 通过观看视频、阅读演讲稿，了解有说服力的演讲稿应该观点鲜明、佐证有力、表达有感染力。

2. 采用多种学习方式（如合作探究），借助多种资源（如微视频）完善演讲内容。

3. 在演讲的过程中，通过语气、语调、肢体语言、口头语言来表达自己的观点，锻炼自己。

4. 养成有礼貌的倾听习惯。

课时

1课时。

学习活动

学习活动一 搜集资源，了解“演讲”

1. 搜集、阅读演讲稿，观看演讲视频。

2. 小组推荐优秀作品，交流评价、总结经验。

以《超级演说家》节目中的演讲内容《做一个怎样的子女》（作者：王帆）为例。

	题目	优点一	优点二	……	组内补充意见
好演讲	《做一个怎样的子女》	眼神	肢体语言	语速语调	
好稿子	《做一个怎样的子女》	真实经历	感人的事例	列举的生活琐事和主题形成反差	

3. 结合所学，自己确定主题，尝试撰写演讲稿。

（1）选择话题范围：科学、读书、家乡新貌、健康饮食……也可以自定。着眼点要小，想法要新颖独特。

（2）取材。单元学习开始前酝酿，教师提供几个观察体悟点供学生参考：可以是你在生活中对某一件事的看法，比如说垃圾分类；可以是你对国际国内重大事件的思考，比如说港珠澳大桥的开通；可以是你在阅读过程中突然产生的感悟，比如说由《鲁滨逊漂流记》想到了坚强独立……

要想让观点鲜明、吸引听众，一定要有与众不同的视角，切忌千篇一律。做生活的有心人，只要用心体会，一件小事都能让你有所启发。

（3）搜集并阅读相关的资料。

（4）提炼观点。

① 教师举例，引导启发。

② 小组交流，相互启发。

为了演说这样一个观点，可以充分利用之前搜集的材料。有的是正面印证观点，有的是反面印证观点。

③ 尝试撰写演讲稿。

学习活动二 学习例文，酝酿“演讲”

1. 分享看过的和亲身经历的演讲。

2. 交流对演讲的认识。

要点：

（1）演讲又称讲演、演说，是指在公共场合，以有声语言为主要手段，以体态语言为辅助手段，针对某一具体问题阐述见解或抒发感情，进行宣传鼓动的一种语言交际活动。

（2）演讲的特点：针对性、鼓动性。

（3）演讲的基本要求：观点鲜明，内容充实；佐证有力，感情充沛；语言丰富，仪表大方。

3. 分享并修订。

（1）小组内轮流分享演讲内容，发现优点，总结不足，并提出改进建议。

（2）教师推荐范文启发修改。

范文：

今天，我想跟大家谈一谈“合作”的话题。我们任何人在这个世界上都不是孤立存在的，都要和周围的人发生各种各样的关系。你是学生，就要和同学一起学习，一起游戏，共同完成学业；你是工人，就要和同事一起做工，共同完成工厂的生产任务；你是军人，就要和战友一起生活，一起训练，共同保卫我们的祖国……总之，不论你从事什么职业，也不论你在何时何地，都离不开与别人的合作。

什么是合作呢？顾名思义，合作就是互相配合，共同把事情做好。世界上有许多事情，只有通过人与人之间的相互合作才能完成。一个人学会了与别人合作，也就获得了打开成功之门的钥匙。所以，人们常说：小合作有小成就，大合作有大成就，不合作就很难有什么成就。这是非常宝贵的人生道理，我们应该牢牢记住。

怎样才能卓有成效地合作呢？你一定在音乐厅或电视里看到过交响乐团的演奏吧，这可算得上是人与人合作的典范了。你瞧，指挥家轻轻一扬手里的指挥棒，悠扬的乐曲便从乐师的嘴唇边、指缝里倾泻出来，流向天宇，也流进人们的心田。是什么力量使上百位乐师、数十种不同的乐器合作得这样完美和谐？我想，这主要是依靠高度统一的团体目标和为了实现这个目标每个人必须具有的协作精神。

这里还有一个小故事，也能说明这个问题。一位外国的教育家邀请中国的几个小学生做了一个小实验。一个小口瓶里，放着七个穿线的彩球，线的一端露出瓶子。这只瓶子代表一幢房子，彩球代表屋里的人。房子突然起火了，只有在规定的时间内逃出来的人才有可能生存。他请学生各拉一根线，听到哨声便以最快的速度将球从瓶中提出。实验即将开始，所有的目光都集中在瓶口上。哨声响了，七个孩子一个接着一个，依次从瓶子里取出了自己的彩球，总共才用了3秒钟！在场的人情不自禁地鼓起掌来。这位外国专家连声说："真了不起！真了不起！我在许多地方做过这个实验，从未成功，至多逃出一两个人，多数情况是几个彩球同时卡在了瓶口。我从你们身上看到了一种可贵的合作精神。"

可见，成功的合作不仅要有统一的目标，要尽力做好分内的事情，而且还要心中想着别人，心中想着集体，有自我牺牲的精神。

同学们，现代社会是一个充满竞争的社会，但同时也是一个更加需要合作的社会。作为一个现代人，只有学会与别人合作，才能取得更大的成功。

点评：

演讲稿结构清晰，首尾呼应，开篇讲合作的重要性，结尾再次强调合作的重要性。演讲稿的主体部分从什么是合作，怎样卓有成效地合作，以及合作不仅要有同一目标，还要有牺牲精神几个方面分层阐述，层层递进。

演讲稿多角度选取事例，通过乐团演奏和模拟逃生实验两个例子，从多个角度谈合作。

演讲稿把合作比喻成打开成功之门的钥匙，形象、贴切。

第2自然段利用排比的修辞手法增加演讲的节奏感，增强感染力。第2、3自然段采用自问自答的方式，把倾听者带入到演讲情境中，更便于抒发演讲者的情感。

4. 全班交流评价。

评价要点：

(1) 观点是否鲜明。

(2) 是否选择合适的材料说明观点，如列举有代表性的事例，引用名言警句等。(以《开国大典》为例)

(3) 是否有感染力，是否引用了生动的故事。(以《灯光》为例)

(4) 思考角度是否广泛：正反角度；超越时空限制。

(5) 是否提取了“细节”要素。(以《狼牙山五壮士》为例)

学习活动三 实践活动，展示“演讲”

1. 修改演讲稿，抓要点，列提纲。

要点：提炼要点记忆，避免演讲时出现停顿、忘词现象。

2. 尝试演讲，同伴评价。

要点提示：

演讲者：

(1) 表达有条理。

(2) 语气、语调适当，姿态大方。

(3) 利用停顿、重复或者辅以动作强调要点，增强表现力。

听众：

(1) 听讲时注意体态，目视演讲者，表情专注。

(2) 听完以后要热情鼓掌。

3. 观看《我是演说家》第五季冠军争夺战精彩片段。

4. 再次体会演讲时应注意的细节：

(1) 避免一些下意识的小动作。人一紧张就会做一些小动作，如把手插在口袋里、玩弄头发、身体来回晃动等，演讲时应予以避免。

(2) 控制音量、控制语速。不可太高、太低、太快，要让人听清、听懂。

(3) 注意眼神交流。偶尔环顾四周，不要只盯着一个地方，要让人觉得你是真的在和他人交流。

(4) 如果不是正式演讲的话，记不住稿子也不要紧，但不能照着稿子念。

5. 课下继续演讲，录制微视频。

精彩片段

师：刚才，××同学发表了他的演讲《学会沟通》，首先请同学们来评一评他演讲的内容。

生：我觉得这篇演讲稿的层次很清楚，通过两个例子来讲沟通的必要性，同时告诉我们

为什么要沟通。

生：我同意他的观点。此外，这两个事例是从不同的角度来讲沟通的，思考得更加完整了。

师：正如两位同学所说，这篇演讲稿的结构非常清晰，首尾呼应，中间部分层层递进，将沟通的好处说得有理有据。

生：我觉得这篇演讲稿之所以好，还在于××同学运用了很多的修辞手法，增强了感染力。比如他开篇就用了一个排比的句式，既有节奏感，又让人觉得演讲者是满怀情感的。

生：是的。除了排比，文章还运用了比喻、设问等手法，同样起到了增强情感的作用。

生：我发现了一个秘密，演讲者如何拉近与倾听者的距离呢？演讲的时候就像面对面那样，用第二人称的表达方式，更利于抒发情感、表达思想。在陈述事实的过程中不忘发表一下自己的感受，呼应观点。就像他的演讲一样，每一个事例后面都有自己的感想。

师：大家从××同学的演讲中获得了很多演讲的密码，这让老师更加期待你们的演讲！接下来，请同学们从他演讲的仪态方面来评一评。

生：我觉得××同学的演讲仪态非常棒，他的眼睛一直在看着我们，这起到了一个沟通的作用。

师：是呀！从他的眼睛里我们看到了一种自信。

生：我觉得他的肢体语言非常自然，能够通过自己的动作和表情来传递情感。

生：我想问××同学一个问题，这么长的稿子你是怎么背下来的？

××同学：其实我也没有背下来，只是比较熟悉。我在脑海中只记着一个大概的思路，通过两个故事从两个方面讲沟通，由于这两个故事都是我亲身经历的，所以我在讲这两个故事的时候，都在头脑中回想着画面，边想边讲，就比较自然。

师：谢谢两位同学，他们的对话，让我们对如何演讲有了更深的体会。

点评：教师引导学生结合具体的演讲实例理解演讲，不仅涉及演讲内容的结构特色、表达技巧，还关联演讲本身的技巧，丰富了学生的经验。在口语交际教学中，还通过师生互动交流锻炼了学生的倾听、表达、应对等能力。

习作：多彩的活动

学习设计

学习目标

1. 拓展思路，认识“多彩”，确定合理的习作内容。

2. 编写和修订提纲，学会围绕具体的“感受”合理取舍素材。

3. 实践“点面结合写场面”的写作方法，既要关注整个场景，又要注意人物的动作、语言、心理等细节。

4. 在讲评中完善习作，逐步提高独立修改习作的能力。

课时

2 课时。

学习活动

学习活动一 拓展思路，激活“感受”

1. 回顾梳理。

（1）回忆校园生活，写下参加过的活动名称，三分钟里看谁写得多。

（2）全班交流学校或班级的活动名称，选择性地摘录自己有印象的活动。

（3）将活动进行分类：文体活动、节庆活动、读写活动、德育活动、综合实践等。

2. 激活“感受”。

（1）选出自己印象最深的三次活动，按照印象清楚的程度依次填在作业单里，再用明确的词语写出自己当时的“感受”。

（2）组织交流。

要点：活动名称简洁明确，“感受”具体明白；“感受”可以是情感体验，也可以是教训或者启示。

3. 确定活动。

（1）选定一次印象深刻、“感受”明确的活动，把活动的名称和“感受”写在作业单上，并打上“☆”。

（2）与同桌交流活动的过程。

学习活动二 学习剪裁，编列提纲

1. 欣赏课文。

(1) 回顾《开国大典》，庆典活动从早晨六点持续到晚上九点半，时间长，活动丰富，思考作者是如何选择内容的。

(2) 学校组织的活动虽没有“开国大典”盛大，但也要学会取舍和剪裁，因为我们的作文一般要求在500字左右。

2. 病例诊断。

收集学生习作病例，指导剪裁。

病例一：《欢乐谷之旅》。题目是“欢乐谷之旅”，文章却在到达欢乐谷门口时结束了。

病例二：《愉快的欢乐谷》。虽然第1自然段就写了“欢乐谷”，但所选场面比较杂乱，没有围绕“愉快”这一中心进行描写。

病例三：《惊险之旅》。不是所有的游玩项目都要写下来，与“惊险”无关的可以去掉；刺激惊险的项目，一般不要超过三个。

3. 编列提纲。

(1) 就选定的活动，围绕具体的“感受”，确定所写场面。

(2) 交流所列的提纲，点评修改。

学习活动三 点面结合，场面生动

1. “点”的聚焦。

(1) 复习《狼牙山五壮士》第2自然段中点面结合的写法。

(2) 练一练：拔河场面，可以给哪些人物来个“个人特写”？

(3) 想一想，说一说：你写的活动，应该给哪些人物来个“个人特写”？将其写在提纲里，不超过三个(必须是和你要表达的“感受”关系密切的人物)。

2. “面”的确定。

(1) 复习《狼牙山五壮士》中“诱敌上山”部分。“点”和“面”的中心是一致的，都意在表现战士们的勇猛，即使写敌人的惨状也是在侧面衬托战士们的勇猛。

(2) 结合自己刚才确定的“特写人物”，来确定“面”的内容，继续完成二级提纲，填写表格。

3. 看不见的画面。

(1) 欣赏学生作文片段中的“心理描写”。很多活动都会伴随丰富的内心活动，抓住内心这一“看不见的画面”，也是写好作文的一大方法。

（2）练一练：拔河比赛中，会有哪些心理活动？

（3）你所写的活动场面，可以截取哪几段进行心理描写？写下要点。

学习活动四 学生作文，修改完善

1. 撰写作文，自我评价。

（1）学生认真完成作文。

（2）出示评价标准，学生对照自评。

2. 习作讲评，修改完善。

（1）欣赏“面”写得精彩的句子。

（2）播放短视频，向影视作品学习“点面结合”。

（3）聚焦“点”的描写，“点”与“点”避免重复。

（4）学生修改习作中的“点”的描写部分，做到一个一个写，“点”和“点”不相同。

3. 小结学习，展示作文。

板书设计

习作：多彩的活动

选材，回顾活动
- 文体活动
- 节庆活动
- 读写活动
- 德育活动
- 综合实践
- ……

剪裁，编列提纲

生动，点面结合
- “点”和“面”：中心一致
- “点”：一个一个写、不相同

精彩片段

师：（在欣赏了精彩的“面”和“点”的描写后）老师很高兴，同学们的作文都运用了“点面结合”的写法。但下面的“点”，老师不太喜欢。

出示：

第一组：

- 周某某同学脚就像生了根一样。
- 大力士刘凯乐脚像生了根一样稳稳地站着。

生：写脚，都用了“生了根一样”。

第二组：

- 再看看炎七，他是后排兵，像根定海神针一样站立在那。
- 大力士王晓晓满头大汗，脚像定海神针似的，死死地钉在地上，身体往后倾。

生：这次都用“定海神针”来写脚。

第三组：

- 我们班的刘凯乐，使出了盘古开天辟地的力气，只见他用力向后拔着，眼睛眯成一条缝，脖子和手上已经青筋暴起，脚像生了根似的，怎么也不动。体育委员褚俊皓，虽然很瘦小，但是他力气大，他也使出了盘古开天辟地的力气，脖子和手上也青筋暴起，脚下也像生了根似的，怎么也不动。

（逐句出示，学生看到后面都笑了）

生：两个人物，写的内容是一样的。

师：许多同学的“点”，文字内容十分雷同。我们来看看课文是怎么写的。

（逐句出示《狼牙山五壮士》第2自然段中“点”的描写部分）

师：这个场面，发出吼声的只有葛振林吗？

生：不大可能，这种情况下，一般都会不自觉地“吼”出来。

师：手榴弹，只有宋学义有吗？

（生摇头）

师：胡德林和胡福才两个小战士把脸绷得紧紧的，其他人的脸肯定也绷得紧紧的吧？

（生纷纷点头）

师：作者在描写该场面时，为了避免重复，选择不同的角度来表现五位壮士的英勇以及对敌人的愤怒。写“点”，除了一个一个写，还要注意“点”与“点”之间的不相同。

（板书：一个一个写、不相同）

师：（出示拔河的图片）同样写同学们的用力，可以写什么，来表现他们的用力？

生：可以写张开大吼的嘴巴，来表现人物的用力。

师：还可以写什么，来表现他的用力？

生：可以写紧紧闭着的双眼，来表现人物的用力。

生：可以写通红的脸色，来表现人物的用力。

生：可以写牢牢站立的双脚，来表现人物的用力。

……

师：请同学们选择拔河图上两三个人物，写一写。要求有两点：一个一个写，不相同。八分钟后交流。

精彩片段摘录：

穿紫色毛衣的胖男生，仰着头张大嘴巴高喊，好像要变成动漫中的魔王，将天地间的山河丘海一股脑儿吸进肚子，再化成无穷的力量，灌注到手中的绳子上。穿花外套的小女孩，紧紧握住绳子，手都被扯得通红，但她仿佛不怕疼、不怕痛似的。哪怕手即将被划破，也不松开绳子一丝一毫。小明身为最后一位，是最后一道防线。他将绳子在腰上紧紧地绕了两圈，誓与绳子“共存亡”。他不敢松懈，也不敢休息，害怕一松手就会输了比赛。他的腰被绳子勒得紧紧的，却仍在咬牙坚持。抱着“绳在人在”的决心，向胜利迈进。

点评： 关于“点面结合”，学生在实际写作中出现的最大问题是“点”与“点”之间内容上的重复。讲评时，老师发现这一问题后，通过欣赏课文《狼牙山五壮士》中“点”的描写，再结合“拔河”活动的图片，进行片段训练，教学针对性强、效果好。

语文园地

学习设计

学习目标

1. 联系平时阅读到的和自己习作中所写的场面描写，进一步巩固强化点面结合的写法。

2. 通过朗读对比和仿写迁移，体会反复修辞的强调作用，体会提示语的多样性。

3. 先观察，再仿写，掌握行款整齐、布局合理、书写正确的要领，养成自我检视的习惯，不断提高书写水平。

4. 查阅资料和朗读感悟，理解赞扬爱国英雄的四句名言；背诵积累名言，养成主动积累的习惯。

课时

1 课时。

学习活动

学习活动一 交流平台，再学点面结合

1. 本单元有的课文写到了大的场面，回忆一下，有哪些？

2. 这些场面描写都运用到了同一个方法，请你联系课文中的例子说一说。

3. 在平时的阅读中，你是否也读到过这样的场面描写？

4. 你能说一说作者是怎样描写场面的吗？

5.《红楼梦》里有一段众人被刘姥姥逗得哈哈大笑的场面描写，请你赏析：其中有哪些“点”的描写？这么写有什么妙处？

出示：

贾母这边说声“请”，刘姥姥便站起身来，高声说道：“老刘，老刘，食量大如牛：吃个老母猪，不抬头！”说完，却鼓着腮帮子，两眼直视，一声不语。众人先还发怔，后来一想，上上下下都一齐哈哈大笑起来。湘云撑不住，一口茶都喷出来；黛玉笑岔了气，伏着桌子只叫“嗳哟”；宝玉滚到贾母怀里，贾母笑的搂着叫“心肝”；王夫人笑的用手指着凤姐儿，却说不出话来；薛姨妈也撑不住，口里的茶喷了探春一裙子；探春手里的饭碗都合在迎春身上；惜春离了座位，

拉着他奶母叫“揉一揉肠子”。地下的无一个不弯腰屈背，也有躲出去蹲着笑去的，也有忍着笑上来替他姊妹换衣裳的……

6. 在自己的习作中，你是怎样描写场面的？

7. 请课后观察一个场面，可以是挤公交车的场面，可以是中午食堂就餐冲锋排队的场面，或者是其他你熟悉的场面，运用点面结合的方法，进行片段写话。

学习活动二 词句段运用，提升表达

(一) 反复修辞的妙用。

1. 对比阅读，感受差异。

(1) 出示第一组对比阅读：

① 起初是全场肃静，只听见炮声和乐曲声，只听见国旗和其他许多旗帜飘拂的声音。

② 起初是全场肃静，只听见炮声和乐曲声与国旗和其他许多旗帜飘拂的声音。

这样两句话，请你朗读感受，有什么区别？为什么？

要点：第一句两个“只听见”反复，更加强调了全场的肃静，其余的声音都听不见，这样的表达效果更好。

(2) 出示第二组对比阅读：

① 那里的天比别处的更可爱，空气是那么清鲜，天空是那么明朗，使我总想高歌一曲，表示我满心的愉快。

② 那里的天比别处的更可爱，空气清鲜，天空明朗，使我总想高歌一曲，表示我满心的愉快。

这样两句话，请你朗读对比，有什么区别？为什么？

要点：第一句两个“是那么”反复，把空气的清鲜和天空的明朗表现得淋漓尽致，突出了作者的喜爱之情。

2. 勾连所学，加深印象。

(1) 运用反复修辞的句子，之前的课文里也学到过，你能回忆起来吗？

交流并相机出示：

① 四年级上册《走月亮》：“月盘是那样明亮，月光是那样柔和……”

② 五年级上册《父爱之舟》：“虽然姑爹小船上盖的只是破旧的篷，远比不上绍兴的乌篷船精致，但姑爹的小渔船仍然是那么亲切，那么难忘……”

(2) 你能再品品这些学过的句子，说说反复修辞的妙处吗？

要点：第一句，两个“是那样”的反复更加强调了月亮明亮柔和的特点；第二句，两个“那么”的反复突出了作者对姑爹的小渔船情感深厚，难以忘怀。

小结：为了强调某种意思，突出某种情感，可以运用反复的修辞手法。

3. 迁移运用，尝试仿写。

(1) 在自己的习作草稿中，试着用一用反复修辞。

(2) 指名交流，对比句子前后变化。

(二) 提示语的丰富性。

1. 丰富的“说”法。

(1) 比较朗读第一组：

① 清明节前的一个晚上，我又漫步在广场上，忽然背后有人说：“多好啊！”

② 清明节前的一个晚上，我又漫步在广场上，忽然背后传来一声赞叹：“多好啊！”

(2) 比较朗读第二组：

① “我还有作业没完成，不能和你一起去玩了。”我说。

② “我还有作业没完成，不能和你一起去玩了。”我婉言谢绝了伙伴的邀请。

要点：写对话的提示语，我们可以根据表达的需要选用恰当的词语来代替“说”，使语句更加生动传情。

(3) 写人物对话时，有很多词可以代替“说”字，你还知道哪些？举行一个小组竞答，每组同学都需发言，老师依次点名回答，每答出一个即可加一分，答不出或重复则不计分，看哪个小组的分数最多。

(4) 对这些能替代“说”字的词语进行分类积累。

2. 不用“说”的提示语。

(1) 写人物说话，可以根据情景选择不同的词语代替“说”。有同学说，不用这样的词语，他也能写好人物提示语。我们来读读他写的句子，看看能发现什么奥秘。

① “既然这样，你以后再也不要找我借书了！”话一出口，我就后悔了。

② 妈妈俯下身子盯着我的眼睛，一脸焦急：“你的眼睛怎么肿了？”

(2) 如果在这两个句子中加入“说”，会怎么样呢？我们来比较一下。

① “既然这样，你以后再也不要找我借书了！”我说。话一出口，我就后悔了。

② 妈妈俯下身子盯着我的眼睛，一脸焦急，说：“你的眼睛怎么肿了？”

(3) 请同学们试着从我们学过的课文里找找这样的句子。

小结：单单一个“说”字，就有很多种表达方法，我们的语言多么丰富。在表达时我们要根据实际的需要、表达的情感，正确地运用语言。

3. 修改习作，活学活用。

(1) 展示同学们之前的习作例句，试着改一改提示语，让它变得更加丰富多样，更能传情达意。

(2) 指名交流，相机引导。

学习活动三 书写提示，展示作品

1. 欣赏作品，了解章法。

(1) 书法作品有哪些格式?

出示横式、竖式两幅硬笔书法作品的图片，学生欣赏观察。

(2) 它由哪儿部分组成?

出示一幅横式的书法作品，学生观察。

要点：硬笔书法作品包括题目、正文、落款，更为完整的作品还会有印章。

(3) 观察两幅作品，留意题目位置，你有什么发现?

要点：竖式时，题目可置于最右列中间位置；横式时，题目可置于结尾的摘抄说明。

(4) 落款的书写又有什么不同?

要点：款字应短于正文，上下不宜与正文平行；落款字体小于正文字体，书体可与正文相同。

2. 指导观察，归纳方法。

(1) 本课学习写一段横式的文字。出示本课书写内容，学生朗读。

(2) 仔细观察，这段文字在书写时应注意什么?

要点：

① 文字写在格子中间，行与行之间的距离均等，字与字之间的距离均等，这是行款整齐。

② 文字开头空两格，前后安排合理，这是布局合理。

③ 字的大小一样，做到大小均匀。

④ 整段文字干净，没有涂抹；书写要正确，不出现错别字和不规范的字。

⑤ 养成自我检视的习惯，不断提高书写水平。

3. 仿写练习，规范双姿。

(1) 学生拿出带有范文的作业纸，拿起笔。

(2) 背诵《写字歌》，边背诵边按要求摆好写字姿势。

(3) 学生仿写，注意格式正确、字体端正、卷面整洁。

(4) 教师巡视指导，纠正写字姿势。

4. 辨析矫正，示范指导。

(1) 结合自己的书写，说一说哪个字最难写。

(2) 展示一位同学的书写作品，指名学生说一说其中有待改进的地方。

(3) 学生修改书法作品。

5. 自评互改，作品创作。

(1) 展示两幅学生仿写的作品，集体评价。

评一评作品有哪些优点，哪些地方需要改进。

(2) 同桌按照刚才的方法互评。

(3) 在互评的基础上进行作品的书写。

6. 佳作欣赏，归纳提升。

(1) 展示写得好的同学的作品，欣赏点评。

(2) 今天练写了一段横式的文字，谈谈收获。

(3) 课后找一些名言警句进行行款练习，尝试用竖式的格式来书写。

学习活动四 日积月累，熟读成诵

1. 检查预习，理解句意。

(1) 课前同学们已进行了自主预习，结合相关资料，说说对名言名句的理解。

(2) 你对哪句名言感触最深？说说体会。

2. 联系名人，熟读成诵。

(1) 读着这些名言名句，你想到了哪些人？

(2) 这些名言名句都是形容为国尽忠、至死不渝的爱国英雄的，用来形容本单元所认识的英雄人物也很贴切。朗读名言名句。

(3) 比一比，看谁能把这四句话最先记下来。

3. 拓展延伸，日积月累。

(1) 你还知道哪些赞颂爱国英雄的名言名句？

(2) 课后不断日积月累，将这些爱国名句熟读成诵。

精彩片段

师：写人物说话，可以根据情境选择不同的词语代替“说”，如训斥、怒骂、吼叫、夸赞、驳斥、咒骂、辩解、劝说、质疑等。有同学说，不用这样的词语，他也能写好人物提示语。我们来读读他写的句子。

生：“既然这样，你以后再也不要找我借书了！”话一出口，我就后悔了。

生：妈妈俯下身子盯着我的眼睛，一脸焦急：“你的眼睛怎么肿了？”

师：你们发现了什么奥秘？

生：第一句中，提示语是说话人的心理活动，第二句中，提示语是说话人的动作神态。两句都没有用表示“说”的词语。

师：看来，你也是个写作高手，慧眼识珠。

师：如果在这两个句子中加入“说”，会怎么样呢？我们来比较一下。

生：“既然这样，你以后再也不要找我借书了！”我说。话一出口，我就后悔了。

生：妈妈俯下身子盯着我的眼睛，一脸焦急，说：“你的眼睛怎么肿了？”

师：你感觉有什么不同呢？

生：用了“说”反而啰嗦了。不用“说”，不仅不影响理解，还使得句子更加生动了。

师：看来同学们发现了丰富提示语的又一奥秘。请同学们试着从我们学过的课文中找找这样的句子。

生：“听说一按电钮，那玩意就亮了，很亮很亮。”他又划着一根火柴，点燃了烟。

点评： 通过对比阅读的方式，教师引导学生感受人物的心理活动和动作神态代替“说”作为提示语，更能让读者感受说话人当时的所思所感，提示语形式也更为丰富。

三、单元整体学习方案

1. 整体思路

好的单元整体设计应该能够体现学科性、整合性、层次性和可操作性。“重温革命岁月”这个主题距离现在孩子的生活较远，画面感不强。因此，本单元的教学，可以通过观看相关影片让学生走进战争岁月，感受英雄形象，激发爱国热情和民族气节。本单元可以从“感受场面，体会情感，学习表达”和“仿照表达，读写迁移”两方面进行单元教学设计：

学习情境	学习任务	课时	学习内容
重温革命岁月	感受场面，体会情感，学习表达	9	《七律·长征》
			《狼牙山五壮士》
			《开国大典》
			《灯光》
			《我的战友邱少云》
			《语文园地》中“日积月累”
	仿照表达，读写迁移	4	《口语交际：演讲》
			《习作：多彩的活动》
			《语文园地》中“交流平台”“词句段运用”

⇩

- 重温革命岁月
  - 感受场面，体会情感，学习表达
    - 关键词句我会品
    - 场面宏大我会串
    - 点面描写我会找
  - 仿照表达，读写迁移
    - 我是口才小达人
    - 我是写作小能手

2. 设计方案

(1) 感受场面，体会情感，学习表达

① **关键词句我会品。**关键词句的品读贯穿整个单元，本单元的课后练习也着重训练这

项内容。教学《七律·长征》时，引导学生读出气势，结合课后习题，让学生说说诗句的意思和表达的情感。教学《狼牙山五壮士》时，要求学生注意课后练习第二题句子中加点的部分，体会五位壮士的英雄气概。在课文中画出类似的词句，品读并感受人物形象，体会情感。教学《开国大典》时，读文批注，找出课文中字里行间传达热烈、庄严气氛的句子。教学《灯光》时，通过品读，找出两处灯光和火光之间的关系。通过朗读、圈画、批注等方法品读关键词句，体会情感。《我的战友邱少云》通过默读、图画、思考、讨论，体会潜伏环境的危险、邱少云的伟大。

② **场面宏大我会串**。教师在指导学生朗读时，引导学生梳理情节，抓住课文的场面描写，连成过程，讲讲故事。如《狼牙山五壮士》一文，按事情发展顺序可以概括为接受任务、痛击来敌、诱敌上山、顶峰歼敌、舍身跳崖五个部分。学生根据这些内容，可以讲讲故事。《开国大典》一文，按时间顺序先后描写了“会场”“典礼”“阅兵”“游行”等重要场面，学生可以抓住这些场面，连起来说说开国大典的过程。

③ **点面描写我会找**。教学过程中，引导学生用横线画出“点”的描写，用波浪线画出“面”的描写，通过对比分析，感受“点”“面”描写的异同，完成表格。

场面	感受
“点”	
“面”	
“点面结合”	

学习《狼牙山五壮士》，让学生初步认识“点”的描写和“面”的描写，体会“点面结合”的好处。学习《开国大典》，让学生围绕“阅兵”场面，学习“点面结合”的写法。学习《灯光》，让学生自主阅读，再次感受。学习《我的战友邱少云》，再次感受点面结合对凸显人物的作用。

（2）仿照表达，读写迁移

① **我是口才小达人**。结合本单元内容，演讲的评价要点设计为：第一，观点是否鲜明。第二，是否选择合适的材料说明观点，如列举有代表性的事例，引用名言警句等。（以《开国大典》为例）第三，是否有感染力，是否引用了生动的故事。（以《灯光》为例）第四，是否提取了“细节”要素。（以《狼牙山五壮士》为例）在《语文园地》的“词句段运用”教学中，引导学生练习各种表示“说”的表达。

② **我是写作小能手**。结合课文内容，进行随堂练笔。根据习作要求，注意场面描写的点面结合。

四、单元评价与积累

倾听与说话

(一)听故事,完成相关练习。听两遍。

1. 判断,对的打“√”,错的打“×”。

(1)“这念头很是猛烈,竟像驾着坦克冲来的。”比喻十分形象,表现出进城的念头来得非常突然、强烈。( )

(2)“张嘴灯”指的是老钟叔给嘎子做的一支木枪。( )

(3)“心窝里嗵嗵跳着”写出了嘎子一路上心里非常担心、害怕。( )

2. 下列对故事内容概括正确的一项是( )

A. 小嘎子要去城里杀小鬼子,给奶奶报仇。

B. 小嘎子要去找嫁在城里的老姑,告诉她奶奶的丧信儿,顺便再要点钱花。

C. 小嘎子要到城里去打听老钟叔的下落,顺便偷一支枪,或者捉一个汉奸,以证明自己不小。

D. 小嘎子一路欣赏着途中的风景,向城里走去。

【附听力材料】

《小兵张嘎》第五章(节选)

小嘎子决心要当八路军了。可是,第二天他忽又起了个怪念头:想进城。

这念头很是猛烈,竟像驾着坦克冲来的,连纯刚大伯都劝他不住。他一口咬定说,要去找嫁在城里的老姑,好告诉她奶奶的丧信儿,顺便再要点钱花。然而,他心里却是在想:必得去打听打听老钟叔的下落,就手儿探一探虚实吉凶。若是机会凑巧,还兴许偷他鬼子一条枪呢。那一来,可就不怕八路军嫌我小了。

他吃过早饭,谢过纯刚大伯,又在奶奶的新坟上磕了俩头,便把“张嘴灯”别在腰里,背起个小草筐,拿起短把镰,青裤白褂,光着脚丫,径直沿着蜿蜒的六郎堤,朝城里走去。

这是一个晴朗的好天儿。堤两边全是海似的绿油油的庄稼:旱地上,大多是高粱、棒子,已有半人来高,茁壮得像一排排的勇士;淀边上,大多是稻子和苎麻,绿叶儿映着清水,蛤蟆和蜻蜓在上下逗闹。往远看,那一湾湛清清的淀水,直向天边上伸展过去,钻到一堆白云下面去了。近处的沟边堤沿,则全给苇子和红荆占满了,青草棵没有地方可挤,就一直铺排到堤顶上来。“纺织娘”和蛐蛐儿你飞我跳,不断弹落草叶上的露珠儿。太阳还未升高,空气是多么凉爽啊!然而,扫兴的却是夹堤的两行杨柳,那原本是葱茏茂密青翠成荫的,不想在“扫荡”中都给鬼子砍去了树梢，单剩下些光秃秃的树桄(guàng)子，残废似的直愣愣站着，仿佛一幅风景画上，给人抹了几道子黑。

小嘎子可没有闲心看这些。他敞着怀，阔阔地朝前走，心窝里嗵嗵跳着，一路打着算盘：“是啊，枪要偷不着呢？空手去当八路，还是得嫌我小！……咳！有了，想法子捉个汉奸！那才真像个侦察员呢！……麻烦的是部队不好找，县大队，区小队，都藏着，谁知道他们在哪儿啊？”

下了六郎堤，转上大道，“嗡嗡”的一阵电线响，前面就是县城了。在那黑黝黝的城墙上，像颗颗巨大的牙齿，排着一列垛口。每隔不远，还墩着些蘑菇头炮楼，半腰里尽是幽黑的枪眼，仿佛在远远地瞪着他。小嘎子提一口气，给偷枪的念头鼓舞着，坦然地照直奔了城门……

(二) 在横线处填上表示“说”的词语。(不重复，不能含“说”字)

1. 看着夜空中美丽的烟花，妈妈________道：“这是我看过的最绚烂的烟花表演了！”

2. 今天，同学们都在底下________，好像在议论着什么事，感觉真神秘。

3. 经过老师的耐心________，我终于掌握了这道题的解法。

4. 为了完成今天的钢琴课，她不得不________好朋友的邀请。

梳理与积累

(一) 把下列成语补充完整并选词填空。

震天(　　)地　　五(　　)六色　　坚强不(　　)

千(　　)一发　　迎风(　　)展　　气(　　)山河

壮烈(　　)迈　　昂(　　)挺胸　　居高(　　)下

1. 在这(　　　　)的时刻，是郝副营长划着了火柴，点燃了那本书，举得高高的，为后续部队照亮了前进的路。

2. 靠着城楼左右两边的石栏，八面红旗(　　　　)。

3. 战士们也(　　　　)，相继从悬崖往下跳。

(二) 根据积累的诗文及对课文的理解填空。

1. 《七律·长征》的作者是________，这首诗告诉我们红军长征取得胜利的最后一个难关是________，“________”一词表达了红军历尽艰难险阻取得长征胜利时的喜悦之情。

2. “三十万人的目光一齐投向主席台”中“投向”的意思是________，比“朝着”更能表现人们________的心情。

3. ________________，死而后已。　　——[三国]诸葛亮

4. 捐躯赴国难，________________。　　——[三国]曹植

5. ________________，当以死守，________________________。　　——[宋]李纲

6. 位卑未敢________。 ——[宋]陆游

阅读与运用

阅读《国旗，和太阳一起升起》，完成练习。

国旗，和太阳一起升起

两分零七秒，是天安门广场的国旗从地面升到杆顶的时间。你可知道，为了这两分零七秒，国旗班的战士付出了什么样的劳动？

天安门广场的国旗必须和太阳一起升起，但是每天太阳出来的时间不一样，怎样掌握升旗时间？国旗班从天文台要来一年三百六十五天太阳升、落时间表，为每月上、中、下旬各定一个升旗时间。即便如此，还要根据气候变化，时时修订。战士们的生活秩序全被打乱了。盛夏酷暑，前半夜很难入睡，后半夜刚刚有些朦胧，就得起身整装，因为四点三十三分太阳在地平线出现，国旗也得同时升上二十二米高的旗杆顶。风狂雨猛，雪飘雹打，太阳也悄悄躲起来了，但是五星红旗却依然按日出时间高高地升起。你可以想象，国旗班的战士是多么辛苦。

每年，都有一些新战士被选到国旗班。他们进班后都要接受严格检查，稍有不符合的地方，就得进行艰苦的矫形：脖子向前探的，睡觉不能用枕头；腿并不拢的，要躺在床上用绳子把腿捆住；两肩不平的，要将肩和画在墙上的水平线平行，贴墙站着；胯凸的，在腰里扎一根木棍……新战士们自觉自愿地磨炼自己，直到练出标准的军姿。

冬天，天安门广场寒风凛冽，国旗班的战士们觉得穿着厚厚的棉衣升旗与庄严的国旗不太相称，升旗时有损祖国形象。于是，他们有了一个不成文的规定：升国旗时轻装上阵。即使在滴水成冰的日子里，他们升旗时军装里面也只穿绒衣裤，戴单军帽、白线手套，腰扎皮带。

你看，升旗电钮按动了，三名升旗战士昂首并踵，挺胸收腹，向冉冉上升的五星红旗行注目礼。他们威武雄壮的形象给庄严的时刻增添了光彩。

1. 用“______”画出文中的拟人句。

2. 第3段中的省略号表示（　　）

A. 话未说完　　B. 列举的省略　　C. 说话断断续续

3. “轻装上阵”在文中指________________。

4. 为了让国旗和太阳一起升起，战士们是怎样做的？（请写出要点）

____

5. 2019年3月30日，在扑救四川凉山发生的森林火灾时，30名消防员不幸殉职。联系国旗班战士、狼牙山五壮士和郝副营长的事迹，思考：他们身上有什么相同之处？

____

第三单元

一、任务与目标

1. 单元整体思路

本单元由《竹节人》《宇宙生命之谜》《故宫博物院》三篇不同文体的选文构成一个统一的整体。选文的文体不同，但都意在帮助学生打开认识世界的大门；选文的内容指向不同，但承担了共同的阅读策略学习任务：根据阅读目的，选用恰当的阅读方法。围绕阅读策略，教学中要实现三步走：一是根据阅读需要，明确阅读任务；二是取舍阅读材料，确定阅读重点；三是选择适切方法，完成阅读任务。

三篇选文的编排位置不同，所承担的任务也有所区别。《竹节人》作为首篇选文，设置了三个阅读任务，应作为策略样本来教，让学生充分体验“根据不同阅读目的采用不同阅读方法”的阅读感受；《宇宙生命之谜》作为第二篇选文，应鼓励学生大胆尝试运用不同的阅读方法达到阅读目的；《故宫博物院》作为最后一篇选文，应引导学生从阅读课文延伸到把阅读运用于生活，尝试借用阅读改变生活。

阅读方法要根据阅读任务的性质来选择。《竹节人》设置了三个阅读任务：(1)写玩具制作指南，并教别人玩这种玩具。宜用“提取关键信息”的阅读方法，将“要领及步骤”圈画出来绘成图示。(2)体会传统玩具给人们带来的乐趣。宜用“有感情地朗读”的阅读方法，借助朗读想象竹节人的各种形态以及“斗”竹节人的生动画面，体会“乐”与“趣”。(3)讲一个有关老师的故事。宜用“主线串连”的阅读方法，梳理“发现破绽、没收玩具、玩得入迷”的故事情节。

《宇宙生命之谜》的阅读任务：解答其他星球上是否存在生命。可以采用多种阅读方法：浏览、圈画关键词、提取关键信息、细读重要部分等。课后习题设计了两个探究任务：科学家是怎么判断其他星球有没有生命的呢？人类是否有可能移居火星？可以运用“罗列要点”与“对比印证”等阅读方法，用生命存在的四个条件，逐一验证其他星球存在生命的可能性。

《故宫博物院》提供了两个阅读任务：(1)为家人计划故宫一日游，画一张故宫参观路线图。选择材料一、三、四，采用“浏览、提取关键信息以及图文对比”等阅读方法。(2)选择一两个景点，游故宫的时候为家人作讲解。选择材料二、四，采用“图文对照读、记故事要点”等阅读方法。

要善于把握选文、习作与《语文园地》之间的联系。把握“词句段运用”中描述“人对某件事入迷的样子”的表达秘密，把握分要点阐述观点的表达方法，为写作《________让生活更美好》提供练习的台阶。“交流平台”中第一个话题，宜结合《故宫博物院》进行交流与分享；第二个话题，宜结合《竹节人》进行实践运用；第三个话题，宜结合单元整体学习后的拓展阅读进行学习。

2. 核心任务

根据阅读目的，选用恰当的阅读方法，这是本单元最为核心、最为重要的学习任务。根据阅读目的的不同，选读不同的阅读材料和内容，选择不同的阅读方法，从而提高阅读效率。散文《竹节人》，内容贴近生活，可做可讲，也可体验乐趣；科普说明文《宇宙生命之谜》，话题吸引人，理据说服人；《故宫博物院》由 4 篇材料组成，有说明材料、历史故事、网站公告以及建筑平面图，题材内容丰富，语言风格不同，宜图文参照阅读。

写生活体验，试着表达自己的看法，这是本单元的第二个学习任务。这一学习任务是核心学习任务的拓展与延伸，编排意图是引导学生了解文本内容，能够根据不同的阅读目的，选择恰当的阅读方法，并尝试在写事物时融入自己的情感，表达独特的看法。这一学习任务宜结合《竹节人》和《宇宙生命之谜》学习。《竹节人》一文，作者通过描写“我们”玩竹节人和老师玩竹节人的场景，表达出对童年美好生活的无限眷恋和对“竹节人”玩具的喜爱之情；《宇宙生命之谜》一文则表达了作者对宇宙生命之谜的好奇和对科学家顽强不屈的探索精神的赞美。教学中，要适时引导学生联系自己的生活实际，学习运用这种写法描摹自己的生活体验，表达自己独特的情感。

3. 学习目标

字词句：会写“凛、谜”等字，会写“疙瘩、发达”等词语，理解“温室效应”等科学专有名词，积累“剑拔弩张、别出心裁”等成语，积累“蟠龙金柱”等描写故宫建筑特点的词语。

阅读：《宇宙生命之谜》以旁批的形式直观呈现了阅读的思维过程，宜作为阅读策略学习的“例文”；《竹节人》设计了三个不同的阅读任务，宜作为阅读策略探索的“样本”；《故宫博物院》是略读课文，旨在运用阅读策略解决真实任务，宜结合《语文园地》中的“交流平台”进行经验分享与内容提炼。

书面表达：习作《________让生活更美好》，确定一个“事物”，选择一件“事情”，将“如何美好”写清楚，将“美好感受”写具体；《语文园地》中的“词句段运用”为此铺设了写清楚、写具体的阶梯练习。

阅读理解：通过阅读，认识生活，认识世界，体会生活的美好和世界的奇妙。

二、课文解读与学习设计

10 竹节人

课文解读

题解

竹节人，是一种传统的儿童玩具，用毛笔杆、线等制作而成。文章以“竹节人”为题，直接点明故事要描述的对象，激发学生探求的兴趣与欲望。同时，文章以“竹节人”为线索，为读者掀开了童年时代最美好的那一页。阅读别人的童年故事，认识了一个简陋却又好玩的玩具，看到了作者那个时代的童年生活，懂得了童年的快乐其实很简单。

结构分析

《竹节人》是一篇散文，作者以“竹节人”为线索，回忆了儿时玩竹节人的一件件趣事，可分为四个部分。

第一部分（第 1 自然段）：写小时候，一件新鲜玩意经常能风靡全校。

第二部分（第 2—4 自然段）：写用毛笔杆偷做竹节人。

第三部分（第 5—22 自然段）：写“我们”在破课桌上斗竹节人。

第四部分（第 23—29 自然段）：老师偷玩没收来的竹节人。

词语含义

鏖战犹酣：指战斗进行得正激烈。“鏖战”指与人激烈地战斗，现在也用来表示做某件激烈的事情。“犹酣”一般形容在做某事过程中的心态，如同喝酒一样痛快，文中指玩竹节人游戏玩得特别的开心痛快。“鏖战犹酣”一词是大词小用，具有强烈的画面感，形象再现了“屏风”背后斗竹节人的激烈、有趣场景，表现了作者童年时期对竹节人游戏的喜爱。本课运用了许多成语描写斗竹节人和竹节人被没收的场景和心情，可指导学生理解与积累相应的成语，比如：威风凛凛、剑拔弩张、技高一筹、虎视眈眈、大步流星等。

句意理解

于是，我跟同桌相视一笑，虽两手空空，但心满意足，轻手轻脚地溜了。方才的那份小小的怨恨和沮丧化为乌有。

为什么“我”和同桌心满意足了？为什么“我们”那份小小的怨恨和沮丧化为乌有了？因为找到了喜爱竹节人的知音。原本心爱的竹节人被没收，只能眼巴巴地看别人玩，“我们”心里自然是带有怨恨与沮丧的。但看到老师玩竹节人时如此全神贯注、忘乎所以，“跟我们玩得入迷时一模一样”，原本虎视眈眈的老师突然间变得可爱可亲。“我们”虽然不能继续玩竹节人，却似乎已经感受到了玩竹节人的欢乐。因此，失去竹节人的“小小的怨恨和沮丧”自然而然烟消云散了。

语段分析

那一段时间，妈妈怪我总是把毛笔弄丢，而校门口卖毛笔的老头则生意特别好。

简简单单一句话为一段。读到这里，我们不禁会心一笑。“我”狂热地买毛笔杆偷偷做竹节人，“弄丢”了很多毛笔，三天两头、死皮赖脸地缠着妈妈买新毛笔；妈妈经常板起脸来责备“我”，却又经不住“我”的死缠烂打，只好一次又一次答应“我”买新毛笔；校门口卖毛笔的老头则生意特别好，每天摊前挤满了一堆小脑袋，乐得他合不拢嘴。三者不同的行为表现起到了反差的表达效果。这就是真实的童年生活。

写作特色

本文语言具有强烈的画面感，一句简单的话就能演绎一个鲜活的画面。例如：“常要等老师进来，才知道已经上课，便一哄作鸟兽散。”读到这里，我们似乎能看到一幅狼狈而有趣的画面：每个人以最快的速度飞奔回自己的座位，装出一副认真准备上课的样子，却来不及把竹节人藏好；撤退的时候太过匆忙，可能撞翻了同学的书本，碰歪了同学的课桌。“黑虎掏心！泰山压顶！双龙抢珠！”“咚锵咚锵咚咚锵！咚咚锵！”简简单单几个词，却能让读者感受到同学们玩竹节人时的热情、热闹。一个同学喊：“看，黑虎掏心！”另一个同学不甘示弱：“瞧，我的泰山压顶！”“这有什么稀奇，我来一个双龙抢珠！”嘴里喊着招式，手里的线一松一紧，一松一紧。旁边观战的同学拿着一把尺，边在桌沿上敲，边喊着：“咚锵咚锵咚咚锵！咚咚锵！”读这些话，将画面还原在眼前，就能真切感受到竹节人带给同学们的快乐。

语段之间产生对比，形成反差，生动表现了童年生活的快乐。例如，站立时神气的竹节人和打斗时狼狈的竹节人，想技高一筹得意扬扬的同学和盔甲都被手里大刀磕飞的同学，课间斗竹节人热闹疯狂的样子和上课铃声一响便一哄作鸟兽散的样子，老师没收竹节人时的气势汹汹和玩竹节人时的全神贯注，“我”和同桌被没收竹节人的沮丧和后来的心满意足……一个个反差，使得全文读来趣味盎然。

拓展学习资源

推荐篇目	《窃读记》 （作者：林海音）	《童年笨事》 （作者：赵丽宏）
推荐书目	《小王子》 （作者：圣埃克絮佩里；出版社：人民文学出版社）	《偷影子的人》 （作者：马克·李维；出版社：湖南文艺出版社）

学习设计

学习目标

1. 会写“凛、疙”等字，归类积累“虎视眈眈、怒气冲冲”等词语。

2. 从前后语段的反差中，感受竹节人带给作者童年的快乐。

3. 在整理玩具推荐指南时，复述竹节人的制作过程及玩法。

4. 正确、流利、有感情地朗读课文，“边读边想象”，读出文字的画面感。

5. 学习并运用两种不同的阅读方法：边读边想象画面；先找出具有参考价值的语段，再对照插图，圈画关键词。

课时

2 课时。

学习活动

学习活动一　词句对比，认识竹节人形象

1. 检查预习，交流不理解的字词，解疑。

2. 朗读第一组短语：

叉腿张胳膊　脖子老粗　浑身疙瘩肉

(1) 朗读短语要点：“叉”字音读准确。

[chā]叉子，鱼叉，交叉。[chá]挡住，卡住：路口～住了。[chǎ]分开成叉形：～着腿。

[chà]劈叉。两腿向相反方向分开，臀部着地，是戏曲、杂技、体操、武术等的一种动作。

(2) 总结：这些短语描写的是站立时的竹节人。

3. 朗读第二组短语：

没头没脑地对打着　呆头呆脑的傻样子　挺着肚子净挨揍

(1) 朗读短语要点：短语中的重音。

(2) 总结：这些短语描写的是搏斗时的竹节人。

4. 通过朗读上面两组词语，你发现了什么？同样是竹节人，它们的形象为什么不相同？不同在哪里？

要点：站立时的竹节人威风凛凛，犹如大力士、将军；搏斗时的竹节人一副呆傻、狼狈不堪的模样。

5. 朗读课文语段。

(1) 朗读课文第 8 自然段：站立时的竹节人。

朗读要点：抓住关键词句，想象画面，读出画面感；神气、威风凛凛，读出力量；有力而干脆。

(2) 朗读课文第 9、10 自然段：搏斗时的竹节人。

朗读要点：抓住"没头没脑""呆头呆脑"等词语，想象画面，读出画面感；语速放慢一点；读出站立时和搏斗时竹节人的不同形象。

6. 总结。

竹节人有静有动，一静一动产生了对比，形成了强烈的反差，于是，竹节人的姿态就有了变化，竹节人的形象就有了变化，竹节人就变得好玩，变得有趣了。

学习活动二　自主发现，体会反差表达效果

1. 朗读词语：

虎视眈眈　大步流星　怒气冲冲

(1) 朗读词语。

(2) 这些词语描写的是什么状态下的老师？

要点：发怒的、生气时候的老师。理解"虎视眈眈"，眈眈，注视的样子，像老虎要扑食那样注视着。形容恶狠狠地盯着。

(3) 交流自己的老师凶的模样。

2. 朗读语段：

偏偏后面的同学不知趣，看得入了迷，伸长脖子，恨不能从我们肩膀上探过来，被那虎视眈眈的老师看出了破绽。

老师大步流星走过来，怒气冲冲伸手一拂，“屏风”颓然倒了，一切秘密暴露无遗。不消说，费了许多功夫做出来的，建立了赫赫伟绩，鏖战犹酣的两个竹节人被一把抓去。

要点：抓住人物的动作、神态，边读边想象画面，读出画面感。

3. 引导学生谈谈自己的老师平时凶的样子。快速浏览课文，找出与上面两段话形成反差的句段。

要点：

只见老师在他自己的办公桌上，玩着刚才收去的那竹节人。双手在抽屉里扯着线，嘴里念念有词，全神贯注，忘乎所以，一点儿也没注意到我们在偷看。

他脸上的神情，跟我们玩得入迷时一模一样。

4. 老师的形象有了怎样的变化？

要点：严厉的、不可亲近的、让人害怕的老师变得可爱了，变得可亲了，让人喜欢了；通过不同情境中的表现对比，形成强烈的反差，使老师的形象变得更为真实、立体与可爱。

5. 读课文，标注文中形成反差的其他语句或段落。

提示：

(1) 用自己喜欢的符号标注。

(2) 边读边想象画面，体会反差的表达效果。

要点：

(1) 第15自然段中得意扬扬与弄巧成拙形成反差。

(2) 摆开场子热火朝天玩竹节人的场景和竹节人被没收的场景形成反差。

(3) 下课后，别的同学“玩得欢”和竹节人被没收后“我们”的“沮丧”形成反差；前面的“沮丧”和看到老师也在玩时的心情形成反差。

(4) 竹节人风靡全校时，妈妈的责怪和校门口老头的生意形成反差。

6. 总结。

竹节人，是极为普通、极为简单的玩具，可作者巧妙地通过对比，形成了反差的表达效果，使原本普通到不能再普通的玩具变得极为有趣；原本普普通通的童年生活，显得如此快乐，如此丰富，如此五彩斑斓。我们通过边读边想象画面，抓住前后反差，体会到了作者的表达意图。

7. 交流表达：二十年后的同学会上，大家想策划一个节目“场景重现”，再现当年斗竹节人的情景，如果请你策划，你最想选择哪个场景？场景里一定有哪些内容？

学习活动三 整理玩具推荐指南

1. 情境任务：推荐竹节人玩具。

四年级小朋友要举行自创玩具比赛，你们愿意把竹节人推荐给他们，让竹节人在我们的校园里也风靡一回吗？

2. 任务一：教一教怎么做。

（1）整理制作要点。

提示阅读方法：浏览课文，找出具有参考价值的语段；对照插图，圈画关键词。

制作的动作	锯、钻、(再)锯、穿、画
制作的材料	毛笔杆、(纳鞋底的)线
制作的工具	锯子、钻头、水彩笔

（2）整理制作步骤。

提示阅读方法：对照插图，根据制作的动作、所需材料和工具，整理制作步骤。

第一步“锯”	用锯子将毛笔杆锯成寸把长的一截，这就是竹节人的脑袋连同身躯
第二步“钻”	用钻头在锯好的一截三分之一处钻一对小眼，供装手臂用
第三步“锯”	用锯子把余下的毛笔杆平均锯成 8 短截，分别当四肢
第四步“穿”	按照图示，用线把 9 截毛笔杆穿在一起
第五步“画”	用水彩笔给竹节人画上眉毛、眼睛和嘴巴

3. 任务二：教一教怎么玩。

引导学生运用刚才的阅读方法，介绍竹节人的玩法。

初级玩法	嵌入、拉紧、一松一紧
高级玩法	加道具(冰棍棒、废弃的钩针、铅皮、铁丝、红丝线、橡皮)，配备红缨枪、风火轮(哪吒)，或配备一把鹅毛扇(诸葛孔明)……

（1）怎么玩？找出动作词：嵌入、拉紧、一松一紧。这是初级玩法。

（2）还有高级玩法，可以玩出花样来？怎么玩？

要点：竹节人在创造中有了新的形象。

4. 生活体验会表达：介绍自己曾经创造过的玩具，描述制作过程以及玩玩具的体验。

5. 课堂小结：这篇课文我们读了两次。第一次读课文，发现与体会形成反差的语句或段落，感受对比形成反差的表达效果，运用的阅读方法是：边读边想象画面；第二次读课文，教四年级小朋友怎么制作竹节人，怎么玩竹节人，运用的阅读方法是：先找出具有参考价值的语段，再对照插图，圈画关键词。不同的阅读任务，采用不用的阅读方法。如果让你讲一个有关老师的故事，该用怎样的阅读方法呢？请你课后和同学一起讨论，选择最合适的方法，并试一试。

要点：宜用“主线串连”的阅读方法，梳理“发现破绽、没收玩具、玩得入迷”的故事情节。

板书设计

10 竹节人（童年生活的美好）

读出形象　　边读边想象画面

玩具指南　　找参考圈画词语

精彩片段

师：老师这里有一组词，谁来读一读？（出示词语：虎视眈眈　大步流星　怒气冲冲）

（生读）

师：这些词语描写的是——老师。什么状态下的老师？

生：老师没收了竹节人，十分生气。

师：你们的老师有这么凶的时候吗？

生：偶尔也会有！

师：课文里是这么写的，我请一位同学来读一读。注意：读的时候同样要想象老师生气时的画面，读出画面感。

出示：

偏偏后面的同学不知趣，看得入了迷，伸长脖子，恨不能从我们肩膀上探过来，被那虎视眈眈的老师看出了破绽。

老师大步流星走过来，怒气冲冲伸手一拂，“屏风”颓然倒了，一切秘密暴露无遗。不消说，费了许多功夫做出来的，建立了赫赫伟绩，鏖战犹酣的两个竹节人被一把抓去。

（生读）

师：看来这位老师真的很生气了。如果你们的老师对你们虎视眈眈、怒气冲冲，你们怕不怕？

生：老师生气的时候，我们都挺怕的。

师：如果你们的老师一直、天天对你们虎视眈眈，怒气冲冲，你们喜不喜欢？

生：我不喜欢。（笑）

师：你们的老师会这样吗？

生：不会不会！

师：课文中的老师也不会这样。所以，作者笔下的老师形象也有变化。请你快速浏览课文，找出与这两段话形成反差的语段。比赛，谁第一个找到？

生：我找到了这一句：

只见老师在他自己的办公桌上，玩着刚才收去的那竹节人。双手在抽屉里扯着线，嘴里念念有词，全神贯注，忘乎所以，一点儿也没注意到我们在偷看。

他脸上的神情，跟我们玩得入迷时一模一样。

师：速度真快！请你看一看这两处描写老师的话，老师的形象有了怎样的变化？

生：我觉得一开始老师在没收竹节人时虎视眈眈、怒气冲冲的样子，一定是特别严厉的。而后来在玩竹节人的时候，很投入很专注，就像“我们”在玩竹节人的时候一样。

生：这前后判若两人！

生：一开始老师很凶很严厉，后来老师沉浸在玩竹节人的乐趣中了。

师：严厉的、不可亲近的、让人害怕的老师变得可爱了，变得可亲了，让人喜欢了。人物在不同情境中的表现产生对比，形成强烈的反差，于是，老师的形象也变得更为真实、立体与可爱。

师：谁能试着读一读这两段话，将老师不同的形象读出来。

（生读）

师：看，普通的老师，形象前后有了反差，就显得可亲可爱了。

点评：相信每一位读者第一次读这篇课文，都会边读边情不自禁咧开嘴。因为，童年的快乐充盈在文章的每个段落里，每个字眼里。作者是怎么“制造”这种快乐的？前后形成反差。虎视眈眈的老师，有点可怕的老师，怒气冲冲的老师，玩得全神贯注的老师，忘乎所以的老师，可亲可爱的老师，前后形成了强烈的反差，使得作者童年时代的生活更加真实有趣。执教者流畅有致的教学，引导学生进入文本世界，与作者共同体验童年生活的快乐。

11 宇宙生命之谜

课文解读

题解

探索“宇宙生命之谜”是人类科学研究的永恒命题。文章以“谜”入题，能激发学生的好奇心与求知欲。如何为孩子打开宇宙探索的大门，为孩子埋下一颗科学探索的种子？除了严谨的科学知识之外，更需要激发孩子阅读的兴趣、探究的兴趣。文章在一步步的解谜过程中，带领孩子畅游科学世界，探索宇宙的奥秘。

结构分析

这是一篇科普说明文。文章提出了“地球之外的其他星球上是否有生命存在”这个问题，按照“假设、验证、结论”这个科学研究的基本程序，进行了一系列的探索，可分为三部分。

第一部分(第 1—2 自然段)：猜测，地球绝不是有生命存在的唯一天体。

第二部分(第 3—8 自然段)：分析，先用生命存在的四个条件逐一分析，太阳系中的水星、金星、木星、土星、天王星和海王星都没有生命存在；对火星作了三层分析，发现不存在“运河与植物”，四个因素导致生命难以存在，火星表面没有生命存在。

第三部分(第 9—10 自然段)：结论，地球之外的太空中至今尚未找到生命存在的确凿证据，但仍可能存在。

词语含义

温室效应： 又称“花房效应”，是大气保温效应的俗称。大气能使太阳短波辐射到达地面，但地表受热后向外放出的大量长波热辐射线却被大气吸收，这样就使地表与低层大气温度增高，因其作用类似于栽培农作物的温室，故名“温室效应”。

猜测、观测、检测： 这三个词语的意思相近，但也有差别。“猜测”指凭借想象作出判断；“观测”指对事物进行观察并测量；“检测”指对事物进行检验并测定。三个词语运用应符合特定的语境，否则会违背研究的科学性。

句意理解

课文第 3 自然段中，出现了这样的短语：适合生物生存的温度、必要的水分、适当成分的大气、足够的光和热。在温度、水分、大气、光和热前，作者添加了修饰语。“适合生物生存的温度”到底是多少度？表达显得含糊不清。但是，后半句“一般应在 −50 ～ 150℃ 之间”的补充，却把生命存在的条件之一，表达得清晰准确。当然，前半句“足够的光和热”和后半句“为生命系统提供能源”，因没有数字描述而显得不够精准。但，不同生命体需要的光和热是很难用准确的数据来表达的，因此，不准确中却体现了科学用语的准确。阅读整篇文章，会发现很多句子的表达，都体现了科学用语的准确，需要细细辨析。

语段分析

课文第 3 自然段中，作者用“一、二、三、四”的方式罗列了生命存在的四个条件；课文第 4 自然段以列举的方式，一一排除了水星、金星、木星、土星、天王星和海王星不具备生命存在的条件；课文第 5 自然段又以列举的方式，从地球自转一圈的时间、地球自转轴与公转轨道平面的倾角等方面提示火星有可能存在的因素；课文第 7 自然段，分别从火星水汽的含量、火星大气层氧气的含量、火星表面的温度、火星大气层没有臭氧层说明火星上生命难以存在。各个段落结构鲜明，体现了科普性说明文的特点：围绕中心，条理清晰，逻辑严密。

写作特色

语言准确，论述严密，具有极强的逻辑性。文章由古代神话引出话题“地球之外的太空中是否有生命存在”；接着从理论上猜测，地球绝不是有生命存在的唯一天体，但是至今尚未找到另外一颗存在生命的星球；然后具体地介绍了科学家探索的历程；最后说明，人们至今尚未在地球之外的太空中找到生命存在的确凿证据，但仍然相信那里存在着生命。文章层层推进，体现了科学论述的逻辑性。

文章结构完整，浑然一体。行文紧紧扣住“谜”来组织文章，由“谜”导入，接着解谜，最后又由“谜”结束，既能够引起读者的阅读兴趣，又让读者觉得余味无穷，增添了进一步探索的愿望，体现了作者在行文中的匠心。

拓展学习资源

推荐篇目	《火星——地球的孪生兄弟》 （苏教版五年级下册语文课本第 7 课）	
推荐书目	《生命简史——从宇宙起源到人类文明》 （作者：王章俊著，米莱童书编创； 出版社：中国大地出版社）	《今日天文——太阳系和地外生命探索》 （作者：埃里克・蔡森，史蒂夫・麦克米伦； 出版社：机械工业出版社）
推荐影片	《火星救援》	《星际穿越》

学习设计

学习目标

1. 会写“谜、尚”等字，熟练掌握易错字“揭”的书写要点。

2. 能借助图文资料，了解文中重要的科学概念，归类积累科学词汇。

3. 正确、流利地朗读课文，能复述生命存在的四个条件及其他星球不存在生命的原因。

4. 借助文中旁批，学习“有目的地阅读”策略，了解思维过程；借助任务活动，熟练运用“有目的地阅读”策略，积累阅读经验。

课时

2 课时。

学习活动

学习活动一 了解科学概念，积累科学词汇

1. 播放宇宙星空视频，谈话引入新课。

地球是我们人类赖以生存的星球。在茫茫宇宙中，除了地球之外，其他星球上是否也有生命存在？让我们一起走进《宇宙生命之谜》，跟随作者一同去解开这个谜团吧！

2. 板书课题，齐读课题。

3. 自读课文，边读边画出课文中的科学概念。

(1) 组织交流：太阳系、银河系、恒星、蛋白质、核酸、厌氧菌、氧气、二氧化碳、温室效应、磁场、臭氧层、紫外线、宇宙线、有机分子、微生物、陨石等。

(2) 区分哪些词汇不影响理解课文，哪些词汇必须理解。例如：温室效应、有机分子、微生物、陨石等。

(3) 借助图文资料，理解重要概念。

4. 比一比：词语辨析。

★ 发现—分析—证明

要点：发现指经过研究、探索，看到前人没有看到过的事物或规律；分析指研究事物的各个组成部分，从中发现事物的本质；证明指用可靠的材料或事实来断定事物的真实性。

★ 猜测—观测—检测

要点：猜测指凭借想象作出判断；观测指对事物进行观察并测量；检测指对事物进行检验并测定。

5. 填一填：选择上述词汇填入下列语句。

1877 年，意大利的一位天文学家（　　）到火星表面有很多纵横的黑色线条，人们（　　）这是火星人开挖的运河。1971 年，美国发射的“水手 9 号”探测器对火星进行了近距离的（　　），（　　）那不是运河，而是一连串的暗环形山和暗的斑点。1975 年，美国发射了两个名叫“海盗号”的探测器在火星着陆，从土壤中未（　　）到有机分子，也未（　　）微生物的存在，（　　）火星表面没有生命存在。

学习活动二　借助旁批阅读，学习阅读策略

1. 情境任务：假如你是中国科学院宇宙生命研究所的一名科学家，有人问你：宇宙中究竟有没有其他生命存在？你根据研究资料《宇宙生命之谜》，会告诉他哪些宇宙生命研究的新成果？

2. 指导阅读：不参阅旁批，浏览全文，找出相关研究新成果（公众未知的信息内容），标注相关语段；然后参照旁批，跳读对应语段。

（1）想一想：第一次阅读中哪些语段未能关注？

（2）运用旁批提示的方法标出需要发布的关键内容。

提示：阅读方法有“找中心语句、画关键词、提取关键信息、逐层分析”等。

3. 交流归纳，列出相关内容提纲。

要点：（1）生命存在的四个条件。（2）水星、金星、木星、土星、天王星和海王星的环境条件，证明不存在生命。（3）火星四个方面的环境条件，说明生命难以存在；火星的土壤分析及表面取样检测结果，证明没有生命存在。（4）太空陨石中存在有机分子，说明可能存在生命。

4. 回顾阅读过程，总结学习经验。

（1）回顾阅读过程中所采用的阅读方法；结合自己的经验，谈谈哪些方法便捷、有用，哪些方法需要改进。

（2）寻找“阅读任务”与“阅读方法”之间的关联性。

提示：采用表格进行分析。

阅读任务	阅读方法	阅读效果
解答宇宙中是否还有其他生命存在	浏览	略去无关语段
	找中心句	判断语段关键内容
	画关键词	按序罗列要点

续 表

阅读任务	阅读方法	阅读效果
	提取关键信息	准确解答疑问
	逐层分析	条件排除法简单明了
	……	……

学习活动三 运用阅读策略，解决阅读任务

1. 情境任务：如果你是中国科学院宇宙生命研究所的首席科学家，要判断太阳系其他星球有没有生命存在，你将制订怎样的研究方案？请依据《宇宙生命之谜》，写一份科学的研究方案。

2. 根据研究方案的基本要求，拟定阅读任务群：

(1) 研究目标；(2)地球生命存在的条件(研究路径方法)；(3)逐个测定太阳系除地球外的其他行星的环境条件(行星探测方法)；(4)对最有可能存在生命的火星进行系列研究(火星探测方法)。

3. 根据任务进行选择性阅读，对关联语段进行细读，提取关键信息。

提示：(1)运用表格，将研究任务与阅读发现对应起来，边读边记。(2)增加月球的研究任务，可以参阅相关资料，归纳可行的探测方法及研究结论。

研究任务	探测方法	研究结论
判断太阳系其他星球有没有生命存在		
地球生命存在的条件		
水星等 6 个行星的环境条件		
火星的环境条件		
月球的环境条件		

4. 运用阅读中提取的关键信息，拟定一份科学简明的研究方案。

提示：(1)参照研究方案的基本格式；(2)文稿要求简明扼要、用语科学。

5. 交流研究方案，评选“首席科学家”。

提示：(1)对照“科学、简明”的评比标准，对研究方案进行评比及修改。(2)采访“首席科学家”：你能写出这样一份科学简明的研究方案，有哪些阅读经验？从阅读焦点内容以及阅读方法两个方面进行回顾总结。

学习活动四 变换阅读任务，检测运用水平

1. 情境任务：100 年后，我们人类是否可以移居火星？阅读《宇宙生命之谜》《火星——地球的孪生兄弟》，想象未来的科技进步，作出有理有据的判断。

2. 采用表格式分析法，对任务作出分析：一是从课文中摘录语段，对火星的环境条件进行逐一分析，找出难以生存的环境因素；二是依据科技进步，想象可能的环境改造计划，创造人类必须具备的生存条件。

判断	火星生存条件分析	火星环境改造可能(设想)
可以移居或不能移居	昼夜长短相近	适合人类
	有四季更替	适合人类
	大气层稀薄，95%是二氧化碳	氧气离析机：从二氧化碳中分解出氧气 穹顶居住区：建造一群有穹顶的大屋子
	……	……

3. 根据表格中的分析与设想，判断阅读理解与科学想象的“星级水平”。对“五星级”设计师进行采访：阅读中你最感兴趣的是哪些材料？又是如何运用这些材料进行想象设计的？

4. 回归整体，探讨写法：假如你是一名科普作家，要写一篇关于宇宙中是否存在其他生命的文章，怎样才能写得吸引人？阅读《宇宙生命之谜》，探讨作者是如何构思的。

采用列举法，将创意方法及案例结合起来破解引人入胜的“秘密”：

吸引人的语段	有创意的写法	阅读者的体验
地球之外的太空中是否有生命存在	引用神话故事	产生神秘感
地球绝不是有生命存在的唯一天体	地球—太阳系—银河系—宇宙，一圈一圈写开去	引发大胆猜测
火星与地球有不少相似之处	……	……
……	……	……

5. 课堂小结。

有效阅读策略：一是对阅读任务进行分析，确定阅读重点内容；二是选择恰当的阅读方法，完成阅读任务；三是根据阅读效果，反思阅读过程中需要改进的方法与策略。

6. 拓展实践：搜集古今中外人类探索宇宙奥秘的文章、图片，以“宇宙的奥秘”为主题举

办一次文章、图片展。

板书设计

11　宇宙生命之谜

找中心语句

画关键词　宇宙中是否还有其他生命存在?

提取关键信息

逐层分析

精彩片段

师：100 年后，我们人类是否可以移居火星？请你阅读《宇宙生命之谜》《火星——地球的孪生兄弟》，想象未来的科技进步，作出有理有据的判断。

生：文中说“地球自转一圈是 23 小时 56 分 4 秒，火星自转一圈是 24 小时 37 分；地球自转轴与公转轨道平面有 66 度 34 分的倾角，而火星的倾角约 66 度 1 分，所以火星和地球昼夜长短相近，而且也有四季更替”。从这些条件来看，火星适合人类居住。

生：“意大利的一位天文学家观察到火星表面有很多纵横的黑色线条，人们猜测这是火星人开挖的运河。”这一点又和我们人类居住的环境相似。

生：下文谈到这观察到的所谓“运河”，只是一连串的暗环形山和暗的斑点而已，并不适合居住。

生：“火星是一个非常干燥的星球，在它的大气中虽然找到了水汽，但含量极少，只有地球上沙漠地区的 1%；火星的大气层非常稀薄，95%是二氧化碳，氧气含量极少；火星表面温度很低；火星的磁场非常弱，太阳风和宇宙射线可以直接袭击火星表面。”所有这些因素都说明，在火星上生命难以存在。

师：是呀，从这些观察与发现中，我们确确实实能够证实目前火星上生命难以存在。

生：我赞成《火星——地球的孪生兄弟》中说的：火星上原本有水，只是没有留住而已。火星地表下面仍然可能有水，只要有适当的温度，就可能孕育出生命来。

师：很好，同学们都能根据阅读材料作出有理有据的分析。火星看似干涸，实则空气中饱含水分；看似了无生机，实则像极了古诗词中描述的那样：大漠孤烟直，长河落日圆。发挥你的想象，你会创造哪些条件或环境？

生：生存需要氧气，我想可以制造氧气离析机，将火星大气层中的二氧化碳分解成一氧化碳和氧气，从而解决人类移居火星所必须解决的呼吸问题。

生：火星上除了具有核能外，还有太阳能和风能等可再生能源，其地表下还可能会有洞穴；我们可以效仿西北黄土高原的窑洞，在洞穴表面盖上厚厚的土壤来屏蔽辐射，为移民者提供一个冬暖夏凉的舒适环境。

生：人类自古以来都有很强的适应能力，如果火星移民真的成功，移民到火星上的人类会逐渐因为环境因素改变自身的体质。

生：移民到火星的人类，为了抵挡火星的恶劣环境和大量辐射，皮肤会逐渐进化蜕变成红色，逐渐适应火星的自然环境。

生：如果人类在火星待了一百年，经过几代的繁衍，就可能不用借助任何外部工具就能在火星生存，成为一个真正的火星人。

生：在火星上建造一个大型城市，利用火星上的能源制造氧气，提取液态水，种植农作物，这样就万事俱备了。当然，以我们现在的科技水平还远远达不到这种程度，但是100年以后，或者1000年以后，也许真的可以实现。

……

师：同学们都能根据火星的实际问题进行合理的想象，找到解决问题的方法。但移居火星不是一次说走就走的旅行，它非常难。改造火星也不是一朝一夕就能完成的，但想象总是要有的。在刚才的交流中，谁的科学想象最具说服力呢？

（学生投票，对“五星级”设计师进行采访）

师：阅读中你最感兴趣的是哪些材料？又是如何运用这些材料进行想象设计的？

生：《宇宙生命之谜》和《火星——地球的孪生兄弟》两篇文章中都是介绍火星的，火星的大气层非常稀薄，95％是二氧化碳，氧气含量极少，而人类的生存又离不开氧气，根据这一点我设想若能有把二氧化碳转化为氧气的装置，生存就有了极大的可能性。还有水的问题，若能留得住，生命就可能存在。

师：是呀，只要解决以上问题，火星可能就会成为人类生存的第二个星球。

点评：阅读方法需要在情境任务中得到检测。100年后，我们人类是否可以移居火星？学生借助阅读材料，作出了有理有据的判断。在阅读与判断中，学生需要熟练运用找中心句、画关键词、提取关键信息、逐层分析等阅读方法。同时，学生在畅想未来的环境改造计划中，对探索宇宙与探索自然，一定会产生浓厚的兴趣。

12* 故宫博物院

课文解读

题解

课文题目包含两个名词：故宫和博物院。为什么称为故宫？北京故宫是中国明清两代的皇家宫殿，旧称紫禁城，是我国现存的最大最完整的古代宫殿建筑群，有六百多年的历史。为什么称为博物院？北京故宫还是世界上现存规模最大、保存最为完整的木质结构古建筑之一，建筑精美、布局统一，集中体现了我国古代建筑艺术的独特风格；现有文物约 150 万件，被联合国教科文组织列为“世界文化遗产”，因此故宫又被称为“故宫博物院”。课题中的两个名词体现了这一宏大的古建筑的历史地位和文化地位。

结构分析

《故宫博物院》是一个由 4 份材料组成的阅读主题，材料一是一篇说明文，材料二是一个历史故事，材料三是网站的一份公告，材料四是一张平面示意图，其中材料一、三和材料四可以对照阅读、图文互证。

其中，材料一按照方位顺序，依次介绍了故宫建筑群内楼宇宫殿的布局、外观、内饰以及功用，物名繁多，数量准确，宜借助图片或音像等辅助阅读，切身感受故宫博物院的宏伟建筑与精美艺术。

游览的主要路线为：天安门→端门→午门→汉白玉石桥→太和门→三大殿（太和殿、中和殿、保和殿）→小广场→前朝（三大殿、文华殿、武英殿）→内廷（乾清宫、交泰殿、坤宁宫、东六宫、西六宫）→御花园→顺贞门→神武门→景山。

词语含义

檐角小兽： 故宫每一座宫殿外屋角上都有小兽。古代的宫殿多为木质结构，易燃，因此檐角上使用了传说能避火的小动物。屋脊上的小兽除宫殿庙宇外，民宅一般不得使用。有功名的，也要由皇帝特批敕建，以示殊荣。这些美观实用的小兽端坐檐角，为古建筑增添了美感，使古建筑更加雄伟壮观，富丽堂皇，充满艺术魅力。梁思成评价道：“使本来极无趣笨拙的实际部分，成为整个建筑物美丽的冠冕。”

大吻雕镂： 雕镂，指雕刻。大吻，即殿宇顶上正脊两端的吻兽，一般是龙头形，张大口衔住脊端，故又称“吞脊兽”。目前中国最大的吞脊兽，在故宫太和殿的殿顶上。太和殿的大吻，由13块琉璃件构成，总高3.4米，重4.3吨，是我国明清时代宫殿正脊吻的典型作品。站在太和殿广场抬头仰望，高居于层层叠叠的汉白玉三台之上的太和殿确有高入云天之势。而最先触摸云天的是那条长长的、直直的、高高的太和殿正脊，比正脊还要先触摸云天的是正脊两端昂首云天的“吞脊兽”，大多数人更愿意把它们叫作“大吻”。

句意理解

故宫建筑群规模宏大，建筑精美，布局统一，集中体现了我国古代建筑艺术的独特风格。

这是材料一的中心句。文章通过介绍太和殿、中和殿与保和殿，乾清宫、交泰殿与坤宁宫等建筑，说明了故宫建筑群规模宏大、建筑精美、布局统一的特点，而这些特点又和它本是封建帝王的居住地，是大一统封建帝国的象征相适应。另外，“规模宏大”“建筑精美”“布局统一”“建筑艺术”“独特风格”，一连串的四字词语说明了故宫的总貌，简洁明了，字里行间洋溢着对我国古代建筑艺术的自豪感，充满了对我国古代文化的热爱和赞美。

语段分析

材料一总共16个自然段。从整个篇幅来讲，文章段落显得较多，有的语段只有一两句话。为什么划分那么多语段？因为全文按照方位顺序介绍了故宫博物院。为了更清晰地介绍，作者把不同景点、不同景物的介绍单独成段。例如：“乾清宫是皇帝处理日常政务、批阅各种奏章的地方，后来还在这里接见外国使节。”这段介绍的是乾清宫。再如：“乾清宫后面是交泰殿，交泰殿后面是坤宁宫。坤宁宫是皇后宫，也是皇帝结婚的地方。”这段介绍的是交泰殿和坤宁宫。在阅读各语段时，要善于提炼和概括段落的核心。

写作特色

材料一是一篇说明文。文章按照方位顺序一一介绍了故宫博物院的布局等。因此，全文出现许多游览路线的语句，例如：“从天安门往里走，沿着一条笔直的大道穿过端门，就到了午门的前面。”“进了太和门，就来到紫禁城的中心——三大殿：太和殿、中和殿、保和殿。”“从保和殿出来，下了石级是一个长方形小广场。广场西起隆宗门，东到景运门。”这些语句的串联，构成了参观故宫博物院的游览路线。

文章中有许多表示建筑物名称的词语，如午门、神武门、东华门、西华门、太和殿、中和殿、保和殿等，需要借助故宫博物院平面示意图认识并积累。檐角小兽、大吻雕镂、亭台楼阁、池馆水榭、金琐窗、朱漆门、龙凤流云、蟠龙金柱、殿檐斗拱等体现故宫建筑精美特点的词语，需要借助图片进行形象的认识。檐角小兽、大吻雕镂等词语，还充分体现了我国古建筑的特点，需查阅相关资料，了解中国的建筑文化。

拓展学习资源

推荐网站	故宫博物院官网
推荐书目	《导游基础》 （作者：徐可；出版社：清华大学出版社）
推荐影片	纪录片：《故宫 100》

学习设计

学习目标

1. 重点理解“檐角小兽、大吻雕镂”等词语，归类积累关于故宫的词语。

2. 根据不同的阅读任务，阅读材料。整体把握文意，厘清文章的说明顺序，能为家人计划故宫一日游，画一张故宫参观路线图。

3. 能根据“计划一日游”和“讲解几处景点”的阅读任务，自主选择阅读材料及方法。

4. 了解故宫博物院建筑群规模宏大、建筑精美、布局统一的特点，增强民族自豪感。

课时

2 课时。

学习活动

学习活动一 谈话导入，归类积累词语

1. 出示词语，归类积累。

第一组：故宫博物院、紫禁城、城中之城

第二组：午门、神武门、东华门、西华门

第三组：太和殿、中和殿、保和殿、文华殿、武英殿

第四组：乾清宫、交泰殿、坤宁宫、东六宫、西六宫

读一读：找出词语分组的规律。

要点：第一组词：北京故宫的名称；第二组词：故宫的四座城门；第三组词：“前朝”；第四组词：“内廷”。

2. 阅读材料一，看图，完成练习。

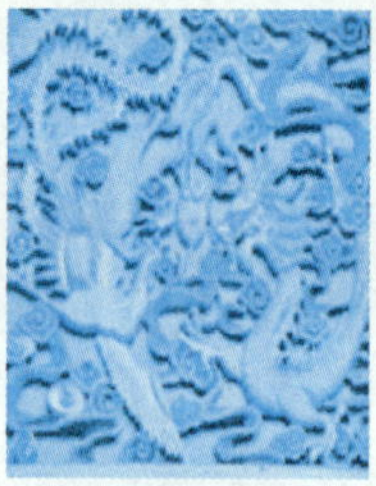

（1）你能从课文中找出合适的词语给这些图片命名吗？

要点：殿檐斗拱、镏金宝顶、蟠龙金柱、龙凤呈祥、双凤朝阳。

（2）课文中还有其他表现故宫建筑特点的词语，你能找一找吗？

要点：“檐角小兽”“大吻雕镂”等，通过查阅资料理解词语。

（3）故宫博物院的总体特点是什么？从文中找出相应语句。

中心句：故宫建筑群规模宏大，建筑精美，布局统一，集中体现了我国古代建筑艺术的独特风格。

学习活动二　阅读材料，概述游览路线

1. 默读课文，整体把握文章内容。思考：本文与以往所学的文章在形式上有什么不同？

要点：由四篇材料构成，多方位介绍故宫。

2. 阅读材料一，厘清说明顺序，并结合材料四提供的《故宫博物院平面示意图》，标出游览的景点。

要点：空间顺序（由南到北、由内到外）。

天安门→端门→午门→汉白玉石桥→太和门→三大殿（太和殿、中和殿、保和殿）→小广场→前朝（三大殿、文华殿、武英殿）→内廷（乾清宫、交泰殿、坤宁宫、东六宫、西六宫）→御花园→顺贞门→神武门→景山

3. 圈画方位词，概述游览路线。

要点：

（1）圈画出交代行踪的方位词，想一想行走的路线。

（2）从天安门往里走，沿着一条笔直的大道穿过端门，就到了午门的前面，走进午门跨过汉白玉石桥进了太和门，就来到了三大殿，由南往北依次是太和殿、中和殿、保和殿，从保和

殿出来，下了石级是一个长方形小广场，广场北面乾清门以内叫“内廷”，依次是乾清宫、交泰殿、坤宁宫，合称“后三宫”，后三宫往北是御花园，从御花园出顺贞门，就到了北门——神武门，对面就是景山。

学习活动三 选用材料，计划一日游

1. 情境任务：计划故宫一日游，画故宫参观路线图。

为家人计划故宫一日游，你应该重点阅读哪些材料？说明理由。

要点：应该重点阅读材料一、三、四。材料二是重建太和殿的历史故事，和计划一日游无关。

2. 图文对照阅读，整体把握方位布局。

提示：(1)一边阅读材料一边对照材料四，在示意图中对应的建筑名称上涂上颜色。(2)梳理材料一的介绍顺序：先整体介绍，再沿中轴线由南往北，逐层介绍各个建筑。

3. 参阅材料三，计划一日游路线。

要点：(1)根据材料三及故宫博物院官方网站中的“导览”，提取关键信息：每周开放时间及每天参观时间、单向参观方案（出入口）；(2)按照方位顺序由南往北设计参观路线，用彩笔标示行进路线及重点参观景点；(3)对计划一日游路线作出设计说明。

4. 交流一日游方案，评选最佳路线。

提示：游览路线应包含中轴线上的重要景点建筑；尽可能少走回头路。

学习活动四 选用材料，模拟作讲解

1. 情境任务：结合文本材料，选择几处景点，为家人作讲解。

2. 浏览课文四份材料，选用适合的材料。

提示：选择材料一、二，材料三、四与讲解景点关系不大。

3. 选定讲解景点，细读所选材料。

选择具有代表性的建筑，如太和殿（金銮殿），可以从外观、内饰、功用、相关故事等方面进行介绍。

阅读提示：圈画物名、数量词；摘记关键事件；关注说明方法，体会说明语言的准确性。

4. 学生分组模拟讲解，提出改进意见。

5. 拓展小练笔：我们的校园。

要求：(1)能运用本节课所学的写作方法，按空间顺序介绍学校的特点。(2)能运用本节课所学的说明方法，条理清楚地介绍学校。

板书设计

12* 故宫博物院

游览路线：天安门→端门→午门→汉白玉石桥→太和门→三大殿→小广场→前朝→内廷→御花园→顺贞门→神武门→景山

精彩片段

师：如果请你做一回故宫小导游，为家人作讲解，你觉得需要仔细阅读哪几则材料呢？请同学们快速浏览这四份材料，确定你所需的材料，并说说选取它们的理由。

生：我觉得需要阅读材料一，因为这则材料详细介绍了一些楼宇宫殿的外观、内部摆设、用途等，可以用来向家人介绍。

生：我觉得材料二也可以用，这是关于太和门的小故事，可以用来讲解太和门这个景点。

生：材料四也需要啊，我们可以根据平面示意图选择要去的景点。

师：选择要去的景点，与向家人讲解景点概况有关系吗？

生：似乎关系不大。

师：是的，平面示意图主要用来设计游览路线，与讲解景点关系不大。那材料三呢？你们觉得需不需要？

生：我觉得不需要，因为这是网站公布的开放与服务公告，在制订游览路线时需要，但与讲解景点关系不大。

师：嗯，你学会了根据阅读任务来选择合适的材料，真会思考！我们确定了所需的材料后，就要尝试讲解景点了。请每位同学选定一个景点，仔细阅读相关材料后，自己练习解说。

生：我介绍的是太和殿，它俗称金銮殿，是故宫最大的殿堂。大殿正中有一个约两米高的朱漆方台，上面放着金漆雕龙宝座。太和殿是举行重大典礼的地方。大殿方台两旁有六根蟠龙金柱。

师：有没有同学对太和殿这个景点有补充的？

生：太和殿正面有十二根红色大圆柱。

生：太和殿高二十八米，面积是两千三百八十多平方米。

生：金黄色的琉璃瓦屋顶，殿檐斗拱、额枋、梁柱，装饰着青蓝点金和贴金彩画。

师：这是太和殿独有的吗？其他的宫殿建筑是不是也这样？

生：故宫的很多建筑都是金黄色的琉璃瓦屋顶，也装饰着青蓝点金和贴金彩画。

师：是的，整个故宫建筑群就是金碧辉煌而雍容华贵的，这是它们的整体特征，很多宫殿都拥有，并不是太和殿特有的，所以不需要特地介绍。太和殿还有哪些特别之处需要介绍？

生：金漆雕龙宝座背后是雕龙屏。殿顶中央藻井有一条雕金蟠龙，正对着下面的宝座。

师：对的，这是别的宫殿所没有的，当然要介绍。还有吗？

生：皇帝即位、婚礼等典礼都在太和殿接受朝贺。

师：嗯，可见太和殿的庄重。还有没有补充的？

生：材料二中介绍光绪十四年，太和门失火，大火蔓延至太和殿这个故事也可以利用起来。

师：你很会筛选整理材料。继续补充。

生：我从其他书上看到过关于早年康熙修复太和殿的故事：康熙三十四年(1695)，一位叫梁九的人按照十比一的比例，做了一个太和殿的木模型，就靠着对这座模型组件的放大制作，完成了太和殿的结构搭建。

师：你的课外阅读储备量真丰富，为你点赞！同学们，从刚才的介绍和补充中，你们发现介绍太和殿需要抓住什么？

生：要抓住与太和殿相关的事物，如金漆雕龙宝座、雕金蟠龙等物件。

生：要抓住那些数字，如高、面积等。

生：可以介绍一些相关的小故事。

师：是的，介绍一个景点，我们要抓住这个景点重要的物名和相关的数量词，这是这个景点所特有的，独一无二的。当然，如果你还能补充一些关于这个景点的小故事，那一定会更精彩。(板书：物名　数量词　关键事件)但是，一个太和殿，就有这么多知识可以介绍，我们怎样才能没有遗漏地把这个景点介绍清楚呢？

生：要按一定的顺序。

师：按怎样的顺序呢？就以太和殿为例吧。

生：要先介绍太和殿的高、面积，十二根红色大圆柱。

师：这是太和殿的——外观。继续。

生：再介绍大殿中的金漆雕龙宝座、雕龙屏、雕金蟠龙。

师：这是太和殿的——内饰。还有呢？

生：接着介绍太和殿举行的重大典礼，有皇帝即位、婚礼等。

师：这是太和殿的——功用，最后介绍与太和殿有关的——故事。找到了讲解景点的方法，谁来试着给我们介绍太和殿？

生：太和殿，俗称金銮殿，高二十八米，面积是两千三百八十多平方米，是故宫最大的殿堂，正面有十二根红色大圆柱。大殿正中有一个约两米高的朱漆方台，上面安放着金漆雕龙宝座，背后是雕龙屏，方台两旁有六根蟠龙金柱，殿顶中央有一条雕金蟠龙，正对着下面的宝座。太和殿是举行重大典礼的地方，皇帝即位、婚礼等，都在太和殿接受朝贺。光绪十四年，太和门西的贞度门失火，太和殿被烧毁严重，我们现在见到的太和门，是光绪十五年重修的。

师：给他掌声！真的非常厉害，可以跟专业的故宫导游相媲美了！

点评：只有在具体的语言实践中，学生的阅读能力才能得到真正的提高。根据真实的情境任务，学生依次判断每份材料的不同价值，从而根据需要选择适合的阅读材料；借用圈画物名、数量词及摘记关键事件的阅读方法，学习介绍重要的景点。在真实的情境任务中，学生真正体会到阅读的魅力：阅读可以运用于生活，阅读可以改变生活。

习作：________让生活更美好

学习设计

学习目标

1. 根据生活体验反思“事物”对生活的影响，认识“美好”的具体含义。
2. 借鉴名家表达观点的多种写法，练习将自己的看法写清楚。

课时

2 课时。

学习活动

学习活动一 激活内心体验，选择美好“事物”

1. 教师真情讲述，激活学生记忆。

（1）教师讲述故事 1：

一天深夜，我开车回家。天很黑，又有点雾，尽管有路灯，但能见度仍很差。快到家时，汽车刚从快车道进入慢车道，便听到“咔嚓”一声。我赶紧下车检查，发现右侧的反光镜碎了。我往回走了五六十米，看见一辆小红车停靠在路边，左侧的反光镜也碎了。我环顾四周，看不见一个人，便在路灯下写了一张字条，压在小红车的雨刷下。字条上，我写明自己的姓名、电话，希望车主与我联系。事隔三天，一位陌生男子打来电话，原来是小红车的主人。我向他道歉，并让他把修理反光镜的票据寄来，好让我把钱寄给他。他却谢绝了，说：“你在无人知晓的情况下主动给我留下字条，这使我很感动。人与人之间还有比金钱更重要的东西。”他的这句话，温暖了整个冬天。

猜一猜：________让生活更美好。

（2）教师讲述故事 2：

在爸爸出差归来的前一个晚上，妈妈得急病住进了医院。第二天，妈妈用虚弱的声音对我说：“映儿，本来我答应今天包饺子给你爸吃，现在不行了。你待会儿买点现成的饺子煮给你爸吃。记住，等吃完了再告诉他我进了医院。”然而，爸爸没有吃我买的饺子，也没听我费尽心思编的谎言，便直奔医院。此后，他每天都去医院。

一天清晨，我按照爸爸的叮嘱，剪了一大把茉莉花带到医院。当我推开病房的门，不禁怔住了：妈妈睡在病床上，嘴角挂着恬静的微笑；爸爸坐在床前的椅子上，一只手紧握着妈妈的手，头伏在床沿睡着了。初升的太阳从窗外悄悄地探了进来，轻轻柔柔地笼罩着他们。一切都是那么静谧美好，一切都浸润在生命的芬芳与光泽里。

猜一猜：________让生活更美好。

2. 学生讲述《竹节人》中老师的故事，猜一猜：________让生活更美好。

3. 学生回忆生活中最美好的一幕，填一填：________让生活更美好。

提示：这个让生活美好的"事物"，一定是和生活息息相关的，能带来快乐、满足、幸福的体验。这个"事物"可以是个人的爱好、特长，比如集邮、种花等；可以是时代的美德、风尚，比如诚信、微笑等；可以是科学的发明、创造，比如高铁、智能手机等。

学习活动二 认识"美好"含义，构思篇章结构

1. 辨析："更美好"与"美好"。更，即更加。

引导学生根据三个思维泡泡中的话，说一说：这个"事物"让生活发生了哪些改变？产生了哪些影响？

提示：(1)用罗列要点的方法来证明"更美好"；(2)对这个"事物"，你还有哪些新的体验和看法？

例1：科技让生活更美好。(1)坐高铁去爷爷奶奶家，比以前快了两个小时；(2)妈妈买菜时扫二维码付款，比以前方便、快捷。

例2：种花让生活更美好。(1)播种时的期待；(2)发芽时的惊喜；(3)开花时的成就感。

例3：音乐让生活更美好。(1)听音乐放松情绪；(2)唱歌愉悦心情。

2. 回顾《竹节人》，探讨这种传统游戏如何让童年生活更美好。

集体回顾，罗列要点证明"更美好"：(1)用毛笔杆"偷做"之乐；(2)用破课桌"玩斗"之趣；(3)用道具取"名号"之趣；(4)课下尽情"玩斗"之乐；(5)课上偷玩之"冒险"；(6)看老师"偷玩"之满足。

3. 确定写作话题，仿照《竹节人》的叙事结构，以"事物"为线索，编写习作提纲。

提示：(1)叙述一件事情的，将最让人感觉"美好"的几个关键节点，逐一列出来；(2)叙述几件事情的，将每件事"美好"的要点罗列出来；(3)用"鱼骨图"构思整篇文章，想清楚先写什么、再写什么、最后写什么，哪几部分(美好之处)要写具体。

学习活动三 借鉴名家“写法”，片段练笔迁移

1. 以老舍的《养花》为例，探讨写法：如何写好自己独特的“体验”和“看法”。

（1）出示《养花》，学生阅读，圈画描写作者“体验”和“看法”的语句。

（2）学生交流，老师相机分类汇总。

写法1：直接写“看法”。“这是个乐趣，摸住门道，花草养活了，而且三年五载老活着、开花，多么有意思啊！不是乱吹，这就是知识啊！多得些知识，一定不是坏事。”“可是，这多么有意思呀！不劳动，连棵花也养不活，这难道不是真理吗？”“有喜有忧，有笑有泪，有花有果，有香有色。既须劳动，又长见识，这就是养花的乐趣。”

写法2：用“有感情”的叙述间接表明“看法”。“送牛奶的同志进门就夸‘好香’！这使我们全家都感到骄傲。赶到昙花开放的时候，约几位朋友来看看，更有秉烛夜游的味道——昙花总在夜里开放。花分根了，一棵分为几棵，就赠给朋友们一些；看着友人拿走自己的劳动果实，心里自然特别欢喜。”

写法3：从反面写“看法”。“当然，也有伤心的时候，今年夏天就有这么一回。三百棵菊秧还在地上（没到移入盆中的时候），下了暴雨，邻家的墙倒了，菊秧被砸死三十多种，一百多棵。全家几天都没有笑容。”这段话看似在写养花的“坏处”，实际上在写养花“有喜有忧、有笑有泪”的乐趣。

2. 尝试片段练笔：阅读的快乐。

（1）用不同的方法表达自己的“看法”和“体验”，比较哪种写法的效果好。

（2）比较学习：“直接写”与“间接写”。

直接写：……《西游记》让我遨游在神话的世界里，在内心深处长出了科幻的想象力；《鲁滨逊漂流记》让我见识了什么是真正的勇敢无畏；《草房子》让我懂得了每个人都有自己的成长道路……其实，我的心灵也在阅读中慢慢开出美丽的花朵。

间接写：……当我翻开《西游记》，那带着墨香的书页，把我带进了一个神奇的世界。我的思绪一会儿上天，一会儿入地，一会儿翻江倒海，一会儿腾云驾雾……我幻想自己成了孙悟空，降妖除魔，勇往直前。看着看着，我忘记了时间，也忘记了自己。

学生读后讨论两种写法：(1)直接写，可以用议论的方法，也可以用抒情的方法；(2)间接写，可以用描写情境的方法，也可以用借物抒情的方法。

（3）当堂练笔：阅读的快乐。

学习活动四 修改积累“经验”，朗读分享作品

1. 边读边改：是否将自己的“看法”写清楚了？是否将自己的“体验”写充分了？

提示：(1)出声朗读自己的习作，对读不通顺的地方进行修改；(2)请同学或家长听，对听不明白的地方进行修改。

2. 朗读分享：朗读自己的习作，阐明对“美好”的理解。

提示：(1)组织评价：“美好”在哪里？如有更加深刻而贴切的理解，应及时悦纳。(2)总结“美好”的含义。特别提示：“磨难”“挫折”等是人生中必不可少的“磨刀石”，也是“美好”的。

3. 誊抄习作。

板书设计

习作：___？___让生活更美好

选择事物：爱好特长、美德风尚、发明创造……

罗列要点：产生改变与影响

表现美好：独特体验

精彩片段

师：生活中，我们常常会拥有一些温馨的时刻，常常会遇见一些令我们感动的人、事、物，这些画面常常留存于我们心间，让我们感受到生活的幸福与美好。老师带来一个故事。一天深夜，我开车回家。天很黑，又有点雾，尽管有路灯，但能见度仍很差。快到家时，汽车刚从快车道进入慢车道，便听到“咔嚓”一声。我赶紧下车检查，发现右侧的反光镜碎了。我往回走了五六十米，看见一辆小红车停靠在路边，左侧的反光镜也碎了。我环顾四周，看不见一个人，便在路灯下写了一张字条，压在小红车的雨刷下。字条上，我写明自己的姓名、电话，希望车主与我联系。事隔三天，一位陌生男子打来电话，原来是小红车的主人。我向他道歉，并让他把修理反光镜的票据寄来，好让我把钱寄给他。他却谢绝了，说：“你在无人知晓的情况下主动给我留下字条，这使我很感动。人与人之间还有比金钱更重要的东西。”他的这句话，温暖了整个冬天。在这个故事当中，你感受到了是什么让生活更美好？

生：主动认错让生活更美好。

生：诚实让生活更美好。

生：学会宽容让生活更美好。

生：信任他人让生活更美好。

师：信任、宽容、诚实……这些美德，的确会让我们的生活变得更加美好。老师再给大家讲第二个故事：在爸爸出差归来的前一个晚上，妈妈得急病住进了医院。第二天，妈妈用虚弱的声音对我说："映儿，本来我答应今天包饺子给你爸吃，现在不行了。你待会儿买点现成的饺子煮给你爸吃。记住，等吃完了再告诉他我进了医院。"然而，爸爸没有吃我买的饺子，也没听我费尽心思编的谎言，便直奔医院。此后，他每天都去医院。一天清晨，我按照爸爸的叮嘱，剪了一大把茉莉花带到医院。当我推开病房的门，不禁怔住了：妈妈睡在病床上，嘴角挂着恬静的微笑；爸爸坐在床前的椅子上，一只手紧握着妈妈的手，头伏在床沿睡着了。初升的太阳从窗外悄悄地探了进来，轻轻柔柔地笼罩着他们。一切都是那么静谧美好，一切都浸润在生命的芬芳与光泽里。这个故事，让你感受到什么让生活更美好？

生：爱让生活更美好。

生：关心让生活更美好。

生：牵挂让生活更美好。

师：是啊，生活中亲情之爱、友情之爱，素不相识的人之间相互关爱……都会让我们体会到生活的美好。有一位作家叫冯骥才，他养的两只珍珠鸟生出了雏儿。这小雏儿起先只在笼子四周活动，随后就在屋里飞来飞去，一会儿落在柜顶上，一会儿神气十足地站在书架上，一会儿把灯绳撞得来回摇动。主人不管它。渐渐地它胆子大了，就落在主人的书桌上，见主人不去伤害它，便一点点挨近，然后蹦到杯子上，俯下头来喝茶，甚至用那涂了蜡似的、角质的小红嘴，"嗒嗒"啄着主人颤动的笔尖。说说这个故事让你感受到是什么生活更美好。

生：人与动物之间的信赖。

生：人与动物的和谐相处。

师：是啊，人与动物的相处过程也会带给我们美好的享受。现在请你回忆《竹节人》一课中关于老师的故事，讲一讲其中关于"美好"的场景。

生：课堂上，学生在课桌上进行竹节人的搏斗，被虎视眈眈的老师发现了，他怒气冲冲地没收了竹节人。下课后，老师却在他自己的办公桌上，玩着刚才收去的那竹节人。双手在抽屉里扯着线，嘴里念念有词，全神贯注，忘乎所以，一点儿也没注意到学生在偷看。

师：请你猜猜，此刻，故事中的老师会觉得什么让生活更美好呢？

生：竹节人之战让生活更美好。

生：回味童年让生活更美好。

师：是的，童年玩闹的游戏带给我们难忘的回忆，也让我们发现生活的美好。生活中让我们觉得美好的“事物”有很多，它一定是和我们的生活息息相关的，给我们带来快乐、满足、幸福的体验。现在，请大家回忆生活中最美好的一幕，在你眼里，是什么让生活更美好呢？

生：关爱让生活更美好。

生：友情让生活更美好。

生：得到鼓励让生活更美好。

生：收获成功让生活更美好。

生：拥有母爱让生活更美好。

生：团结让生活更美好。

师：什么让生活更美好？除了同学们刚才讲到的“关爱”“团结”这些时代的美德、风尚，除了与人、与物相处的感受外，还可以是个人的爱好、特长，比如老师喜欢养花，我觉得养花让我的生活变得更加美好了。我们也可以写一写现代化的智能手机、高铁、同学们用的电话手表等，这些科技的产物让我们的生活变得更加美好。现在，还有谁来说说自己的想法？

生：足球让生活变得更加美好。

生：绘画让生活更美好。

生：阅读让生活变得更加美好。

生：网络让生活更美好。

师：这个想得好，联系我们的生活，夸一夸时代的发展，带给了我们快捷与便利。

生：扫地机器人让生活更美好。

师：随着科技的发展，受到人们喜爱、能帮人们做家务的机器人，也给我们带来生活上的改变。本次习作的内容非常广泛，只要做生活的有心人，就一定能找到你想写的那个题材。

点评：写生活体验，试着表达自己的看法，这是本单元的第二个语文要素。教师通过故事讲述的方式，以“________让生活更美好”为话题，唤醒学生对生活的真实体验。学生在表达对“美好”的理解过程中，其实表达的是对生活的理解，对生活的热爱。

语文园地

学习设计

学习目标

1. 在经验交流中获得“有目的地阅读”的策略性知识。

2. 在写法的迁移性练习中提高表达技能。

3. 朗读并背诵《春日》。

课时

2 课时。

学习活动

学习活动一 交流经验，获得新知

1. 阅读三则经验，区分“策略与方法”。

(1) 从三份交流材料中，提取阅读经验。

要点：根据目的选择合适的材料；浏览与阅读目的关联性不强的内容；养成先想目的再选读法的阅读习惯。

(2) 从三则经验中区分“策略与方法”。

提示：阅读策略指对目的型阅读的计划层面，如根据目的选择合适的材料，先想目的再选读法等。阅读方法指根据阅读任务所选择的具体读法，如浏览、细读等。

2. 回顾单元阅读，梳理策略与方法。

篇目	阅读任务	阅读方法 (策略/方法)	阅读效果 (速度/准确率)
竹节人	写玩具制作指南及使用说明书		
	体会传统玩具的乐趣		
	讲述老师的故事		

续 表

篇目	阅读任务	阅读方法（策略/方法）	阅读效果（速度/准确率）
宇宙生命之谜	其他星球是否有生命存在		
	科学家如何判断其他星球是否有生命存在		
	人类是否有可能移居火星		
故宫博物院	为家人计划故宫一日游		
	为家人讲解一两处景点		

提示："有目的地阅读"中的阅读策略包括：分析阅读任务性质、选择阅读材料、选用适合的阅读方法、评判任务完成效果（速度与准确率）；阅读方法包括：浏览、找中心句、画关键词、提取关键信息、逐层分析、图文对照、有感情地朗读等。

3. 讨论：根据上述阅读经验，谈谈阅读目的与阅读材料、阅读方法的关联性。

要点：（1）根据阅读目的选择阅读材料，关联性强的细读，关联性弱的略读（浏览或者略过），提高阅读速度和准确性。（2）根据阅读目的与材料特点，选择合适的阅读方法。实用类文本一般采用提取关键信息、圈画关键词以及图文对照、比较分析等阅读方法；文学类文本一般采用联系经验体察、根据语境揣摩用意以及设身处地想象等阅读方法。

4. 根据阅读目的，运用阅读策略与方法思考：第 11 册语文书中有哪些古诗文阅读方法？

提示：（1）分析阅读目的：整理古诗文的阅读方法；（2）选择阅读内容：本册语文书中第 3 课、第 17 课、第 21 课；（3）从课后习题要求中提取关键信息，摘录其中的读法要求；（4）归类整理，用序号标明本册语文书中的古诗文阅读方法：有感情地朗读、背诵、默写、想象并描述画面、体会诗中感情、借助注释讲述文意等。

学习活动二 迁移写法，熟练技能

1. 阅读"词句段运用"中第一题的三个语段，思考：三个语段都是描写什么情景？

要点：都是描写"入迷"时的情景。

2. 比一比：三个语段写"入迷"的方法有什么不同？

要点：（1）第 1、2 段从动作描写来写"入迷"，忘了上课、忘了老师。（2）第 3 段从罗丹的动作、神情描写以及作者的主观猜测来写"入迷"，"好像……""似乎……""像……"等句式，生动地表现了罗丹已经忘了自己、忘了周围的一切：嘴里叽里咕噜的，好像在跟谁说悄悄话；忽然眼睛闪着异样的光，似乎在跟谁激烈地争吵；他像喝醉了酒一样，整个世界对他来说好像已经消失了。

3. 赛一赛：看谁能把一个“书迷”的样子写得形象、生动。

提示：(1)抓住看得入迷时的动作、神情等；(2)运用“好像……”“似乎……”“像……”这样的句式，把看到的、想到的写下来；(3)侧面描写周围的环境。

4. 阅读“词句段运用”第二题中的语段，思考：这个语段的结构和写法有什么特点？

要点：(1)这个语段采用了“总分”结构，冒号后面分写了生命存在的4个条件；(2)4个条件采用了“数列法”，按照顺序一个一个写具体；(3)这样的结构和写法，表达得更有条理、更加充分。

5. 练一练：假如你要竞选班级劳动委员(或其他委员)，你打算怎么演讲？请仿照“数列法”写一段演讲稿。

提示：先归纳竞选劳动委员(或其他委员)的理由，再用序号逐一排列出来。例如：第一，我热爱劳动，每次值日都很能干；第二，我有很强的组织能力，能带领同学们保持教室的干净卫生；第三，我的自我管理能力不错，我会以身作则；第四：我有一颗热情的心，愿意为班级贡献自己的一份力量……

6. 试一试：假如你要向妈妈请求，每周三放学后踢一会儿足球(或看一会儿动画片、玩一会儿游戏等)，你打算怎么讲？请仿照“数列法”写一段话，看谁的话能说服妈妈。

提示：(1)从“我”的成长和妈妈的顾虑两个不同的角度来思考，寻求合情合理的理由；(2)先归纳好理由，再分小点叙述；(3)根据请求对象(妈妈)，用商量的语气，态度要诚恳。

学习活动三 熟读成诵，积累诗句

1. 教师示范背诵；学生跟着老师诵读。

2. 教师提供注释，学生参照插图，初步理解诗意。

(1) 注释。

春日：春天。

胜日：天气晴朗的好日子。

寻芳：游春，踏青。

泗水：河名，在今山东省。

滨：水边，河边。

光景：风光景物。

等闲：平常、轻易。“等闲识得”是容易识别的意思。

东风：春风。

（2）诗意。

风和日丽之时游春在泗水之滨，无边无际的风光焕然一新。谁都可以看出春天的面貌，春风吹得百花开放、万紫千红，到处都是春天的景致。

3. 教师点拨“景”与“理”。

这首诗前两句写的是“景”，是泗水河畔的无限春光；后两句写的是“理”，是作者在赏春时的感悟，隐喻孔子的思想光辉如同万紫千红的春光。

这首诗的后两句是千古名句，寓意万象更新、生机勃勃。

4. 归类整理，诵读关于春天的诗句。

迟日江山丽，春风花草香。

好雨知时节，当春乃发生。

不知细叶谁裁出，二月春风似剪刀。

人面不知何处去，桃花依旧笑春风。

千里莺啼绿映红，水村山郭酒旗风。

春色满园关不住，一枝红杏出墙来。

竹外桃花三两枝，春江水暖鸭先知。

乱花渐欲迷人眼，浅草才能没马蹄。

板书设计

语文园地

如何阅读
- 分析阅读目的
- 选择阅读材料
- 确定阅读方法
- 养成阅读习惯

写一个场景
- 关注人物：动作、神态描写
- 段落结构：总分、数列法

精彩片段

师：请同学们阅读“交流平台”中介绍的三则经验，说说从中你能提取出哪些阅读经验。

生：第一则经验让我明白了要根据目的选择合适的阅读材料。

生：第二则经验让我懂得了与阅读目的关联性不强的内容可以浏览。

生：第三则经验告诉了我要养成先想目的再选读法的阅读习惯。

师：刚才三位同学分别从书中提示的三段话中提炼了提高阅读效率的经验。像这样“根据目的选择合适的材料”“先想目的再选读法”，属于目的型阅读计划层面的，叫阅读策略。刚才同学们就是提炼了三种阅读策略。根据阅读任务还可以选择具体的阅读方法，如：浏览、细读等。现在请同学们根据表格总的阅读任务来填一填相对应的阅读策略、方法。

出示表格：

篇目	阅读任务	阅读方法（策略/方法）	阅读效果（速度/准确率）
竹节人	写玩具制作指南及使用说明书		
	体会传统玩具的乐趣		
	讲述老师的故事		
宇宙生命之谜	其他星球是否有生命存在		
	科学家如何判断其他星球是否有生命存在		
	人类是否有可能移居火星		
故宫博物院	为家人计划故宫一日游		
	为家人讲解一两处景点		

生：《竹节人》一课中，“写玩具制作指南及使用说明书”这部分内容可以用提取关键信息的方法，用圈画关键词的方法，找出动词，掌握制作竹节人的三个动作要领。

生：我还有补充。对于竹节人的样子，课文中配有插图，所以我们可以图文对照阅读，更清楚地了解竹节人的制作过程。

生：这一部分中介绍竹节人的各种玩法时也用到了很多动词，我们可以用圈画关键词的方法了解使用的方法。

师：同学们都能回忆学习课文时我们所用到的阅读策略、方法，掌握了这样的阅读经验，我们就能更好地阅读、学习。

生：“体会传统玩具的乐趣”这部分内容，要用细节品读的方法，圈出包含情趣的词句。

师：是的，这一部分内容字里行间都透露着童真童趣，所以我们不能光读，而是要边读边——

生：边读边想象画面。

师：是的，想象着画面，我们也会身临其境，感受那一份童趣。

生：“讲述老师的故事”这部分内容，我们在学习的时候可以通过画“故事地图”以及圈画关键词的方法，来感受老师在收玩具和玩玩具时的不同神态。

师：好，同学们刚才结合我们学习《竹节人》这一课时用到的具体的阅读策略与方法，做了梳理。那么《宇宙生命之谜》这一课又运用到了哪些阅读策略与方法？

生：学习“其他星球是否有生命存在”，可以采用浏览、圈画关键词、逐层分析等阅读策略。“科学家如何判断其他星球是否有生命存在”，可以采用浏览选定内容、提取关键信息、列表分析等阅读方法。

师：是的，列表分析，能清晰地归纳科学家的“研究方式”，从中找到研究的结果。

生：“人类是否有可能移居火星”，我们也是和前一部分内容一样，浏览课文，提取关键信息。

师：除此以外，我们还可以查找补充资料、归纳列出要点，找到充分的证据对这个问题进行更深入的探讨。

生：《故宫博物院》依据“为家人计划故宫一日游”的阅读任务，应该选择阅读材料一、三、四。材料一和材料四应该图文对照阅读，运用圈画关键词的方法，整体了解故宫建筑群的规模及方位、布局。材料三，运用提取关键信息的方法，可以拟定一日游的具体路线。根据“为家人讲解一两处景点”这个任务，应该重点阅读材料一、二，通过提取关键信息、摘记关键词句来阅读。

师：看，不同的文体，不同的阅读任务，我们就要选择最合适的阅读策略，找准最恰当、最有效的阅读方法。掌握了这样的阅读技能，才能让我们在课堂、课外阅读时提升学习的效率，达到事半功倍的学习效果。

点评： 整个单元是一个整体。《语文园地》中“交流平台”板块与三篇阅读课文相联系，充分体现了整个单元的核心语文要素。因此，教学这一板块时，教师结合本单元的三篇课文，引导学生进行整体的整理与归类，从而帮助学生进一步掌握本单元的阅读策略。

三、单元整体学习方案

1. 整体思路

本单元为阅读策略单元：根据阅读目的，选择恰当的阅读方法。本单元的人文主题是“认识世界”。如何认识世界？阅读。不同的阅读材料，能让学生认识不同的世界；阅读目的不同，不同阅读材料采用的阅读方法也不尽相同。

如何让阅读策略转识成智？情境任务阅读。在解决具体问题的情境任务中，阅读策略才能转化为学生的阅读能力，从而为学生打开一扇认识世界的智慧之窗。

2. 设计方案

学习本单元，既要立足每一篇课文的特殊性，又要建构篇与篇之间的联结，形成情境任务式的单元整体阅读教学方案。

(1) 拍摄微电影，选择拍摄画面

设置情境任务。范锡林先生借童年时的一个普通玩具，为读者创造了一段难忘的童年生活。二十年后，如果童年好友相聚，想以“竹节人”为核心，制作一部微电影作为回忆与纪念，你觉得应选取哪一个场景作为拍摄内容？选择后，为这一场景取一个有意思的题目。学生可自主选择感兴趣的场景。例如：升级版竹节人大擂台，课间十分钟，课桌上的记忆，课本后的故事，可爱的老师，竹节人没收记，等等。

选定场景，拟定题目后，请你为微电影的拍摄撰写一份拍摄脚本。撰写拍摄脚本的要点，在于选择拍摄的画面。哪个画面最具有表现力？哪些画面组合在一起最具有感染力？例如，拍摄升级版竹节人大擂台的场景，初级版和升级版竹节人的形象必须放置一起，才能形成对比；不同版本的升级版竹节人一一亮相，才能产生叠加的表现效果；根据画面表现需要，还可添加升级版竹节人的不同亮相方式，为电影增添鲜活的生活元素。再如，拍摄课桌上的记忆，可选择沟壑纵横的孤单课桌与有竹节人热闹搏斗的课桌对比画面，可选择课间热火朝天的竹节人大战与课上竖起的书本后悄悄的竹节人之战对比画面，可选择课桌前玩竹节人的快乐与竹节人被没收后的沮丧与魂不守舍对比画面。一个个画面的选择，需要学生自如运用多种阅读策略：提炼关键信息，整合多种信息，边读边想象画面等。

投票评议。通过个人演讲、集体评议的方式，评选出微电影拍摄最具创意奖。

(2) 观看真电影，作影片评析

设置情境任务。《火星救援》是由美国二十世纪福斯电影公司出品的科幻冒险片。学生观看影片，罗列影片中讲述的关于火星的科学知识。例如：火星上能种植土豆；火星上会出现大风暴；火星温差很大，夏天时温度在 $-153\sim22$℃之间；空气中95%都是二氧化碳，没有氧气；土壤中缺乏种植作物所需的细菌，也就是说这里注定寸草不生；有水，但仅以冰的形态存在（被冻住的“生命源泉”）；宇航员服装的设计原理等。

阅读《宇宙生命之谜》《火星——地球的孪生兄弟》及其他科学阅读资源，作出自己的判断：影片中讲述的科学知识，哪些通过了科学验证？哪些只是科学的幻想？如果只是科学的幻想，你认为幻想是否可以成为现实？依据是什么？

综合以上两个任务，以“火星救援的意义”为题，撰写一篇影评。要点：体现自己对《火星救援》这部电影的意义理解与价值认识。

(3) 分解真任务，分步练读写

设置情境任务。陪同远道而来的嘉宾参观校园30分钟，并作讲解。教师需指导学生分析，明确系列任务。要点：画校园示意图；定参观路线；选重点讲解的景点；查阅相关资料。

学生根据先易后难的顺序，逐项完成任务。教师可作提示：其一，重点讲解的景点，可以从学校图书馆查阅相关历史材料，可以从学校编印的各种介绍中搜集数据、图片等资料，可以实地采访校长、总务处老师并记录他们讲述的信息及故事等。其二，按照景点的物名、外观、内饰以及史料、故事等，列出所要讲解的要点，涉及年代、人名、数据等的史料，必须准确。

组织现场参观，检验实践效果。教师邀请一个参观团莅校，分成若干参观小组，由学生带领，沿不同参观路线进行参观。参观小组根据陪同讲解学生的实际表现，就讲解仪态、熟练水平及感染力三个方面作出评价并提出改进建议。评选最佳校园小导游，要求按照任务完成的阶段，介绍自己的阅读方法与导游经验。

(4) 话题大讨论，认识读书意义

设置情境任务。杨绛先生说：“读书好比串门儿——隐身的串门儿。”由此，我们认识到读书的意义：读书，可以让我们更好地认识世界。阅读《竹节人》，就是在阅读别人的童年故事，看到了那个时代的童年生活，懂得了童年的快乐其实很简单；阅读《宇宙生命之谜》，就是在阅读一部科学大电影，认识了神秘有趣的火星世界，体会到科学探索的无穷奥秘；阅读《故宫博物院》，就是在阅读中国的历史文化，认识古代建筑的宏大与辉煌。一年一度的阅读节开始了，请你设计一个阅读节口号，号召更多的同学多阅读、爱阅读，体会阅读的乐趣。

制作阅读节海报。内容要求：写出阅读节口号；以图文结合的方式阐释口号的意义。例如：“阅读书籍，就是阅读人生。”可以配上经典阅读书目的插图，书写从阅读中获得的感悟。

阅读节海报展览。举办展览，发动全校师生投票，选出优秀口号和标语，并装订成册。

四、单元评价与积累

倾听与说话

(一) 听下面一段材料,完成相关练习。听三遍。

1. 关于车辆限行,郑州市民很不理解,如果你是郑州市政府领导,你会怎么跟市民解释原因?

____

____

2. 你的爸爸下周要开车去郑州出差,他的车牌是"豫A·164D1",你有什么要提醒他的?

____

____

3. 如果你是司机小李,星期四要去郑州送货,可他的车牌尾号为"4",应如何与对方沟通,推迟送货,避免不必要的矛盾?

____

____

【附听力材料】

车辆限行通知

"碧水蓝天才是金山银山",为改善空气质量,有效减少机动车污染物排放,根据《中华人民共和国大气污染防治法》《中华人民共和国道路交通安全法》等法律法规,将进行新一轮车辆限号。通知如下:

星期一	尾号1和6限行
星期二	尾号2和7限行
星期三	尾号3和8限行
星期四	尾号4和9限行
星期五	尾号5和0限行

郑州市率先进行限号实施,新乡、开封、许昌、洛阳、南阳陆续开始机动车限行。对进入限行区域的机动车,实行每日限制两个车牌尾号的车辆通行,尾号即是机动车号牌末尾的数字(号尾为英文字母的,以英文字母前一位为准)。

（二）根据要求进行说话练习。

1. 向爸爸妈妈请求，春节的时候到海南旅游。

2. 向学校请求中午开放体育馆，以便同学们去活动。

3. 劝说 5 岁的妹妹，不要吃太多的糖果。

目的不同，方法不同；对象不同，方法也会不同。以上三个情境，请选择一个，思考：如果是你，你会怎么说？提示：换位思考，从对方的角度思考问题，更容易达成目标；表达要清晰、有条理，可以标注序号，以此罗列要点。

梳理与积累

（一）按要求完成下列练习。

例：只见老师在他自己的办公桌上，玩着刚才收去的那竹节人。双手在抽屉里扯着线，嘴里念念有词，全神贯注，忘乎所以，一点儿也没注意到我们在偷看。

画线句中的词语、短句，形容的都是同一个画面：老师入迷地玩着竹节人。同一层意思，通过词句的叠加，画面感更强了，老师的形象更鲜明了。仿照例句，完成下面的题目。

1. 想象一个人欣喜若狂的样子，你想到了哪些词语或短语？填入下面的方框里。

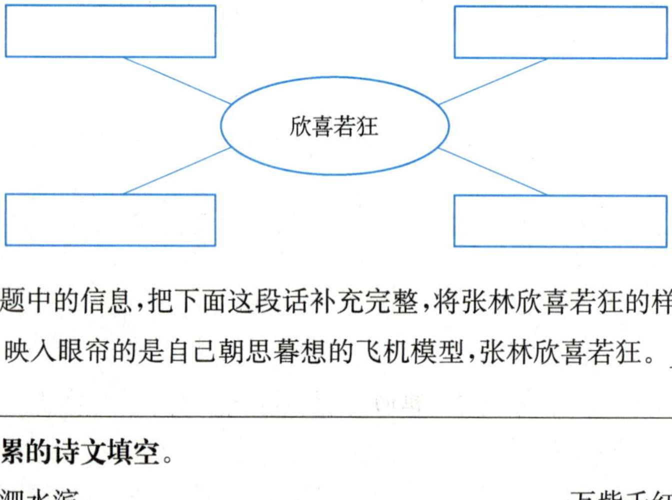

2. 根据第 1 题中的信息，把下面这段话补充完整，将张林欣喜若狂的样子写具体。

打开礼物盒，映入眼帘的是自己朝思暮想的飞机模型，张林欣喜若狂。________________

____

（二）根据积累的诗文填空。

1. 胜日寻芳泗水滨，________________。________________，万紫千红总是春。

2. 天若有情天亦老，________________。

3. 俱往矣，________________，________________。

阅读与运用

阅读《生命的选择》，完成练习。

生命的选择

我住的这栋楼前，是一片开阔的空地。这片向阳的地方，早晨太阳一升起，地上便如红地毯一般，铺满了霞光。中午一直到傍晚，太阳被西边的高楼遮挡之前，空地上都是一片明媚的阳光。

多好的一块空地。花工们将这里设计成一座小小的花园。种些什么呢？见花工们细细地松软着花园的湿土，人们猜测着。“自然是玫瑰了！”花工们说。

不多日子，叶子便密密地遮蔽了黄土。这期间，不过一两阵小雨，人们一如既往匆匆地走过那花园，忙各自的事情。突然一日，有人惊奇地喊了一声：“多好的玫瑰！”

人们好像一下子被惊醒了。你看，红的、黄的、粉的，一时间，各色玫瑰竞相绽放开来，惹得人眼里一亮一亮的。有一些美丽的花朵装点生活，日子平添了些色彩、滋味和乐趣。大人、孩子，过路时总会留住脚步，欣赏一番。大楼里常年不太搭话、关系冷漠的邻居，此时也都能找到共同的话题，谈得异常投机。坚硬的生活，顿时变得柔软多了。

人们夸奖那些花朵、花工之后，便说是太阳的照耀才使花朵有了色彩。不过，谁也说不清是花朵选择了太阳，还是太阳选择了花朵。

可是有一日，有孩子突然提醒大人们，到楼后去看看，那里也有花。

楼后？怎么可能呢？那里的阳光，结结实实被这楼房遮掩着，而且还有一些高大的槐树，枝丫互相交错，地上是永远的潮湿和阴凉，甚至还有一些灰尘和垃圾被风卷到那里。春天，所有的地面上都干干的、亮亮的，唯独楼后肮脏的残雪还迟迟不肯化开。那里怎么会有花呢？

拗不过孩子的拉扯，就到楼后看看去吧！这时已是傍晚，朦朦胧胧的月光下，人们果然看到白花花的一些已绽放的花朵。粗粗的、长长的花朵，挺在硕大的绿叶上，倒像是插了满头玉簪、银簪的古代仕女。庄重里透着一些羞怯，没有人能叫出那花的名字，花开得雪白，单纯而圣洁，让人燥热的心头有被一股清凉清凉的水洒洗过一般的舒坦。

第二天去问花工，回答说：“那是白玉簪，性喜阴凉潮湿，花开得高洁得很哩！”于是，这栋楼美丽了。楼前，阳光下，姹紫嫣红；楼后，月光下，洁白如雪。随即，也就有人告诉自己的孩子：你看，生活的路多宽！有阳光，就去做玫瑰，开得热烈、大方些；没有阳光，也别怨天尤人，白玉簪照样可爱。

对了！这才是生命的选择。生命的伟大也正在于这选择的正确。

1. 一家花店的销售员需要写一段话介绍店里刚进的白玉簪，以提高销量。请你结合短文中的信息，帮助销售员写一写。

____

____

2. 文中画线的句子描写了白玉簪的生长环境，想想这段环境描写在文中有什么作用。

____

____

3. 班级里有一位同学，爸爸妈妈很忙，没时间陪她做作业。时间久了，她就觉得自己的爸爸妈妈没有别人家的爸爸妈妈负责，所以学习也不积极了，对未来也有些悲观。读了这个故事，你会怎么宽慰她、鼓励她？提示：可以借用文中的道理，也可以讲述文中的故事。

____

____

第四单元

一、任务与目标

1. 单元整体思路

本单元人文主题为“小说的魅力”，以“小说阅读”为学习主线，串联三篇微型小说阅读、“成长小说”整本书阅读与习作，以及《语文园地》。

阅读小说的价值，首先就是提升人文素养。引导学生通过本单元的学习，从小说主人公面临困境时的抉择中，感受人性的光辉，涵养性情，启迪思考。《桥》塑造了一位党支部书记在山洪暴发时舍己为人、不徇私情的光辉形象；《穷人》是托尔斯泰根据雨果的叙事诗《可怜的人们》改编的一个故事，刻画了在艰难生活中仍然拥有善良品质的“穷人”形象；《金色的鱼钩》是一篇以红军长征为背景的小说，塑造了一位忠于革命、舍己为人的老班长形象，赞扬了“坚定信念、无私奉献”的长征精神。《快乐读书吧》推荐阅读的 3 本小说《童年》《小英雄雨来》《爱的教育》，讲述的都是“成长故事”，贴近学生心灵，启迪学生思考。

“读小说，关注情节、环境，感受人物形象”这一语文要素贯穿整个单元的学习。教学时，要准确把握教学梯度，整体布局，板块重组，读写融合，层层推进。单元各学习板块，要聚焦目标展开不同程度和维度的学习，体现学习的进阶性与联结性。

《桥》，重点是让学生初步学习阅读小说的方法，感受一波三折的小说情节和人物形象；《穷人》，在此基础上进一步细化，抓住人物的心理感受人物形象，根据课后习题当堂模仿练笔，《语文园地》中“词句段运用”第二部分“试着写一写你忐忑不安或犹豫不决时的心理活动”可以作为第二次迁移练习；《金色的鱼钩》则是在前两课的基础上迁移运用，抓住人物言行细节体会人物的形象，《语文园地》中“词句段运用”第一部分关于《三国演义》中关羽温酒斩华雄的“典型情节”可以一起整合学习。

《快乐读书吧》推荐书目的阅读任务要前置，整本书阅读要贯穿单元学习始终，指导学生迁移运用阅读方法，围绕“情节、环境与人物”作批注与笔记。

阅读与习作要无缝对接，将“小说阅读”的策略，巧妙转化为“创编故事”的方法。

单元习作“发挥想象，创编生活故事”，就是让学生经历由阅读到表达的过程，从小说阅读走向创编故事，学习通过情节、环境与心理描写来凸显人物形象，既加深对小说阅读的理解，又发展学生的语言与思维。

2. 核心任务

“读小说，关注情节、环境，感受人物形象”是本单元最核心的学习任务。了解小说基本特点，学习通过梳理小说中的人物关系和情节发展，抓住人物的语言、动作、心理，借助环境描写，感受与把握人物形象，从而读懂小说主题思想，即作者对生活现象的思考。

“发挥想象，创编生活故事”，借鉴小说阅读中习得的方法，学习自己构思情节、创编故事，能通过人物心理与环境描写来凸显人物形象，发展语言和思维，这是本单元另一项重要的学习任务。

3. 学习目标

字词句：会写“咆、汹”等字，会写“咆哮、渔夫”等词语。

阅读：有感情地朗读课文，在角色体验中感受人物形象，培养良好语感；学习厘清人物关系，能梳理概括、整体把握小说主要情节；品读人物的语言、动作、心理描写，留意环境描写，感受与把握人物形象；领悟微型小说独特的结尾艺术“出人意料，情理之中”，深度理解小说的主题思想；学习迁移运用，拓展阅读其他小说，进一步领悟小说叙事艺术，建构自己的小说阅读方法。

口语交际：寻求别人的支持时，能讲清自己的想法和理由，做到有理有据；能提前设想对方的反应，学习恰当应对，获得对方的支持；学会换位思考，知道面对不同的人，解决不同的问题，需要选择合适的时间、地点和策略。

书面表达：能根据提供的环境与人物，发现其间的关联，发挥想象，巧妙构思人物关系，创编生活故事，故事情节完整、吸引人；学习课文写法，通过环境和人物心理活动的描写，凸显人物形象；乐于与同学分享自己创编的故事。

内容理解： 通过阅读感受小说人物形象，从小说主人公面临困境时的抉择中，感受人性的光辉，如“老书记”“老班长”的舍己为人，“穷人”的善良无私，“阿廖沙”的勇敢正直，“小雨来”的英勇爱国、坚韧不屈等。

二、课文解读与学习设计

13 桥

课文解读

题解

“桥”是一个具有多重内涵的题目。其一，这是作为建筑物的桥。它是一座“窄窄的木桥”，是洪灾中村民逃生的唯一出路。小说的主要情节就发生在这座桥边。其二，老支书以自己崇高的威信、坚定的信念和沉稳果决的指挥，让村民们从慌乱中镇定下来，顺利通过这座桥，逃离了死亡的威胁，因而这座桥又成了一座“生命桥”。其三，这是老支书用血肉之躯筑起的一座不朽的精神之桥，是以老支书为代表的优秀共产党员密切联系群众、甘于奉献、勇于牺牲的“桥”，具有强烈的象征性。

结构分析

课文可以分为三个部分。

第一部分（第1—6自然段）：黎明时候山洪暴发，全村人惊慌失措，奔向村子北面的木桥。

第二部分（第7—23自然段）：老支书沉着指挥，村民安全通过木桥，顺利逃生。

第三部分（第24—27自然段）：老支书和他的儿子在洪灾中献出了生命。

词语含义

咆哮：（猛兽）怒吼；形容水流奔腾轰鸣，也形容人暴怒吼叫。文中的“山洪咆哮”形容山洪暴发时发出的剧烈声响，以拟人化的手法写出了山洪来势凶猛，凸显了情况的危急。

狞笑：凶恶地笑。文中“死亡在洪水的狞笑声中逼近”一句中的“狞笑”用拟人化的手法来写洪水，突出了洪水的凶险，让人觉得害怕。

句意理解

木桥开始发抖，开始痛苦地呻吟。

“呻吟”，指人因痛苦而发出声音。这一句运用拟人的手法，写木桥在“痛苦地呻吟”，意思是说，在山洪的冲击下，木桥已经岌岌可危，随时有坍塌的危险。

这是一处精巧的伏笔，与后面写桥的垮塌相互照应。

老汉沙哑地喊话：“桥窄！ 排成一队，不要挤！ 党员排在后边！”

三个感叹号，三个短句，简短有力，命令清晰、准确，展现了老支书面对万分危急的情况的冷静、果断与指挥若定，表现了老支书沉着冷静、一心为大家的品质。

语段分析

五天以后，洪水退了。

一个老太太，被人搀扶着，来这里祭奠。

她来祭奠两个人。

她丈夫和她儿子。

这是典型的欧·亨利式结尾，将悬念在最后一刻揭开，点明了老支书和小伙子的父子关系，给人以强烈的情感冲击，让读者掩卷沉思，唏嘘不已。这种“意外结尾”方法的运用，表现出震撼人心的艺术效果，是本文最大的妙处所在。

同时，独句成段的形式，拉长了停顿的时间，强化了故事的悲壮色彩。如果我们把这四句话合并为一段，句与句之间的连续性增强了，但那种动人心魄的力量却减弱了。这也是这篇微型小说多用独句成段形式的奥秘。

写作特色

情节构思巧妙。小说篇幅不长，情节紧凑，起伏跌宕。小说首先写洪水来临，村民纷纷逃生，挤在木桥前，乱作一团。接着写老支书出来组织大家逃生，要求党员排在最后。他揪出一个小伙子，让其排在最后。然后写只剩老汉和小伙子两人时，他们互相推让，被洪水吞没了。最后写洪水过后，老太太来祭奠丈夫和儿子。小说多处设置矛盾冲突，使情节不断起伏变化。特别是到结尾处才揭示二人是父子关系，出人意料，给读者强烈的震撼，产生了震撼人心的艺术效果。

环境推动情节，渲染紧张气氛。文中有很多关于雨、洪水和桥的环境描写，这些环境描写的句子，分布于文章各处，像一根线把整个故事串联起来。“山洪咆哮着”“死亡在洪水的狞笑声中逼近”等，写出了情况越来越凶险的危机感，不仅推动了故事情节的发展，也暗示了人物的命运。

大量运用短句。这是本篇小说在写作上最鲜明的特点。简短的句子，最短的只有两个字，却字字有力，句句有魂。全文600多个字，分成了27个自然段，大量运用短句与单句成段的形式，形成了小说急促、紧张的节奏感，使读者在阅读的过程中产生顿挫、紧迫之感。

拓展学习资源

推荐篇目	《鲨鱼》 （作者：列夫·托尔斯泰）

学习设计

学习目标

1. 会写“咆、哮”等字，结合插图、上下文等理解“咆哮、狞笑、呻吟”等词语，熟读课文。
2. 感受短句的语言魅力，积累有新鲜感的词句。
3. 通过梳理情节和品悟环境描写，感受老支书恪尽职守、英勇无畏的光辉形象。
4. 了解小说的三要素，初步学会阅读小说的基本方法，能迁移阅读。

课时

2 课时。

学习活动

学习活动一 积累词语，朗读句子

1. 学习、积累词语。

出示词语：咆哮、狞笑、呻吟

借助课文注音读正确，注意前后鼻音。结合插图、上下文等理解词意，体会拟人的表达作用。

出示短语：盯着乱哄哄的人们、沙哑地喊话、揪出一个小伙子

读好短语，朗读三个短语所在的句子，想象并交流老支书的样子。

2. 朗读句子。

出示句子：

像泼。像倒。

一片白茫茫的世界。

她来祭奠两个人。

她丈夫和她儿子。

（1）读正确，读好停顿。发现短句的特点。

（2）对比阅读：这时只剩下一片白茫茫的世界。她来祭奠两个人：她丈夫和她儿子。

要点：语义相似，节奏与意蕴不同。“一片白茫茫的世界。”读起来不拖沓，却充满了悲壮之感。“她来祭奠两个人。”“她丈夫和她儿子。”分作两段，一段一停，仿佛人们沉重的步伐与沉痛的心情。

小结：读词语，要注意想象，与故事环境、人物形象关联起来，词语就具有了画面感。读文章，要注意特殊的语言形式，特殊的语言形式一定有着特殊的表达作用，如本文的短句、独句成段，就营造了一种紧张、紧急的氛围，把读者带入灾难现场，产生一种紧张感。

学习活动二 把握线索，梳理情节

1. 默读小说，概括情节。

（1）在突如其来的洪水面前，人们都有哪些行为表现？结果怎么样？用简洁的词语概括。

要点：村民逃生——支书指挥——二人被吞——老太祭奠。

（2）连起来说说故事大意。

提示：根据小标题，加上适当的连接词来概说大意。

预设：以下仅列举学生回答可能出现的主要问题，针对情况分类进行指导。

a. 语言啰嗦、不得要领的，可以采用对比的方法辨析哪种说法更简洁，也可以提醒学生抓住主要人物的主要行为及其结果，还可以把起因、经过、结果连起来说。

b. 直接引用人物对话的，引导学生把描写性语言改为概括性语言。

c. 缺少过渡的，提醒学生加上承接性的词语，体会表述的连贯性。

（3）发现情节中让人意想不到的地方。

提示：慌乱中老支书的出现，众人安全逃生，洪水却吞没了老支书和小伙子，让人意想不到。最让人意想不到的是，老支书和小伙子是父子关系。

2. 理清线索，揣摩环境。

（1）突发洪灾是小说的起因，找一找文中描写洪水的句子。读一读，说说自己的发现。

（2）小说中的环境描写，除了洪水还有哪些？找一找，读一读，说说体会。

小结：雨、洪水和小桥一起构成了小说的环境，既推动了情节发展，营造了紧张的氛围，也反衬了人物形象。

学习活动三 把握关系，评价人物

1. 梳理人物关系。

圈出小说中出现的人物，根据自己的理解画出人物关系图。

参考：

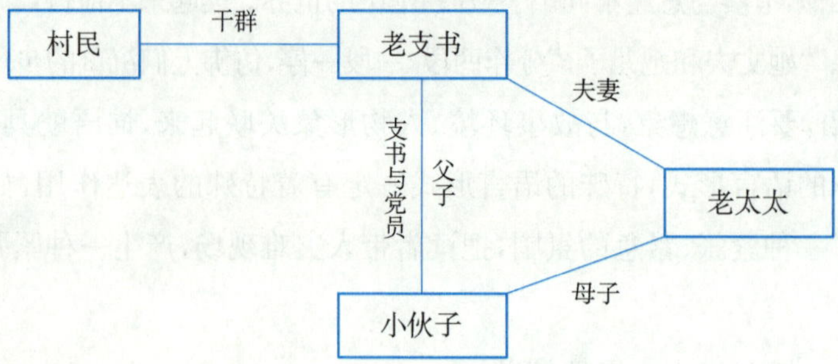

2. 请在逃生的村民、小伙子和老太太中选择一种身份，说说对老支书的评价。

(1) 独立阅读，关注文中对老支书的动作、语言、神态描写，圈画关键字，在空白处写下对老支书的评价。

(2) 小组合作，交流看法：在逃生的村民、小伙子和老太太中选择一种身份，试着对老支书说一句话。

提示：同一个人，在不同的人眼中会有不同的评价。联系文中对老支书的动作、语言、神态描写，想一想怎样来评价他。站在小伙子的角度来评价老支书时，应从两个角度来评价，一是支书与党员的关系，二是父亲与儿子的关系，体会作为支书的铁面无私、不徇私情与作为父亲对儿子深深的爱。

3. 在你(读者)的眼中，老支书是一个怎样的人？

(1) 如果课文没有最后四个自然段，你怎样看待这位老支书？

提示：老支书沉着镇定、舍生忘死、公正严厉。

(2) 加上最后四个自然段，你对老支书的印象有什么不同？

提示：除了支书形象，还多了一重温情的父亲形象。

(3) 讨论：为什么作者在结尾揭示老支书和小伙子的父子关系？而不是在第15自然段就点明？

提示：巧妙设置结尾，让小说的结尾既出人意料，又在情理之中，给读者以强烈的震撼。这是微型小说的独特魅力。通过比较阅读，引导学生学会欣赏微型小说的结尾艺术。

小结：人物形象是在情节和环境中进行塑造的，读小说要善于抓住具体环境中人物的语言、动作、神态等，来感受和把握人物形象。从人物与人物的关系、人物关系设计的艺术等角度，通过移情体验、换位思考等方法，从多种角度来看人物，才能完整理解人物形象，领悟作家的写作艺术与效果。

学习活动四　运用与练习

1. 运用本课所学方法，阅读《鲨鱼》（具体内容见本单元“单元评价与积累”）。

（1）默读，梳理情节，填写下表。

主要人物	面临的处境	选择	结局

学生根据表格讨论自己的发现：老炮手面对儿子和另一个孩子游泳遭遇鲨鱼的危险处境，果断开炮，打死鲨鱼，救了两个孩子。

（2）“军舰上的人，个个都吓呆了，大家都担心着出事故。”你认为句中的“事故”指什么？小说为什么要写大家“都吓呆了”？

交流中点拨，引导学生体会大家的表现反衬老炮手的镇定与机智。

2. 你读出了一个怎样的老炮手形象？联系具体的细节说一说。

提示：老炮手压抑心中的恐惧和慌乱，开炮救了孩子，表现出了他的勇敢、镇定、射击技能优秀和自信等等。

3. 仔细读一读第 1 自然段，想一想：小说为什么要在开头安排这样的环境描写？和同学交流。

提示：从闷热、游泳、遭遇鲨鱼等之间的关联思考，揣摩环境描写对推动情节发展的作用，体会闲笔不闲的价值。

板书设计

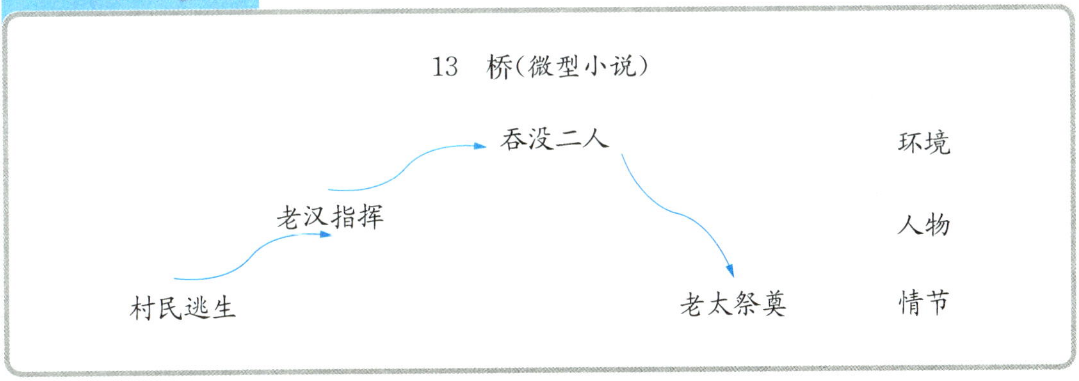

精彩片段

师：读小说，我们不仅要概括出故事的情节，还要用心去感受情节的起伏。（板书：起伏）这种起伏，也就是小说情节安排的艺术。这篇小说情节安排最巧妙的地方，你认为是哪里呢？

生：我认为是结尾。

课件呈现：

五天以后，洪水退了。一个老太太，被人搀扶着，来这里祭奠。她来祭奠两个人。她丈夫和她儿子。

师：我请一位同学读一读，其他同学想一想：这个结尾告诉我们什么？

（生读）

师：这里，应该要读得慢一点，一起试试看。

（生齐读）

师：这四个自然段告诉我们什么？

生：老太太来祭奠，交代了两人的父子关系。

师：请同学们把小说的这个结尾用手捂住，（指着板书）思考：人们逃难，老汉指挥逃难，人们逃难成功，两人牺牲。去掉这四个自然段，故事情节完整吗？

生：（部分）完整。

生：（部分）不完整。

师：不完整吗？联系《船长》想一想：遇险，组织救援，牺牲……不就结束了么？

生：应该是完整的。

师：同样都是救难型的小说，《桥》的作者为什么还要写这样的结尾呢？

生：这样的结尾更让人感到意外。

师：哪里让你觉得意外？

生：真没想到他们是父子关系。

生：这样的结尾设置了悬念。

师：哪里有悬念？

生：课文中小伙子出现的时候，就是设置悬念，让我们自己去猜测他的身份。

师：你真厉害，真会思考。

生：这样的结尾使得情节起了波澜，有了起伏，一波三折，更能衬托老汉的公正无私，给我们强烈的震撼。

师：什么让你震撼？

生：他们俩是父子让我震撼。

师：如果这个父子关系在第 15 自然段就点明——

课件呈现：

老汉突然冲上前，从队伍里揪出他的儿子，吼道："你还算是个党员吗？还是我的儿子吗？排到后面去！"老汉凶得像只豹子。

师：你们比比看，放在这里点明父子关系和放在结尾点明有什么不一样？放在这里不是也能体现他的大公无私么？

生：一开始就知道他们是父子关系，就觉得没那么有意思了。

师：是啊，不告诉你，这就是设置悬念，最后突然告诉你，那就是意外。同学们，平时你看到蛋糕，吃它的时候，震撼吗？当你事先不知道，突然得到一份礼物的时候，意外吧？震撼来自于突然，事先不知情。正是因为没想到，这样的结尾才让人觉得既在意料之外，但又在情理之中。情节的安排是一种艺术，把它放在最好的位置来交代，是一种更高的艺术，明白吗？

（梁昌辉老师执教）

点评： 小说就是讲故事，学生读小说中的故事，不能止步于读懂故事的内容，还应该去发现作者讲故事的秘密。教师引领学生走进小说的世界，让情节的"意外""起伏""陡转"吸引学生浸润在小说的故事世界里，发现作者讲故事的秘密。

14 穷人

课文解读

题解

《穷人》是俄国著名作家列夫·托尔斯泰根据法国作家维克多·雨果的叙事诗《可怜的人们》改写的一篇小说。小说以“穷人”为题，描写了桑娜、渔夫、西蒙以及西蒙的两个孩子和桑娜的五个孩子等“穷人”的悲惨遭遇，刻画了沙俄时期的“穷人”群像。小说除了题目外，整个故事未出现一个“穷”字，却通过环境描写向读者述说着“穷人”的穷苦与艰辛。另一方面，这些可敬的“穷人”在苦难面前的所作所为，给了我们许多美好的感动，他们的心灵深处，永远闪烁着“人性善良”的光辉。穷人，不穷！读着这个题目，不禁想起美国作家海明威说过的“贫穷的人往往富于仁慈”。

结构分析

课文可以分为三个部分。

第一部分（第 1—2 自然段）：在一个暴风雨之夜，桑娜在家焦急地等待出海打鱼的丈夫归来。

第二部分（第 3—11 自然段）：桑娜去探望邻居西蒙，却发现西蒙已经死了，便抱回她的两个孩子。

第三部分（第 12—27 自然段）：丈夫归来，得知西蒙死去，主动提出收养两个孩子，夫妻俩的想法不谋而合。

词语含义

忐忑不安： 意为心神不定，心神极为不安。桑娜抱回邻居西蒙的两个孩子之后，内心是紧张、害怕、担心、纠结的，这些复杂的心理掺杂在一起就是“忐忑不安”。

沉默： 意为不发声，不说话。当渔夫归来后，桑娜与丈夫渔夫在对话中多次沉默。第 20 自然段的“两人沉默了一阵”，第 23 自然段的“桑娜沉默了”，第 25 自然段的“桑娜坐着一动不动”，三处沉默，内涵丰富，展现了人物丰富的内心世界，各尽其妙。

熬： 意为忍受（疼痛或艰苦的生活等）。渔夫得知邻居西蒙死了，皱起眉头，脸变得严肃和忧虑，一个“熬”字传神地表现渔夫生活背后的艰辛，体现了他面对苦难的坚忍，说明为了照顾邻居西蒙的两个孩子他愿意过更艰苦的生活。

句意理解

“他会说什么呢？ 这是闹着玩的吗？ 自己的五个孩子已经够他受的了……是他来啦？ ……不，还没来！ ……为什么把他们抱过来啊？ ……他会揍我的！ 那也活该，我自作自受……嗯，揍我一顿也好！”

作者对人物内心世界的刻画相当细致，桑娜在抱回孩子时没有作过多的考虑，当她把熟睡的孩子放在床上，让他们与自己的孩子睡在一起时，她才真正开始了思想斗争。家庭的贫穷和由此带来的沉重的生活负担，让她不能不考虑自己所做的这件事究竟会带来什么样的后果。在这里，托尔斯泰表现出了惊人的刻画人物内心世界的功力。

桑娜担心“他会说什么”，一个“他”字道出了她对丈夫的爱和体谅。她深知“五个孩子已经够他受的了”，这不是“闹着玩的”，因而陷入深深的自责中，觉得对不起丈夫。现在，她害怕丈夫的突然回来，不是害怕丈夫会责怪自己和揍自己，而是不知道怎样向丈夫开口。“揍我一顿也好”形象地写出了桑娜宁愿自己受苦也要帮助他人的善良品质。

作者用一连串的省略号、感叹号和问号，表现桑娜复杂的内心世界。五处省略号展现桑娜心绪不宁，思维在不断跳跃。四处问号，用“自问”的方式表现桑娜纠结的心理，连自己都不知道为什么要抱养两个孩子。三处感叹号，前两处主要体现紧张至极，最后一处说明桑娜克服各种害怕和担忧，下定决心。

从“担心害怕”到“纠结难定”，最后“下定决心”，无比真实地再现了一个处在穷困境地的善良女性丰富的内心世界。

语段分析

小说的第三部分，当渔夫回来了，夫妻俩展开了几段对话。这几段对话看似寻常，甚至有点琐碎，但读者却感到十分紧张。我们能够理解桑娜此时“不敢抬起眼睛看他”“脸色发白”和“沉默”中的紧张与害怕。当桑娜试探地说出西蒙已死，剩下两个幼小的孩子无人照顾时，我们也随即屏住了呼吸，尤其是看到“渔夫皱起眉，他的脸变得严肃、忧虑”，嘴里念叨着“是个问题”时，我们是多么紧张、急切地想知道渔夫最终的态度。“得把他们抱来，同死人待在一起怎么行！哦，我们，我们总能熬过去的！快去！别等他们醒来。”当我们与桑娜一起听到这样的话时不由得如释重负，原来，在渔夫魁梧黝黑看似粗鲁的外表之下有一颗金子般的心。

在夫妻俩对话过程中，桑娜故意岔开话题、欲言又止等有违常理处，展现着人物心理的变化轨迹。如，桑娜焦急地等待丈夫回来，但丈夫回来后她的反应竟然是“哦，是你！”“是啊，是啊，天气坏透了！哦，鱼打得怎么样？”丈夫历经生死劫难，竟然还问“鱼打得怎么样”，按常理桑娜最该关心的应该是丈夫的安危，为丈夫平安回家感到庆幸。这些话语反映了桑娜复杂的内心，她想的是孩子怎么办？自己如何跟丈夫说？

写作特色

这篇微型小说营造了虽然悲苦但充满温馨的环境，展现了扣人心弦的情节，刻画了真实善良的“穷人”群像。

小说描写了屋外的自然环境和家庭的生活环境，这是物理环境。海上“寒风呼啸”，渔家小屋“温暖而舒适”，西蒙家“又潮湿又阴冷”。风暴的可怕和由此产生的联想，强化桑娜一家生活的艰难与随时可能面临的巨大灾难；房间的布置与陈设，反映劳动人民生活的穷困与桑娜的勤劳。

小说以桑娜的内心矛盾为主线，营造了心理环境，展开了情节叙述。小说围绕抚养两个孩子这件事，前后设置了两个悬念：丈夫渔夫能否平安归来？如果他能平安归来，那么他会怎么看待收养孩子的事？小说用发展变化的心理情节取代单纯的外在事件构成的情节，让故事更有表现力。海上起了风暴，桑娜想起出海打鱼的丈夫，由于担心丈夫所以走出家门，想看看丈夫回来没有，在这个过程中，想起了生病的邻居，决定去探望。当一次次敲门没有回应时，桑娜产生了不祥的预感，于是推开门进屋。看到西蒙悲惨的遭遇时，桑娜不假思索地抱回她的两个孩子，因为担心丈夫突然回来不知如何开口，所以连门的响动都会使她惊得从椅子上跳起来。当丈夫平安回来后，桑娜却“不敢抬起眼睛看他”，和丈夫的对话有违常理……故事在桑娜的心理轨迹中推进和发展。

小说写穷人，用意并不在于表现穷人的穷困，而在于赞扬他们在苦难面前所表现出来的可贵的人性——“善良”。

拓展学习资源

推荐篇目	《可怜的人们》 （作者：维克多・雨果）

学习设计

学习目标

1. 根据人物身份和关系，概述小说的故事情节。会写“汹、涌”等字。
2. 绘制桑娜心理轨迹图，破解心理描写方式。

3. 还原桑娜与渔夫对话的场景，补写桑娜的矛盾心理。

4. 品读细节中深刻理解“穷人”的真正含义。

5. 学习运用环境描写和心理描写表现“善良”的人性。

课时

2—3 课时。

学习活动

学习活动一 分类识记词语，概述故事情节

1. 出示词组一：汹涌澎湃的海浪　溅起一阵阵浪花　炉火熄灭　湿淋淋的渔网　糟糕的天气

(1) 朗读短语。提示：注意“澎”“湃”“溅”“淋”书写时左中右的宽窄、高低变化。

(2) 用上其中的几个词说一说小说中人物生活的环境和状态。

(3) 引读课文的第 1 自然段。故事发生在一户普通的渔家小屋内，时间是晚上，这是小说的环境描写。

提示：从环境描写中可以发现人物生活的艰辛和桑娜的勤劳。

(4) 适当补充小说的时代背景。

提示：小说大多是虚构的，却又有生活的影子。小说中的俄国劳动人民处于沙皇的黑暗统治之下，生活极度贫困。

2. 出示词组二：桑娜　渔夫　西蒙

(1) 朗读词组，发现这是小说中出现的人物。

(2) 梳理小说中人物的身份和关系，发现他们都是小说中的穷人。

示例：桑娜是五个孩子的妈妈，渔夫的妻子；渔夫是靠打鱼为生的人，桑娜的丈夫；西蒙是两个孩子的妈妈，寡妇，桑娜和渔夫的邻居。他们都是穷人。故事是围绕桑娜这个人物展开的。

3. 快速默读课文，5 分钟内读完，根据人物之间的关系概述小说的故事内容。

要点：说清楚人物身份和人物之间的关系；说清楚人物之间发生的关键事件。

学习活动二 绘制心理轨迹图，破解心理描写的方法

1. 寻找桑娜的心理轨迹，感受情节起伏。

（1）浏览课文，找出文中描写桑娜心理的相关语段，并一一呈现。

（2）朗读描写桑娜心理的语段，结合当时的情境，用“……时，桑娜……”的句式简单说一说桑娜内心的想法和感受。

示例：大海上寒风呼啸，海浪汹涌，桑娜十分担忧：出海打鱼的丈夫能不能平安回来？一次又一次的敲门没人答应，桑娜十分担心：邻居西蒙怎么了？邻居西蒙的两个孩子抱回来后，桑娜内心忐忑不安：该怎么办？渔夫回来后，桑娜紧张害怕：如何跟他说？

（3）提炼桑娜的内心感受：“担忧”“担心”“忐忑不安”“紧张害怕”。

（4）摆放这四个词语的位置，形成桑娜的心理轨迹图。

示例：

2. 聚焦重点，探究矛盾心理的表达方式。

（1）小说中第9—11自然段对桑娜“忐忑不安”的心理描写尤为精彩。小声朗读这段话，说一说桑娜此时内心在想些什么。

提示：根据桑娜的心理活动提炼内心想的事情。

（2）如果按照正常的思维，桑娜应该先想什么，再想什么？给这些想法排序。

要点：正常情况下一般会先考虑自己的家庭状况，再考虑把孩子抱回来的后果。

（3）小说为什么不按这样的顺序来写桑娜的想法呢？

要点：此时的桑娜头绪万千，思绪混乱，内心忐忑不安。

（4）桑娜的心理活动，用了很多个问句，桑娜是真的不知道吗？

要点：桑娜遵从自己的内心，抱回孩子，却对丈夫有可能出现的抗拒产生恐惧心理。

（5）为什么还要用这么多省略号？

要点：桑娜内心紧张、矛盾，省略号表现了她思维的跳跃。

3. 探讨：如果写成“毫不犹豫”，是否更能塑造桑娜这个人物的形象？

要点：如果改成桑娜“毫不犹豫”，人物就不真实了，桑娜家十分贫穷，还有五个孩子，丈夫渔夫外出打鱼生死未卜，她必须为自己的家庭负责；桑娜内心“忐忑不安”，但最终下定决心，更能表现她“善良”的人性之美。

学习活动三 朗读人物对话，补写心理活动

1. 朗读对话，还原场景。

（1）小说中的人物对话能够营造场景。联系人物当天的经历，分角色读一读桑娜和渔夫之间的对话。

要点：桑娜自作主张抱回西蒙的两个孩子，她面对丈夫时忐忑不安与紧张害怕，时刻小心应对，说话断断续续；天气恶劣，渔夫一条鱼未打到，他很无奈，在得知西蒙去世后，他马上想到把两个孩子抱回来，热心而爽快。

（2）揣摩桑娜说话时内心的真实想法。

提示：联系生活经验，想一想：当渔夫回来后，按照常理桑娜应该怎么做，怎么说？

要点：按照常理桑娜最应该说的，应该是："太好了！你终于回来了，你还好吗？"为丈夫平安回家感到庆幸。但桑娜说的竟然是："哦，是你！""是啊，是啊，天气坏透了！哦，鱼打得怎么样？"这些话语反映了桑娜复杂的内心，她想的是："孩子怎么办？自己如何跟丈夫说？"

2. 补写桑娜的心理。

出示：

> "是啊，是啊，"丈夫喃喃地说，"这天气真是活见鬼！可是有什么办法呢！"
> 两个人沉默了一阵。

沉默中，桑娜会想些什么呢？联系人物对话的内容，写一写桑娜的心理活动。

提示：关注桑娜说话的内容和意图，确定她会想些什么；模仿第 9—11 自然段的心理描写，可以在内容表达上打乱语序，可以用疑问句"自问"问题，还可以用省略号表示思绪的跳跃……写出桑娜内心的矛盾和害怕。

3. 探讨：作者为什么不把桑娜内心的想法直接写出来？

要点：桑娜内心的紧张、害怕与纠结已经暗含在语言中；描写桑娜和渔夫之间的对话，显得更真切，更有利于展开情节，纠结是真实的，善良是真实的，人物形象因此丰满而感人。

学习活动四 捕捉容易忽略的细节，重新定义"穷人"

1. 捕捉其他细节。

（1）《穷人》这篇文章值得我们反复阅读、琢磨，每一次阅读都可能会有新的发现。找出

文中表明故事展开的时间的语句。

要点："古老的钟发哑地敲了十下，十一下……""睡觉还早。"

质疑：已经是晚上十一点了，为什么说"睡觉还早"，这时不是已经很晚了吗？

明确：我们能从文章的字里行间读懂穷人的"穷"，但"睡觉还早"四个字更能道出穷人之穷。桑娜之所以觉得"睡觉还早"，是生活所迫。往常这个时候，丈夫肯定还没有回来，所以睡觉还早；自己也总是一直缝缝补补，所以睡觉还早；等丈夫回来，桑娜还得与丈夫一起清理渔具，所以睡觉还早。这对贫穷的渔家夫妇就这样起早贪黑地拼命劳作，也只能勉强填饱肚子，可见他们的生活很艰辛。这四个字体现出了作者高超的写作技艺。

(2) 这篇文章的主人公是桑娜和她的丈夫。文中还有一个穷人是西蒙。西蒙在这篇文章中是不可缺少的角色，她悲惨的命运是那个时代众多可怜人的缩影，作者写她仅仅是为了表现她的悲惨吗？读一读第 7 自然段，还可以感受到什么？

思考：

① 西蒙爱孩子吗？从哪里可以看出来？

② 文中写道："一只苍白僵硬的手像要抓住什么似的，从稻草铺上垂下来。"西蒙临死的时候，想抓住什么呢？

明确：西蒙知道自己挨不过这个晚上了，用自己身上唯一可以取暖的旧头巾、旧衣服盖在孩子们身上，既写出她们家触目惊心的穷，更写出"穷"背后深沉朴素的母爱。在她临死前，她既绝望又痛苦，自己死了，两个孩子怎么办？所以她想抓住命运，想让死神放过自己；她想抓住一点什么希望，让自己的孩子能够活下去。

2. 探讨：小说的题目是"穷人"，他们真的"穷"吗？

要点：小说的题目是"穷人"，刻画了一群穷人。小说中虽然没有出现一个"穷"字，却处处在向读者述说着"穷人"的穷苦；这些可敬的"穷人"，在苦难面前的所作所为给了我们许多美好的感动，他们的心灵深处永远闪烁着"人性善良"的光辉。穷人，不穷！

学习活动五 转换视角讲述，表现"善良"的人性

1. 从渔夫的视角讲述场景。

(1)《穷人》是由雨果的叙事诗《可怜的人们》改编而成，出示其中的节选。

(2) 教师示范朗读该片段，请学生说一说这个片段讲述的内容。

提示：从环境的恶劣、人物内心的矛盾和人物行动的坚定等角度交流，完成学习单(一)。

学习单（一）

环境：狂风暴雨的海面

人物：渔夫

情节：在外捕鱼，挂念家中的妻儿

矛盾心理：回与不回

（3）运用环境描写和心理描写的方法，写一写这个场景，并从中感受人物“善良”的人性。

2. 从西蒙的视角讲述场景。

找出文中描写西蒙家环境的句子，猜测西蒙在弥留之际内心的矛盾，独立完成学习单（二）和场景的写作。

学习单（二）

环境：潮湿阴冷的屋内

人物：西蒙

情节：面对死亡，孩子怎么办？

心理：两个孩子送与不送

3. 拓展阅读《可怜的人们》。

比较《穷人》与《可怜的人们》题目和内容的异同。

板书设计

14 穷人

“不穷”

担忧 → 担心 → 忐忑不安 → 紧张害怕

精彩片段

师：桑娜抱回西蒙的两个孩子后的心理可以用哪个词语概括？

生：忐忑不安。

（板书：忐忑不安）

师：小说中第9—11自然段对桑娜“忐忑不安”的心理描写尤为精彩。自由朗读这段话，说一说桑娜忐忑不安地想了哪些事情。

生：他会说什么呢？

生：这是闹着玩的吗？

生：自己的五个孩子已经够他受的了。

生：为什么把他们抱过来啊？

生：他知道了会揍我的，不过揍我一顿也好，我自作自受。

生：如今叫我怎么对他说呢？

师：如果按照正常的思考方式，一般会先想什么事情？再想什么事情？

生：先想自己家里很穷。

生：再想怎么办。

师：是呀，那这几句话按照正常的思考方式，顺序应该是怎样的？

生：自己的五个孩子已经够他受的了。为什么把他们抱过来啊？这是闹着玩的吗？他会说什么呢？如今叫我怎么对他说呢？他知道了会揍我的，不过揍我一顿也好，我自作自受。

师：自由朗读桑娜说的话，想一想：为什么课文不按这样的顺序来写呢？

生：桑娜此时内心很慌乱，她想到了很多事情。

生：桑娜非常紧张，思维有点混乱了。

生：桑娜内心非常纠结，她抱回了邻居家的孩子，她想到了自己的家庭状况，想到了丈夫可能的责备。

……

师：桑娜遵从自己的内心，抱回了邻居西蒙家的孩子，却对自己的家庭状况担忧，对丈夫有可能出现的责备产生恐惧的心理，这就是“忐忑不安”。此时的桑娜头绪万千、思绪混乱。

师：谁能用朗读表现出桑娜的这份忐忑不安？

（指名一生朗读）

师：我们来看这些心理活动，用了很多个问句，桑娜是真的不知道吗？

生：桑娜是知道的。

师：小说中的桑娜为什么要自己问自己呢？

生：桑娜害怕丈夫突然回来，她不知道该怎么办。

生：桑娜认为这样做会带来很严重的后果，她要不断地问自己怎么办。

生：桑娜内心非常纠结，纠结自己的行为会给自己的家庭带来沉重的负担。

生：桑娜担心丈夫不同意收养邻居西蒙的孩子，还会揍她。

……

师：这些心理活动中还有很多省略号，去掉了，似乎也读得通，作者为什么要用这么多省略号？

生：表现桑娜非常紧张。

生：桑娜内心非常矛盾，她忐忑不安，所以要用省略号。

生：桑娜一直在思考她该怎么办，省略号就是她思考的过程。

……

师：问号、省略号，这些标点符号就是桑娜此刻忐忑不安的心跳声。

师：再读读这段心理描写，让我们的心跟着桑娜一起跳动。

（生读）

（蔡海峰老师执教）

点评： 作为文学性作品的小说需要采用“浸润式”的阅读方式，该教学片段通过朗读的活动走进人物的内心，感受人物内心的“忐忑不安”；用比较的方法体会小说别样的表达，破解“忐忑不安”心理描写的秘密。

15* 金色的鱼钩

课文解读

题解

《金色的鱼钩》是一篇以红军长征为背景的小说。课文题目“金色的鱼钩”含义深刻，引人深思。一根由缝衣针弯成的鱼钩，却是老班长一路上尽职尽责当好“上级、保姆、勤务员”的英雄历程的记录，是老班长对革命事业高度负责、对战友关怀照顾的见证。“金色的”喻示老班长金子般的思想光辉，象征着老班长忠于革命、舍己为人的高尚品质熠熠生辉、永垂不朽。以“金色的鱼钩”为题，表达了对“老班长精神”的赞美之情。

结构分析

课文分为三个部分。

第一部分(第1—3自然段)：1935年秋天，“我”和两个小同志病得跟不上队伍，指导员派老班长照顾“我们”，不到半个月，“我们”遭到了饥饿的威胁。

第二部分(第4—33自然段)：老班长用缝衣针制成鱼钩，想方设法钓鱼，煮鲜鱼野菜汤给“我们”吃，自己却只吃草根和鱼骨，在走到草地边界的时候，英勇牺牲了。

第三部分(第34自然段)：“我”把老班长留下的鱼钩小心地包起来，让后代子孙来瞻仰。

词语含义

喜出望外： 指遇到出乎意料的喜事而感到特别高兴。老班长发现了水塘里有鱼之后，非常高兴，回来取出缝衣针，烧红了，弯成鱼钩，钓鱼烧鱼汤给我们吃。这一意外的收获，形成了故事的线索，推动着情节的发展。

支吾： 指说话含混躲闪，用含混的话搪塞。“我”发现老班长嚼草根、吃鱼骨头后，老班长想搪塞我，体现了老班长舍己为人、无私奉献的崇高品质。

奄奄一息： 意为只剩下微弱的一口气，形容生命垂危。老班长即使只剩下一口气，依然想着“我们”，想着自己的使命，鼓励“我们”一定要走出草地，体现了老班长伟大的革命精神。

句意理解

在这个长满了红锈的鱼钩上，闪烁着灿烂的金色的光芒！

这句话总结全文，点明主旨。这个“长满了红锈”的鱼钩见证了革命历程的艰辛，见证了老班长在艰难困苦中坚定不移地执行党交给他的任务，处处关心别人，爱护别人，勇于自我牺牲。鱼钩上闪烁着的“灿烂的金色的光芒”象征着老班长金子般的思想光辉，赞美了老班长为了革命事业的成功，为了战友的生命而不惜牺牲自己的高贵品质，昭示着老班长忠于革命、舍己为人的崇高品质。

语段分析

小说的第二部分。这一部分紧紧围绕老班长，生动叙述了四个场景——“做钩钓鱼”“硬嚼鱼骨”“命令喝汤”“英勇牺牲”，通过老班长的言行塑造了丰满的人物形象。

在“硬嚼鱼骨”的场景部分，作者通过大段的对话描写，将老班长忠于革命、舍己为人的红军战士形象展现得淋漓尽致。这段对话描写紧紧围绕“我”劝说老班长吃鱼为话题，在老班长的七次回应中，通过动作、神态、语气、语言等描写逐步表现了老班长从掩饰到解释，再到明理，最后命令的回应，其间，老班长的角色形象不断地进行变化，从保姆、勤务员到最后的上级，让我们充分地感受到老班长身上既有长对幼的无私关爱，更有作为共产党员、作为红军战士的使命担当和革命精神。在对话中，老班长的形象从温情到坚定，角色形象虽然多变，但始终不变的是坚定不移的革命意志和精神。同时，通过“我”的一系列心理的变化也可以看出，老班长最终说服了“我”，感染了“我”，使“我”成长为一名坚强的革命战士。

写作特色

叙事的视角。小说以“我”的视角，深情地叙述了红军长征途中，一位炊事班长牢记嘱托，尽心尽力照顾“我”和两个生病的小战士过草地，不惜牺牲自己生命的故事。小说以第一人称视角叙述，可以引领读者从“我”的角度体验故事，同时从旁观者的角度挖掘人物心理，体会人物形象。

丰满的形象。小说中出现了对老班长不同的身份称呼，如“炊事班长”“老班长”“上级”“保姆”“勤务员”等，作者通过场景的转换、人物的言行表现了老班长的多种面貌，鲜明生动地塑造了一位忠于革命、舍己为人的革命战士形象。

革命的意志。小说是红色题材的文章，具有独特的时代性。红军二万五千里的长征路上发生了许多可歌可泣的英雄故事，而作者通过老班长舍身带领三个病号走出草地这一独特选材，生动讴歌了红军战士坚定不移的革命意志、英勇无私的革命精神，是对新时代青少年革命精神的感召。

拓展学习资源

推荐篇目	1. 纪念长征胜利八十周年公益短片《金色的鱼钩》 2.《丰碑》

学习设计

学习目标

1. 聚焦场景，概括小说情节。

2. 品读对话，从老班长的回应中体会人物形象，在老班长角色形象的多重解读中丰满人物形象。

3. 体会“金色的鱼钩”的意象，升华人物形象，感受红军革命精神的感召。

4. 情景体验，讲述故事。

课时

1 课时。

学习活动

学习活动一 梳理情节，感受人物形象

1. 这是一篇以红军长征为背景的小说。故事发生在 1935 年秋天，红四方面军进入草地，许多同志得了肠胃病。“我们”三个病号实在赶不上队伍，指导员派炊事班长照顾我们。

2. 默读课文第 1—3 自然段，思考：老班长做了什么？用简洁的语言概括，填入学习单。

时间	情节
1935 年秋天	

要点：老班长照顾病号。

3. 小说讲述的是老班长带领“我们”三个病号走出草地的一段经历，历时四十天左右，作者不可能一一叙述，而是截取其中几个典型的场景进行叙述。这几个场景发生在什么时间呢？默读课文第4—33自然段，圈画出表示时间的词语，填入表格。

出示学习单：

时间	情节
1935年秋天	照顾病号

要点：课文具体抓住了“一天”“有一次”“第二天”“这天上午”这四个时间点发生的故事进行叙述。

4. 默读这四个时间点发生的故事，用简洁的语言概括故事内容，填入学习单。

要点：

时间	情节
1935年秋天	照顾病号
一天	做钩钓鱼
有一次	硬嚼鱼骨
第二天	命令喝汤
这天上午	英勇牺牲

5. 读了这个故事，老班长给你留下了怎样的印象，联系情节说说。

要点：(1)从照顾病号可以看出老班长临危受命，服从命令；(2)从做钩钓鱼感受到老班长关心战士；(3)从硬嚼鱼骨、命令喝汤，感受到老班长舍己为人、一心只想着他人；(4)从英勇牺牲，感受到老班长忠于革命事业、舍己为人的崇高品质。

6. 小结：读小说，我们要关注情节，读懂人物形象。

学习活动二 聚焦对话，丰满人物形象

自从老班长做鱼钩后，他总是想尽办法钓鱼做鲜鱼野菜汤给“我们”吃，可“我”却从来没

见过他吃一点鱼。于是，就有了“我俩”的一段对话。这段对话，感动了无数读者，感动了一代又一代中国人。

1. 默读课文，了解对话内容。

(1) 默读第 6—19 自然段，用简洁的语言概括他们说了什么。

要点：“我”发现了老班长嚼野菜根和鱼骨头，老班长让“我”保守秘密，并说服了“我”。

(2) 两个人说了这么多，到底在讨论什么？

要点 ：“我”劝说老班长吃鱼，老班长说服了“我”。

2. 细读对话，读懂老班长的语言。

(1) 面对“我”的劝说，老班长是怎么回应的呢？自由读一读老班长的话。

要点：从回应的内容来看。第一次，老班长回应“我”他吃过了，比“我们”先吃。第二次回应“我”要把碗里吃干净。第三次回应“我”希望“我”不要告诉别人。第四次回应“我”这是指导员交给他的任务，他要带“我们”走出草地。第五次回应讲述弄点吃的不容易。第六次回应拒绝“我”帮助。第七次是命令“我”要服从党的分配。

(2) 细读：老班长的每一次回应的方式有什么变化？

要点：抓住提示语体会老班长神态、语气的变化。(1)“摸了摸嘴，好像回味似的”，老班长装样子。(2)“支吾着说”，老班长想搪塞“我”。(3)“轻声说”，老班长希望“我”不要告诉他们实情。(4)“低沉的声音”，老班长时刻不忘指导员交代的任务。(5)“轻轻地摇摇头”，老班长面对严峻的现实感到无奈。(6)“严厉地说”表现了老班长坚定的决心。

(3) 最感动你的是哪一段话？朗读老班长的语言，体察人物神态语气的变化，体会人物形象。

小结：通过对话描写，老班长忠于革命、舍己为人的形象更加鲜明生动。

3. 揣摩角色，丰满人物形象。

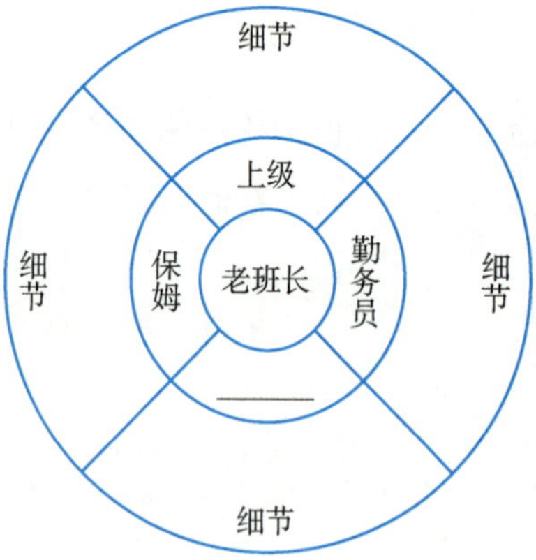

(1) 体会“上级、保姆、勤务员”的角色。

出示：“一路上，你是上级，是保姆，是勤务员啊……”齐读。

一路上，老班长始终牢记指导员临走时说的话，当好上级、保姆、勤务员的角色。联系老班长在回应我时的表现和话语，从哪里可以看出他的确把自己当作上级、保姆、勤务员？同桌之间交流讨论，摘录关键词句填入表格。

要点：①上级：拒绝“我”的帮助；命令“我”坚决服从

党的分配。②保姆、勤务员：骗"我"说吃过鱼了；收拾好碗筷后，坐在那里捧着搪瓷碗，嚼着草根和"我们"吃剩的鱼骨头，还搪塞"我"说看碗里没吃干净，扔了怪可惜的；为"我们"弄吃食很不容易。

(2) 拓展思考：你还可以从哪些细节体会到老班长除了上级、保姆、勤务员以外的角色形象？

要点：①共产党员：以党员身份要求"我"不要告诉他们，坚决服从党的分配；②慈爱的父亲：发现鱼塘后，做鱼钩钓鱼，烧鱼汤给"我们"吃。老班长尽可能找有水塘的地方宿营，安顿好"我们"就出去钓鱼，烧鲜鱼野菜汤给"我们"吃。③善良无助的老人：为自己弄不到足够的食物而感到无助，为自己眼睛坏了，找不到野菜而感到愧疚。④忠于职守的革命战士：牢记自己的责任和使命，想尽办法要带"我们"走出草地。

(3) 深度研讨：老班长的角色是多变的，不变的是什么？

要点：虽然老班长的角色是多变的，但是不管什么时候、什么情况下，老班长永远牢记革命的任务，誓死要把"我们"带出草地，这种坚定的革命信念和舍己为人的奉献精神是永远不变的。

4. 你们读懂了老班长，故事中的"我"读懂了吗？

要点：(1)从"我端起搪瓷碗，觉得这个碗有千斤重，怎么也送不到嘴边"这句话看出"我"知道鱼汤来之不易，老班长的舍己为人让我感到很沉重。(2)从"我把碗端到嘴边，泪珠大颗大颗地落在热气腾腾的鱼汤里""可是我的心里好像塞了铅块似的，沉重极了"看出我虽然服从老班长的命令，但一想到老班长的舍己为人，心里感到很沉重。(3)从"擦干了眼泪，我把老班长留下的鱼钩小心地包起来，放在贴身的衣兜里"这句话可以看出"我"牢记老班长的嘱托，决心走出草地，同时老班长的光辉形象也永远铭记在"我"心里。

小结："我"的一系列心理感受和表现从侧面烘托了老班长舍己为人的光辉形象。

5. 分角色朗读对话，再次感受老班长忠于革命、舍己为人的精神。

学习活动三 捕捉意象，升华人物形象

1. 老班长英勇牺牲了，我把他的鱼钩珍藏了起来。再看题目"金色的鱼钩"，这鱼钩真的是金色的吗？为什么说这是一个闪烁着金色光芒的鱼钩呢？

要点：不是。金色的东西一般是贵重的、珍贵的。课文以"金色的鱼钩"为题，意义深刻。"鱼钩"记录着老班长的英雄历程，闪耀着老班长金子般的思想光辉，象征着老班长崇高的革命精神永垂不朽。

2. 如果你是革命烈士纪念馆的一名讲解员，请你向前来参观的人讲述"金色的鱼钩"的

故事。

要点：学生能够根据故事情节，抓住人物的神态、动作、语言等把故事讲生动。

3. 小结：金色的鱼钩象征着红军战士的革命精神，赓续着革命征途上的英勇无畏、坚定信念，革命精神将代代相传。

板书设计

15* 金色的鱼钩

老班长

上级

保姆

勤务员

……

革命精神代代相传

精彩片段

出示："一路上，你是上级，是保姆，是勤务员啊……"齐读。

师：一路上，老班长始终牢记指导员临走时说的话，当好上级、保姆、勤务员的角色。联系老班长在回应"我"时的表现和话语，从哪里可以看出他的确把自己当作上级、保姆、勤务员的？同桌之间交流讨论，在图表中填入关键词句。

（生交流讨论，摘录关键词语）

师：同学们刚才交流讨论得很认真，我们一起来交流一下。谁先来？

生：请同学们跟我看第 18 自然段。我从老班长"严厉"的话语中感觉老班长是以一种上级对下级命令式的口吻在说话。所以，我感觉这里老班长充当的是上级的角色。

师：是的，老班长语气严厉，像在给"我"下命令，此时的表现像上级。

生：请同学们跟我看第 7、8、9 自然段，我从老班长摸了摸嘴、回味似的、嚼几根草根和"我们"吃剩的鱼骨头、支吾着说等表情、动作以及他的话语当中，感受到老班长像一个保姆，精心照顾着"我们"，把鱼汤都给"我们"吃，还骗"我"吃过了。

师：是的，一心只想着"我们"，自己宁愿嚼草根吃鱼骨头。

生：我从第 13 段中老班长说的一句话"我估计，还要二十天才能走出去。熬过二十天不简单啊！眼看你们的身子一天比一天衰弱，只要哪一天吃不上东西，说不定就会起不来，真有个三长两短，我怎么去向党报告呢”中感觉到老班长像一个保姆，负责照顾好“我们”的身体，怕“我们”有个三长两短不好交代。

生：我从第15段老班长说弄点吃食不容易中觉得老班长是一个勤务兵，因为要负责保障“我们”的食物。

师：老班长的不同角色形象就在他的一言一行中体现得淋漓尽致。你们还可以从哪些细节体会到老班长除了上级、保姆、勤务员以外的角色形象？快速浏览课文，找一找相关细节，填入表格。

师：我们继续交流。

生：我觉得老班长是一个党员。文章的第11段和第18段，老班长提到了共产党员，作为一名共产党员，就要保守秘密，坚决服从党的分配。

师：你的发现很有价值，老班长是一名党员，面对困难，党员要走在前面，服从党的安排。

生：我觉得老班长像一个慈祥的父亲。大家看第4、5段。老班长发现鱼塘后，做鱼钩钓鱼，烧鱼汤给“我们”吃。老班长尽可能找有水塘的地方宿营，安顿好“我们”，再出去钓鱼，烧鲜鱼野菜汤给“我们”吃。

师：是呀，常说父爱如山，此时的老班长像父亲关心他的孩子们一样关心“我们”，想办法给战士们找食物，补充营养。

生：刚才有同学说感觉老班长像一个勤务兵，可是当我读到他为自己弄不掉吃的而感到无助，为自己眼睛坏了找不到野菜而感到愧疚无奈时，我突然觉得老班长此时就像一位善良无助的老人。

师：老班长的心疼、无奈更可见他对战士们的关爱和责任。

生：我觉得老班长是一位意志坚定的忠诚的革命战士，因为他一直鼓励“我们”要走出草地，直到生命的最后一刻，他仍然舍不得喝鱼汤，让战士们喝，喝完了一定要走出去！直到生命最后一刻，他都在遗憾自己没有完成党交给他的任务，至死不忘自己的职责和使命，这就是忠诚！

师：在同学们的交流中，我看到老班长是党员、是战士、是上级、是保姆、是勤务员，也像一位父亲，像一个善良无助的老人，在他的身上，多面的角色形象使得老班长这一人物形象更加丰满。

师：同学们，老班长的角色是多变的，但他不变的是什么呢？

生：是他坚定的革命信念。

生：是他舍己为人的奉献精神。

生：是他牢记自己的使命和坚定不移的职责担当。

师：是的，这就是红军战士的革命精神。

（徐燕老师执教）

点评：塑造鲜明的人物形象是小说的特点。该教学片段通过引导学生多感官、多角度地解读老班长的角色形象，使老班长这一人物形象血肉丰满，情理合宜，拓宽了学生思维的广度和深度，让学生既体悟了阅读方法，又得到了革命精神的感召。

口语交际：请你支持我

学习设计

学习目标

1. 请求别人支持时，先说自己的想法，再把具体的理由讲清楚，做到有理有据；进行换位思考，设想对方可能的反应，恰当应对，做到合情合理。

2. 在以后的学习生活中，面对不同对象，能选择合适的时机、场合与策略，说服别人，得到想要的支持与帮助。

课时

1 课时。

学习活动

学习活动一 角色体验，尝试说服

1. 观看视频，归因分析。

(1) 播放视频：小林向王老师申请在班内办一份报纸，王老师没有同意。

(2) 全班讨论：王老师为什么不同意小林办报？如果你是王老师，可能会担心哪些问题？

◇ 报纸的主题怎么提炼？

◇ 报纸的栏目怎么规划？

◇ 报纸的内容怎么确定？

◇ 参与编写的人员怎么分工？

◇ 怎么协调学习与办报？

……

(3) 我来支招：小林要怎么做，才有可能获得王老师的支持？

2. 场景再现，尝试说服。

(1) 分角色扮演：小林同学听了大家支的招数，又信心满满地去跟王老师说办报的事。以小组为单位，一人扮演小林，一人扮演王老师，其余做小评委，等两位同学扮演完毕提一些改进的意见。

（2）全班展评：选择几组同学上台表演，重点关注“小林同学”的表现，说说谁最有可能获得王老师的支持。

小结：在请求别人的支持前，进行换位思考，设想对方可能的反应，预设好应对的策略；在请求别人的支持时，先说自己的想法，再把具体的理由讲清楚。

学习活动二 情境模拟，学用说服

1. 情景模拟，学习说服。

（1）出示任务：

◇ 说服妈妈，让她同意你在家里养一只小狗。

◇ 说服同学，在班里成立“生物角”。

◇ 说服校长，在学校组织一次义卖活动。

（2）小组模拟：选择其中的一个任务，继续进行角色扮演。扮演之前先商量一下想法、理由、对方可能的担心及应对的方法等，以打动对方，获得必要的支持与帮助。

（3）全班交流：根据组员的表现，判断对方有没有被说服。

2. 头脑风暴，修正演练。

（1）头脑风暴：这三个任务涉及不同的人、不同的问题，要想得到他们的支持，我们该注意些什么？

◇ 深入了解任务：搞懂该任务的利与弊，以便讲清理由。

◇ 全面体察对方：摸准对方的个性、喜好等，以便采取恰当的应对策略。

◇ 合理选择时机：根据不同的任务，选择合适的时机和场合，以便提高获得支持的概率。

……

（2）修正演练：先根据讨论意见，说说对所选任务的理解与认识，再根据对方的性格、喜好等预设交流的时机与场合、应对策略，然后继续以小组为单位进行角色扮演。

小结：在寻求别人的支持时，一方面要了解这件事的利与弊，才能把理由讲清楚；另一方面要摸清对方的脾气、爱好等，才能充分预设对方可能的反应，以采取恰当的策略进行应对。为增加成功的筹码，还可以根据需要选择合适的时机和场合。

学习活动三 生活延展，善用说服

1. 畅谈体验，找寻落差。

(1) 畅谈体验：生活中，当你遇到这样那样的困难时，也需要寻求别人的支持与帮助。回忆一下当时的情景，想一想：别人是怎么回应你的？对方支持你或者回绝你的原因是什么？

(2) 找寻落差：假如现在再请你去和别人交流这件事，你觉得哪些方面可做相应的调整？

2. 即兴表演，善用说服。

(1) 自由组合，即兴表演。

(2) 互动小结，善用说服。

小结：生活的小船不可能总是一帆风顺，有时候也会触碰到这样那样的“礁石”。这个时候，你不用担心，也不必气馁，敞开心怀去寻求别人的帮助。

板书设计

口语交际：请你支持我

请你支持我
- 选对时机和场合，说明想法
- 分析利弊，讲清理由
- 换位思考，恰当应对

精彩片段

师：我们要怎么说服妈妈，让她同意你在家里养一只小狗？

生：要把养小狗的好处说清楚。比如，小狗可以帮我们看门，可以给全家带来欢乐，可以丰富我的业余生活，可以让我体验大人养家的辛苦，可以培养我的爱心、增强我的责任意识。

生：要趁爷爷奶奶在家的时候说。因为他们也喜欢养小猫小狗，我提出来之后，他们肯定会帮我说话的，而且妈妈最孝顺，一定会听爷爷奶奶的话。这样，成功的概率会高很多。

……

师：如果妈妈说：“养小狗多麻烦，我管你一个人都管不过来呢。”你怎么回应？

生：我就说一定会抽时间来照顾小狗。比如，早上，我会提前几分钟起床，给小狗喂食物；放学回家，我会赶紧完成学习任务，然后陪小狗玩一会儿；吃完晚饭，我会带小狗到小区里转转，正好消消食，一举两得。

生：还有，我会上网看些养狗的资料，借鉴别人的方法来训练小狗，让它养成良好的饮食和作息习惯，不给妈妈添麻烦。

生：另外，也可以邀请妈妈到养狗的朋友家体验一下乐趣。或者，和妈妈一起看相关的影片，比如《忠犬八公的故事》。

……

师：要是妈妈依旧不同意，说："你的成绩又不是很优秀，别瞎折腾，还是多放点心思在学习上吧。"你怎么办？

生：我会拟一张作息时间表，合理安排学习和养狗的时间，做到学习、养狗两不误。

生：我觉得可以写一份保证书。说养了小狗以后，我一定会认真听讲，努力提高作业正确率，能在学校里完成的任务尽量在学校里完成。这样，我就可以挤出时间来陪小狗。

……

师：小事件折射出大智慧。小小的养狗事件，同学们既侃侃而谈，充分论述养狗的乐趣，又见招拆招，巧妙应对妈妈的"故意刁难"。看来，只要掌握一定的方法，我们就能获得别人的支持与帮助，解决生活中遇到的各种问题。

点评：该教学片段创设了"说服妈妈，让她同意你在家里养一只小狗"的任务语境，明确了交际的对象是"妈妈"，言说的目的是"说服"。学生在角色扮演中灵活运用"交际规则"解决任务情境中的"故意刁难"，获得言说的智慧。

习作：笔尖流出的故事

学习设计

学习目标

1. 能围绕主要人物，结合人物关系和具体环境，合理虚构故事。
2. 能按一定的顺序展开情节，构成完整的故事，努力做到情节吸引人。
3. 尝试进行环境描写与心理描写，增强对人物形象的表现力。

课时

2课时。

学习活动

学习活动一 整理阅读经验，建立读写链接

1. 填写表格，梳理阅读经验。

篇目	主要人物	环境	情节
《桥》			
《穷人》			

个人独立填写，小组交流修改。

2. 发现环境描写对表现人物的作用。

联系课文中具体的环境描写，说说环境描写对表现人物的作用。

示例：《桥》一课中对洪水的描写，交代了故事发生的背景，渲染了紧张的气氛，推动了故事情节的发展，烘托出了老支书冷静果断、铁面无私、舍己为人的感人形象。

3. 讨论情节设置对表现人物的作用。

（1）联系具体情节说说情节对表现人物的作用。

示例：《穷人》一文中，桑娜担心出海的丈夫、抱回邻居西蒙的两个孩子、害怕被丈夫责怪，情节起伏波折，人物内心矛盾纠结，真实而又深刻地表现了桑娜勤劳、体贴与善良的美好

品质。

(2) 联系两课的情节图，发现情节的起伏。

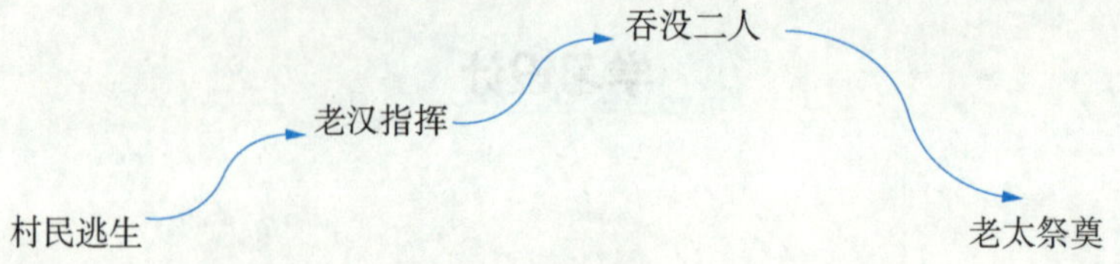

(《桥》情节图)

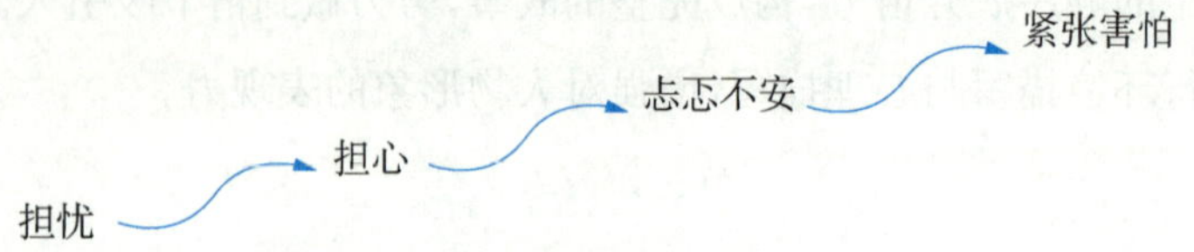

(《穷人》情节图)

小结：环境和情节是为表现人物服务的，人物在一定环境下所做的事构成了情节，情节与情节之间的波折带来了阅读感受的起伏，这样的情节才能吸引人。这是故事(含小说)的基本表达图式。

学习活动二 运用情节图式，尝试建构故事

1. 运用问题支架，初步展开想象。

以下面一组环境和人物为例——

环境：开满丁香花的校园

人物：淘气包张明

雷厉风行的班长王寒冰

充满活力的年轻班主任李军

(1) 出示问题支架，学生初步定位人物：

人物形象如何定位？

情节是否能够表现人物形象？

人物、情节与环境相互契合吗？

提示：人物是想象的核心，可以把张明作为核心人物，从“淘气包”这个特点着眼；情节要与其他两个人物相关联；符合“开满丁香花的校园”这个环境的特点。

(2) 运用思维导图，想象可能产生的故事。

提示：学生自主自由展开想象。这是想象的启动阶段，不宜过多或过早干预，防止思维

的禁锢。

2. 运用“愿望”图式，构建完整故事。

(1) 根据“愿望”图式，展开“淘气包张明”的故事。

出示“愿望”图式：

问题 1：主人公的“愿望”是什么？

问题 2：他的“阻碍”是什么？

问题 3：他如何“努力”？

问题 4：故事中的“意外”是什么？

学生思考，用词语记录想象。

提示：让上一环节的想象具体化、合理化。

(2) 试讲、修改。

提示：组内试讲故事，在讲述中相互点评，进一步修改完善。

示例：

雷厉风行的班长王寒冰发现教室前面的丁香花这几天少得很奇怪，一番侦查，发现张明摘花，要揭发他。张明恳求王寒冰放过他，允诺人情后补。王寒冰“告发”张明，班主任找张明谈话，张明只好坦白实情：原来学了《丁香结》一课，张明突发奇想，想试验自酿“丁香蜜”。班主任肯定了张明的探索精神，当场打电话向养蜂的亲戚请教。酿蜜未成，但张明喜欢上了科学课，在班主任的帮助下参加了班长的科学小组。

学习活动三 自主选择一组，练习写作故事

1. 选择一组或自己创设一组展开想象。

提示：

(1) 从教材中剩余的两组环境与人物中选择一组，或者自己创设一组，明确环境的特点与人物形象。

(2) 运用问题支架和“愿望”图式，自由想象。

2. 选择情节建构故事。

提示：选择合适的情节，画成情节图，分析情节的表现力、情节之间的联系，感受情节的起伏，然后进行纸笔写作。

教师适时选择学生的故事（不一定要完整的故事，重在创意与合情合理性），进行过程指导。

3. 尝试进行环境与心理描写。

提示：根据情节发展的需要，尝试为自己的故事添加适当的环境描写、人物心理活动描写。

(1) 环境描写可以像《桥》《穷人》一样，分散在文章的各处，推动情节发展，衬托人物心境，塑造人物形象。

(2) 细致的心理描写，可以让人物形象更加丰满，以插入式的“第一人称”的角度写作，有充分展开的余地。特别是用在纠结、矛盾等情绪上，比仅仅用“纠结”“矛盾”要形象多了。形式可以仿照《穷人》里描写桑娜的那一段。

学习活动四 举行故事会，欣赏想象创意

1. 举行班级故事会。

(1) 组内利用课余时间先行讲述故事，推荐两位在班级故事会中展示。

提示：小组合作，群策群力，帮助这两位同学改好、讲好故事。

(2) 班级故事展示。

学生边听边思考、评价，完成下表，进行交流。

我最喜欢的故事

故事名	最欣赏的地方

评价提示：

a. 故事能围绕主要人物展开，主要人物形象鲜明。

b. 故事完整，情节吸引人。

c. 能安排合理的环境或心理活动描写。

2. 根据故事会上的交流修改自己的故事。

提示：学生自主修改，并将誊写的习作公布于教室内，形式有黑板报、拉线悬挂等。学生利用课余时间进一步欣赏。

3. 推荐发表或交流。

提示：向校报或学校其他媒体（包括校园网、学校微信公众号等）推荐发表优秀的想象故事（文字或音频）；安排优秀故事创编者向低年级同学讲述自己的故事。

板书设计

习作：笔尖流出的故事

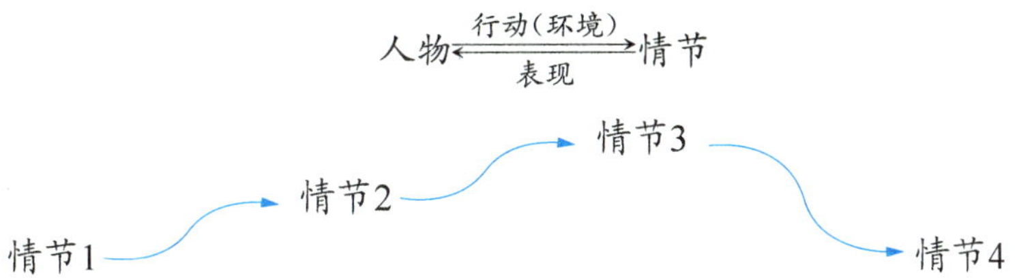

精彩片段

师：文似看山不喜平，群山高低起伏才能够引发我们无限的遐想，故事情节跌宕起伏才能够紧紧抓住读者的心。《桥》这篇小说，最吸引你的情节是什么？

生：山洪咆哮，人们一窝蜂地向木桥涌去，老汉像山一般站在大家面前，沉着镇定地指挥大家排成一队，党员排在后边，制止了混乱的局面，让一切变得井然有序。

生：我觉得最精彩的就是，当老汉的儿子要插队的时候，老汉让他排到后面去，在这里作者并没有交代身份，直到文章最后老太太祭奠时，才点明他们之间是父子关系，特别震撼人心。

师：是的，这就是意外。村民没有想到，老汉会成为他们活着的靠山；小伙子没有想到，他的父亲会铁面无私；读者没有想到，老汉和小伙子是父子。构思小说情节，就要制造意外，才能扣人心弦，突出人物形象。

师：发现了作家创作的秘诀，接下来就到我们一展身手的时候了。书上提供了三组环境和人物，我们就第一组环境和人物，共同讨论，构思我们的故事情节。你会让情节发生怎样的意外呢？

生：淘气包张明的特点是淘气，这一回我要安排他做好事。张明站在丁香树下，不是去摘丁香花，而是把昨晚被风刮得七零八乱的丁香花扶起来。

生：可以写张明去观察丁香花为写作文服务。

生：我这样写班长王寒冰雷厉风行：她并没有立即向班主任告发张明干坏事，而是连续几天观察，当淘气包张明向丁香花伸出手的时候，逮了一个现行。

生：张明确实摘了丁香花，但他不是搞破坏，而是为了将丁香花作为科学课上研究的植物。班主任知道了这个情况之后，破例让他参加了学校的科学小组，从此淘气包张明脱胎换骨。

生：张明因为淘气，和班长王寒冰是死对头，在小说中，我要让他们俩因为丁香花成为好朋友。

师：同学们真厉害，个个都是编故事的高手！创设意外，故事情节就会波澜起伏，人物形象才会鲜明，给读者留下深刻印象。现在，请大家选择其中一组，用思维导图的形式，来构思故事情节，完成故事框架。

（徐玉娟老师执教）

点评： 情节是人物在特定环境下的行动，情节有了“意外”，故事才会有起伏感，人物形象才能突出。该教学片段以“情节构思”为核心，链接学生阅读小说《桥》的经验，让学生明白“意外”是情节发展的动力，指导学生从叙事结构的层面构思情节，读写融合，扎实有效。

语文园地

学习设计

学习目标

1. 结合本单元的学习，掌握“读小说，关注情节、环境，感受人物形象”的方法。
2. 拓展交流四大名著中的人物特点与相关典型情节，感受情节对突出人物形象的作用。
3. 体会人物复杂的内心世界，学习描写忐忑、犹豫的心理活动。
4. 积累背诵《回乡偶书》，理解诗意，感受诗人内在情感。

课时

1—2课时。（“词句段运用”第一题和第二题，可以分别与课文《金色的鱼钩》和《穷人》整合教学）

学习活动

学习活动一 交流平台

1. 读过一部好的小说以后，我们总会记得小说中的一两个人物，以至于提起这本小说，我们最先想到的就是这几个人物。那么，读小说的时候，我们应该怎样去理解小说的人物形象呢？请大家结合“交流平台”说说方法。

2. 总结“感受人物形象”的三种方法：①留意人物的语言、动作、心理活动；②关注小说的情节；③关注小说中的环境描写。

3. 你能以《桥》《金色的鱼钩》或最近读过的小说为例，来说说你是如何运用这三种方法的吗？

4. 学生交流。

小结：以后的学习和生活中，我们还会读到很多的小说，会接触到小说中形形色色的人物，我们要学会用这三种方法来感受人物形象，理解小说。

学习活动二 词句段运用（一）

1. 上次我们已经学习了“当阳桥张飞退曹军”的描写，从典型情节与行为细节中感受到了张飞的神勇。回顾要点："睁圆环眼""厉声大喝""声如巨雷"。

2. 五年级下学期的时候，我们有一个单元专门学习了中国古典小说四大名著。相信同学们对四大名著都有了一定的了解。下面我们仿照这个思维导图，来介绍一下你最喜欢的一个四大名著中的人物。作者是通过哪些典型情节来突出人物形象的？

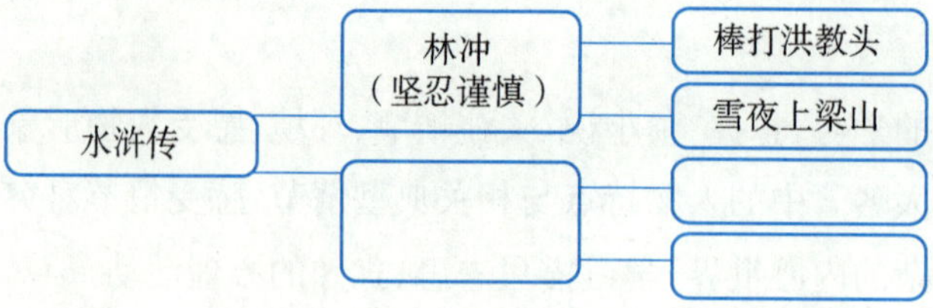

小结：小说的情节表现了人物的鲜明个性，而人物的个性也促使情节不断向前发展，以后大家读小说的时候，可以结合情节想象人物的特点，这样才能读得更深入。

学习活动三 词句段运用（二）

1. 出示句子。读一读，你感受到了人物怎样的内心？

2. 读出人物忐忑不安、犹豫不决的心情。

3. 探寻方法：请你选择其中一句，和同桌一起研究，作者是怎样写出人物的内心世界的？

4. 总结方法：①描写忐忑不安的心情时，采用短句，多用问句或感叹句；使用省略号；从不同的方面想。②描写犹豫不决的心情时，表现人物选择的矛盾，从相反的角度表述自己的无法决断。

5. 我们的生活中，也有很多时候会忐忑不安或犹豫不决，说说你的经历，并绘制你这段经历中的"心理路线图"。

6. 仿照文中的例句，运用刚才总结的方法，写一段话，表现自己的内心活动。

小结：细腻的心理活动能丰满人物的形象，以后在作文中，我们也可以抓住心理活动来表现人物特点。

学习活动四 日积月累

1. 出示《回乡偶书》，读通读准。

2. 讨论：这首诗记叙了一件什么事？

3. 简介贺知章。贺知章在公元 744 年，辞去朝廷官职，告老返回故乡越州永兴（今浙江萧山)，时已八十六岁，这时，距他离乡已有五十多个年头了。人生易老，世事沧桑，物是人非，心头有无限感慨。

4. 再读古诗，抓住三处对比："少小离家"与"老大回"，"乡音未改"与"容貌改"，"白发老翁的感伤"与"天真儿童的笑"，感受人物的心情。

5. 有感情地朗读古诗，背诵古诗。

6. 拓展理解并积累：

回乡偶书(其二)

离别家乡岁月多，
近来人事半消磨。
惟有门前镜湖水，
春风不改旧时波。

板书设计

语文园地

复杂的内心世界	方法
忐忑不安	多个角度写想法 多种句式混合用 恰当使用省略号
犹豫不决	多种想法来罗列 多种假设凸矛盾 左右摇摆难取舍

精彩片段

师：(出示例句)请同学们自由读一读，你感受到了人物怎样的内心？

生：读第一句，我感受到了桑娜忐忑不安的心情，她担心自己把孩子抱回来了，会给丈夫增加很多的压力，会被丈夫揍。

生：读第二句，我感受到了作者想看但又不敢看的犹豫不决，也感受到了作者无法取舍的悲痛心情。

师：你能走进人物的内心，用你的朗读体现出人物复杂的内心世界吗？

（生读）

师：作者是怎样把人物复杂的内心写得如此生动的呢？请你选择其中一个句子，仔细研究。

生：作者写桑娜忐忑不安心情的时候，用的都是短句，还用了很多的省略号，还用了感叹号、问号。

师：是的，你注意到了作者采用的句式，还注意到了标点的使用。合适的句式和标点能表现人物的心情。

生：作者写自己矛盾心情的时候，出现了两种不同的想法，而这两种想法作者没法取舍。

师：你关注到了作者内心的不同想法，截然不同的想法充分表现了作者内心的冲突，体现了作者无法抉择的痛苦。

师：总的来说，描写忐忑不安的心情时，从多个角度写想法；采用短句，多用问句或感叹句；恰当使用省略号。描写犹豫不决的心情时，从多个方面写自己的选择项，通过多种假设凸显矛盾，然后再写出自己的难以取舍。

师：在生活中，你有忐忑不安或者犹豫不决的时候吗？你能运用今天学习的方法，写出自己当时的心情吗？写完后，我们一起来交流。

生：看着试卷上大大的“78”，我真是说不出的烦躁，考得不好，本来就够难过的了，谁知，老师还要家长签名。这分数，拿出来签名呢，逃不了妈妈的一顿责骂；不拿出来呢，老师那里又过不了关！签名，不行！不签，万一老师告诉家长，更不行！天哪，这可叫我怎么办？我到底该怎么办？

师：这位同学因“是否让家长签名”而犹豫不决，她先描述了具体的情况，又写出了自己的不同选择，并且假设了采取不同行动的结果，凸显了矛盾，写出了自己因为无法抉择而十分烦躁的内心，写得非常好。

点评： 指导学生描写人物复杂的心情，首先要指导学生从例句中学习、总结例句的表现方法，教师再提炼出图示或知识，作为学习的支架，然后联系学生生活实际，进行仿写训练，这样才能达到学、练、评一体，扎实提高学生的表达水平。

快乐读书吧：笑与泪，经历与成长

课文解读

题解

我们从出生起就在酸甜苦辣的生活中成长，永远走在成长的道路上。童年是人生的第一阶段，也是一生中最美好的时光，童年的经历影响着今后的成长与发展。本课的主题为“笑与泪，经历与成长”，推荐阅读《童年》《小英雄雨来》《爱的教育》三本成长小说。主人公深深浅浅的脚印，盛满了幸福与苦难、快乐与泪水，写就了一个个成长的故事。学生阅读这类成长小说，与主人公一起经历人生的成长，也经历言语与精神的成长。

写作特色

小说是虚构的，但处处有生活的影子。作者将自己童年的经历和对成长的认识，通过小说以不同的叙述方式展现在读者的面前。

《小英雄雨来》是革命题材小说，“雨来”这个小英雄形象，是抗日战争年代河北省冀东少年儿童的一个缩影，是融合作者个人经历、成长中的见闻和思想感情而创作出来的。小说中的芦花戏水、星夜攻读、智护交通员等情节，苇丛雏鸭、五谷飘香等田园风光景物，鲜活的方言土语，无一不是那场风起云涌的民族解放战争中燕赵大地的真实写照。

《童年》是高尔基以自身经历为原型创作的自传体小说三部曲中的第一部。小说运用了儿童视角和成人视角交替的方法进行叙事。一方面，作者用儿童的视角观察生活，使得小说的内容显得真实可信；另一方面，作者又用成人的视角来进行点评，使得作品更富有思想性。小说叙述了阿廖沙幼年时代痛苦的生活，反映了作家童年时代的艰难生活及对光明与真理的不懈追求，生动再现了 19 世纪末俄国的广阔社会生活画卷。苦难，是成长的必修课，经历苦难，才能磨炼自己，从而迈向成熟。

《爱的教育》用日记体的形式，讲述了发生在安利柯身边各式各样感人的小故事，父母在他日记本上写的劝诫启发性的文章，以及老师在课堂上宣读的精彩的“每月故事”，因此书名又叫《一个意大利四年级小学生的日记》。作者以一个儿童的视角，用通俗简短的语言讲述着一个个小故事，这些故事仿佛就发生在学生的生活之中。《爱的教育》原来的标题是“Cuore”，如果直译的话，应该是“心”的意思，因而书名也叫《心》。用“心”，也就是用“真诚的心和平等的概念”来对待你身边的每一个人。

学习设计

学习目标

1. 关联、猜测和比较中认识成长小说。
2. 捕捉关键事件，绘制成长故事情节图，发现“苦难”是成长的必修课。
3. 绘制人物关系图谱，体会形形色色的人物对成长的影响。
4. 还原画面，欣赏小说中的风土人情画卷。

课时

4 课时。

学习活动

学习活动一 认识成长小说

（一）关联中发现小说的虚构与真实。

1. 联系四年级学过的课文《小英雄雨来》，相互说说小英雄雨来的故事。
2. 出示小说《小英雄雨来》的封面和目录，提示：关于小英雄雨来的故事还有很多。
3. 出示作者管桦的人生经历，说说作者是如何写“雨来”这个人物和故事的。

管桦人生经历：儿时的管桦常和同龄孩子一起站岗放哨，在树上瞭望敌情，在水泽旁巡防，为八路军带路、打掩护、送鸡毛信。成年后的管桦成为一名随军记者，亲眼目睹了一个十三四岁的孩子为八路军引路而牺牲。

要点：“雨来”这个小英雄形象，是融合作者个人经历、成长中的见闻和思想感情而创作出来的。小说虽然是虚构的，却能从中找到作者儿时生活的影子。

（二）猜测中认识自传体小说。

1. 出示《童年》的封面、高尔基的肖像和小说第一章的第一部分，猜一猜《童年》这本小说可能会写哪些内容。
2. 出示小说的创作背景，验证猜测。

小说创作背景：早在 19 世纪 90 年代，高尔基就有撰写传记体作品的念头。在 1908 年至 1910 年间，列宁到高尔基所在的意大利卡普里岛公寓所做客，高尔基不止一次地向他讲起自己的童年和少年的生活。有一次，列宁对高尔基说：“您应当把一切都写出来，老朋友，一定要写出来！这一切都是富有极好的教育意义的，极好的！”高尔基说：“将来有一天，我会写出来……”不久，他实现了这个诺言。

提示：自传体小说是在作者亲身经历的真人真事的基础上，运用小说的艺术写法和表达技巧，经过虚构、想象、加工而成的。“高尔基”就是小说中“阿廖沙”的原型。

3.《童年》是高尔基自传体小说三部曲中的第一部。出示小说《童年》最后两段：“去，去，走吧，到人间去吧……”“就这样，我走向了人间。”出示小说《在人间》最后一句话：“这年秋天，我怀着也许可以设法上学读书的希望，出发到喀山去了。”关注句子中的“关键词”和“事件”，猜测后两部自传体小说的书名。

4. 验证中了解高尔基自传体小说三部曲《童年》《在人间》《我的大学》。

5. 出示高尔基自传体小说三部曲的介绍，绘制主人公阿廖沙的生活经历时间轴。

3岁—11岁	11岁—16岁	16岁以后
童年	在人间	我的大学

6. 根据主人公的生活经历时间轴和高尔基自传体小说三部曲的介绍，发现小说写的是阿廖沙成长的故事。

（三）比较中认识日记体小说。

出示《爱的教育》的封面、亚米契斯的资料和小说目录，说说这本小说与《童年》的“自传体”有什么不同。

提示：“日记体”小说是用日记的形式作为小说的基本结构。《爱的教育》用日记体的形式，讲述了一个四年级小男孩安利柯的成长故事，因此书名又叫《一个意大利四年级小学生的日记》。

（四）比较中认识成长小说。

1. 比较《小英雄雨来》《童年》《爱的教育》三本小说的共同点。

提示：从小说主人公的年龄和经历等方面比较三本小说的相同点。

2. 出示《快乐读书吧》的引言部分，认识成长小说。

示例：成长小说讲述的是主人公自幼年或少年至成年，自天真无知至成熟世故的历练过程。

3. 小说中的主人公与我们年龄相仿，把自己当作小说中的主人公，一起去经历他们的成长过程，在阅读过程中，我们能够找到自己和生活的影子。

4. 根据班级情况，制订小说阅读时间表。

学习活动二 追踪成长经历

（一）绘制“雨来”成长故事结构图。

1. 联系阅读经验，根据雨来“面对的危险”和“智慧的办法”绘制情节结构图，形成情节曲线图。

情节结构图示例：

危险 1	危险 2	危险 3	……
办法 1	办法 2	办法 3	……

情节曲线图示例：

2. 根据情节图，提取关键事件，探讨这些关键事件对雨来成长的影响。

（二）编制“阿廖沙”童年生活大事记。

1. 尝试编写章节目录。

（1）阅读中，试着抓住主要事件概括其中一个章节的主要内容。

（2）借助阅读章回体小说的经验，根据每一章节出现的主要人物和主要事件，试着给每一个章节拟一个标题。

（3）借助标题，将各章节的内容连起来，做一个《童年》故事梗概介绍。

2. 编制童年生活大事记。

（1）交流和梳理阿廖沙成长过程中的关键事件和高频词事件。

示例：

① 挨打：多次被外祖父打，几乎在每个章节都有。

② 争吵：家庭成员之间相互争吵，尤其是为了利益分家的争吵。

③ 死亡：父亲的去世，母亲的离世，小茨冈的惨死等。

④ 搬家：不断地搬家。

……

（2）根据时间顺序选择关键事件，编制阿廖沙童年生活大事记。

3. 体会苦难与成长。

（1）思考：这些关键事件的共同点是什么？

要点：这些关键事件都有一个共同的特点——“苦难”。

（2）探讨这些关键事件对阿廖沙的影响。

要点：“苦难”是成长的必修课。阿廖沙经历着生活的苦难，苦难磨炼了他，他始终保持着对生活的信心和勇气。

（3）谈谈自己成长中的关键事件。

提示：回忆自己成长过程中的“笑与泪”，选择一件促进自己成长的关键事件，关联小说主人公成长过程中的关键事件，说一说体会。

（三）梳理“安利柯”的成长经历。

1. 根据目录和相关阅读经验，将安利柯成长的故事制作成情节结构图。

提示：安利柯成长经历中的故事可以用时间轴串联，也可以根据“快乐”与“悲伤”的阅读感受进行分类。

2. 探讨：小说是虚构的，作者为什么要虚构一个如《女老师之死》的悲剧故事？为什么不设计一个完美的结局？

提示：结合阅读《“诺曼底号”遇难记》感受到的悲剧的力量，明白每个人从出生起就在酸甜苦辣的生活中成长，欢笑和泪水伴随着成长的全过程。

学习活动三 绘制人物图谱

（一）绘制《小英雄雨来》人物形象图。

1. 阅读《小英雄雨来》，结合小说中人物的肖像描写和对人物形象的理解，选择其中的一两个人物绘制画像。

2. 出示连环画《小英雄雨来》中的人物画像，让学生进行人物形象辨认，并与自己绘制的画像进行比较。

3. 出示多个版本的连环画中的雨来人物画像，说一说：哪个更符合你心中的雨来形象？

（二）绘制《童年》人物关系图谱。

1. 交流人物形象。

提示：结合学习《桥》《穷人》等小说的经验，关注小说《童年》中人物的行动（言行）描写，体会人物形象。

示例：

外祖父的行动：经常毒打外祖母和孩子们，狠心地剥削手下的工人，暗放高利贷，怂恿帮工偷东西……

外祖父性格：吝啬、贪婪、专横、残暴……

2. 绘制人物画像。

(1) 结合小说中人物的肖像描写和对人物形象的理解，选择其中的一两个人物绘制画像。

(2) 出示连环画《童年》中的人物画像，让学生进行辨认，并和自己绘制的画像进行比较。

3. 梳理人物关系，形成图谱。

(1) 按照人物出场的顺序排列。

示例：父亲——母亲——外祖母——外祖父——……

(2) 按照与主人公阿廖沙之间的关系排列。

提示：从家人、朋友、导师等角度进行梳理和排列。

(3) 按照"两个上帝"的理解排列。

① 发现作者在第七章以"两个上帝"为主题，用大量笔墨描写了外祖父与外祖母。探讨对"两个上帝"的理解。

② 以"两个上帝"的关系形成人物关系图。

仁慈的上帝：外祖母、小茨冈、"好事儿"……

罪恶的上帝：外祖父、舅舅、继父……

③ 结合本课中关于人物形象的内容，交流这些人对阿廖沙成长产生的影响。

要点：第一个上帝是仁爱的，具体凝聚在阿廖沙的外祖母，包括他的母亲身上，这些人给他以温暖，使他走向善良。第二类人物，包括外祖父、舅舅、继父等在内，是另一个上帝，他们是有罪的，甚至是罪恶的，这些人让阿廖沙经历痛苦与磨难，认识社会。

(三) 绘制《爱的教育》人物关系图谱。

1. 尝试给小说《爱的教育》中的人物画像并配以文字介绍。

2. 梳理人物关系，形成图谱。

提示：按照人物出场的顺序排列；按照与主人公安利柯的关系排列；按照人物的特点排列等。

3. 交流小说中其他人物对安利柯成长的影响。

提示：从父母、老师和同学等多个角度进行交流。

4. 结合自己的成长经历，谈谈生活中有哪些人对自己的成长产生了重大的影响。

学习活动四 欣赏风土人情

(一) 欣赏"还乡河"的风景。

1. 找出《小英雄雨来》中关于"还乡河"景色的描写，并根据描述为小说绘制风景插图。

2. 探讨小说中“还乡河”景色的表达作用。

出示：

晋察冀边区的北部有一条还乡河，河里长着很多芦苇。河边有个小村庄。芦花开的时候，远远望去，黄绿的芦苇上好像盖了一层厚厚的白雪。风一吹，鹅毛般的苇絮就飘飘悠悠地飞起来，把这几十家小房屋都罩在柔软的芦花里。因此，这村就叫芦花村。十二岁的雨来就是这村的。

太阳已经落下去。蓝蓝的天上飘着的浮云像一块一块红绸子，映在还乡河上，像开了一大朵一大朵鸡冠花。苇塘的芦花被风吹起来，在上面飘飘悠悠地飞着。

还乡河静静的，河水打着旋涡哗哗地向下流去，虫子在草窝里叫着。

探讨：结合学习《桥》《穷人》等小说的经验，思考：这些景物描写可不可以去掉？与故事的发展有什么关系？

明确：第一处环境描写介绍雨来的家乡及生活的环境，勾勒出芦花村的美丽景色，为故事情节的发展作了铺垫。第二处，还乡河用红色做背景，意在营造悲壮的感觉。第三处，河水静静地等待着雨来，虫子在呼喊着雨来，人们是多么盼望雨来突然出现在大家面前。

3. 选择小说中的一处景色进行欣赏，体会景物描写的作用。

4. 补写雨来脱险后还乡河的景色。

提示：根据小说中的描述，选取还乡河的景物，如天空、芦苇、河水、小虫等，表现雨来脱险后的快乐心情。

（二）认识阿廖沙眼中的“家”。

1. 绘制搬家地图。

提示：找出阿廖沙搬家的地点，绘制搬家经历。

示例：昏暗狭小的屋子里——外祖父家里（染坊）——波列沃伊大街一幢漂亮的大宅子——缆索街一处漂亮可爱的新宅——冰冷的地下室——继父家里——库娜维诺的砂石街一幢两层楼房里租的小房间。

2. 描述阿廖沙眼中的“家”。

提示：找出小说中对每一次“家”的描写片段，用自己的话描述阿廖沙眼中的“家”。

示例：一座低低的平房大院矗立在前面。粉红色的油漆已经非常肮脏了，房檐很低，窗户是凸出来的。单看外观，你会觉得里面地方很大，可里面分成了许多间小房间，非常拥挤。院子里挂满了湿漉漉的布，地上到处都放着水桶，里面的水五颜六色，也泡着布。墙角的一个矮得贴了地的房子里，炉火烧得正旺，什么东西煮开了锅，咕嘟嘟地响。

示例：这条街道一直通向田野，虽然没铺石子，遍地是草，但是既干净又安静，街道两侧分布着一幢幢五颜六色的房子。

……

3. 探讨搬家的原因。

提示：结合具体事件发现阿廖沙眼中的“家”与他的遭遇和心中的情绪有着密切的关系。

要点：面对一次次的搬家，面对家庭的不断变故，阿廖沙对“家”的认识不仅仅是在眼中看到的，更是在成长的过程中感受到的。

(三) 联系学生成长生活中的风景。

找找《爱的教育》中的关于生活场景的描写，说说哪些地方我们似曾相识。

提示：将这些场景描写与自己的生活相联系，用“爱”的眼睛去发现自己生活中风景的别样之美。

板书设计

快乐读书吧：笑与泪，经历与成长

关键事件——人物大事记

人物形象——人物关系图

环境描写——人物生活场

“苦难”是成长的必修课

精彩片段

师：《童年》讲述了主人公阿廖沙童年的成长故事，在他的成长过程中，反复出现了哪些事呢？我们一起来交流一下。

生：阿廖沙经常挨打，尤其是被外祖父打，我几乎在每一个章节中都能找到。

师：你能举个例子吗？

生：阿廖沙出于好奇，又受表哥萨沙怂恿，把一块白桌布投进染缸里染成了蓝色，结果被外祖父打得失去了知觉，并害了一场大病。

师：这是阿廖沙第一次挨打，其他同学也来说一说关于阿廖沙挨打的事。

生：阿廖沙为了替外祖母出气，将外祖父视为珍宝的圣徒画像剪了，外祖父抓住阿廖沙的脚，将他抛了出去。

师：这是阿廖沙第二次挨打。

生：“好事儿”被赶走之后，阿廖沙满腔怒火，一气之下把汤勺折断了，结果又挨了外祖父一顿打。

生：阿廖沙受表哥的怂恿，朝贝特林格家的院子里那位穿绿色皮礼服的老爷头上吐唾沫，被外祖父狠揍了一顿。

生：表哥萨沙不愿上学，害得阿廖沙与他一同被外祖父揍了一顿。

……

师：是呀，“挨打”是阿廖沙童年生活中反复经历的事。还有哪些反复出现的事呢？

生：阿廖沙在外祖父家经常看到他的两个舅舅为了争夺财产整日争吵和打架。

生：文中阿廖沙身边的亲人和朋友一个个离他而去，故事一开始，阿廖沙的父亲就去世了，他的好朋友小茨冈被十字架砸死了，母亲最后也去世了。

生：故事中阿廖沙在不断地搬家。他父亲离世，他就搬到了外祖父家。他母亲改嫁，他又搬到了继父家。最后他的母亲去世，他再次搬到了外祖父家。

……

师：这些事都是阿廖沙成长过程中的关键事件。（板书：关键事件）对于阿廖沙而言，这些关键事件都有一个共同点，是什么？

生：这些都是阿廖沙悲伤的经历。

生：在阿廖沙的生活中充满了泪水。

生：对于阿廖沙，这些事情都是痛苦的。

生：这些是阿廖沙的磨难。

……

师：是的，这些阿廖沙成长中的关键事件，有一个共同的特点——“苦难”。

（板书：苦难）

师：讨论一下，这些“苦难”与阿廖沙的成长有什么关系？

（生讨论）

师：我们交流一下。

生：这些苦难让阿廖沙经历了别人经历不了的痛苦，这对阿廖沙来说，是成长中的财富。

生：阿廖沙在苦难中成长，这些苦难是阿廖沙成长过程中的磨砺。

生：宝剑锋从磨砺出，不经历风雨，怎能见彩虹？我觉得正是有了这些苦难，阿廖沙才能更好地成长起来。

生：困难能让人更快成长，变得成熟。

……

师：阿廖沙的童年充满了苦难，苦难磨炼了阿廖沙，他始终保持着对生活的信心和勇气。

师：我们的童年更多的是快乐和幸福，但这并不意味我们成长的道路上不会出现“苦

难”，记住：“苦难”是成长的必修课。（板书：“苦难”是成长的必修课）

（蔡海峰老师执教）

点评： 梳理阿廖沙童年生活中反复出现的事件，点示“关键事件”，再发现关键事件的共同点：苦难，最后在探讨中领悟苦难与成长的关系，受到感染与启发。这是一个引导学生选点深入，直达本书核心命题的教学板块，从感性的事件入手，以比较理性的探讨结束，扎实而深入。

三、单元整体学习方案

1. 整体思路

围绕本单元的核心学习任务“读小说，关注情节、环境，感受人物形象”，每个学习板块发挥各自不同的功能，循序渐进，让学生经历“举一反三，感受体验；举三反一，迁移创造”的学习进阶过程，最终习得读写方法。

<table>
<tr><th>学习情境</th><th>语文主题</th><th>学习任务</th><th>课时</th><th>学习内容</th></tr>
<tr><td rowspan="8">小说的魅力</td><td rowspan="8">情节、环境与人物</td><td rowspan="4">感受与体验</td><td>2</td><td>《桥》</td></tr>
<tr><td>2—3</td><td>《穷人》</td></tr>
<tr><td rowspan="2">1—2</td><td>《金色的鱼钩》</td></tr>
<tr><td>《语文园地》中“词句段运用”</td></tr>
<tr><td rowspan="4">迁移与创造</td><td>1</td><td>《口语交际：请你支持我》</td></tr>
<tr><td>2</td><td>《习作：笔尖流出的故事》</td></tr>
<tr><td>1</td><td>《语文园地》</td></tr>
<tr><td>4</td><td>《快乐读书吧：笑与泪，经历与成长》</td></tr>
</table>

2. 设计方案

如何让学生在他们喜欢的情境活动中自然完成语文要素的学习，生动活泼地学习“小说故事”的读与写？这就需要将单元语文要素暨“交流平台”中的三个阅读策略（“留意人物的语言、动作、心理活动，深入理解人物形象”“通过小说情节感受人物形象”“关注环境描写，有利于深入地理解人物形象”），转化为有情有趣又富有思维挑战性的学习任务，即用思维图示来帮助学生体会小说三要素之间的整体关联与作用，使语言与思维能力得到同步发展。

小说，就像一幅由人物网、情节线、环境面、细节点组成的立体画卷。如果运用思维图示将这些要素直观呈现，帮助学生形成多角度的可视化思维，建构小说阅读的特殊性思维结构，将更利于他们掌握小说阅读的基本方法。

（1）建人物图谱，厘清人物关系

厘清人物关系，是小说阅读的基础。如《桥》一文中的“老汉”，身兼双重身份：党支部书记、父亲；文中的“小伙子”，也有两个身份：党员、儿子。不同的身份，有不同的表现。作为党支部书记，老汉“护”群众，“揪出”身为党员的儿子，把生的希望留给群众；作为父亲，老汉“推”儿子，把死的危险留给自己。通过图示，厘清人物关系，更能感受这位“老支书”的光辉形象，他用一个共产党员的信念和一个父亲的爱筑起了一座生命的桥梁。

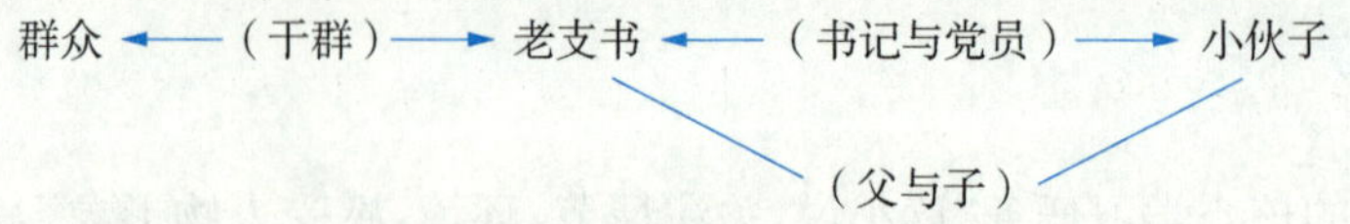

(《桥》人物关系图)

小说《童年》中的人物众多，个性鲜明，以“阿廖沙”为圆心，构成了复杂的人物关系。指导学生建立一张“人物图谱”或“人物卡片”，在阅读的过程中不断更新记录，有利于深度感受人物形象。

(2) 梳理情节线，感受结尾艺术

王鼎钧先生说：“读者反应的强弱 = 文章的起落。”情节有“起落”的小说才有阅读的魅力，而发现“起落”则是阅读小说的必要任务。整体感知小说的主要情节，梳理情节图，是感受人物形象的基础。而在情节图上，发现与提炼关键节点，如转折点、矛盾处、悬疑点、结尾处，则是欣赏小说艺术的最美好的体验。

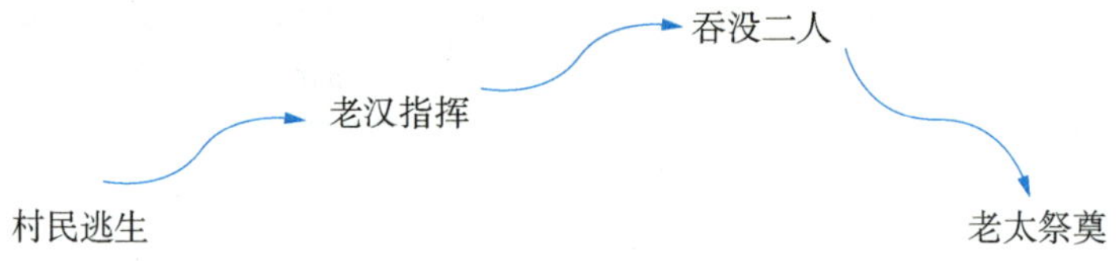

(《桥》情节图)

(3) 描画心电图，体察人物心理

通过人物的动作、语言、心理描写，感受或刻画人物形象，是本单元读写的核心任务。《穷人》一文，对桑娜复杂内心的细致描写，是读写的典范，可以指导学生批注、绘制心电图，并朗读体验人物内心世界；在模仿练笔或创编故事时，也可以通过绘制“跌宕起伏”的心电图，构思“一波三折”的情节图，凸显人物形象。

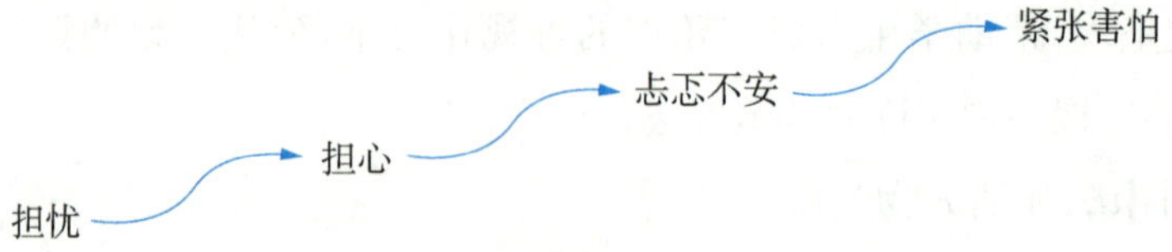

(《穷人》桑娜的心路历程)

(4) 勾勒环境图,领悟环境作用

环境的渲染、铺垫、推进与烘托,使人物形象更加鲜活,更加立体。《桥》一文中描写"雨""洪水""桥"的句子,《穷人》一文中描写"海上风暴""生活困境"与"温暖而舒适的渔家小屋"的句子,《金色的鱼钩》描写"红军过草地的艰苦环境"的句子,构成了小说的"底色背景",学生通过朗读、想象,还原人物所处的环境,入情入境,更能深刻领悟环境描写对人物形象的烘托作用。

(5) 创作组合图,创编生活故事

学生要完成习作"创编生活故事",其难点是在环境、人物、情节之间"建立关联"。而借助表格图示厘清"环境、人物、情节"与故事主题的关系,可以更好地帮助学生建立关联,确立中心,开阔思路,展开想象。

环境	人物关系	主题色彩	情节(冲突、发展、结尾)
春日校园	师生三人,各有特点 淘气包 雷厉风行的班长 充满活力的年轻班主任	化解矛盾 团结一心	
冬日黄昏街头	爱心少年 志愿者	爱心帮助	
月光下的村庄	铁蛋 远道而来的表哥	关心友爱	

四、单元评价与积累

倾听与说话

(一) 听故事，完成相关练习。听三遍。

1. 判断，对的打“√”，错的打“×”。

(1) 扁鼻子军官阻止小鬼子举刀劈雨来的原因是他喜欢孩子。(　　)

(2) 雨来心中一直铭记：“我们是中国人，我们爱自己的祖国。”(　　)

(3) 天空中的浮云、苇塘的芦花，都在为雨来的牺牲而感到痛惜。(　　)

2. 根据听到的内容填空。

日本军官，先是用________和________来引诱雨来，接着又说“________________________”，试图骗他说出交通员李大叔的下落，然后开始动手毒打雨来……但是雨来________________，真是一个名副其实的________________！

【附听力材料】

小英雄雨来(节选)

扁鼻子军官把书扔在地上，伸手往皮包里掏。雨来心里想：“掏什么呢？找刀子？鬼子生了气要挖小孩眼睛的！”只见他掏出来的却是一把雪白的糖块。

扁鼻子军官把糖往雨来手里一塞，说：“吃！你吃！你得说出来，他在什么地方？”他又伸出那个戴金戒指的手指，说：“这个，金的，也给你！”

雨来没有接他的糖，也没有回答他。

旁边一个鬼子嗖地抽出刀来，瞪着眼睛要向雨来头上劈。扁鼻子军官摇摇头。两个人唧唧咕咕说了一阵。那鬼子向雨来横着脖子翻白眼，使劲把刀放回鞘里。

扁鼻子军官压住肚里的火气，用手轻轻地拍着雨来的肩膀，说：“我最喜欢小孩。那个人，你看见没有？说呀！”

雨来摇摇头，说：“我在屋里，什么也没看见。”

扁鼻子军官的眼光立刻变得凶恶可怕，他向前弓着身子，伸出两只大手。啊！那双手就像鹰的爪子，扭着雨来的两只耳朵，向两边拉。雨来疼得直咧嘴。鬼子又抽出一只手来，在雨来的脸上打了两巴掌，又把他脸上的肉揪起一块，咬着牙拧。雨来的脸立时变成白一块，青一块，紫一块。鬼子又向他胸脯上打了一拳。雨来打个趔趄，后退几步，后脑勺正碰在柜板上，但立刻又被抓过来，肚子撞在炕沿上。

雨来半天才喘过气来，脑袋里像有一窝蜂，嗡嗡地叫。他两眼直冒金花，鼻子流着血。一滴一滴的血滴下来，溅在课本那几行字上：

“我们是中国人，我们爱自己的祖国。”

鬼子打得累了，雨来还是咬着牙，说：“没看见！”

扁鼻子军官气得暴跳起来，嗷嗷地叫：“枪毙，枪毙！拉出去，拉出去！”

太阳已经落下去。蓝蓝的天上飘着的浮云像一块一块红绸子，映在还乡河上，像开了一大朵一大朵鸡冠花。苇塘的芦花被风吹起来，在上面飘飘悠悠地飞着。

(二) 选择一个任务，试着说服别人支持你。

1. 说服小组成员，轮流照顾一只流浪猫。

2. 说服家长委员会成员，组织一次假日班级出游活动。

梳理与积累

(一) 按要求完成填空。

《回乡偶书》中的“乡音无改______”是作者在感叹“年岁已老”，又借“________________，______________”发出了“物是人非”的感叹。

这首诗的作者是________朝的________，他写的七言绝句《咏柳》也名垂千古：“________________，______________。不知细叶谁裁出，________________。”这首诗描绘了春天的________________，表达了诗人对春天的________________。

(二) 学习课文中的心理描写，试着写一写。

“忐忑不安”或“犹豫不决”，请你选择其中一个词，想象故事场景，具体描写人物此时复杂的心理活动。

阅读与运用

(一) 阅读《鲨鱼》，完成练习。

鲨鱼

我们的军舰停泊在非洲的海岸边。白天很凉快，海上拂着凉风，但是傍晚的时候，从撒哈拉沙漠吹来了干燥的热空气，天气突然变了，变得闷热起来。

太阳落山之前，舰长走到甲板上，大声喊道：“游泳吧！”于是水兵们马上跳进水里去，放下救生圈，把它拴好，便在救生圈里练习游泳。

军舰上还有两个男孩跟我们在一起。这两个孩子是最先跳入水里去的，他们觉得救生圈里人多拥挤，想在大海里比谁游得快。

两个孩子活像两条蜥蜴在水里伸开四肢，拼命朝锚上边有个小桶的地方游去。

一个孩子起先追过了他的伙伴，但是后来落后了。这孩子的父亲是个老炮手，他站在甲板上很高兴地看着自己心爱的儿子。当他看见儿子开始落后的时候，就嚷着鼓励他的儿子："别泄气！加把劲呀！"‖

甲板上突然有人大叫一声："鲨鱼！"我们在水里马上看到了这海上魔王的脊梁。

鲨鱼朝孩子们这边游过来。

"回头游呀！回头游呀！游回来呀！有鲨鱼呐！"炮手扯开嗓子喊叫。但是孩子们没听见，仍继续向前游。他们笑着，嚷着，比起先还要快乐，还要喧闹。‖

炮手吓得脸色发白，一动也不动地瞧着两个孩子。

水兵们放下小艇，跳了进去，划着桨，拼命朝孩子那边飞也似的划去。这时候，鲨鱼离孩子至多不过20步远，可是他们离孩子还远着呢。

起先，孩子们没听到有人喊自己，也没看到鲨鱼，但是后来，有一个回头看了看，马上就听到一声尖叫，孩子们已经朝不同的方向游开了。

也许是尖叫声提醒了炮手吧。他忽然离开甲板，奔到大炮面前。他把炮口向下弯，瞄准好了，马上安上引火线。

军舰上的人，个个都吓呆了，大家都担心着出事故。‖

炮一响，我们就见到炮手倒在炮旁边，双手捂着脸。至于鲨鱼和孩子们的情形怎么样，我们没看见，因为我们的眼睛一时给硝烟遮住了。

当水上的硝烟散了的时候，从四面八方传来了低沉而含糊的声音，后来这声音愈来愈响。终于，年老的炮手放开了捂脸的手，站起身来，往海上望望。

死鲨鱼黄色的肚皮顺着浪潮漂荡着。一会儿，小艇划到两个孩子身边，把他们带到军舰上来。

1. 小说中的"老炮手"经历了一件惊心动魄的事。请根据分好的段落提炼小标题：鼓励儿子，加速游泳——(　　　　　　)——(　　　　　　)——(　　　　　　)。

2. 你认为老炮手是一个怎样的人？请联系具体情节说一说。

____

____

3. 小说的第1自然段属于什么描写？它在小说中有什么作用？

____

____

(二) 阅读《少年爱国者》,完成练习。

少年爱国者

一艘法兰西轮船,从西班牙的巴塞罗那开往意大利的热那亚。船上乘客有法兰西人、意大利人、西班牙人,还有瑞士人。其中有个十一岁的少年,衣衫褴褛。他避开人们,像野兽似的用白眼看着大家。他用这种眼神看人也不是没有原因的。原来在两年前他被在乡间种田的父母卖给了戏法班子。戏法班子里的人不给他吃饱,还打他骂他,一味虐待他,强迫他学会把戏,带他到法兰西、西班牙等地到处跑。戏法班子到达巴塞罗那的时候,他受不了饥饿与虐待,终于逃了出来,到意大利领事馆去寻求保护。领事可怜他,叫他乘上这只船,还给他一封到热那亚的出纳官那里的介绍书,送他回到残忍的父母那里去。少年遍体鳞伤,非常衰弱,因为住的是二等舱,人家都很奇怪地看着他。和他讲话,他也不回答,好像憎恶一切的人。他的心已变到这步田地了。

有三个乘客从各方面探问他,他才开了口。他用夹杂法兰西语和西班牙语的意大利语,大略地讲了自己的经历。这三个乘客虽不是意大利人,却听懂了他的话,一半因为怜悯,一半因为吃酒以后的高兴,给了他少许的金钱。这时有大批妇人从舱里走出来,她们听了少年的话,也就故意要人看见似的拿出若干钱来掷在桌上,说:“这给了你,这也拿了去!”

少年低声答谢,把钱收入袋里,苦郁的脸上到这时才现出开心的笑容。他回到自己的床位上,拉拢了床幕,卧着静静地沉思:有了这些钱,可以在船上买点好吃的东西,饱一饱两年来饥饿的肚子;到了热那亚,可以买件上衣换上;拿了钱回家见父母,总比空手回去要好,多少可以得着像人的待遇。对他来说,这金钱竟是一注财产。他在床位上正沉思得高兴,这时那三个旅客围着二等舱的餐桌在那里谈论着,他们一边饮酒,一边谈着旅行中所经过的地方。谈到意大利的时候,一个说意大利的旅馆不好,一个攻击意大利的火车。酒渐渐喝多了,他们的谈论也就渐渐地更加露骨了。一个说,与其到意大利,不如到北极去好,意大利住着的都是拐子、土匪。后来又说意大利的官吏都是不识字的。

“愚笨的国民!”一个说。“下等的国民!”另一个说。还有一个正在说出“强盗”的时候,忽然银币、铜币像雹子一般落到他们的头上和肩上,同时在桌上、地板上滚着,发出可怕的声音来。三个旅客愤怒了,举头看时,一把铜币又被飞掷到脸上来了。

“拿回去!”少年从床幕里探出头来怒叫……

(选自亚米契斯《爱的教育》)

1. 根据文章内容概括故事主要情节和主人公心理变化,完成填空。

一位贫苦的少年乘船准备回到意大利的父母身边,他对周围所有人都充满了________。乘客们______________________,少年_________________。但是当乘客________________________,少年_______________________________。

2. 读读文中画波浪线的两个句子，分别写出两个“掷”字所表达的不同意思及情感。

第 2 自然段中的“掷”______________________________；

第 4 自然段中的“掷”______________________________。

3. 文章第 3 自然段中画线的句子是________描写，它的作用是________________

____。

4. 思考辨析：少年那么贫穷，那么需要钱，却还是将钱掷还给了那三个乘客。你赞同这种做法吗？为什么？

____

____

第五单元

一、任务与目标

1. 单元整体思路

本单元是一个习作单元，由“精读课文”“交流平台”“初试身手”“习作例文”“习作”五个部分组成。两篇课文以及习作例文和习作要求都是紧紧扣住“如何围绕中心意思展开表达”这一核心学习任务来安排的，单元内容安排圆融统整。

课文《夏天里的成长》为了表现夏天是万物迅速生长的季节，选择了各种各样的事物作为例子，让我们深深地感受到夏日的生机与活力。课文《盼》紧扣“盼”字，具体写了“我”放学路上惊喜地发现下雨了，兴冲冲跑回家，想借买酱油的机会穿上新雨衣，却未能如愿等等，通过这些生动的描写，让读者对“盼”的心情感同身受。“交流平台”以课文为例，就怎样围绕中心选材和如何把重点部分写详细具体作了集中表述指导。“初试身手”则是紧接“交流平台”给学生提供的实践操作。“习作例文”提供了两篇供学生习作参考的范例。

无论哪一个板块都指向本单元的核心要素，教学时要牢牢把握“如何围绕中心意思来写”，包括如何围绕中心意思选材，如何围绕中心意思表达两个方面，也就是“以立意为宗，不以能文为本”。阅读教学和习作教学在本单元的每一个环节始终相伴相随，融为一体。

2. 核心任务

本单元的核心学习任务就是萧统的“以立意为宗，不以能文为本”，也就是《红楼梦》中林黛玉教香菱学诗时所说的“写诗立意为上，不能以词害意”。该任务从两个方面落实：“体会文章是怎样围绕中心意思来写的”，这是阅读任务；“从不同方面或选取不同事例，表达中心意思”，这是写作任务。

3. 学习目标

字词句： 会写“棚、苔”等字，会写“活生生、苔藓”等词语；能够抓住关键词语体会语句描写的生动性。

阅读： 能说出课文是通过哪些方面或事例来表达中心意思的；懂得围绕中心意思表达时，要把重要部分写具体；能结合课文学习，归纳围绕中心意思写作的方法；能借助习作例文，进一步体会怎样围绕中心意思写作。

书面表达： 能围绕题目“戏迷爷爷”，选择恰当的材料；选择不同的事例或从不同方面来表达中心意思，撰写写作提纲；选择一个感受最深的汉字，确立要表达的中心意思，并围绕中心意思展开来写；与同伴交换习作，针对是否写清中心意思相互评价，修改习作。

内容理解： 通过阅读等语言实践活动，感受生长的欢乐和成长过程中的坚持与执着追求。

二、课文解读与学习设计

16 夏天里的成长

课文解读

题解

“夏天里的成长”是一个偏正短语，点明了课文描写的主体是“成长”而不是“夏天”。“成长”是一个几乎贯穿全部生命的延续性动作，既是“成长”的一个阶段，又是“成长”的一种状态。“夏天里”这个修饰语不只是一个限定，更具有丰富的象征意义，象征着热切、蓬勃、旺盛、爆发……

结构分析

这是一篇“总分”结构的散文。课文以第 1 自然段的中心句统领全篇，从有生命的事物写到无生命的事物，再写人的成长，万事万物尽在其中，说明“夏天是万物迅速生长的季节”这一中心。课文第 2—4 自然段分别从动植物的生长，山河大地、铁轨、柏油路等事物的“长”，以及孩子的成长三个方面进行了具体的描写。

词语含义

不热不长，不热不大： 这是一句俗语。讲了万物生长都需要在夏天，夏天是一个成长的季节。虽然夏天很热，但是所有的植物都会在这个季节努力地向上生长，如果这个季节再不生长的话，到秋天就没有好的收成。这句谚语告诉我们，年轻人在应该学习的季节里不能选择安逸，在应该奋斗的年纪里也不能享受安乐，人只有努力地向上生长，努力地学习，才能够为日后成功打下基础。

六月六，看谷秀： “六月六”是中国古代的传统节日，“六月六，看谷秀”就是在六月初六那天，观看庄稼抽穗开花，表达了农民对丰收的盼望。六月初六正是夏天很热的时候，也是万物生长的时候。

处暑不出头，割谷喂老牛： 这句谚语的意思是处暑的时候，谷子如果还不出穗，就没收成的希望了，就像无用的荒草一样，只能割掉喂牛吃了。所以，庄稼得在处暑的时候使劲生长，努力抽穗，错过了这个最好生长的时候，就没有收成了。人也是一样，不能错过最好生长的少年时光，在应该努力的少年时光要加倍努力，快快成长。

句意理解

一块白石头，几天不见，就长满了苔藓；一片黄泥土，几天不见，就变成了草坪菜畦。

两个“几天不见”突出了生命从无到有的奇妙过程，短短几天，由于干净净什么都没有的石头、泥土，变成“长满”苔藓的石头、成片的“草坪菜畦”，显出夏天的长是“跳跃的长”。

升级、跳班，快点儿，慢点儿，总是要长。

写人在夏天的成长状态，“升级、跳班，快点儿，慢点儿”是很不同的，但在作者看来，都是可以的，是符合夏天的规律的，因为“总是要长”，表明作者虽然赞扬夏天里那样热切、迅猛的成长，但并不是一味追求迅速的成长，而是不论资质如何，长得快些还是慢点，“总是要长”，都要蓬勃地、努力地成长，与文末“尽量地用力地长”相呼应，揭示出作者赞扬和期望的是夏天里那样积极热情成长的态度和进取的力量。

语段分析

第 4 自然段

这一段作为全文的结尾段起到了升华立意的重要作用。段落开头两句延续了上文的写作思路，用简洁而活泼的语言白描出人在夏天里的成长状态，完成了由有生命的景物到无生命的景物再到人的逻辑递进，把“成长”落到了人的身上。接下来作者引用了两句农谚，并用通俗易懂的话解释了这两句谚语。两句农谚既富有乡间生活气息，与前两段中描写的乡间景物相呼应，使原本比较散的文章成为一个整体，又用类比的手法引出作者真正想讲的道理：“人也是一样，要赶时候，赶热天，尽量地用力地长。”这一句收束全文，起到了画龙点睛的作用，把“夏天里的成长”由自然界的一种变化规律升华为人生的一种成长状态。至此，我们可以理解，“夏天”暗喻着人生中适合成长的阶段，而“夏天里的成长”指的是抓住时机、“尽量地用力地”成长。

散文要做到“形散而神不散”，结尾很关键。这个结尾段把描写和议论联系起来，过渡十分自然，既与前文有所照应，自身的段落结构也完整圆合，层次分明。揭示道理的总结句延续了前文的写作风格，平实易懂、言简义丰，真正做到了水到渠成。丰富的意蕴不去进行赘述，而是启发读者根据前文细品、揣摩，使全文意蕴悠长。

写作特色

立意与表达高度统一。《夏天里的成长》是一篇短而精的散文，作者梁容若先生凭借高超的写作技巧，把散文的乡土气息与流畅感以及散文诗式的一唱三叹与建筑感结合在一起，使整篇文章朴实、灵动而优美，达到了立意与表达的内外高度统一，深刻体现了“以立意为宗”。

语言优美，句式富有特色。文中有不少结构相同的句子，如：“你在棚架上看瓜藤，一天可以长出几寸；你到竹子林、高粱地里听声音，在叭叭的声响里，一夜可以多出半节。”又如：“一块白石头，几天不见，就长满了苔藓；一片黄泥土，几天不见，就变成了草坪菜畦。”再如：“草长，树木长，山是一天一天地变丰满。稻秧长，甘蔗长，地是一天一天地高起来。水长，瀑布长，河也是一天一天地变宽变深。”从不同方面说明同一个意思，画面鲜明，节奏感强。作者还善用俗语和谚语，如“不热不长，不热不大”“六月六，看谷秀”“处暑不出头，割谷喂老牛”，生动形象地表达了要赶时候尽量长的意思。

拓展学习资源

1. 农谚：有关农业生产的谚语，是农民在长期生产实践里总结出来的经验。农谚流传相当久远，不少古书上已有记载。农谚讲的是农业生产。广义的农业生产包括农、林、牧、副、渔五业，“农”之中包括农作物、果蔬、蚕桑等，这些内容在农谚中都有体现。例如，在封建社会时期，还没有温度计、湿度计等仪器，农民就拿多年生树木的生长状态作为预告农事季节的依据，因为多年生树木的生长在一定程度上反映了一定的客观气候条件，于是产生了“要知五谷，先看五木”的农谚。在指导播种期方面，有许多反映物候学的谚语，如“梨花白，种大豆”“樟树落叶桃花红，白豆种子好出瓮”以及“青蛙叫，落谷子”等。更多的是根据二十四节气指出各种作物的适宜播种时期，如“白露早，寒露迟，秋分种麦正当时”“秋分早，霜降迟，寒露种麦正当时”“人误地一时，地误人一季”“白露白，正好种荞麦”等。农民有了这些农谚就能适时播种。另外，“立冬蚕豆小雪麦，一生一世赶勿着”“十月种油，不够老婆搽头”等谚语，是失败教训的总结，提醒人们要抓紧季节，不误农时。

2. 推荐作品。

推荐书目	《容若散文集》 （作者：梁容若；出版社：开明书店出版社）

学习设计

学习目标

1. 会写“棚、苔”等字，会写“活生生、苔藓”等词语。
2. 默读课文，能找出文章的中心句，并能说出课文从哪些方面写了“夏天里的成长”。
3. 通过诵读表演等活动感受本课语言表达的特点，从而体会“夏天万物生长”的速度与力量。

4. 能用“总分”的结构仿写作文。

课时

2 课时。

学习活动

学习活动一 朗读课文，读准读顺

1. 出示学习任务：

请同学们朗读课文《夏天里的成长》。

要求：读准并识记课文中的生字，在句子中理解生字词的意思；在学习小组里分自然段检查朗读和生字词的理解。

2. 指名分自然段朗读，提醒重点字词的读音和字形。

3. 抽查课文生字词的书写。

4. 学习课文中的三句谚语。

学习活动二 默读课文，理清脉络

1. 出示学习任务：

请同学们默读课文，想一想：课文是围绕哪一句话来写的？作者选择了哪些代表性的事物和人物来表现这个中心句的呢？

提示：读读画画，并在学习小组里交流分享。

2. 教师在各组巡视，聆听学生的分享。

3. 指名大组交流，学生板书课文中出现的各种代表性的事物和人物。

4. 提问：我们能不能把这些事物按照作者写作的先后顺序排列一下？

学生代表按照作者写作的先后顺序整理排列板书。

学习活动三 诵读表演，赏析语言

1. 出示学习任务：

请同学们诵读课文第2—4自然段，你从中读出了夏天万物生长的什么特点？

提示：先自己认真诵读，找一找，你从哪些地方读出了夏天万物生长的特点，圈圈画画，也可以适当批注，然后在学习小组里交流分享。

2. 教师各组巡视，聆听学生交流分享。

3. 师生交流。

逐一出示课文第2自然段、第3自然段、第4自然段，按照顺序逐段进行交流。

提示：师生着重讨论课文第2自然段，第3、4自然段学生自主学习，自主汇报。

4. 开展诵读表演活动。

(1) 请同学们再次诵读课文第2—4自然段，找出课文中最能表现夏天生长之迅速有力的句子。想一想：这些句子有什么特点？这样写有什么好处？

(2) 集中出示课文第2—4自然段，并根据学生的回答标红课文中非常有特点的句子，尤其是那些排列在一起的结构相同的句子。

(3) 同学们，我们来开展一个小小的诵读表演活动。请你通过自己富有特点的诵读，通过语速的快慢、语气的断连、语音的重低等变化来表现这些句子的特点，读出夏天生长的速度和力量。自己试一试，聆听自己的声音，感受一下，然后展示给大家。

(4) 师生共同分享各自诵读中技巧的处理，并说出自己所选诵读方式的理由，表达自己的理解。

要点：

第2自然段中表现生长速度和时间的数量词，要读得快些。

第3自然段中的前三句话既要读出速度，又要着重读出各种事物的名称，说明什么都在长，还要突出“丰满”“高起来”“变宽变深”这些既形象又动态的词语。

第4自然段中第二句要读出跳跃的感觉，凸显生长的速度，最后一句要着重读好“赶”“尽量”这些词语。

(5) 师生合作，通过“领诵＋齐诵”的方式，展示第2—4自然段课文的诵读表演。

学习活动四 回读课文，仿写练笔

1. 出示话题一：

请同学们把课文再读一遍，然后看看黑板上的板书，想一想：作者选择了这些代表性的事物和人物来表现文章的中心时，出场的顺序是经过精心设计的，为什么要按照这样的顺序来写？

2. 学生讨论交流。

3. 出示话题二：

这篇文章给我们带来怎样的启示？

读到现在，你觉得还有哪些句子值得或需要我们再来品味品味，比如："人也是一样，要赶时候，赶热天，尽量地用力地长。"你是怎样理解的？

4. 以"秋天里的________"为题，仿照课文的结构写一篇作文。

(1) 师生讨论写什么，把作文题目补充完整。

(2) 说说按照"总分"的结构，准备选择哪些事物或场景来写。

(3) 课堂上完成一个片段的写作。

板书设计

16 夏天里的成长

万物 迅速生长
- 生物 迅速地长
- 事物 什么都在长
- 人 用力成长

精彩片段

师：请同学们再细细地品读课文第 2—4 自然段，想一想：每个自然段中是怎样表现万物在夏天里生长的"迅速"的呢？尤其是课文的第 2 自然段。

师：同学们自己认真阅读，找一找，圈圈画画，也可以适当批注，然后在学习小组里交流分享。

（生自由阅读课文）

（小组合作学习，讨论交流）

师：好，刚才我们每一位同学都在学习小组里汇报过了自己的所得，现在请代表说给大家听。我们首先来分享第 2 自然段的阅读体会，你从哪些地方读出了"夏天是万物迅速生长的季节"？

生：我从第 1 句话中读出来了。"夏天的长是飞快的长，跳跃的长，活生生的看得见的长。"这里的"飞快""跳跃""活生生""看得见"，让我感觉到事物在夏天里的生长比任何时候都要迅速，而且迅速得多。植物的生长往往是很难明显看见的，但是从这句话里，我仿佛能看见这些事物"噌噌噌"地长的样子。

师：真好，分析得很准确，能不能把你的感觉，把这迅速生长的样子朗读出来？试试看！

（生读）

师：请接着分享。

生：我从这一自然段的第 2 句话读出了夏天植物生长的迅速。“你在棚架上看瓜藤，一天可以长出几寸；你到竹子林、高粱地里听声音，在叭叭的声响里，一夜可以多出半节。”这里的几个量词让我感觉到生长的迅速。

师：找得准，理解得透，我们一起来朗读这句话，注意特别突出这几个——

生：这几个量词。

（生读，师补充板书）

师：接着说。

生：我从第 3 句话中感受到生长的迅速。“昨天是苞蕾，今天是鲜花，明天就变成了小果实。”这里的“昨天……今天……明天……”让我感觉到从花蕾到开放成鲜花再到结果的迅速。

生：老师，我想朗读这句话。

师：你想怎么读？

生：突出“昨天、今天、明天”，而且用很快的语速来读。

师：好，有请！

（生读）

师：了不起的你们！谁接着说？

生：我从第 4 句话中读出了生长之迅速。“一块白石头，几天不见，就长满了苔藓；一片黄泥土，几天不见，就变成了草坪菜畦。”

师：这里是什么在长？

生：苔藓在长，小草和蔬菜在长，而且长得特别快，几天就能覆盖石头和黄泥地。“长满了苔藓”，“变成了草坪菜畦”，生长得多么迅速啊！

师：（竖起大拇指）厉害！请接着说。

生：我从这一段的最后一句也读出来了。“邻家的小猫小狗小鸡小鸭，个把月不过来，再见面，它已经有了妈妈的一半大。”个把月也就是 30 天吧，竟然从刚刚出生的小宝宝长到它们妈妈的一半大了，长得多快呀！

师：有道理，你刚才说打足了算，个把月也就是 30 天，那这里为什么不用 30 天，而用个把月呢？

生：“个把月”更显得时间短暂。

师：说得好！

师：同学们，现在我们一起来读这一自然段，把你们的理解读出来，把“夏天是万物迅速生长的季节”读出来。

（生读）

师：现在，大家有没有发现，这一自然段也有这一自然段的中心句，是哪一句？

生：第1句。

师：我再考考大家，你们再读这一自然段的第2、3、4、5句，有没有发现作者围绕中心句展开写作时，有什么独到和精彩之处？

生：每一句都是为了写生物生长迅速，有时候把结构相同的句式排列在一起，但是每一句的表达又都不一样。

师：我很激动，你们真是慧眼如炬啊！这样不一样的句式，不一样的表达为何精彩？

生：表达同一个中心意思，如果每一句话的表达都差不多就会显得雷同、呆板。这样写显得很生动，读起来感觉也好！

师：是啊，读起来的感觉就是你们刚才朗读给我的感觉，灵动活泼，变化的句式跳跃有生气。

（董一红老师执教）

点评：这个片段呈现的是课堂教学中最精彩的部分，让我们看到了学生“理解——朗读——理解”的过程，这个过程是可视的，学生的精彩表现得益于这里“诵读活动”的设计。这个片段要和“学习活动三”结合起来看。

17 盼

课文解读

题解

“盼”是一种情感的状态，以这个简单的字眼为题，点明了文章的线索是情感线索，即作者的心理变化。而盼的是什么？是激动地盼，忐忑地盼，还是坚定地盼？最后有没有盼到？……这些题目都没有告诉我们，更让读者产生了无限遐想。

结构分析

这篇课文以“新雨衣”为线索，以孩子的视角叙述事情的经过，围绕一个“盼”字展开了描述。全文可以分为三个部分。

第一部分为第1—3自然段，写妈妈送给“我”一件新雨衣，“我”特别喜欢它，开始盼着变天，好穿上它。通过描写“我”的心理和动作，具体表现“我”对雨衣的喜爱及盼望下雨的急切心情。

第二部分为第4—17自然段，写“我”好不容易等来下雨，想借口买酱油穿上新雨衣却未能如愿。通过描写心理活动，表现出“我”满脑子想着穿雨衣的心情。

第三部分为第18—20自然段，写第二天一早果然下起雨来，“我”如愿穿上了新雨衣。通过“几步跑回家、打开柜门、拿出雨衣、挺着脖子、跑下楼梯、甩着袖子”等一系列动作，描写出“我”盼来下雨、穿上雨衣、愿望实现的喜悦心情。

词语含义

窸窸窣窣：象声词，形容细小的摩擦声音。这里指主人公穿着雨衣不停活动使雨衣摩擦出了细碎的声音，这声音也是主人公心里兴奋难安、摩拳擦掌的声音，但又怕被妈妈责怪，不能大喊大叫，只能勉强按捺又按捺不住。

瞟：斜着眼睛看。这里刻画了主人公一边和妈妈说话，一边忍不住斜着眼偷偷看窗外的雨的神态，折射出她迫不及待想出去，生怕妈妈再不同意就又要错过这来之不易的雨，又因为骗妈妈说要炖肉而有点心虚的心理。

甜丝丝：形容微甜。这里并不是说雨的味道真的是甜的，而是因为主人公终于满足了自己的愿望，心里美滋滋的，于是觉得雨水都是甜的了。这甜并不浓烈，但丝丝缕缕，清甜悠长，正如生活中那些不起眼的小事所带给我们的快乐，平凡但总留在我们的记忆中；也正如我们的童年，因为单纯、容易满足，所以总是无忧无虑，充满笑声。

这三个词语，分别从听觉、视觉、味觉三个角度，把主人公的内在的心理活动外化了，也突出了主人公那种独属于小孩子的，心里藏不住事儿的天真单纯。

句意理解

每天放学路上我都在想：太阳把天烤得这样干，还能长云彩吗？

“烤”和“长”两个字，一下子赋予了太阳和云彩人的动作和情感，活泼有趣，体现出孩子的天真和想象力。没有雨的晴天是正常的自然现象，可主人公却觉得天是被太阳“烤干”了，表现了主人公心中十分焦急，好像被放在火上烤一样，而对于下雨的期盼，却不但没有被焦虑压垮，反而越发强烈，在不断地“长”。

我不再说话，也不敢再去看妈妈，急忙背过身子盯住碗架，上边的瓶瓶罐罐确实满满当当，看来不会有出去买东西的希望了。

这一句话中包含了神态、动作、心理描写，丰富细腻。主人公“背过身子”“不敢再去看妈妈”，说明她因为向妈妈撒了谎而心虚愧疚，这反映了她并不是一个经常撒谎的孩子，却为了在下雨天穿着新雨衣出门而撒谎，并且一边心虚愧疚，一边还不甘心地试图找到出门的机会，更凸显出她想穿着新雨衣出门的愿望非常强烈。

语段分析

第17自然段

这一段将自然环境描写和主人公的心理活动与想象结合在一起，虚实相生，匠心独具。第一句就是一句心理描写，“雨果真像我希望的那样停了”承接上文主人公希望雨停的想法，引起下文对雨停后景色的描写，过渡十分自然。“说来也怪”表明主人公自己也觉得雨如她所愿停了是一种惊喜，而巧合就这样发生了，暗示着文章结尾主人公能够实现心愿。接下来，作者从视觉、嗅觉、触觉多个角度描绘了雨停后的景色，带着腥味的凉爽空气很有真实感，而两个比喻句又把雨后的风景描绘得格外洁净、明亮、美好。“一切景语皆情语”，这美好折射出主人公心愿得到满足后的快乐，和由此生出的对第二天继续下雨的憧憬，也折射出主人公一颗干净明亮的童心。最后，作者由实入虚，笔锋一转，再次转到主人公的心理活动，雨点儿淋在雨衣上的想象画面又一次凸显了主人公想穿着雨衣走在雨中的愿望强烈而执着，也补充了主人公喜爱这件雨衣的原因。

这一段放在高潮部分的最后，既形成了一个情节的转折，也表现了主人公心情的转折，为最后欢快的结局埋下了伏笔，同时舒缓了故事的节奏，调节了读者的情绪，让读者身临其境地体会主人公对新雨衣的那份喜爱，进而理解故事的主旨。

写作特色

一波三折，跌宕起伏。《盼》这篇微型小说用短短的篇幅讲述了一件童年的小事，可是这一件平常的小事却生出了不少波折，情节丰富紧凑，转折迭起，使一件小事生发出无穷的乐趣与韵味。

情景交融，细腻生动。作者把“盼”的心情很好地融在了三次雨景中，每一次的“盼”都在特定的雨景中，通过雨中的树、雨点的声音、雨珠的样子等衬托出人物的心情，使读者能够入景生情，和“我”产生共情，更真切地感受到人物的内心。

拓展学习资源

1. 作者简介。

铁凝，女，1957 年生，当代著名作家，河北赵县人。现任中国文联主席、中国作家协会主席。主要著作有《玫瑰门》《无雨之城》《大浴女》《麦秸垛》《哦，香雪》《孕妇和牛》以及散文、电影文学剧本等百余篇(部)，总计 300 余万字。散文集《女人的白夜》获中国首届鲁迅文学奖，中篇小说《永远有多远》获第二届鲁迅文学奖。根据小说改编的电影《哦，香雪》获第 41 届柏林国际电影节青春片最高奖，电影《红衣少女》获 1985 年中国电影“金鸡奖”“百花奖”优秀故事片奖。

2. 短篇小说简介。

短篇小说，小说的一种。其特点是篇幅短小、情节简洁、人物集中、结构精巧。它往往选取和描绘富有典型意义的生活片段，着力刻画主要人物的性格特征，反映生活的某一侧面，使读者“借一斑略知全豹”。正如茅盾所说：“短篇小说主要是抓住一个富有典型意义的生活片段，来说明一个问题或表现比它本身广阔得多、也复杂得多的社会现象的。这也就决定了它的篇幅不可能长，它的故事不可能发生于长年累月(有些短篇小说的故事只发生于几天或几小时之内)，它的人物不可能太多，而人物也不可能一定要有性格的发展。”

学习设计

学习目标

1. 会写“袖、篷”等字，会写“斗篷、情况”等词语。
2. 读懂课文是怎样围绕中心意思“盼”来写的，选择了哪些具体的事情。
3. 通过角色体验，理解课文是怎样把人物的心理活动写具体、写生动的，并能够说出这样写的妙处。

课时

2课时。

学习活动

学习活动一 初读课题，质疑释疑

1. 引导读课题，质疑释疑。

同学们，今天我们一起来读著名作家铁凝写的一篇小说，这是一篇题为《盼》的故事。

读着这个题目《盼》，你首先想到了哪些词语？

2. 学生讨论交流。

3. 这些由“盼”组成的词语“盼望、期盼”，读来有一种怎样的心情？用自己的话说说。

学习活动二 朗读课文，学会生字

1. 出示学习任务：

请同学们自由朗读课文，读通课文，学会生字词。

要求：

(1) 自学田字格中的生字，记住字形，并写一遍。

(2) 联系上下文，在句子中理解下列词语的意思，并在学习小组里分享交流。

喧闹、厚墩墩、嘟囔、逗引

提示：除了这几个词，若还有不理解的，圈出来并在学习小组里提出来，大家一起帮助解决。

2. 学生自由朗读课文，自学生字。

3. 学生在学习小组里分享讨论，互相帮助纠错或帮助理解难懂的词语意思。

学习活动三 默读课文，理清脉络

1. 出示学习任务：

请同学们默读课文，从课文中读出小姑娘“盼下雨”的心情，并思考：故事是按照什么顺序展开关于“盼”的写作的？

提示：自己读读画画，适当批注，然后再在学习小组里分享交流。

2. 学生默读课文，独立思考。

3. 学生在学习小组里分享讨论。

4. 学生代表全班汇报交流。

5. 教师相机板书：

“盼”的原因：得到新雨衣。

“盼”的经过：盼穿新雨衣。

“盼”的结果：穿上新雨衣。

学习活动四 角色体验，续写练笔

1. 出示学习任务一：

请同学们再细细阅读课文第 3—17 自然段，在“盼”的过程中，作家是怎样具体生动地把“我”穿上新雨衣的心情写出来的？这个曲折的心理过程究竟是怎样的？

提示：先自己细细品读，可以用图表形式按写作顺序列出“盼”的过程中的几个环节，然后在学习小组里交流分享。

图示：

晴天盼下雨——下雨盼出去——出不去盼雨停——睡前盼下雨

2. 学生独立阅读思考。

3. 学生在学习小组里讨论交流。

4. 指名全班汇报。

5. 学生代表根据同学们讨论的结果板书“盼穿新雨衣”的过程图表。

晴天盼下雨——下雨盼出去——出不去盼雨停——睡前盼下雨

6. 出示学习任务二：

请同学们从这四个“盼”的情节里选择一个细细琢磨，说说这个环节里哪里最能让你感受到“我”盼望的急切。

提示：自己独立阅读体会，然后在学习小组里分享交流。

7. 学生独立阅读，体会，适当批注。

8. 师生交流。

(1) 交流第一个情节：在这个情节描写中，哪些地方最能让你感受到“盼”的急切？

(根据学生的回答)提问：如果你就是这个小姑娘，此刻你的心里在想些什么？你想对老天爷说点什么呢？

（2）交流第二个情节：指导朗读“我”和妈妈的对话。

设计情境采访：

你为什么是大声“嚷着”喊妈妈？

你为什么是“央求”妈妈？

你为什么“脸红”了呢？

既然知道撒谎是不对的，你为什么还是撒了这个小谎呢？你是怎么想的？

（3）交流第三个情节：“嗒嗒嗒”地敲打着窗户的雨点儿仿佛在对你说什么？你想对雨点儿说什么？同桌之间来一段有意思的对话吧！

（4）交流第四个情节：想象续写。

我扑到自己的床上，一心想着明天雨点儿打在雨衣上的事。晚上，我做了一个梦……

9. 朗读课文第18—20自然段，体会终于如愿以偿的喜悦心情。

（1）从课文的哪些词句可以感受到“我”心愿终于得偿的喜悦？把这份喜悦通过朗读表达出来。

提示：注意读好“我”冲妈妈说的话。

（2）想象说话。

要点：“我挺着脖子，小心翼翼地跑下了楼梯。”具体会有哪些神态、动作呢？展开想象把画面写具体。

这时候，在“我”头顶和肩膀上跳跃的雨点，“滴答，滴答滴答……”仿佛在对“我”说什么呢？

板书设计

17 盼

盼的原因 得到新雨衣

盼的经过
- 晴天盼下雨
- 下雨盼出去
- 出不去盼雨停
- 睡前盼下雨

盼的结果 穿上新雨衣

精彩片段

师：请同学们再细细阅读课文第 3—17 自然段，在“盼”的过程中，作家是怎样围绕“盼”把这个曲折的心理过程描写出来的？她写了哪几个情节？

师：先自己细细品读，可以用图表形式按写作顺序列出“盼”的过程中的几个环节，然后在学习小组里交流分享。

（学生独立阅读思考）

（学生在学习小组里讨论交流，教师巡视聆听）

师：刚才大家分享得很好，谁来说给大家听听？

生：我读到了四个“盼”的情节。首先是晴天盼望下雨，接着是下雨了盼望能穿上新雨衣出门，然后是出不去盼望雨停等第二天再下，最后是睡觉前盼望第二天下雨。

师：大家同意吗？

（生一致表示同意）

师：我们把刚才的发现以小标题的方式概括出来，按作家写作的先后顺序罗列出来，请一位同学到前面来板书，大家一起帮助概括。

（生板书：晴天盼下雨——下雨盼出去——出不去盼雨停——睡前盼下雨）

师：请同学们从这四个“盼”的情节里选择一个细细琢磨，说一说：这个环节里最生动地表现出“盼”的地方是哪里？换句话说，哪里最能让你感受到“我”盼望的急切？

师：请同学们先自己独立阅读体会，然后在学习小组里分享交流。

（学生独立阅读，体会，适当批注）

师：谁先来说说自己的理解？

生：我从第一个情节，也就是课文第 3 自然段中读出了盼的急切。“每天放学路上我都在想：太阳把天烤得这样干，还能长云彩吗？为什么我一有了雨衣，天气预报就总是‘晴’呢？”我从“每天放学路上我都在想”读出了小女孩天天都在盼下雨，这两个问句也能表现小女孩的心情。

师：你觉得这两个问句里有怎样的情绪？该怎么读？

生：有埋怨的情绪，我们读的时候要读出这种埋怨和委屈的感觉。

师：你的语言感觉很敏锐，读一读。

（生读）

师：关于这个情节，有补充吗？

生：我有补充，我从前面的两句话中也能体会到小女孩“盼”的心情。“可是一连好多天，白天天上都是瓦蓝瓦蓝的，夜晚又变成满天星斗。我的雨衣一直安安静静地躺在盒子里，盒子一直安安静静地躺在衣柜里。”这里看上去好像没有写“我”盼望下雨，但是其实还是在写“我”盼望下雨。“可是一连好多天”“一直安安静静地躺在盒子里”“一直安安静静地躺在衣柜里”，都能让我感觉到小姑娘纠结的心理：着急呀，天怎么就这么好呢？什么时候才能变天呢？

师：（笑）此处应该有掌声啊，你们体会到了吗？雨衣安安静静地躺在盒子里，盒子安安静静地躺在衣柜里，可是小女孩的心一点也不安静。我们一起来读好这段话。这段话对小女孩的心理描写非常精彩。

（生读）

师：换一个情节交流，谁来说？

生：我从课文的第 4 自然段中体会到小女孩盼下雨的心情。“路上行人都加快了走路的速度，我却放慢了脚步，心想，雨点儿打在头上，才是世界上最美的事呢！”行人匆匆赶路，是想趁着雨还没有下赶快回家，“我”却故意慢慢吞吞地走，是在等雨落下来，因为只有等雨落下来，“我”才有机会穿雨衣。

师：说得挺好，理解到位，有补充吗？谁接着说？

生：“我又伸手试了试周围，手心里也落上了两三个雨点儿。我兴奋地仰起头，甩打着书包就大步跑进了楼门。”这里的“兴奋”写出了小姑娘的激动心情，终于可以穿新雨衣了。“甩打着书包”“大步跑进了楼门”，这里的动作也特别能让我们体会到小姑娘盼着穿新雨衣的急切心情。

师：体会很真实，分析也准确，会读书！

师：就这一自然段有补充吗？

生：我有补充。“快到家时，路边的小杨树忽然沙啦啦地喧闹起来，就像在嘻嘻地笑。”这里小女孩感觉到要下雨了，所以，心情超好，小杨树的树叶在风中摇荡的声音，在她的耳朵里是美好的，是在“嘻嘻地笑”。我感觉这里写得好。

师：藏在这里的心情都被你找到了，不简单，会阅读会思考。是啊，心情好，看什么都美好。

生：我还有补充。“还用问，这是起了风。”我读这句话时也能体会到小女孩的心情，我再读一遍，大家想一想有没有这样的感觉。

（师笑）

（生读）

师：怎么样，你们听出了什么？

师：你们太了不起了，为你们点赞！当然也要为作家点赞！作家写得好，你们能感知这种好。作家善写，你们善读。

师：接着说说“下雨盼出去”这个情节。

生：我在接下来的一大段“我”和妈妈的对话中，明显体会到小姑娘那盼望穿新雨衣的急切心情，她和妈妈说的每一句话都在表达想出去，妈妈一次又一次驳回了她的话，她都能立刻想出新的理由，甚至说了谎。

师：是啊，细细地去读读这段对话，从人物的语言里，我们就能体会到“盼”的急切。怎么才能读出这份心情呢？大家有什么好办法？

生：分角色表演。

生：特别注意提示语，让提示语指导我们读。

师：真好，那我们就在提示语的帮助下，学习小组里分角色试着读一读。

……

点评：这个片段呈现的是“学习活动四”课堂实践的一部分，也是引导学生理解课文重点内容的一个环节，是课堂的高潮部分。在这个学习环节中，我们可以看到学生通过具有代入感的角色体验，去揣摩人物的心理和情绪变化，并通过相匹配的朗读表达出来。

“交流平台”与“初试身手”

学习目标

1. 梳理和回顾课文是如何围绕中心意思写的，交流围绕中心选择材料和表达的体会，及将重要部分写具体的方法。

2. 能围绕中心意思，从不同方面选择合适的材料。

学习活动

学习活动一 交流平台

1. 任务一：交流名言，总结道理。

（1）回顾单元导语，借助两篇精读课文的学习经历，说说自己对“以立意为宗，不以能文为本”（萧统）的理解。

（2）联系萧统的名言思考一个问题：中国古代文人用写作实践证明了写文章的一个道理，你能用自己的话来表达一下这个道理是什么吗？

要点：先确立中心，文章才能写得好。意就是文章的主题思想，立意也就是要把文章的魂找到。不能为了写文章而写文章，那样用华丽的词藻堆出来的文章是华而不实、没有灵魂的，写文章不能把这个作为根本。

2. 任务二：回顾课文，巩固认知。

（1）当今社会，古人总结的这个作文道理是否仍能活用呢？回顾本单元所学的两篇课文，分别说说课文的中心意思是什么。

（2）这两篇课文是专家们为我们精心挑选的，那是不是其他的文章也都明确表达了中心意思呢？浏览前面单元的文章，选一两篇课文来举例印证一下自己的想法。

提示：

《草原》赞美了草原的美丽风光，讴歌了蒙汉同胞的民族情谊。

《狼牙山五壮士》表现了五位壮士面对强敌毫不畏惧、英勇顽强、宁死不屈的革命主义精神和忠于党、忠于人民、忠于祖国的精神。

《在柏林》表现了战争给人民造成的深重灾难，表达了作者对战争的厌恶和渴望和平的心愿。

3. 活动三：对比交流，巩固方法。

（1）本单元两篇课文都是围绕中心意思写的范文，同桌间相互交流两篇课文各自是如何围绕中心意思来表达的。

（2）集体交流，对比解读两篇文章的不同之处。举例说说《夏天里的成长》是如何选择不同例子的；《盼》是如何将重点部分写详细、具体的。再深入思考一下，为什么要把这部分写详细、具体？

要点：

《夏天里的成长》列举了植物、动物、山水、道路和“我们”；生物飞长——不热不长——赶时候长，从景象到原因再到启示，层层递进。

《盼》重点记述了“我”得到新雨衣后未下雨时盼下雨，下雨时盼外出，最终如愿的故事；有直接的心理描写，有对话描写，有借景抒情。写详细了才能突出“盼”，突出“我”的童真童趣。

联系自己所读过的课文，找找和本单元课文有相似表达特点的例子。

提示：

① 例如《竹节人》一课围结竹节人的游戏乐趣，分别写了怎么做竹节人、怎么玩竹节人、同学间斗竹节人、老师没收竹节人、老师也玩竹节人等五个事例。

② 在这些事例中，作者挑选了哪些事例重点写？——怎么做、怎么玩竹节人，以及老师没收竹节人。

③ 为什么要详细描写这些内容呢？——因为这些内容突出了玩竹节人的乐趣，表达出“我们”的喜悦与满足。而老师没收竹节人自己玩起来的事例一方面说明老师童心未泯，另一方面从侧面说明竹节人的吸引力，起到点明中心的作用。

（3）小结文章围绕中心表达的一般方法。

要点：题目紧扣中心；总分或者分总结构突出中心；选取事例角度丰富；抓出人物心理描写；等等。

学习活动二 初试身手

1. 任务一：围绕命题，判断选材。

通过课文学习，我们理解了文章是如何表达的。俗话说“好题一半文”“题目是文章的眼睛”，同学们能不能根据题目中的关键信息，来确定体现文章中心意思的事例材料呢？

（1）自读“初试身手”第 1 题，完成选材判断。

（2）集体交流。

① 对于“戏迷爷爷”这个题目，你觉得中心词是哪一个？

启发思考，提示：怎样的行为才能称之“迷”？

② 8 个事例中，哪几个事例不符合中心意思？你是怎么思考的？

要点：紧扣题目中的关键信息就能判断出提供的事例材料是否合适。“讲故事”“哼流行歌曲”“看书”跟“戏迷”无关。

③ 从合适的 5 个事例中，你有没有发现什么规律？这对你围绕中心选材有什么启发？

要点：“边炒菜边做戏曲动作”“占着电视”是写在家中的行为，其余是写家外的行为。选材可从人物活动范围进行归类思考，便于打开思路。

(3) 小结学习方法：抓题目关键信息；对事例素材进行归类梳理，有助于从不同方面充分、全面地表达中心。

2. 活动二：迁移学法，构思事例。

有条理地思考，会让我们的表达更加清晰、准确。根据我们总结出的方法，来试一试自己的选材水平如何。

(1) 自读第 2 题，任选一个题目，标出其中的关键信息，模仿第 1 题的事例表达方法，从不同方面列出合适的事例。可以尝试使用思维导图的形式，对事例进行分类梳理。

(2) 同桌间相互交流，用打“√”的方法判断同桌的选材是否合适。

(3) 指名展示所选事例，说说自己是怎么思考的，进行集体交流，小结选材思路：提炼中心意思—联系生活经验—筛选生活素材—组织语言表达。

提示：

例如：“好斗的公鸡”，先围绕“好斗”想一想可以从哪几个方面选材，再想具体事例。

- 好斗的公鸡
  - 长相好斗：我家有一只公鸡，整天斗志昂扬，一眼看上去就很凶悍。
  - 跟家禽家畜斗
    - 跟别的公鸡争地盘、抢食物。
    - 勇斗家中的小黄狗，吓得小黄狗落荒而逃。
  - 敢和人斗
    - 我在院子里吃零食，它居然敢过来啄食。
    - 陌生人进院子，它居然追着人啄。

精彩片段

师：通过课文学习，我们理解了文章是如何表达的。俗话说“好题一半文”“题目是文章的眼睛”，那同学们能不能根据题目中的关键信息，来确定体现文章中心意思的事例材料呢？自己读读“初试身手”第 1 题，判断一下，哪些材料可以用来表达中心意思。

小组交流。

师：孩子们，对于“戏迷爷爷”这个题目，你觉得中心词是哪一个？

生：是“戏迷”！

师：对，首先我们要抓住中心意思，然后思考关键词带给我们的信息再进行判断。那么，“迷”是什么意思？怎样的行为才能称之为“迷”呢？

生：沉浸在某种爱好中不能自拔，特别迷恋。

师：你可以举个例子吗？

生：比如非常爱看书的人才能称之为“书迷”。他可能吃饭的时候要看书，课间的时候要看书，可能坐在马桶上还捧着一本书呢！

师：你非常准确地为大家描述了一个“书迷”的形象。那在书上 8 个事例中，哪几个事例不符合中心意思呢？你们是怎么思考的？

生：我觉得，爷爷是戏迷，那么“讲故事”“哼流行歌曲”“看书”跟“戏迷”无关，都可以不选。

师：你能从合适的 5 个事例中发现什么规律？

生：我发现“边炒菜边做戏曲里的动作”“占着电视”是写在家中的行为，其余是写家外的行为。

师：真好，你很快地给材料分类了。这对你围绕中心选材有什么启发？

生：选材可从人物活动范围进行归类思考，便于打开思路。

师：是的，抓住题目关键信息，对事例素材进行归类梳理，有助于从不同方面充分、全面地表达中心。

点评：这个片段呈现的是“初试身手”的第 1 题。教师的导语是简短的，但紧紧围绕中心意思提出了几个大问题，有思考的空间，且有层次，为学生的思考做了铺垫和导向。教师引导学生抓住关键字“迷”，进行讨论交流，继而再进行素材的选择就显得水到渠成，轻而易举了。

习作例文与习作：围绕中心意思写

学习设计

学习目标

1. 阅读“习作例文”，借助批注了解作者是如何围绕中心意思写的，并在自己的习作中学会运用。

2. 学会围绕一个意思从不同的方面或选取不同的事例写，能将重要的部分写详细、写具体。

3. 在学习小组里交换习作，针对是否写清中心意思相互点评，并修改。

课时

3 课时。

学习活动

学习活动一 读习作例文，掌写作要领

1. 出示学习任务：

请同学们阅读本单元的习作例文《爸爸的计划》和《小站》，想一想：这两篇文章的中心意思是什么？作者是怎样将这个中心意思写清楚的？

提示：先自己独立阅读，可以结合批注想一想，然后在学习小组里讨论交流。

2. 学生自由阅读两篇文章，教师巡视指导。

3. 学生在学习小组组长的带领下，交流讨论。

4. 学生代表交流分享《爸爸的计划》是怎样写爱订计划的爸爸的。

提示：抓住爸爸爱帮每一个家庭成员订计划，爸爸如何一板一眼地执行自己的计划，爸爸督促和帮助“我”订计划这几件事情去看作者的构思。

5. 学生代表交流分享《小站》，说说从哪些地方可以看出小站的“小”。

要点：

（1）列车停靠时间短。

（2）设施简陋。

（3）工作人员少。

（4）小站环境如盆景般精致。

（5）始发车的程序简洁。

学习活动二　确立中心意思，打开写作思路

1. 出示学习任务：

汉字蕴含着中华民族独特的审美性格，每一个汉字，好似一个奇妙的故事，引领我们走进多姿多彩的中华文化画卷。请同学们阅读本单元的习作要求，选择一个你感受最深的汉字，也可以从教材中的小黑板上选一个字，思考下面的几个问题：

① 这个汉字包含着什么情感？

② 你的生活中有没有出现过这样的情感或者情绪体验？

③ 哪一件或几件事情给过你这样的感受？

提示：先自己想清楚这个问题，并能一一回答，然后拟一个简单的写作提纲，在学习小组里分享。

要点：以“乐”为例。

出示“乐”。谁来说说这个字有几个意思？其一，代表音乐；其二，代表高兴的心情。从不同的角度看，思路会更开阔。

这个字让你想到了什么呢？哪一件或几件事情给过你这样的感受？

2. 学生独立思考，并在作文草稿纸上画出思维导图。教师巡视并适当询问。

要点：

（1）围绕自己选定的这个字，用一句话写下自己要表达的中心。

（2）围绕中心，用思维导图写好每个自然段想写什么，重点是哪个情节。针对准备重点写的部分拟几个细节或者几段自己的心理活动。

3. 学生在学习小组里分享交流，小组长要求每个学生都发言。

4. 学生代表在全班汇报自己的习作提纲并做解读。

学习活动三　写重点部分，炼精彩生动

1. 出示学习任务：

请同学们从提纲上列出的几件事情中任选一件，进行先期写作。

要求：为了完美表现这篇习作的中心意思，努力把这件事情写得具体生动。

提示：自己先想一想有什么办法可以把这件事情写生动、写具体。可以回忆一下两篇习作例文的写法，然后在学习小组里分享，也可以寻求帮助。

2. 学生独立思考。

3. 学生在学习小组里分享或寻求帮助，教师巡视并适当指导。

4. 学生独立写作提纲中的一件事情。

5. 指名学生在全班朗读自己的习作片段。

6. 师生共同对习作片段进行点评，并提出修改意见。

7. 学习小组长带领小组成员互相分享，并提出修改意见。

8. 学生修改完善自己的习作片段。

学习活动四 评同伴习作，享修改心得

1. 出示学习任务一：

请同学们根据自己的习作提纲完成这篇习作。

2. 学生完成习作。

3. 出示学习任务二：

请同学们在学习小组里分享自己的完整习作，大家互相点评，并各自修改。

4. 学生在学习小组里交流分享。

5. 学生各自修改习作。

6. 各组推荐代表朗诵自己的或同伴的作品。

精彩片段

师：请同学们在提纲上列出的几件事情中任选一件，进行先期写作。为了完美表现这篇习作的中心意思，努力把这件事情写得具体生动。

师：自己先想一想有什么办法可以把这件事情写生动、写具体。可以回忆一下两篇习作例文的写法，然后在学习小组里分享，也可以寻求帮助。

（学生独立思考）

（学生在学习小组里分享或寻求帮助，教师巡视并适当指导）

（学生独立写作提纲中的一件事情）

师：哪位同学愿意把自己已经完成的片段读给大家听？这是一个可以获得点赞和帮助提升的机会。

生：我愿意读给大家听，请大家批评指正。

（师生笑）

生：我的作文题目是“烦”，烦恼的“烦”。我围绕“烦”写的事情是：身为学校大队长，每周检查卫生时，究竟是扣一些班级的分数，还是不扣？请大家听我读。

身为学校大队长的我，一到星期五就很烦很烦，因为每个星期五我要负责带领全校的大队委例行校园检查。有些人可能会说，大队长最神气了，多牛啊！怎么还会有烦恼呢？唉，大家有所不知，烦就烦在检查，烦在这检查要扣分啊！

上个星期五，我们正在检查，看见一些小纸屑在飘啊飘。一看是三(3)的包干区，我就跑到三(3)班，温和地对老师说：“老师，你们班的包干区有垃圾，扣了一分，请让同学们把它捡掉，谢谢！”没承想，老师愤怒地说：“操场这么大，刚刚才打扫过的，全校同学都从操场跑，肯定是别班同学丢的，捡掉可以，但是不许扣分！”我连连点头，老师说得有道理。

就这样，每次检查结束，辅导员都说：“为什么检查结果都是满分？我明明看到学校里有小纸屑在飞呀！”唉，就是这样，扣也不是，不扣也不是，你说，烦不烦？

师：同学们，小蒋同学说了，“请大家批评指正”，现在请大家不吝赐教！

（众生笑）

生：那个不准你扣分的老师冲你讲话时表情是怎样的？我建议你写出来，这样就显得你很无奈。

生：我觉得你还可以把那个小纸屑到处乱飞的样子也用一两句话写出来，更加显得你“烦”。

生：我想请问你，在你们检查的过程中，还有没有遇到其他老师因为别的原因也不准你扣分的情况？我建议你再选择一个写一写，都是扣分的事情，但是情况不同，更让读者觉得，你们很难，很烦。

师：这些建议都很中肯，也很有价值，建议小蒋同学认真考虑修改！

生（小蒋）：谢谢老师，谢谢大家！

师：下面，请大家在学习小组里互相赠予伙伴修改小秘方，让我们每一位同学的习作片段都变得精彩！

（学生在学习小组里互相学习，互相提出修改建议）

（学生各自修改习作）

师：谁愿意把自己修改后的习作片段朗读给大家听？

师：哦，小蒋同学还想继续读给大家听，那就请你先来吧！

生：

身为学校大队长的我，一到星期五就很烦很烦，因为每个星期五我要负责带领全校的大队委例行校园检查。有些人可能会说，大队长最神气了，多牛啊！怎么还会有烦恼呢？唉，大家有所不知，烦就烦在检查，烦在这检查要扣分啊！

上个星期五，我们正在检查，看见一些小纸屑在飘啊飘，好像大操场就是它们的天堂。一看是三(3)的包干区，我就跑到三(3)班，温和地对老师说："老师，你们班的包干区有垃圾，扣了一分，请让同学们把它捡掉，谢谢！"没承想，老师的声音一下子提高了八度，她几乎是吼着的："操场这么大，刚刚才打扫过的，全校同学都从操场跑，肯定是别班同学丢的，捡掉可以，但是不许扣分！"我连连点头，老师说得有道理。

我们检查了一圈，临近结束时，一(2)班却还在热火朝天地干着，满地垃圾，窗台上、灭火器上都是灰尘。于是，我只能跑去跟老师说："老师，窗台上和灭火器上有灰尘，请让同学打扫干净！""不好意思，一年级的同学不懂事，动作慢，我一直在督促他们加快速度，马上就好了，你就不要扣分了！"班主任老师很温柔地对我说。我犹豫不决了，到底是扣还是不扣呢？他们岁数小，所以动作很慢，看样子马上就打扫好了，还是不要扣分了吧。

就这样，每次检查结束，辅导员都说："为什么检查结果都是满分？我明明看到学校里有小纸屑在飞呀！"唉，就是这样，扣也不是，不扣也不是，你说，烦不烦？

（师生鼓掌）

师：在大家的妙招指点下，文章越改越漂亮！谁再来朗诵自己修改后的作品？

……

（褚嘉耘老师执教）

点评： 这个片段呈现的是习作片段展示、评点、再展示的学习现场。在这个片段中我们可以看到学生讨论的自由民主，学生之所以能够如此畅所欲言，就在于教师设计活动的开放程度，在于变"教"为"学"的真正落实。

三、单元整体学习方案

1. 整体思路

学习情境	学习任务	课时	学习内容
围绕中心意思来写	体会文章是怎样围绕中心意思来写的	4—5	《夏天里的成长》
			《盼》
			“交流平台”
			“初试身手”
	从不同方面或选取不同事例，表达中心意思	3—4	《爸爸的计划》
			《小站》
			《习作：围绕中心意思写》

⇩

围绕中心意思来写
- 任务一：体会文章是怎样围绕中心意思来写的
  - 选择不同事物，从不同方面
  - 通过语言、动作、心理描写
- 任务二：从不同方面或选取不同事例，表达中心意思
  - 选择不同事例或从不同方面
  - 将重要部分写详细、写具体

2. 设计方案

（1）大单元主题阅读活动

设计两个互动讨论的话题：中心意思确立后，怎样才能把这个意思表达得更全面、更充分呢？在围绕一个意思表达时，如何将重要部分写得详细些、具体些，给读者留下更深刻的印象呢？师生围绕着这两个话题展开对《夏天里的成长》和《盼》的阅读。在阅读过程中层层深入地对这两个话题展开讨论，不断发现。可以围绕中心意思，从不同的方面或者选取不同的事例来写。

阅读本单元的两篇课文，在了解课文的基本表达特点的同时，引导学生从文中感悟《夏天里的成长》中“成长”一词的含义，引导学生从《盼》中感受孩童的天真可爱，从而体会我们成长过程中的美好和那些帮助我们逐渐走向成熟的心理变化。为此，我们可以设计相关话题。比如，夏天里的成长是一种怎样的“成长”？从中你得到了什么启发？课文《盼》让你看

到了一个怎样的小女孩？从她的身上你看到自己的影子了吗？

(2) 大单元主题练笔活动

结合课文后的“初试身手”，指导学生围绕一个主题选择材料，可以直接选用教材中提供的选择题作为练习，也可以重新选择或者在教材的基础上进行适当的补充。同样，在进行如何选择事例具体生动描写的训练中，可以直接选用教材提供的选择题，也可以重新选择或补充。在完成了这两项训练后，指导学生对“习作例文”进行阅读探讨，并进行本次习作的教学和练写、点评、修改。

除了以课文阅读为基础的单元习作之外，在单元组合教学的环节，我们还可以提供部分写“成长”话题的诗歌、散文给学生阅读，指导学生进行“成长”主题的诗歌、散文创作，并进行评奖和展示。

(3) 大单元主题讲述活动

学生诵读自己创作的优秀作品，就自己写作的思路、过程以及精彩环节，用讲述的方式开展一次班级讲述活动。在活动中，学生自己制作讲述的课件，着重讲述自己的习作是如何成功地围绕中心意思选材和展开的。

四、单元评价与积累

倾听与说话

(一) 听故事,完成相关练习。听三遍。

1. 判断,对的打“√”,错的打“×”。

(1)“我”的第一位老师只对“我”说了谎言。(　　)

(2)入学考试时,我一口气从 1 数到 100,老师在花名册上画了个红五星。(　　)

2. 根据听到的内容填空。

这位老师说的谎言是________________,她为了让孩子们开心地走进校园,用心说出的谎言是那么________________。

【附听力材料】

美丽的谎言

我至今都记得我的第一位老师说的谎言。

那年夏天,我被母亲领进了校园,迎候我的是一位五十多岁亲切和蔼的女教师。入学考试的内容是从 1 数到 100。

我站在校园大操场的阳光下,面对着老师的笑容,脆生生地一口气从 1 数到了 100。老师拍拍我的脑袋,伸手在她的花名册上画了个红五星。我非常仔细地留意着她的这一举动,在心里暗自猜测着那个红五星的含义。

开学了,看着班里四十多个同我一般大的孩子,我固执地想找出与他们的不同来。我心里一直惦着花名册上的那个红五星,终于忍不住了,跑到老师那里问她,是不是我的入学考试第一名才得到了红五星,老师笑着点了点头,当我满怀着希望跑开时,快乐一直在我心里升腾。我是得了第一名的,我一定还可以再得第一名。这种信念一直鼓励着我。

直到很多年以后,当我们一群同学聚在一起谈起我们的第一位老师时,大家突然明白每一个人的入学花名册上都有一个红五星,而她几乎对每一个班上的学生都说过:你很棒,你是第一名!

我一直认为人与人之间,有一些用心说出的谎言是那么美好。这和真实意义上的欺骗绝不相同。因为前者是尊重,是关爱,是惦念,是为了让对方快乐。

(二) 根据要求进行说话练习。

通过本单元的学习，同学们已掌握从不同方面或选取不同事例来表达中心意思的方法。

相信你一定品尝过成长的滋味，请你从下面的词语中任选一个，围绕中心意思选择材料，把中心意思说生动、说具体，表达自己的真情实感。

高兴　忧伤　幸福　激动　期盼　焦急

梳理与积累

(一) 下面是一位同学围绕“闲不住的奶奶”这个题目所选择的材料，能表达中心意思的材料有(　　)(多选)

A. 经常叮嘱、督促我。

B. 在院子的一角养了些小鸡。

C. 每天一到点就守着电视节目。

D. 参加老年合唱团。

(二) 按积累的诗文和对课文的理解填空。

1. 把俗语、谚语补充完整。

(1) 俗话说：“不热不长，________________。”

(2) 北方农家的谚语说：“六月六，__________________。”又说：“处暑不出头，________________。”

2.《夏天里的成长》一文从________、________、________、人等方面阐述了“________________________________”这一中心。

3. 依据《盼》这篇课文填空(在横线处填入表示心情的词语)：妈妈送给“我”一件新雨衣，“我”对新雨衣特别________。“我”走在放学路上盼着变天，因盼不到雨天而____________。一天放学后，果然下雨了，此刻的“我”________地觉得自己有理由穿上新雨衣出门了，妈妈却不让“我”穿着雨衣出去。“我”________雨下完了明天就没有雨下了，又盼着雨停。晚上雨停了，“我”一心想着明天雨点儿打在雨衣上的事。第二天早晨，果然掉雨点了，“我”穿上妈妈给“我”买的新雨衣走在街上，滴答的雨滴让“我”________。

阅读与运用

(一) 阅读《秋》,关注其中的批注。

秋

我爱秋天,更爱秋天的早晨。秋天的早晨格外清爽、宁静、光明,默默地给人以生机勃勃的活力。我想,这并不是无意的遐思,而是家乡的山川景物给以抒笔的情怀。

早晨起来,一股带有成熟果实味的新鲜空气沁人心扉,觉得是那样的爽适和舒畅。整个村子是寂静的,时而听到几声雄鸡的晨鸣。此时向村中眺望,每家屋顶上炊烟袅袅,灰白色的烟气和晨雾融合在一起,飘飘荡荡,盘旋升腾,呈现出一派和谐的景色。

【批注:视觉嗅觉听觉结合、以声衬静,一丝果香、几声鸡啼、几缕烟雾,勾勒出一幅既幽静空灵又带着生活气息的清晨乡村图卷。】

村里的人们是非常珍惜早晨这宝贵的时光的,一大早就起来了。村子里,田野里响起了赶车的吆喝声和清脆的鞭声,这声音由远及近,由近及远,大车小辆,肩挑身背,开始了繁忙的早收。这时,我油然想起了“春种一粒籽,秋收万颗粮”这句农谚。他们一年四季是多么忙碌呀。

【批注:“由远及近,由近及远,大车小辆,肩挑身背”,一组四字词语简洁而生动地体现了农民们的辛勤与繁忙,也让我们感受到那种紧张的劳动节奏。】

打从春天把粒粒良种播撒到地里,经过一季子的锄犁耕作,就等待着金秋季节的收获,俗话说:“民以食为天。”他们播种下的是血汗,而收获的更是用血汗辛勤耕耘出来的果实。

(二) 阅读《麦琪的礼物》,完成练习。

麦琪的礼物

[美]欧·亨利

一块八毛七分钱。全在这儿了。其中六毛钱还是铜子儿凑起来的。这些铜子儿是每次一个、两个向杂货铺、菜贩和肉店老板那儿死乞白赖地硬扣下来的;人家虽然没有明说,自己总觉得这种掂斤播两的交易未免太吝啬,当时脸都臊红了。德拉数了三遍。数来数去还是一块八毛七分钱,而第二天就是圣诞节了。

除了倒在那张破旧的小榻上号哭之外,显然没有别的办法。德拉就那样做了。这使一种精神上的感慨油然而生,认为人生是由啜泣、抽噎和微笑组成的,而抽噎占了其中绝大部分。

这个家庭的主妇渐渐从第一阶段退到第二阶段,我们不妨抽空儿来看看这个家吧。一套连家具的公寓,房租每星期八块钱。虽不能说是绝对难以形容,其实跟贫民窟也相去不远。

下面门廊里有一个信箱，但是永远不会有信件投进去；还有一个电钮，除非神仙下凡才能把铃按响。那里还贴着一张名片，上面印有“詹姆斯·迪林汉·扬先生”几个字。

“迪林汉”这个名号是主人先前每星期挣三十块钱得法的时候，一时高兴，加在姓名之间的。现在收入缩减到二十块钱，“迪林汉”几个字看来就有些模糊，仿佛它们正在考虑，是不是缩成一个质朴而谦逊的“迪”字为好。但是每逢詹姆斯·迪林汉·扬先生回家上楼，走进房间的时候，詹姆斯·迪林汉·扬太太——就是刚才已经介绍给各位的德拉——总是管他叫作“吉姆”，总是热烈地拥抱他。那当然是好的。

德拉哭了之后，在脸颊上扑了些粉。她站在窗子跟前，呆呆地瞅着外面灰蒙蒙的后院里，一只灰猫正在灰色的篱笆上行走。明天就是圣诞节了，她只有一块八毛七分钱来给吉姆买一件礼物。好几个月来，她省吃俭用，能攒起来的都攒了，可结果只有这一点儿。一星期二十块钱的收入是不经用的。支出总比她预算的要多。总是这样的。只有一块八毛七分钱来给吉姆买礼物。她的吉姆。为了买一件好东西送给他，德拉自得其乐地筹划了好些日子。要买一件精致、珍奇而真有价值的东西——够得上为吉姆所有的东西固然很少，可总得有些相称才成呀。

房里两扇窗子中间有一面壁镜。诸位也许见过房租八块钱的公寓里的壁镜。一个非常瘦小灵活的人，从一连串纵的片段的映像里，也许可以对自己的容貌得到一个大致不差的概念。德拉全凭身材苗条，才精通了那种技艺。

她突然从窗口转过身，站到壁镜面前。她的眼睛晶莹明亮，可是她的脸在二十秒钟之内却失色了。她迅速地把头发解开，让它披落下来。

且说，詹姆斯·迪林汉·扬夫妇有两样东西特别引为自豪，一样是吉姆三代祖传的金表，另一样是德拉的头发。如果示巴女王住在天井对面的公寓里，德拉总有一天会把她的头发悬在窗外去晾干，使那位女王的珠宝和礼物相形见绌。如果所罗门王当了看门人，把他所有的财富都堆在地下室里，吉姆每次经过那儿时准会掏出他的金表看看，好让所罗门王妒忌得吹胡子瞪眼睛。

这当儿，德拉美丽的头发披散在身上，像一股褐色的小瀑布，奔泻闪亮。头发一直垂到膝盖底下，仿佛给她铺成了一件衣裳。她又神经质地赶快把头发梳好。她踌躇了一会儿，静静地站着，有一两滴泪水溅落在破旧的红地毯上。

她穿上褐色的旧外套，戴上褐色的旧帽子。她眼睛里还留着晶莹的泪光，裙子一摆，就飘然走出房门，下楼跑到街上。

她走到一块招牌前停住了，招牌上面写着：“莎弗朗妮夫人——经营各种头发用品。”德拉跑上一段楼梯，气喘吁吁地让自己定下神来。那位夫人身躯肥大，肤色白得过分，一副冷冰冰的模样，同“莎弗朗妮”这个名字不大相称。

“你要买我的头发吗?”德拉问道。

“我买头发,”夫人说,“脱掉帽子,让我看看头发的模样。”

那股褐色的小瀑布泻了下来。

“二十块钱,”夫人用行家的手法抓起头发说。

“赶快把钱给我。”德拉说。

噢,此后的两个钟头仿佛长了玫瑰色翅膀似的飞掠过去。诸位不必理会这种杂凑的比喻。总之,德拉正为了送吉姆的礼物在店铺里搜索。

德拉终于把它找到了。它准是为吉姆,而不是为别人制造的。她把所有店铺都兜底翻过,各家都没有像这样的东西。那是一条白金表链,式样简单朴素,只是以货色来显示它的价值,不凭什么装潢来炫耀——一切好东西都应该是这样的。它甚至配得上那只金表。她一看到就认为非给吉姆买下不可。它简直像他的为人。文静而有价值——这句话拿来形容表链和吉姆本人都恰到好处。店里以二十一块钱的价格卖给了她,她剩下八毛七分钱,匆匆赶回家去。吉姆有了那条链子,在任何场合都可以毫无顾虑地看看钟点了。那只表虽然华贵,可是因为只用一条旧皮带来代替表链,他有时候只是偷偷地瞥一眼。

德拉回家以后,她的陶醉有一小部分被审慎和理智所替代。她拿出卷发铁钳,点着煤气,着手补救由于爱情加上慷慨而造成的灾害。那始终是一件艰巨的工作,亲爱的朋友们——简直是了不起的工作。

不出四十分钟,她头上布满了紧贴着的小发鬈,变得活像一个逃课的小学生。她对着镜子小心而苛刻地照了又照。

“如果吉姆看了一眼不把我宰掉才怪呢,”她自言自语地说,“他会说我像是康奈岛游乐场里的卖唱姑娘。我有什么办法呢?——唉!只有一块八毛七分钱,叫我有什么办法呢?”

到了七点钟,咖啡已经煮好,煎锅也放在炉子后面热着,随时可以煎肉排。

吉姆从没有晚回来过。德拉把表链对折着握在手里,在他进来时必经的门口的桌子角上坐下来。接着,她听到楼下梯级上响起了他的脚步声。她脸色白了一忽儿。她有一个习惯,往往为了日常最简单的事情默祷几句,现在她悄声说:“求求上帝,让他认为我还是美丽的。”

门打开了,吉姆走进来,随手把门关上。他很瘦削,非常严肃。可怜的人儿,他只有二十二岁——就负起了家庭的担子!他需要一件新大衣,手套也没有。

吉姆在门内站住,像一条猎狗嗅到鹌鹑气味似的纹丝不动。他的眼睛盯着德拉,所含的神情是她所不能理解的,这使她大为惊慌。那既不是愤怒,也不是惊讶,又不是不满,更不是嫌恶,不是她所预料的任何一种神情。他只带着那种奇特的神情凝视着德拉。

德拉一扭腰,从桌上跳下来,走近他身边。

“吉姆，亲爱的，”她喊道，“别那样盯着我。我把头发剪掉卖了，因为不送你一件礼物，我过不了圣诞节。头发会再长出来的——你不会在意吧，是不是？我非这么做不可。我的头发长得快极啦。说句‘恭贺圣诞’吧！吉姆，让我们快快乐乐的。我给你买了一件多么好——多么美丽的好东西，你怎么也猜不到的。”

“你把头发剪掉了吗？”吉姆吃力地问道，仿佛他绞尽脑汁之后，还没有把这个显而易见的事实弄明白似的。

“非但剪了，而且卖了。”德拉说。“不管怎样，你还是同样地喜欢我吗？虽然没有了头发，我还是我，可不是吗？”

吉姆好奇地向房里四下张望。

“你说你的头发没有了吗？”他带着近乎白痴般的神情问道。

“你不用找啦，”德拉说。“我告诉你，已经卖了——卖了，没有了。今天是圣诞前夜，亲爱的。好好地对待我，我剪掉头发为的是你呀。我的头发也许数得清，”她突然非常温柔地接下去说，“但我对你的情爱谁也数不清。我把肉排煎上好吗，吉姆？”

吉姆好像从恍惚中突然醒过来。他把德拉搂在怀里。我们不要冒昧，先花十秒钟工夫瞧瞧另一方面无关紧要的东西吧。每星期八块钱的房租，或是每年一百万元房租——那有什么区别呢？一位数学家或是一位俏皮的人可能会给你不正确的答复。麦琪带来了宝贵的礼物，但其中没有那件东西。对这句晦涩的话，下文将有所说明。

吉姆从大衣口袋里掏出一包东西，把它扔在桌上。

“别对我有什么误会，德尔。”他说，“不管是剪发、修脸，还是洗头，我对我姑娘的爱情是决不会减低的。但是只消打开那包东西，你就会明白，你刚才为什么使我愣住了。”

白皙的手指敏捷地撕开了绳索和包皮纸。接着是一声狂喜的呼喊；紧接着，哎呀！突然转变成女性神经质的眼泪和号哭，立刻需要公寓的主人用尽办法来安慰她。

因为摆在眼前的是那套插在头发上的梳子——全套的发梳，两鬓用的，后面用的，应有尽有；那原是在百老汇路上的一个橱窗里，为德拉渴望了好久的东西。纯玳瑁做的，边上镶着珠宝的美丽的发梳——来配那已经失去的美发，颜色真是再合适也没有了。她知道这套发梳是很贵重的，心向神往了好久，但从来没有存过占有它的希望。现在这居然为她所有了，可是那佩戴这些渴望已久的装饰品的头发却没有了。

但她还是把这套发梳搂在怀里不放，过了好久，她才能抬起迷蒙的泪眼，含笑对吉姆说：“我的头发长得很快，吉姆！”

接着，德拉像一只给火烫着的小猫似的跳了起来，叫道：“喔！喔！”

吉姆还没有见到他的美丽的礼物呢。她热切地伸出摊开的手掌递给他。那无知觉的贵金属仿佛闪闪反映着她那快活和热诚的心情。

"漂亮吗,吉姆?我走遍全市才找到的。现在你每天要把表看上百来遍了。把你的表给我,我要看看它配在表上的样子。"

吉姆并没有照着她的话去做,却倒在榻上,双手枕着头,笑了起来。

"德尔,"他说,"我们把圣诞节礼物搁在一边,暂且保存起来。它们实在太好啦,现在用了未免可惜。我是卖掉了金表,换了钱去买你的发梳的。现在请你煎肉排吧。"

那三位麦琪,诸位知道,全是有智慧的人——非常有智慧的人——他们带来礼物,送给生在马槽里的圣子耶稣。他们首创了圣诞节馈赠礼物的风俗。他们既然有智慧,他们的礼物无疑也是聪明的,可能还附带一种碰上收到同样的东西时可以交换的权利。我的拙笔在这里告诉了诸位一个没有曲折、不足为奇的故事;那两个住在一间公寓里的笨孩子,极不聪明地为了对方牺牲了他们一家最宝贵的东西。但是,让我们对目前一般聪明人说最后一句话,在所有馈赠礼物的人当中,那两个人是最聪明的。在一切授受礼物的人当中,像他们这样的人也是最聪明的。无论在什么地方,他们都是最聪明的。他们就是麦琪。

1. 文章的第4、5自然段围绕着男主人公的名字展开了详细的描述,请问作者的用意有哪些?

____

____

2. 男女主人公吉姆和德拉分别是什么样的人?你是从哪些地方看出来的?

____

____

3. 这篇小说的结尾既在意料之外,又在情理之中,作者安排这样的结尾有什么样的用意呢?

____

____

第六单元

一、任务与目标

1. 单元整体思路

本单元围绕“保护环境”“人与自然”的主题编排了一组文章，主题突出，内容丰富，形式多样，本单元的习作要求也是围绕这一人文主题写倡议书。本单元的语文核心要素是“抓住关键句，把握文章的主要观点”。《只有一个地球》介绍了地球多方面的知识，有力地说明了“只有一个地球”的事实，阐明了地球与人类及万物生存的密切关系。《青山不老》叙述了一位山野老农，面对自然条件的恶劣和生活条件的艰辛，义无反顾地用十五年的时间在晋西北沙漠，奇迹般地创造了一个绿洲的感人故事，赞扬了老人崇高的精神境界和不朽的生命意义。《三黑和土地》饱含情感地展现了农民对土地的感情。本单元的三首古诗分别描写了不同的自然风光，表达了人身处自然的心情以及与自然相处的美妙。

单元核心要素是“抓住关键句，把握文章的主要观点”。《只有一个地球》可以围绕课题引导学生展开阅读，通过抓关键句，了解课文的主要内容，梳理行文思路，了解课文是怎样一步一步得出“我们要精心地保护地球，保护地球的生态环境”这个核心观点的。有了对地球和人类生存关系的深刻认识，再进入《青山不老》的阅读，学生就会有更真切的认识和感受，引导学生抓住课文的关键句，了解老人创造了怎样的奇迹，又是怎样创造奇迹的，从而理解课文为什么以“青山不老”为题。最后用诵读的方式，指导学生阅读欣赏诗歌《三黑和土地》，通过诵读、想象情景、再诵读，体会农民一有了土地，就把整个生命投入土地的状态和情感。本单元的教学通过抓关键句，帮助学生从理性认识到故事中体会，再到诗歌中感悟人与自然相互依存的关系，教学也呈现出层层递进的状态。

习作教学要把握好应用文写作的特点。倡议书属于应用文体，一般都有一个明确的写作目的，本次习作围绕如何珍惜资源、保护环境等话题展开，与本单元的人文主题保持一致。在习作教学中既要回顾阅读学习的感受，加深对课文的思考和对环保必要性的认识，又要引导学生关注现实生活中存在的问题，提高应用文写作的能力。

2. 核心任务

“抓住关键句，把握文章的主要观点”是本单元的语文要素。《只有一个地球》，引导学生找出文中的关键句，把握主要观点，并体会课文是怎样一步一步得出最后的结论的。《青山不老》，让学生关注课题，思考课文为什么说“青山不老”。《三黑和土地》，引导学生结合课文，体会农民对待土地的态度。《语文园地》的“词句段运用”中，通过具体的例子帮助学生进一步体会如何抓住关键句从而把握一段话的主要观点。

3. 学习目标

字词句：会写“涯、莺”等字，会写“晶莹、摇篮”等词语。

阅读：能借助注释，通过想象画面和了解古文常识等方法理解诗词大意，感受诗词之美；能抓住关键句子，把握文章的主要观点和段落的主要观点；能了解并体会珍惜资源，保护环境的重要意义。

口语交际：学会和别人协商事情，在协商事情的时候能准确把握别人的观点，不歪曲，不断章取义；能够尊重不同的意见，讨论问题时，做到态度平和，以理服人；表达观点时，简洁明了，有理有据。

书面表达：学会倡议书的基本写作格式，就关心的问题写一份表述清晰而且言辞恰当的倡议书；能够根据倡议书的内容和倡议的对象，将倡议书发布到合适的平台。

内容理解：通过对文章的阅读，体会人与自然的密切关系，从而产生对自然的亲近感和保护自然的愿望。

二、课文解读与学习设计

18 古诗三首

课文解读

题解

“浪淘沙”原为唐教坊曲名，后用为词牌名。刘禹锡、白居易依小调《浪淘沙》作七言绝句体《浪淘沙》。本课的《浪淘沙》是诗人九首《浪淘沙》中的第一首，而这个题目又恰好与诗人描写的壮美的黄河景色与诗人想借诗抒发的志向十分契合，可谓绝妙。

“江南春”点出了诗歌所写景物的时间和地点，诗人并不着眼于某一处景色，而是大笔描绘了整个江南的山水楼台，“江南春”这个题目，就已经给了读者这样的感觉，留有无限的想象空间。

“书湖阴先生壁”这个题目告诉了读者诗人在哪里写下了这首诗。“湖阴先生”这个别号体现了主人亲近自然、归隐田园的志趣，正与诗中的景物气质相合。能在人家家里的墙壁上写诗，透露了诗人与湖阴先生是朋友关系。由此，我们就更能理解诗中对湖阴先生家景致的赞美之情，而这些布置又是出自湖阴先生的巧思妙手，这赞美是对房屋的赞美，也是对人的赞美。志趣相投的人才能成为朋友，对湖阴先生的赞美也表达了诗人自己的态度和追求。

结构分析

三首古诗都是七言绝句体，并且都把写景从第一句贯穿到第四句，但三首诗起承转合又各有不同。《浪淘沙》(其一)前两句写黄河九曲回环、巨浪滔天、浊流滚滚的雄阔壮丽景象，后两句笔锋一转，虚写诗人想象中乘着风浪直上银河，浪漫瑰丽。《江南春》前两句与后两句同写江南之景，但感情色彩却大有不同，前两句写繁华热闹之景，后两句写冷清寂寥之景。通篇写景，但两相对比，实则表现了诗人对当朝统治者的委婉劝谏。《书湖阴先生壁》则是移步换景，由内到外，由小到大，从着重写人的生活痕迹，到着重写自然环境，象征诗人心境的变化。

词语含义

直上： 这个词在虚写与实写之间的过渡句中，既与前句的“天涯”相呼应，简单的两个字就写出了黄河浪涛遥接天际，一泻千里，巨浪滔天的壮阔景象，又引起下句“同到牵牛织女家”的浪漫想象。“直上”常常用于“扶摇直上”“青云直上”，指事业猛然上升，前途一片大好，诗人也借这个词表达了自己即使遭遇贬谪也不改初衷，依旧想要做出一番事业的壮志。

千里： 这个词总领全诗，将放眼整个江南的气势与江南景致的秀丽结合在一起，千里江南处处莺啼燕语、柳绿花红，更显得繁华热闹，是一片大好的锦绣河山。

护、送： 这两个字将青山绿水人格化，点出屋子的位置与环境，体现了归隐处士天人合一的思想，诗人眼中的山水与人亲近友善，也隐含着作者因亲近自然、放下俗世纷扰而畅快的心情。

句意理解

浪淘风簸自天涯。

文题照应，描绘出一幅大河自天边而来，风卷浊浪、滚滚向前的画卷，也突出这雄浑背后是经历了无数颠沛与磨砺的艰辛。诗人借物喻人，自己宦海沉浮，被贬至远地，正像一粒黄河沙历经磨难，写景的同时也是感慨自己的人生。

多少楼台烟雨中。

蒙蒙烟雨笼罩着亭台楼阁，这是江南常见的景色，江南高楼华宇的繁华富庶、自然风景的婉约朦胧和浓浓的人文氛围都在这一句中体现了出来，但同时，这些因时代变迁而被人遗忘的寺庙楼宇孤寂地伫立在仿佛总也下不完的绵绵细雨中，凄凉之意顿生，诗人也借此劝勉君主不要沉迷佛事，而应精简开支、发奋治国。

茅檐长扫净无苔。

这一句看似平实，却隐含了不少信息。“茅檐”象征着田园，表明屋子的主人湖阴先生是归隐之士，檐下由于常有顺着屋檐滴落的雨水，又不见日光，最容易滋长青苔，而这里的茅檐下因为“长扫”而干净到“无苔”的程度，表明主人非常注重洁净，显得院中十分明朗，主人能时不时注意这些细节甚至极有可能亲自打扫，也侧面反映了湖阴先生不问俗务，生活闲适安静。

写作特色

这三首诗歌分别借景明志、借景讽劝、借景抒怀，都由眼前之景联系到自身与国家的境遇，又含而不露，曲笔道来，无论是歌颂壮美景色还是描绘秀丽风景，都眼界开阔，情感丰富。

《浪淘沙》组诗是诗人刘禹锡从京城被贬至夔州等地期间所作，当时唐朝经历了安史之乱，吏治混乱，藩镇割据，有识之士多被外放。运用夸张的手法和化用民间传说是诗歌的整体特色，二者相辅相成，成就了诗歌的壮美与浪漫。

《江南春》同样创作于晚唐，当时藩镇割据，宦官专权，党争愈演愈烈，而宪宗沉迷佛事，追求长生，不思国政，甚至因为事佛导致国库空虚。这首诗中，诗人不着痕迹地安排了景物的对比，而这对比又融合在典型的江南春色之中。诗人笔下的江南春色并不仅仅是人们一般想象中的明媚秀丽，而是宏阔与柔婉相融合，柳绿花红、人烟市肆的明艳热闹与烟雨迷蒙、人去楼空的空茫相对照。诗人并未直接提到任何历史事件或表明自己的态度，只是淡淡地、委婉地借绵绵细雨抒发自己的忧虑。全诗看似平实质朴，但意境深远。

《书湖阴先生壁》是王安石第二次被罢相后住在金陵郊外半山园期间所作。全诗以环境写心境，从平淡见功夫，后两句拟人手法的运用和化典的方法是全诗的亮点。

天人感应是汉代以后儒学士子的重要思想之一，在古诗中也有着深刻的体现。古诗往往借景抒情，情绪丰富而多变，景和人是合一的，读懂了景就是读懂了人。我们要学会分析，更要学会感知，这就是所谓的“意会”。

拓展学习资源

1. 诗人简介。

刘禹锡（772—842），字梦得，洛阳（今属河南）人，唐代文学家。刘禹锡性格刚毅，有豪迈之气。其诗无论短章长篇，大都简洁明快，风情俊爽，有一种哲人的睿智和诗人的率真渗透其中，极富艺术张力和雄健气势，白居易称他为“诗豪”。晚年与白居易并称为“刘白”。今存诗歌800余首，内容非常丰富。

杜牧（803—852），字牧之，京兆万年（今陕西西安）人，唐代文学家。晚年居住在长安城南樊川别墅，后世称他为“杜樊川”。杜牧诗歌成就尤高。与李商隐齐名，并称“小李杜”。其诗歌风格独特，既风华流美又神韵疏朗，气势豪宕而又情致婉约。

王安石（1021—1086），字介甫，号半山，抚州临川（今江西抚州）人，世称“临川先生”，又因其曾封于舒、荆，死后谥号“文”，故又称“王荆公”“王文公”，北宋政治家、思想家和文学家。熙宁二年（1069）出任参知政事，次年升任宰相，大力推行改革。王安石是欧阳修倡导的北宋诗文革新运动的积极参与者，是“唐宋八大家”之一，有着雄健刚直、简丽自然又不失幽远的独特风格。其诗有1 500余首，很有特色，自成一家。

2. 两个用典。

“同到牵牛织女家”，这是一个典故。《汉书》中称“汉使穷河源”，就是说张骞曾经到达过黄河的源头；后来，晋代张华的《博物志》中记载了一个传说，称有人乘着小木筏往来于海上和天河之间，还曾经与牛郎织女会面；再后来，这两种记载发生了混合，说是黄河与天河相通，张骞追溯黄河源头时曾经抵达天河，甚至见到了牛郎织女。结合这个典故，这里的“同到”可以理解为和传说中的古人一起去。

“一水护田将绿绕，两山排闼送青来”，这里暗藏着典故。“护田”出自《史记·大宛列传》中的“因置使者护田积粟”，说的是汉朝在轮台设置使者，保护田地、积攒粮食；而“排闼”出自

《史记·樊郦滕灌列传》中的“哙乃排闼直入”，说的是高祖卧病时好多天不肯见人，樊哙推门而入探望。诗人把这两个典故不着痕迹地融入对景物的描写中，用“护田”的西域使者形容河流，用“排闼”而入的樊哙比喻青山，有多个方面的好处：一是直接用了《史记》中的词语，形成了标准的用典对仗，即“史对史”“汉人语对汉人语”；二是动作、情态的迁移运用十分精准；三是令山水也暗含了典故中人物的情操品质，使拟人化的表达更增添了历史文化的味道。

学习设计

学习目标

1. 学会写“涯、莺”2个字。
2. 朗读并背诵三首古诗。
3. 理解古诗的意思，体会诗词之美。
4. 了解《书湖阴先生壁》中诗句表达的特点。

课时

2课时。

学习活动

学习活动一 朗读古诗，读准读顺

1. 出示学习任务：

请同学们朗读课文中的三首古诗。

要求：读准生字的读音，学会并练习写好两个生字。

提示：先各自自由朗读、学习，然后在学习小组里互相检查。

2. 学生各自自由朗读并学习生字。
3. 学习小组成员互相检查并正音。
4. 指名三个小组分别朗诵这三首诗歌。

学习活动二 阅读古诗，理解诗意

1. 出示学习任务：

请同学们默读三首古诗，对照注释，想一想：三首诗分别写的是哪里的景色？每一句诗又是什么意思呢？试着用自己的话说一说。

提示：一首一首地读，一首一首地想，一首一首地交流。

2. 学生自己学习理解。

3. 学习小组展开交流分享。

4. 逐一交流三首古诗的句意理解。

学习活动三 品读古诗，体会意蕴

1. 出示学习任务一：

请同学们再细细地品读这三首古诗。

想一想：

你从三首诗中分别读到了哪些画面？

这些风景、这些画面给你怎样的感受？

2. 学生自由品读诗歌。

3. 学习小组展开交流分享，教师巡视，适当点拨。

4. 学生代表在全班进行交流，相互补充，不断完善。

要点：

(1)《浪淘沙》(其一)：抓住黄河之水天上来的滚滚气势，抓住立体的空间感。

(2)《江南春》：抓住“千里莺啼”“水村山郭”“绿映红”“酒旗风”感受春日的美景和繁华；抓住“南朝”“四百八十寺”“烟雨中”感受历史沧桑。

(3)《书湖阴先生壁》：抓住“一水”“两山”的拟人句，描绘出开阔的景象和境界。

5. 出示学习任务二：

如果请你来诵读这三首古诗，你会分别用怎样的语气语调来读呢？为什么？

6. 学生在学习小组里交流。

7. 指名朗诵，师生点评。

学习活动四 诵读古诗，品味妙笔

1. 出示学习任务一：

这三首诗都是写景，但写法却各有不同，各有妙笔。请同学们再读古诗，寻找每首诗中的生花妙笔，说说妙在何处。

提示：阅读老师发给大家的拓展阅读资料，自主体会，并在学习小组里交流。

2. 出示拓展阅读资料：诗歌中的两个用典。

3. 学生自读自悟。

4. 学习小组展开交流。

5. 学生代表在全班进行交流分享。

要点：

（1）《浪淘沙》（其一）的妙笔在于全诗都用夸张的手法，表现出了黄河雄壮的气势。具体地说，“九曲黄河万里沙，浪淘风簸自天涯”，其中“九曲”“万里”以夸张笔法写出了黄河的气势雄伟。“如今直上银河去，同到牵牛织女家”，夸张与用典并用。

（2）《书湖阴先生壁》，“一水护田将绿绕，两山排闼送青来”是这首诗中最精彩最经典的诗句，对仗、拟人、用典浑然一体。

6. 集体诵读三首古诗。

7. 出示学习任务二（这是一个机动的学习任务，根据学情取舍）：

这三首诗都是写景的，我们似乎看不到人的存在，然而“诗以言志”，诗人一定在景中。请同学们结合拓展阅读资料，想一想：你从三首诗中分别读到了怎样的诗人？他们以诗言何志、表何情？

8. 出示拓展阅读资料：三首诗创作的朝代背景。

9. 学生自己阅读体会。

10. 学习小组展开交流分享。

11. 学生代表在全班进行交流分享。

12. 诵读展示。

板书设计

18 古诗三首

浪淘沙（其一）	气势雄浑	夸张
		用典
书湖阴先生壁	境界开阔	拟人、对仗
江南春	景色盎然	数字
	历史沧桑	

精彩片段

师：同学们，这三首诗都是写景，但写法却各有不同，各有妙笔。请同学们再读古诗，寻找每首诗中的生花妙笔，说说妙在何处。

师：可以借助老师发给大家的拓展阅读资料，自主体会，并在学习小组里交流。

（学生默读诗歌，借助拓展阅读资料体会揣摩）

（学生在学习小组里交流讨论）

师：刚才大家交流得非常好，现在请几位同学把自己的发现和体会跟全班同学分享。

生：我跟大家分享我对《浪淘沙》（其一）的鉴赏。

师：（笑）不错，鉴赏是门大学问啊。

生：我发现《浪淘沙》（其一）的妙笔在于全诗都用夸张的手法，表现出了黄河雄壮的气势。具体地说，“九曲黄河万里沙，浪淘风簸自天涯”，其中“九曲”“万里”以夸张笔法写出了黄河的气势雄伟。“自天涯”，黄河从天上而来，气势多么雄壮啊！

（师生鼓掌）

师：有批评家之风，鉴赏得很不错！还有补充吗？

生：我有补充。“如今直上银河去，同到牵牛织女家”，这里也很夸张，黄河之水似乎奔腾到天上的银河去了，和当年的张骞一样到牛郎织女天上的家里做客。我阅读了拓展资料，这里不仅运用了夸张的修辞手法，还非常巧妙地用了典故。

师：真精彩！还有谁接着分享？

生：我向大家汇报我从《书湖阴先生壁》中读到的妙笔。“一水护田将绿绕，两山排闼送青来”是这首诗中最精彩最经典的诗句。这两句诗歌非常对仗，读了老师提供给我们的拓展阅读资料，我越发觉得这两句诗妙啊！

师：妙在何处？请细细道来。

（生集体笑）

生：妙在这两句诗不是一般的对仗。诗人不仅用了汉代的典故，而且“护田”和“排闼”两个典故都出自《史记》，对仗得既工整又巧妙。

师：有补充吗？

生：我有补充。我也觉得这两句绝了，不仅对仗得好，还将景物拟人化。溪水护田环抱着绿色，两山似用有力的臂膀推开大门把充满生机的绿树绿草送给小屋的主人，溪水和两山显得那么可爱有趣。

师：是的，我也可以补充一下吗？

生：（笑）可以！

师：这样写，还能让我们真切地体会到诗人此刻怡然又开阔的心境。

师：还有谁愿意继续分享？

生：我找到了《江南春》里的生花妙笔。“千里莺啼绿映红，水村山郭酒旗风”，这两句很妙，看上去是写景，实际上藏着江南春天的繁华热闹。诗歌看似没有写到人多车多店铺多，但是，我们细细品读，就能发现非常热闹，繁花似锦黄莺歌唱，到处都飘着酒旗，说明来来往往喝酒的人很多很多，一定非常热闹。

师：善读善思还善表达，为你点赞！还有吗？

……

点评： 这个片段呈现的是“学习活动四”的课堂实践，建议和“学习活动四”的设计结合起来看。这个片段的确很精彩，精彩在学生的表现，学生对诗句的品读鉴赏达到了一定的深度，并且有个性化的表达。之所以能够达到这个程度，是因为教师提供了适切的话题和思考角度，并充分给予学生开展语言实践活动的机会。

19 只有一个地球

课文解读

题解

“只有一个地球”是一个有着较强感情色彩的题目。题目点明了文章介绍的对象是我们赖以生存的星球——地球。“只有一个”强调了地球不可复制、不可替代、不可再生，突出了地球对我们的珍贵和重要性。读了这个题目，我们已经可以猜到这篇文章意在宣传保护地球，而这个题目又像是一声警钟，敲醒我们，让我们静下心来读文章，了解我们的地球母亲。

结构分析

课文层次分明、脉络清晰。

第一部分为第1、2自然段，从宇航员在太空遥望地球所看到的景象写起，感叹“地球，这位人类的母亲，这个生命的摇篮，是那样美丽壮观，和蔼可亲”，接着又写“同茫茫宇宙相比，地球是渺小的”，说明地球很小，两段话从整体上介绍了地球。

第二部分为第3、4自然段，围绕关键句“地球所拥有的自然资源也是有限的”，写地球所拥有的自然资源有限，却又被不加节制地开采或随意损坏，说明地球面临着自然资源枯竭的威胁。

第三部分为第5—7自然段，用科学家的研究成果证明，当地球资源枯竭时，没有第二个星球可供人类居住，“人类不能指望地球被破坏以后再移居到别的星球上去”。

第四部分为第8、9自然段，引用宇航员的感叹，以假设式的递进写了人类的选择只有一个，那就是“我们要精心地保护地球，保护地球的生态环境”。

词语含义

但是： 这是一个表示转折关系的关联词。在含有“但是”的句子里，后半句往往是要表达的中心意思。这个关联词，在课文中出现了四次，这四个含有“但是”的句子对表达课文的主旨起到了非常关键的作用，每一次的出现都具有很强的震撼力，让我们深刻地体会到地球是我们唯一的生存空间，一旦失去，人类将不复存在。

晶莹： 本义为光亮而透明，地球并不是透明的，也不会发光，但是由于大部分面积被蔚蓝的海洋覆盖，从太空中俯瞰，地球显得明净澄澈。用“晶莹”这个词形容地球，也体现了我们对地球的爱。

和蔼可亲： 形容态度温和，使人愿意接近。这里说地球“和蔼可亲”，是宇航员终于能一睹日常不可得见的庞大地球的全貌，并且在黑暗、危险的茫茫宇宙中突然看到家园，精神上有了支撑所产生的一种心理感受。不同于“温柔”这样的形容词所体现出的亲昵，“和蔼可亲”显得地球母亲更加端庄大气，也更表达了我们对她的尊敬。

破碎： 原指破成碎块。这里夸张地运用了这个词，强调我们一定要保护好地球。

句意理解

“我们这个地球太可爱了，同时又太容易破碎了！”

这是宇航员在太空中看到地球时发出的由衷感叹，也可以看作文章的中心句。该句内涵丰富，前半句让我们感受到地球的无限美好，这“可爱”包含了地球的美丽，包含了地球对人类的赐予，后半句“太容易破碎”则告诉我们如果不保护地球的话，那么人类生存的必需资源就会不断枯竭，到那个时候，地球就破碎了，人类也将失去唯一的生存空间。

据有幸飞上太空的宇航员介绍，他们在天际遨游时遥望地球，映入眼帘的是一个晶莹的球体，上面蓝色和白色的纹痕相互交错，周围裹着一层薄薄的水蓝色“纱衣”。

这是全文的第一个句子，从太空俯瞰的角度细腻地描绘了地球的外观，运用比喻的修辞手法，将覆盖了地球大部分面积的蔚蓝海洋比作水蓝色的纱衣，壮美与柔美相交融，正像是一位孕育了无数孩子的伟大母亲，浪漫的画面激发了读者的阅读兴趣，描写中蕴含的对地球之美的赞叹，使读者对地球的依恋、感激、自豪之情油然而生，从而引出下文关于保护地球的内容。

语段分析

有人会说，宇宙空间不是大得很吗，那里有数不清的星球，在地球资源枯竭的时候，我们不能移居到别的星球上去吗？

这个语段非常简短，仅仅一句话，却起到承上启下的重要作用。这一段使用反问的语气提出了一个一直受到关注的设想——在地球不适合人类居住的时候移居到其他星球，应对“资源枯竭”问题的想法以问句的形式提出，顺理成章地引起下文围绕地球独特性、不可替代性所作出的回答，强烈的语气和有很高关注度又明显与题意相悖的设想再一次激发了读者的阅读兴趣。“大得很”“数不清”反复强调移居方案的替代性，当后文对移居方案提出有理有据的反驳后，更能凸显地球的独一无二，也让读者清晰地意识到，一旦地球被破坏到无法居住，我们没有退路，只有走向灭亡，体现了保护地球的必要性。

写作特色

多种说明方法的运用。课文采用了列数字、举例子等多种说明方法，介绍了地球的多方面知识，有力地说明了“只有一个地球”的事实。课文语言准确、严谨，用词精当、贴切，体现了严谨的科学态度。如，“人类生活所需要的水资源、土地资源、生物资源等，本来是可以不断再生，长期给人类作贡献的”，其中的“本来”强调了这些资源原先的可再生性和“随意毁坏”后的不可再生性。再如，“科学家已经证明，至少在以地球为中心的40万亿千米的范围内，没有适合人类居住的第二个星球”，其中“40万亿千米”以列数字的方式，一方面直观地表明了范围之大，大到人类根本无法到达，另一方面也说明“40万亿千米”以外的情况还不能确定。

多种修辞手法的运用。文中多处采用比喻、拟人等修辞手法，体现了语言的生动、形象。如，“地球，这位人类的母亲，这个生命的摇篮，是那样美丽壮观，和蔼可亲”，将地球比作“母亲”“摇篮”，通俗易懂又生动形象，清晰地阐明了地球与人类及万物生存的密切联系。

拓展学习资源

1. 地球日。

地球日始于1970年4月22日。当时，日益严重的环境污染和破坏以及频频发生的工业公害，极大地危害人类的生存，人们越来越感到生活在一个危机四伏的环境中。为了唤起公众和政府对环境问题的警觉，呼吁政府在发展经济的同时，加强对环境的保护，美国的一些环境保护工作者和著名社会人士，发动了一场声势浩大的群众性环境保护运动，并将它命名为“地球日”。每年的这一天，世界各地都要开展形式多样的群众活动，呼吁保护环境、拯救地球。

2. 推荐作品。

推荐书目	《地球》 （作者：伊恩·斯图尔特、约翰·林奇；出版社：重庆出版社）
推荐影片	《流浪地球》

学习设计

学习目标

1. 会写“莹、裹”等字，会写“晶莹、摇篮”等词语。

2. 默读课文，结合关键句，说出课文的主要内容。

3. 抓住四个“但是”体会课文是怎样一步步说明主要观点的。

4. 能结合实际，设计环保宣传语，并与同学交流。

课时

2 课时。

学习活动

学习活动一 初读课文，把握观点

1. 出示学习任务：

请同学们自由朗读课文。

要求：把课文读准确、读通顺，并想一想课文表达的主要观点是什么。

提示：先自己学习，然后在学习小组里交流。

2. 学生自由朗读课文，自学生字。

3. 学生在学习小组里交流字形复杂的生字的写法和课文表达的主要观点。

4. 指名学生班级交流。

学习活动二 默读课文，理清脉络

1. 出示学习任务：

请同学们默读课文，思考：“我们要精心地保护地球，保护地球的生态环境”是本文的主要观点，我们为什么要这样做？

提示：请同学们默读课文，边读边找出每段的关键句，然后用上“因为……所以我们要精心……”，或者“之所以我们要精心……是因为……”的句式在小组里交流。

2. 学生默读课文，自己圈圈画画，找到文章的关键句。

3. 学生在学习小组里讨论交流

4. 小组代表全班交流。

关键句(原因)：

地球，这位人类的母亲，这个生命的摇篮，是那样美丽壮观，和蔼可亲。(第 1、2 自然段)

地球所拥有的自然资源也是有限的。(第 3、4 自然段)

人类不能指望地球被破坏以后再移居到别的星球上去。（第5、6、7自然段）

只有一个地球，如果它被破坏了，我们别无去处。（第8、9自然段）

5. 师生合作梳理概括出文章的三个层次。

学习活动三 抓关联词，品表达妙

1. 出示学习任务：

请同学们再细细品读课文，思考：作者是怎样一步一步得出结论的？换句话说，作者是怎样让我们心悦诚服地接受他的观点的？

2. 抓住四个“但是”，体会前后两层意思的转折，感受表达的独特。

（1）提示：课文中每一个部分前后都有两层意思，两层意思中间都有一个表达转折关系的关联词，它在文中一共出现4次，请找出这个词，并读读它所连接的句子或段落，体会它在其中的作用和意义。

（2）请同学们找出该词，自己读一读，感受“但是”前后的两层意思。

（3）师生合作朗读，同学们读“但是”前面的句子，老师从“但是”开始读后面的句子，感受读前面的句子和后面的句子时，你的心情有何不同？为什么？

（4）师生再次合作朗读，同学们读“但是”前面的句子和后面的句子，老师读“但是”，再次感受读前面和后面的句子时，语气和心情有何不同？为什么？

（5）说说“但是”在课文四个部分的重要作用和意义。

（6）讨论：我们常说在同一篇文章中要避免重复使用同一个词语，那么，为什么在这篇课文中，反复使用“但是”却让我们觉得特别好特别妙呢？

3. 好的语言可以直击人心，找一找文中那些特别能够打动你的句子，细细体会。按照文章的脉络细细品读，慢慢品味。

4. 学生各自独立阅读并思考。

5. 学生在学习小组里交流分享，教师巡视并适当指导。

6. 指名学生回答问题：作者是怎样让我们心悦诚服地接受他的观点的？

学习活动四 拓展实践，设计标语

1. 出示学习任务：

请同学们读一读下面的句子（课后练习第三题），针对这些现象设计一两条保护环境或节约资源的宣传标语。

提示：

读这些句子时，你想到了生活中的哪些现象？

针对这些现象设计合适的宣传标语，宣传标语要主旨明确、语言简明，具有启发性、感染力和号召力。

2. 学生在学习小组里交流生活中毁坏自然资源、滥用化学品的现象。

3. 学生独立设计宣传标语。

4. 学生在学习小组里交流分享，互提修改意见。

5. 学生代表班级交流分享并展示。

板书设计

19 只有一个地球

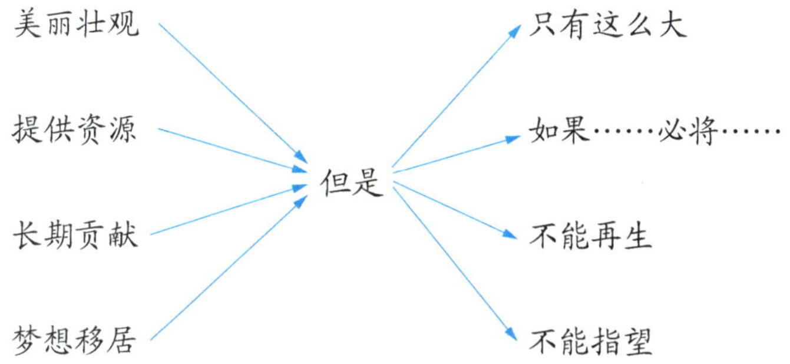

人类的母亲 生命的摇篮

精心保护

精彩片段

师：请同学们再细细品读课文，想一想：作者是怎样一步一步得出结论的？换句话说，作者是怎样让我们心悦诚服地接受他的观点的？

师：我们怎样去体会呢？抓住文章的语言。好的语言可以直击人心，找一找文中那些特别能够打动你的句子，细细体会。按照文章的脉络细细品读，慢慢品味。

（学生各自独立阅读并思考）

（学生在学习小组里交流分享，教师巡视并适当指导）

师：谁愿意把自己的体会和大家分享？

生：我汇报课文第一部分。课文的第一部分告诉我们，地球和我们是非常非常亲密的关系。这里打动我的句子是："地球，这位人类的母亲，这个生命的摇篮，是那样美丽壮观，和蔼可亲。"读着这句话，我有一种很温柔的感觉，觉得自己和地球很亲近，产生了保护地球的愿望。

（师生鼓掌）

师：你的感觉很敏锐，作者这样写正是为了让你产生保护地球的冲动，谁会不保护自己的母亲呢？讲得特别好。谁有补充？

生：我补充第一部分。这一部分打动我的还有第一句话，这句话很形象地把宇航员眼中的地球美丽的样子写出来了，"晶莹的球体""蓝色和白色的纹痕相互交错""裹着一层薄薄的水蓝色'纱衣'"，这么美丽的地球，怎能不爱它呢？

师：是啊，谁接着说？

生：打动我的句子是："在群星璀璨的宇宙中，地球是一个半径约为 6 400 千米的星球。同茫茫宇宙相比，地球是渺小的。它只有这么大，不会再长大。"读到这里，尤其是后一句，我有一种很奇怪的感觉，原来地球只是一颗小小的星球，而且它只有这么大，不会再长大。它是需要我们爱护的。

师：你的这种奇怪的感觉，我可不可以理解为一种危机感或忧患意识？

生：（点头）是的。

师：好，谁接着说？

生：我汇报课文第二部分。这一部分打动我的句子是几个用关联词连接的句子。比如："地球是无私的……但是，如果不加节制地开采，必将加速地球上矿产资源的枯竭。"还有后面的："本来是……但是……，不但……还……。"这些句子让我感到深深的担忧。

师：有同感。谁继续分享？

生：我汇报课文第三部分。这里用了一个自问自答的设问。

师：是的。

生：打动我的句子是："科学家已经证明，至少在以地球为中心的 40 万亿千米的范围内，没有适合人类居住的第二个星球。"这个数字告诉我们，我们不可能再移居到别的星球上去，我们只有一个地球。

……

师：同学们，你们的语言感悟力让我惊叹。综合大家的品鉴体会，你能概括地说说作者是怎样一步一步得出结论的吗？

生：作者先用优美的语言让我们感受地球的美丽，感受它和我们的亲密关系，让我们对它产生感情；然后，从资源的有限到科学家的论证，让我们清楚地知道我们只有一个地球，我们别无去处；最后引用宇航员的感叹，让我们进一步体会到可爱的地球也是脆弱的。这个时候，自然地得出结论：我们必须爱护这个独一无二的地球。一个“但是”，把课文四个部分前后两层转折的意思表达得相当透彻，让我们深深地体会到：地球虽可爱，但脆弱，我们只有珍惜它，保护它，才能长久地拥有它。

（师生鼓掌）

（夏静老师执教）

点评： 这个片段呈现的是“学习活动三”中第二部分的教学现场，呈现的是学生在教师的引导下，抓住课文中反复出现的关联词“但是”对课文内容进行诵读、比较、感悟后，进一步细读精彩语言和进行个性化表达的过程。

20* 青山不老

课文解读

题解

“青山不老”是这篇散文的“文眼”，既深化了文章主题，又使文章主题形象鲜活起来，让原本相对抽象的人物精神变得具体可感。“青山”表面上指老人创造的奇迹，实际上象征着老人的高贵品质和执着精神；“不老”则是说老人虽然会离开人世，但他种下的这片青山以及他崇高的精神会世世代代流传下去，永远“不老”。

结构分析

全文共7个自然段，层次清楚，脉络分明，可以分为三个部分。

第一部分为第1—3自然段，展示了一幅满眼绿色的美丽画卷，窗外的杨柳、山上的绿意、四周的“绿色的波浪”，呈现出小院一派绿意盎然的景象；然后再写这条山沟所处的“大”环境和院子里的“小”环境，衬托出改造山林的难度之大。

第二部分为第4、5自然段，用一连串的数据及村干部的讲述写出了了不起的奇迹，既有数据的震撼力，又有旁证的信服感；之后，老人陪“我”来到沟里实地观察，“我”亲眼看到了老人种树的功绩，感受到了老人与恶劣环境顽强抗争，不断改变生态的勇气和决心。

第三部分为第6、7自然段，写老人用自己的生命捍卫着青山，实现自己的价值，老人的精神是不会老的；课文的最后，以“我”的感悟点明了文章主旨。

词语含义

粼粼：形容水、石等明净。文中作者把树林比作“绿色的波浪”，风吹过树林，阳光洒在摇晃的树叶上，“粼粼”一词描绘出一幅生机勃勃、充满阳光的画面，让人感到视野开阔、心情愉悦。

肆虐：任意残杀或迫害，起破坏作用。这个词写出这条山沟里寒风不仅风势极盛，还有着很强的破坏力，给当地人造成了严重的损失。

如臂如股：运用了比喻的修辞手法，既写出了杨树、柳树树干的粗壮，体现了它们生长的时间较长，呼应了上文老人种树十五年的经历；又写出了这些树在恶劣的环境中依然茁壮成长，长得挺拔有力，像强壮的臂膀一样护卫着大山，守护着土地。

句意理解

“风大作时，能逆吹牛马使倒行，或擎之高二三丈而坠。”

这句话出自当地县志，文言文体侧面证明了当地人从古至今代代饱受风沙之苦，增添了一种厚重的历史沧桑感。这句话的意思是狂风刮过的时候，牛马顶不住风力，被风吹得倒退，乃至被风卷到天上两三丈高的位置再扔下来。已然是龙卷风的情状。生动的画面使读者身临其境地感受到风究竟有多猛烈，也印证了狂风给当地人的生命财产安全造成了极大的威胁。

“这树下的淤泥有两米厚，都是好土啊！”

淤泥“两米厚”，这个具体的数据再一次体现了山沟水土流失情况的严重。因为有老人种的树在，这些水土并没有流失，而是被树根牢牢抓住，凸显了树的重要作用和老人为当地作出的巨大贡献。这句话提醒了我们，土壤流失的危害性与植树造林保护环境的重要性，老人的心愿和精神都从这句话中传递了出来。

语段分析

看完树，我们在村口道别。老人拄着拐杖，慢慢迈进他那个绿风荡漾的小院。我不禁鼻子一酸——也许老人进去后就再也出不来了。作为一个山野老农，他就这样来实现自己的价值。他已经将自己的生命转化为另一种东西。他是真正与山川共存、与日月同辉了。

这是文章的倒数第二段，从送别老人的场景写起，完成了拜访老人的小院、听老人的植树故事、参观老人种下的树林、与老人告别的叙事脉络，使文章结构更加完整。作者用一句简简单单、朴实无华的话描写了老人走向小院的场景，因为这个场景本身就是平淡的，老人也是朴实、普通的。“拄着拐杖”“慢慢”这些细节描写让我们真切地感受到老人的衰老、孱弱，正如作者感叹的那样，“也许老人进去后就再也出不来了”，我们也感受到心酸、不舍。这平淡的画面变得珍贵而隽永，更加强了读者与老人之间的感情联系，让我们更加感佩老人的坚持和奉献，理解老人的一片苦心，由此引出总结性的议论。“他是真正与山川共存、与日月同辉了”，高度赞扬了老人，也揭示出人与自然相处最亲密和谐的方式：把时间和精力贡献给保护环境，把有限的生命融入自然，这就是“青山不老”最深刻的含义。

写作特色

独具匠心的谋篇布局。第 1 自然段把所有的笔墨都用来描绘题目中的“青山”，尤其是青山之“青”——茂密葱茏的树林，鲜活明媚、充满生命力的画面一下子吸引了读者的视线，而作者没有介绍的内容更让读者好奇。第 2 自然段由实景跳跃到虚景，对大环境恶劣气候的描写也是对老人植树故事背景的介绍，肆虐的、收割生命的风沙，广阔如海、郁郁葱葱的树林，瘦小的老人……三者两两之间构成了强烈的对比，使人又忍不住要问：老人是怎样在恶劣的环境中种出这一片树林的？有了树林，寒风沙暴还会那样嚣张吗？开头两段环境描写引导着读者渐入佳境。文中两段文字插叙了老人种树的经历，看似是脱离原本的时间线回溯过往，但从介绍故事的起因、经过、结果的顺序来看，这一段正是紧接上文以环境暗示起因，开始介绍故事的经过。倒数第二段，作者从与老人告别的场景写起，完成了对作者在山沟的旅程的叙写。整个旅程始于小院，终于小院，从对树的描写开始，以对人的描写结尾，使结构更加完整。作者以带着伤感的离别场景写出老人的衰老，充分调动了读者的情绪，接着笔锋一转，从身体的衰老转向精神的不老，从生命的有限转向价值的无限，揭示出青山不老的深层含义，升华主题，呼应文题，总结全文。

含蓄深刻的情感表达。作者并没有大肆渲染老人种树过程中的艰辛，甚至对于种树这个核心几乎没有动作、语言、神态等描写，反而花费了大量笔墨写老人的生活习惯，写老人亲人的离世，写老人的宏伟设想。文章独有的内敛克制，含而不发，却更给人一种真实感，给读者更多想象的空间。山村生活的枯燥重复、伙伴亲人相继离世或远离的孤独、日益衰老气力不济理想却还未实现的无可奈何……这些点点滴滴从方方面面诉说着老人的辛苦，更显出老人做出这个选择的不易。对老人的敬意，作者没有浓烈直白地抒发，却把种树与老人的生活乃至生命融合在一起，其中的情感含蓄深刻、耐人寻味。

拓展学习资源

作者简介。

梁衡，1946 年出生，山西霍州人。1968 年毕业于中国人民大学。曾任国家新闻出版总署副署长、《人民日报》副总编辑。代表作有散文集《只求新去处》《人杰鬼雄》《名山大川感思录》《觅渡》等。

梁衡的散文创作讲究谋篇布局，注重炼字铸句。他的每一篇作品都很用心。因此，梁衡的散文学者气质很浓，作品可资探究的元素较多，经得起细细琢磨、反复推敲。在文体意识、学识修养、语言风格等众多方面，都引起了学界的关注。梁衡的散文尤其显得“大气”，即题材大，所谓“宏大叙事”；气魄大，感应大时代、大人物的精、气、神；抱负大，从忧国忧民到体察人生百味，探究生命的本真。

学习设计

学习目标

1. 抓住“奇迹”，体会老人在什么样的条件下，创造了怎样的奇迹。
2. 通过逐层递进要求的三次品读，体会课文为什么以“青山不老”为题。

课时

1 课时。

学习活动

学习活动一 初读课文，质疑探究

1. 出示学习任务：

请同学们朗读课文，想一想：有哪些有价值的问题值得我们在这堂课中进行探讨？

提示：自己读一读，想一想你有哪些疑问，你的疑问中一定会有值得大家一起探讨的部分。

2. 学生初读课文，独立思考。

3. 学生在学习小组里交流。

4. 学生提出相关问题或话题。

（1）为什么说“青山不老”？

（2）老人是如何创造出荒山变青山的奇迹的？

（3）“他已经将自己的生命转化为另一种东西。”这“另一种东西”究竟是什么？

学习活动二 二读课文，理解“奇迹”

1. 出示学习任务：

请同学们默读课文，思考以下问题：

老人创造了怎样的奇迹？他是在什么样的条件下创造的？他是如何创造的？

2. 默读课文，找出文中的相关段落和语句，并适当批注。

3. 师生交流。

（1）阅读交流：老人创造了怎样的奇迹？

出示课文第 1 自然段：读读第 1 自然段，说说这“奇迹”呈现的样貌。

（2）阅读交流：老人是在什么样的条件下创造了“奇迹”？

出示课文第 2 自然段：读读课文，说说这“奇迹”之所以称为“奇迹”，是因为它是在怎样的条件下创造的？你是从哪些词句中读出来的？

（3）阅读交流：老人是如何在如此恶劣的环境下创造出“奇迹”的呢？

出示课文第 3、4 自然段：读读课文，思考：你从字里行间看到了老人创造“奇迹”的哪些画面和情景？其中哪些词句给你震撼或让你感动？

4. 指导朗读。

根据学生的表达，指导学生读出老人的艰辛、执着。

学习活动三　三读课文，破题升华

1. 出示学习任务：

请同学们再读课文，思考一开始我们提出的三个问题中提问最多的一个问题：为什么说“青山不老”？

2. 提问：找出文中让你感动的句子和段落，再细细地读一读，想一想：你为什么会感动？

3. 师生交流。

（1）回忆“二读”环节，文中感动了你的语言在哪里？

（2）回顾“初读”时提出的第三个问题：“他已经将自己的生命转化为另一种东西。”这“另一种东西”究竟是什么？

出示课文第 5、6 自然段：读读课文，说说课文的哪些语句帮助你理解了这句话的意思，并用自己的话说说你的理解。

（3）出示课文第 7 自然段：齐读课文最后一自然段，回顾全文，在学习小组里交流：为什么说“青山不老”？

4. 师生讨论：课文为什么以“青山不老”为题？以此为题有什么好处？

板书设计

20* 青山不老

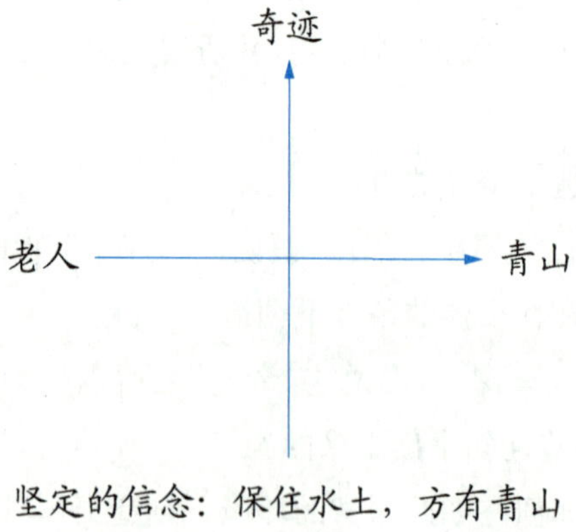

精彩片段

师：请同学们再读课文，思考一开始我们提出的三个问题中提问最多的一个问题：为什么说“青山不老”？

师：要理解这个问题，我们就要先完成下面两个语言实践活动。首先找出文中让你感动的句子和段落，再细细地读一读，想一想：你为什么会感动？然后再回答这个问题：“他已经将自己的生命转化为另一种东西。”这“另一种东西”究竟是什么？

（学生自由朗读并独立思考）

（学生在学习小组里交流讨论）

师：现在我们先来完成第一个小话题的分享，文中感动了你的语言在哪里？谁来分享？

生：课文第 2 自然段让我感动。这一自然段中对恶劣条件的介绍，让我感觉到老人家创造这块绿洲，不知道吃了多少苦。这简直让人难以相信！

师：是啊，读到这里，你是否仿佛看到了一些令人动容的情景，你能继续说说吗？

生：我仿佛看到狂风中，风沙几乎淹没了老人瘦弱的身影，可是那瘦小的身影依然挺立在风沙中，他那枯瘦的手紧紧地握着锄头和正在种植的小树。

（师生鼓掌）

师：你能透过文字看到如此真实动人的情景，并用自己的语言细致地表达出来，真是太好了！

师：谁接着说？

生：让我感动的是课文第 3 自然段的介绍。“一排三间房，就剩下老者一人。”这句话让我看到老人孤单的身影，尽管如此孤单，他却依然坚持在这里种树。“他已经八十一岁，知道终有一天自己也会爬不起来。他唯一的女儿三番五次地从城里回来，要接他去享清福，他不走。他觉得种树是命运的选择，屋后的青山就是生命的归宿。”八十一岁高龄的老人，本应该歇息了，可是他却觉得越是生命的最后越是要坚持不懈地多种点树，这可不是一般人能做到的。

师：是啊，一定是一种信念和精神支撑着他。

师：老人的女儿来央求他去城里时，两人之间会发生怎样的对话呢？请同学们想一想，同桌分角色说一说。

（同桌分角色对话）

师：哪两位愿意来模拟老人和女儿的对话？

生（女儿）：爸爸，我求求您了，您就跟我回去吧，让我们好好服侍您！

生(老人)：不要说了，我是不会走的！我只要活着一天，只要还能爬起来，就要在这里种树。

……

师：听了这几组对话，我们的眼睛都湿润了。是啊，老人觉得种树是命运的选择，屋后的青山就是生命的归宿。还有谁愿意分享？

生：课文第4自然段让我感动，尤其是那些数据："十五年啊，绿化了八条沟，造了七条防风林带，三千七百亩林网，这是多么了不起的奇迹。"这"奇迹"是瘦小的老人和他的几位志同道合者，一锹一坑地挖出来的。

师：是啊，这是一种超乎常人的坚毅和勇敢，不是靠信念和精神来支撑，谁又能做到！谁接着说？

……

师：同学们，我们动情地说着，动情地读着，现在，你知道"他已将自己的生命转化为另一种东西"中这"另一种东西"是什么了吗？

生：是老人要把荒山变青山并终身守护青山的信念和精神。

师：对，老人终会老去，终会离开这个世界，到那个时候青山不是与他没有关系了吗？他又何必如此执着？

生：他要为子孙后代守护青山。

师：说得好！那么，现在你是如何理解"青山不老"的呢？

生：老人的精神和行动会感染一代又一代的人，还会有许多这样的人来守护青山、改善生态，所以青山不会消亡。

生：我觉得不会老去的不仅仅是青山，更是老人守护青山的精神。

生：我有补充。一个普通的瘦小的老人都可以在贫瘠的土地、恶劣的环境中让荒山变青山，他的精神会感召更多的人一起加入改造环境的事业，所以，青山永远不会老。

（褚嘉耘老师执教）

点评：本课的设计是通过层层递进的品读破解一个中心问题：为什么说"青山不老"？这个片段呈现的是学生突破难点、思维碰撞的高潮部分，建议和学习活动二、三结合起来看，以便更好地领会这两个重要活动的设计意图。在这个片段中，我们看到，教师采用了情境中角色对话和画面再现的方法帮助学生加深理解。

21* 三黑和土地

课文解读

题解

“三黑和土地”这个题目告诉读者，这首现代诗写的是“三黑”这个人与土地的故事。“三黑”这个名字朴实而充满乡土气息，我们能感受到他和土地之间有着紧密的联系。“和”将人与土地联系起来，说明诗歌并不是单纯描写这两个主体，而是着重描写三黑和土地之间的关系及情感。

结构分析

全诗15个小节，采用写实的创作笔法，写了农民三黑翻地、耙地，累了在地头歇息这些农村的劳动生活场景。全诗可以分为两个部分。

第一部分为第1—3节，运用比喻和夸张的修辞手法，写了“农民一有了土地”之后那种极度喜悦的心情，恨不得尝尝土地的滋味，甚至想变成一粒种子试试土地的温度。

第二部分为第4—15节，写三黑有了土地后的喜悦心情。从四个方面来表现：第4—9节，写三黑把土地耙得细致平整，想象着麦籽躺在里边的舒适，以及在土地里苗壮成长的情景；第10—12节，写三黑回忆起逮蝈蝈的情景；第13—14节，表达了三黑对未来的期望；第15节，写三黑内心的幸福。

词语含义

打滚： 躺着滚来滚去，一般是孩子的行为，是淘气的、懒洋洋的。三黑想在土地上打滚，用打滚这种方式检验他的劳动成果，这土地想必是松软的，被太阳晒得暖烘烘的，可见三黑对这片土地多么上心，耕地耕得卖力又细致。三黑想在土地上打滚，不嫌脏，不嫌“掉价儿”，多么自由、舒展、惬意，就像在母亲面前的孩子一样，没有拘束，又非要用没有距离的身体接触来表达对母亲的爱和眷恋。打滚，体现了三黑对自己劳动成果的自豪，也体现了三黑对土地深深的依恋。

痒抓抓： 这个生动又口语化的词，用三个字就写出了三黑实在是心痒难耐，就像有好多小爪子在挠他的心。三黑为什么听到蝈蝈叫就心痒痒呢？他是想抓蝈蝈吗？他想抓又不立刻去抓，那么到底抓不抓呢？其中有别的原因吗？这个词抛出了一个又一个问题，勾起了读者的好奇心。

句意理解

活像旱天的鹅，一见了水就连头带尾巴钻进水里。

这一句运用了比喻的修辞手法，生动又夸张地体现了农民对土地的依赖和热爱。鹅离开了水是不能好好生存的，可以想象旱天的鹅有多痛苦可怜，那么没有土地的农民的日子又是多么煎熬？由此我们也可以明白土地是农民赖以生存的资源和家园。“一见了水就连头带尾巴钻进水里”，这一句足以体现农民获得土地后的欢快和热情，迫不及待地、全身心投入地耕种土地。

他想招呼从地头路过的那个孩子：“快去逮吧，你听，叫得多好！”

三黑小时候贫苦，家里没有土地，连逮蝈蝈都要被地主和父母责骂，现在拥有了土地，虽然自己年岁大了逮不到蝈蝈了，但是能让孩子在自己的土地上逮蝈蝈，也是一种慰藉和补偿。这招呼又带着点炫耀的意思，终于苦尽甘来有了自己的土地，三黑想把这份喜悦、得意和满足分享给身边的所有人。

语段分析

三黑一边耙地，一边想着：翻身的人儿心里真甜。 他笑嘻嘻的，连嘴都合不上。 地里的蝈蝈儿也叫得更欢。

这一节是文章的结尾，诗人用三黑一句朴素的心理活动对全诗的情感和主旨进行了总结。“翻身的人儿”告诉我们，三黑对土地的热爱不仅仅是出于一个农民对从小生活着的，供养着自己的土地的那种紧密的刻在骨血里的联系，还因为地主被打倒，土地革命开展了，他终于获得了属于自己的土地，格外快乐，也格外感恩和珍惜。“笑嘻嘻的，连嘴都合不上”，这个直白但生动的动作描写将全文洋溢的愉悦之情推向了顶峰。蝈蝈的叫声宕开一笔，又跟前文呼应，相比于在顶峰戛然而止，这样的处理略微冷静和稀释了情绪，却让情绪飘散、弥漫开来，配合着土地给人的舒适、温暖、恬静的感觉，更是意蕴无穷。田地里的蝈蝈也跟着三黑一起高兴，充满人情味的表达更使得人与土地融合在一起，突出了农民与土地之间的亲密关系。

写作特色

朴实的语言，诗意的表达。这首现代诗散发着浓郁的泥土气息，语言朴实无华，却又充满诗意。整首诗歌，诗人所用的词语几乎都是我们生活中常用的，甚至是常出现在农民口中的口语化词汇，通俗易懂。虽然语言直白，但大体押韵，节与节之间换韵，读起来很有节奏感，且富于变化。如诗歌的开篇：“农民一有了土地，就把整个生命投入了土地。活像旱天的鹅，一见了水就连头带尾巴钻进水里。”“把整个生命投入了土地”虽然略显抽象，但一个非常通俗的比喻却使这种情感形象化了；对鹅的描写则用了“连头带尾巴”这种口语化的语言，十分接地气。两个简单的“一……就……”，内容上写出了农民和鹅情感上的相关，形式上则赋予了诗歌韵律感。

情感蕴含在生活场景中。在情感的表达上，全诗都是通过对客观现实的描绘来间接表达三黑对土地强烈的感情。文中鲜活生动的现实画面描写，随手拈来，无一不饱含着深深的眷恋、浓浓的喜悦。

拓展学习资源

1. 作者简介。

苏金伞（1906—1997），原名苏鹤田，河南睢县人，现代著名乡土诗人，因其浓郁的乡土诗风，在中国现代文学史上占有一席之地。主要著作有诗集《地层下》《窗外》《入伍》等。

牛汉在《诗，苏金伞和我》一文中对其作如下评价：

苏金伞一生的创作显示了土地一样的朴实和宽厚的品格与精神内涵。农民和他们的命运，始终是他最重大的创作主题。他的诗，不是一般的同情和空泛的歌颂。苏金伞与大地和农民是血亲般不可分的，是一种命运的亲情。这种人的气质和诗的情境在中国写农民的诗人之中几乎是罕见的。

苏金伞的语言是他自己的创造。他跟语言亲密无间，心心相印，从他的诗里找不出一句是从辞典里引用来的，因而他的诗没有学院式的高贵和典雅，也没有什么教化人的声调，具象地显示和创造出清白自然的人生境界：人与大自然亲密而和谐；诗的语言是人类的，也是大自然的，它们共生共存，没有隔阂。

2. 创作背景。

解放前，半殖民地半封建的旧中国，仍维持着封建土地制度，占农村人口不到百分之十的地主、富农，占有百分之七十至八十的土地，他们凭借占有的土地，残酷剥削和压迫农民；而占农村人口超过百分之九十的贫农、雇农和中农，却只占有百分之二十至三十的土地，他们终年辛勤劳动，受尽剥削，生活不得温饱，过着十分悲惨的生活。这种封建土地制度严重阻碍农村经济和中国社会的发展。在新中国成立前夕，解放区进行了土地革命，农民重新获得了土地。

3. 阅读链接：《在希望的田野上》。

学习设计

学习目标

1. 能体会并说出三黑是怎样看待土地的，能朗读出三黑对土地的深情。
2. 能说说自己对土地的新的理解和感受。

课时

1 课时。

学习活动

学习活动一 初读课文，了解内容

1. 出示学习任务：

请同学们朗读课文，要求：读准诗歌，读通诗歌，并说说诗歌主要写了什么内容。

提示：自己朗读并思考，然后在学习小组里互相检查并分享初读所得。

2. 学生自由朗读并独立思考。
3. 以学习小组为单位展开互查并讨论诗歌主要内容。
4. 指名学生班级汇报。
5. 分节分组轮读课文。

学习活动二 巧打比方，体会情感

1. 出示学习任务：

请同学们再读课文，从诗歌的字里行间你读出了三黑对土地怎样的感情？从哪些诗句中读出来了？

提示：先读一读补充阅读的资料，了解诗歌创作的背景，然后默读诗歌，体会三黑对土地的感情，最后把这份感情通过朗读表现出来。

2. 出示诗歌创作背景：

解放前，半殖民地半封建的旧中国，仍维持着封建土地制度，占农村人口不到百分之十的地主、富农，占有百分之七十至八十的土地，他们凭借占有的土地，残酷剥削和压迫农民；而占农村人口超过百分之九十的贫农、雇农和中农，却只占有百分之二十至三十的土地，他们终年辛勤劳动，受尽剥削，生活不得温饱，过着十分悲惨的生活。这种封建土地制度严重阻碍农村经济和中国社会的发展。在新中国成立前夕，解放区进行了土地革命，农民重新获得了土地。

3. 学生阅读创作背景。

4. 学生默读诗歌，体会三黑对土地的感情。

5. 师生交流。

(1) 提问：你读出了三黑对土地怎样的感情？从哪些诗句中读出来了？

(2) 指导：诗歌的字里行间饱含着三黑对土地的深情，究竟是怎样的感情呢？我们往往用一个词、一个短语很难表达清楚，不妨通过打比方的方式说出我们对诗歌情感的理解。比如：我觉得三黑对土地的感情就像(谁)对(谁)的感情，我从以下诗句中体会到了……

预设：

三黑对土地的感情就像母亲对孩子的感情；

三黑对土地的感情就像孩子对母亲的感情；

三黑对土地的感情就像爱人对爱人的感情；

……

(3) 朗读指导：把你体会到的这些感情，通过朗读表现出来，你觉得应该怎样读才能读好呢？

(4) 指名学生朗读、评议。

6. 进行多种形式的集体诵读。

学习活动三 拓展阅读，分享所悟

1. 出示学习任务：

有一首歌唱出了那时候农民对土地的深情，唱出了土地给农民的希望，我们一起来阅读歌词，聆听旋律，思考：你从中看到了哪些情景？听到了怎样的情绪？体会到了怎样的心情？

2. 出示《在希望的田野上》歌词，并播放歌唱家的演唱。

3. 学生阅读歌词，聆听歌曲演唱，独立思考。

4. 学习小组围绕学习任务中的三个问题展开讨论和分享。

5. 指名学生班级交流分享，教师适时引领点拨或提升。

6. 提问：此时此刻，生活在今天这个物质丰富、经济发达的伟大时代的你，对土地产生了怎样的新认识？对土地的情感发生了怎样的变化？

7. 学生交流分享各自的感受。

板书设计

21* 三黑和土地

画面 → 翻地、耙土、畅想 → 爱 ← 情感

像……对……

像……对……

像……对……

精彩片段

师：请同学们再读课文，从诗歌的字里行间你读出了三黑对土地怎样的感情？从哪些诗句中读出来了？

师：请同学们先读一读补充阅读的资料，了解诗歌创作的背景，然后默读诗歌，体会三黑对土地的感情，最后把这份感情通过朗读表现出来。

（学生阅读创作背景）

师：从补充资料中，你读懂了什么？

生：我读懂了三黑为什么那么爱土地，因为他终于拥有了自己的土地，终于盼来了有希望的生活。

师：理解准确。现在请同学们再读这首诗歌，用心地去感受三黑对土地的情感究竟有多深。

（学生自由阅读课文思考，并适当批注）

师：请各学习小组的组长带领小组成员交流分享自己的体会，并有感情地朗读相关内容。

（学生小组交流）

师：大家交流得很投入，谁来说说看，你读出了三黑对土地的感情究竟有多深呢？

生：我从诗歌的第1小节中就读出了三黑对土地的感情是非常非常深厚的，“把整个生命投入了土地”。

（师板书：把整个生命投入了土地）

师：谁接着说？

生：我读出了三黑对土地的感情就像母亲对待自己的孩子一样。

师：哦，这个比方很恰当呢，说说你的理解。

生：我是从诗歌的第2、3、4、5小节中感受到的，“恨不得把每一块土，都送到舌头上”，“恨不得自己变成一粒种子，躺在土里试一试，看温暖不温暖，合适不合适”。这就像母亲对孩子的爱，捧在手心里怕摔了，含在嘴巴里怕化了。

（师生大笑）

师：这体会真是感同身受啊！还有谁想说说？如果无法用准确的词语来形容三黑对土地的感情，那就学着这位同学用打比方的方法描述出这种情感，非常形象。

生：我觉得三黑对土地的感情就像儿子对母亲的依恋。

师：哦？说说看。

生：我是从课文的最后三小节里读出这份感情的。三黑的打算是非常美好的，这一切的美好都是土地给他带来的，所以，从他幸福的表情和心中所想，我感觉到三黑对土地如同孩子对母亲般依恋。

（师生鼓掌）

师：还有吗？

生：我是觉得三黑对土地的感情是对自己爱人的那种爱。

（师生大笑）

师：咦，这也很有意思，你怎么会有这样的想法？

生：诗歌第6—12小节，我读到的每一句话都让我觉得三黑看着土地越看越喜欢，哪儿哪儿都好，我老爸看我老妈就是哪儿哪儿都好。

（师生又一次大笑）

生：在三黑的眼睛里，这土地是软软的床，土里廾出的荞麦花是那么漂亮，连蝈蝈儿的叫声也是那么美妙，就因为它是在三黑自己的土地上叫的。

师：你真的很棒！同学们今天都很出色，能够结合自己生活中的感受去理解诗歌，理解三黑，会读书，会感受，为你们点赞。

师：现在，我们来合作诵读这首诗歌，总之，从我们的朗读中要流淌出三黑对土地无与伦比的深情。

点评： 这个片段呈现的是课文重点部分的学习现场，是学生理解达到高潮的环节，也是这节课设计的亮点，对应的是“学习活动二”。在这个环节里，教师采用了基于学生习惯且相当成熟的形象思维来帮助理解抽象的情感，教学效果非常显著。

口语交际：意见不同怎么办

学习设计

学习目标

1. 尊重不同意见，有分歧时能通过协商解决。

2. 学习运用讨论问题时应遵循的原则。

课时

1 课时。

学习活动

学习活动一 了解分歧，明确概念

1. 小调查：左还是右。（赞同以下观点的同学举左手，不赞同的同学举右手。）

（1）我们的校服颜色应该改成绿色，因为绿色象征着清新、希望。

（2）我认为学校里不应放置垃圾桶。

（3）我认为课堂上应该使用电子设备进行学习。

2. 通过刚才的调查我们可以发现，每一种观点都有同学赞同，也有同学不赞同。同一个问题，大家的意见不同，这就叫“分歧”。在生活中，有分歧是很正常的。

学习活动二 角色表达，尝试协商

1. 展示图片：夜空中绚丽的烟花。看了这张图片，你有什么想法？

2. 出示一则新闻：2018 年 11 月 26 日，山东省临沂市沂南县湖头镇前杜家哨村发生一起非法生产烟花爆竹的爆炸事故。事故共造成 4 人死亡，其中 2 人当场死亡，2 人重伤后经抢救无效死亡。展示图片：烟花燃尽后地上的垃圾、空气中污染浓度的变化。看了这些资料，你又有什么想法呢？

3. 让我们走进采访现场，针对“春节该不该燃放烟花爆竹”这一问题进行采访。请同学们挑选采访对象（普通市民、消防队员、环卫工人、鞭炮厂工人、环保局局长、医生等）。

4. 播放视频：

普通市民：放鞭炮比较有年味，是我们家过年的传统。

消防队员：燃放烟花不当容易引发火灾。

5. 讨论：你觉得他们说得有道理吗？

6. 请你猜一猜：其他人会怎么说呢？选择一个角色在四人小组内交流。

学习活动三 交流方法，练习展示

1. 师生畅谈：怎样协商才能达成一致？

2. 老师小结：

准确把握别人的观点，不歪曲，不断章取义。

尊重不同意见，讨论问题时，态度要平和，以理服人。

3. 出示书本中的事例二：要路还是要树？

小组交流：小组成员分别选择一个角色，从这个角色出发阐述对这个问题的看法。

4. 小组展示，其他同学进行补充。

精彩片段

师：猜一猜，其他人会怎么说？

生：我是环卫工人，每年大年三十、大年初一，街上燃放烟花爆竹产生的垃圾堆积如山，我们几乎从早扫到晚。人们随意燃放烟花爆竹增加了我们的工作负担，我不支持燃放烟花爆竹。

生：我是鞭炮厂工人，如果所有人都不购买烟花爆竹，我们厂就要倒闭了，我也要失业了。

生：我是环保局局长，燃放烟花爆竹会释放大量有害气体，造成空气污染，损害人们的健康，所以要禁止燃放烟花爆竹。

生：我是医生，每年春节都有人被烟花炸伤，燃放烟花爆竹是很危险的，我不支持燃放烟花爆竹。

师：刚才这组同学从不同角色出发，阐述了对这一问题的看法，还有同学要补充吗？

生：我们市是明令禁止燃放烟花爆竹的，我作为学生，应该遵守法律规定，不去燃放烟花爆竹。

师：每个同学都有自己的观点，我们能通过协商把问题解决吗？

生：燃放烟花爆竹有很多危害，我们尽量不要燃放。

生：我们在市区不能燃放烟花爆竹，在郊区可以燃放，但一定要注意安全。

……

师：生活中，当遇到问题，大家的意见不同时，可以用协商的方式来解决。

点评： 这个片段很有意思，有意思在学生替代角色后的表达，因为身处角色情境中，所以，内心就有了体验，有了体验的表达就会显得丰富。

习作：学写倡议书

学习设计

学习目标

1. 结合搜集的事例，交流如何珍惜资源、保护环境的问题。

2. 掌握写倡议书要注意的问题及格式，能就自己关心的问题书写一份倡议书，做到格式正确，内容清楚。

课时

2 课时。

学习活动

学习活动一 激起兴趣，导入新课

1. 出示学习任务：

同学们，你们对自己的居住环境满意吗？在生活中有没有发现破坏环境的行为呢？请看一看下面几幅图片，说一说你的感受。

学生观察图片，畅谈感受。

2. 出示资料，介绍我国的环境状况。

（1）大气污染中，以烟尘和酸雨危害最大，污染程度在加剧。华中地区酸雨污染最严重。

（2）江河湖库水域普遍受到不同程度的污染，除部分内陆河流和大型水库外，污染呈加重趋势。

（3）七大水系（珠江、长江、黄河、淮河、海河、辽河、松花江）中，黄河流域、松花江流域、辽河流域水污染严重。

（4）渔业水域生态环境恶化的状况没有根本改变，并呈加重趋势。

（5）城市地面水污染普遍严重，呈恶化趋势。绝大多数河流均受到不同程度污染。

（6）全国 2/3 的河流和 1 000 多万公顷的农田被污染。

3. 交流：保护环境人人有责，对于那些破坏环境的行为，你有什么想要说的吗？

学习活动二 了解倡议，明确要求

1. 自读课本第 94 页，用自己的话说一说本次习作的要求是什么。

2. 明确：

（1）就你关心的问题写一份倡议书。

（2）根据倡议的对象，将倡议书发布在合适的地方。如：校园的公告栏、小区的布告栏等。

3. 如果你有一个想法希望得到大家的支持，并一起去实施，可以写一份倡议书。

4. 什么是倡议书？

预设：

倡议书是为倡议、发起某项活动而写的号召性的公开提议性的专用书信。

学习活动三 拓展思路，发现问题

1. 出示学习任务：

课前，老师让大家以学习小组为单位，找一找身边存在的环境被破坏、被污染的现象，你们能不能说说，都发现了哪些问题？

2. 小组汇报调查报告，学生交流反馈。

3. 巧设对立面，解决疑难点。

（1）教师根据学生的回答提出不同主张，学生反驳，引发对立。

示例：生活中，人们浪费水，水资源被农药等化学用品污染；浪费电，不随手关灯，电视一直开着。此外，环境污染现象还包括空气的污染、白色塑料袋的滥用、汽车尾气的过量排放等。

（2）师生在争辩中寻求正确答案：倡议书不应仅仅满足个人需求，而是应该考虑到大多数人的利益。（板书：存在的问题　产生的原因）

（3）这么多的不环保现象，同学们有什么好的办法来解决呢？

（4）学生交流建议。

4. 教师适当引导，帮忙梳理，提出建议要求：合理、具体。（板书：解决的办法——合理、具体）

学习活动四 学习范文，明确格式

1. 出示学习任务：

自读范文，你发现倡议书的格式有什么特点？

2. 学生交流，明确格式。

（1）题目：在第一行中间写上“×××倡议书”几个字。

（2）称呼：倡议的对象。

（3）正文：写清倡议的事项和原因。

（4）署名、日期：最后要写上提出倡议的团队名称或个人姓名，再另起一行（对应署名位置）写上提出倡议的日期。（板书：格式要规范正确）

3. 问题纠错。

同学们，学习了倡议书的写法，老师这里有一个同学写的倡议书，请大家来评一评，看看他写得怎么样。

4. 出示错误范例。

同学们：

寒冷的冬季已经来临，为了你们的健康，学校已经将课间操改为跑操，你们中有的同学怕累，就故意想出各种理由不进行锻炼。为了你们的身体健康，我倡议你们做到以下几点：

1. 坚持每天跑操。

2. 不许以任何理由不跑操。

3. 跑操中不准说话。

同学们，冬季跑操这段时间，我要求你们必须参加锻炼，只有这样，你们才能健康地成长。

11月15日

王小明

5. 学生自由阅读，小组交流观点。

（1）格式错误：倡议书没有写题目，称呼也没有顶格写，最后的署名和日期颠倒了。

（2）在内容上也有两点不适宜：一是语言缺乏号召力，没有站在被倡议者的立场上发表观点；二是说话没有分寸，使用了命令的语气。

6. 总结方法。

学写倡议书，首先，在格式上做到正确。其次，在内容上注意表达清楚；语言要有感染力，要站在被倡议者的立场上发表观点；说话要有分寸，不能使用命令的语气。

学习活动五 同伴互读，完成修改

1. 出示学习任务一：

根据你们小组课前调研的环境问题，学写一份倡议书。

2. 学生完成习作。

3. 出示学习任务二：

请同学们在学习小组里分享自己的完整习作，大家互相点评，并各自修改。

（1）学生在学习小组里交流分享。

（2）学生互相修改习作。

（3）各组推荐代表朗诵自己的或同伴的作品。

4. 誊写倡议书，并到合适的地方张贴。

板书设计

习作：学写倡议书

存在的问题

产生的原因

解决的办法——合理、具体

格式要规范正确

精彩片段

师：同学们，课前老师布置的导学单作业中，要求各学习小组去调研身边存在的环境被破坏、被污染的现象，你们都有哪些发现？

生：我们小组先来汇报吧！我们发现在我们生活的小区，有些人经常把垃圾扔在电梯里、楼道口，有些人甚至直接从楼上往楼下扔垃圾，使我们的小区变得十分脏乱，既影响了小区环境，也影响了居民们的心情。我们想倡议小区的居民爱惜我们的居住环境。

师：是的，这是我们每天都会遇到的问题，你们观察得很仔细。

生：我们小组认为，现在点外卖盛行，虽然给我们带来了很大的方便，却也对环境产生了非常不好的影响。每一份外卖都会用上许多一次性的材料，如木筷、饭盒、纸巾，我觉得这造成了非常大的浪费和污染，而且外卖不一定健康，不卫生的外卖食品很容易让我们生病。我们想倡议少点外卖，多在家吃饭。

师：没错，随着移动支付和骑手产业的发展，外卖在我们的生活中已经非常普遍，不过同时也带来更多的塑料垃圾，这些垃圾绝大部分都不可回收，严重污染地球环境，你们的调研直击重点，有敏锐性。

生：我们小组觉得现在的汽车太多了，不仅小区里停得满满的，连路边也停得满满的。每天早晨出门上学，到处都是车，有时一些小事故会造成大堵车。我们想倡议人们出行时尽量不开车，一方面减少大气污染，另一方面也能让我们的交通更顺畅。

师：是啊，“抢车位”已经是每天的必修课了，就连“抢车位”的游戏都火爆网络，真是停车难啊，车实在是太多了，你们的倡议太必要了。

……

师：同学们通过调查发现了这么多问题，你觉得造成这些问题的原因是什么呢？我们可以通过哪些方式来改善呢？先在小组里讨论讨论。

（学生小组讨论）

师：哪一组愿意先来分享？

生：老师，我们先来。我们分析汽车太多的原因有以下几种：一是现在经济条件好了，人人都要买车，不仅仅是为了代步，有时候还是虚荣心作祟，汽车变成了“标配”；二是老小区建设之初没有设立车位，造成停车难的问题；三是随着城市的发展，人们的生活圈越来越大，汽车可以大大方便我们出行，人们的活动交际圈也更加广泛……

生：我继续补充。汽车的增多带来了许多问题，除了刚刚同学提到的之外，拥堵的交通、恶劣的大气环境让城市变得越来越不宜居。我们归纳的建议是号召大家不要开车，公交、地铁虽然没有私家车舒服，但有时候却更便捷，最重要的是更环保。

师：那么你们想要倡议大家都不要开车，这样可以吗？

生：不，不能这样绝对。汽车不是一点好处没有，相反，汽车的好处太多了。我们所要倡导的是在生活中尽量绿色出行，可以根据个人情况自行衡量，最重要的是号召大家树立起绿色出行、低碳环保的理念和意识，并积极去落实。

师：说得非常好！倡议书不应该仅仅满足个人需求，而是应该考虑到大多数人的利益，要符合实际，可操作性强，表达倡议者的决心和期望，富有号召性。还有同学要补充吗？

……

（董一红老师执教）

点评： 这个片段呈现的是学生口头表达的部分，是为习作做准备的必要环节，这个片段的精彩之处在于教师引导学生就一个话题展开了多元立体的对话，设计的“冲突”更是提高了学生的思辨能力。

语文园地

学习设计

学习目标

1. 结合本单元所学的诗歌，交流理解古诗词、欣赏古诗词的好方法。
2. 学会抓住关键句来把握文段的主要观点。
3. 学会阅读非连续性文本，根据提供的图片、文字选择合适的乘车方案。
4. 正确诵读“五行、五谷、五音、五彩”，初步理解其意思，了解一些中国古代文化常识。

课时

2 课时。

学习活动

学习活动一 交流平台：梳理读诗方法

1. 游戏热身：诗词大串烧。

规则：第一排某位同学从本学期学过的古诗中选择一首，念出诗名，再背诵出第一句，坐在后方的同学依次接龙背诵下一句。一首诗背完，可以再选择另一首诗。

2. 出示学习任务一：回顾经验，交流方法。

（1）阅读“交流平台”中的对话，梳理读古诗词的方法。

请学生概括其中提到的几种方法，并结合已学过的诗词说一说。

① 借助注释和工具书理解字词。

古典诗词中的字词比较凝练，许多字词在现代汉语中已经少用，所以通过结合注释或查阅字典等途径来疏通字义是很有必要的。比如《西江月·夜行黄沙道中》中“旧时茅店社林边”一句，“茅店”是什么？“社林”又是什么？如果不结合注释，我们是很难理解的。

② 通过想象去体会有画面感的诗句，边读边想边体会。

此方法我们在第一单元的学习中运用较多，比如《六月二十七日望湖楼醉书》一诗中充满了奇丽的想象，在诵读的过程中，如果我们也展开想象，便能在脑海中浮现出生动的景象，例如“黑云翻墨未遮山，白雨跳珠乱入船”。

③ 多了解一些古代文化知识。

比如《江南春》一诗中“南朝四百八十寺，多少楼台烟雨中”，如果学生对南朝崇尚佛教的历史不熟悉，那么就无法理解这句诗中的“忧思”。平时要注意积累相关的文化知识。

(2) 读古诗词时，遇到不理解的地方，你还有什么小妙招？

先小组交流，相互补充；再全班交流展示，分享经验。

① 反复诵读。

② 结合诗人的人生经历、时代背景去欣赏诗词。比如《宿建德江》一诗，虽然重在想象诗歌描绘的画面，但如果能结合孟浩然坎坷的人生经历，则更能体会出景物描写中隐含着一股淡淡的忧愁。

③ 留心标题，领悟情感。标题有时暗示了诗歌的主旨和情感。例如李白的《黄鹤楼送孟浩然之广陵》，从标题的“送”字可以看出这是一首送别诗。送别诗往往写的是诗人送别朋友或亲人时的所见、所想、所感，表达依依不舍之情，或抒发送别时的离愁别绪。

④ 抓住古诗中的一些惯用意象去理解诗词。如表达惜别常用“柳”，表达思念常用“雁”“红豆”，表现志趣常用“竹”“兰”“梅”“菊”等。

⑤ 留心诗歌中景物的色彩，体会作者的情感基调。如“两个黄鹂鸣翠柳，一行白鹭上青天”，这里的色彩是明丽、鲜艳的，写出了诗人轻快、舒展的心情。

⑥ 寻找诗眼。有些诗中有反映诗人心情的动词或形容词，如“惜”“哀”“愁”“悲”“痛”“思”等。

3. 出示学习任务二：活学活用，巩固强化。

(1) 出示学过的古诗《过故人庄》，要求学生在小组内结合自己的课堂笔记，交流欣赏古诗词的方法。

(2) 指名学生全班汇报。

学习活动二　词句段运用：把握主要观点

1. 出示学习任务一：读通片段。

(1) 自由朗读片段。

(2) 在小组里读一读，互相正音。注意“绒、黏液、蔓延、调节、降低”等字词的读音。

(3) 小组展示朗读情况。

2. 出示学习任务二：厘清层次，把握观点。

(1) 小组讨论：

① 找出这段话的中心句。

② 说说这段话的句子之间是什么关系。

③ 概括这段话的主要观点。

(2) 小组汇报交流。

3. 出示学习任务三：总结方法，迁移运用。

(1) 教师总结方法。

要把握一段话表达的观点，应善于抓住关键句。关键句具有一定的概括性、引领性，在表达上常以议论或抒情的方式出现，语言凝练；在形式上表现为总起句、评价句、过渡句、哲理句等。

(2) 迁移运用。

小组合作完成作业单上的练习 1：读读课文《京剧趣谈》中的第 1 自然段，画出关键语句，说说这段文字表达的主要内容是什么。

独立完成作业单上的练习 2：阅读片段，画出关键语句，概括主要内容。

学习活动三 词句段运用：选择乘车方案

1. 出示学习任务一：选择最佳方案。

(1) 弄清小林同学的乘车要求，阅读站牌和泡泡框中的提示文字，读懂关键信息。

(2) 小组交流讨论，列出所有可行的乘车方案，再从中选择最佳方案。

(3) 小组代表汇报交流。

2. 出示学习任务二：积累生活经验。

(1) 学生结合平时乘坐公交车的经验，小组讨论，列出几条出行的温馨提示。

示例：

① 注意去行和回行，不要坐反方向。

② 有些公交车在某些站点会有“回行无”的情况，也就是说去的时候在某站点停靠，但回来的时候却不在这个站点停靠。

③ 看清公交车上的数字，不要上错车。

④ 注意更改路线通知。有时因为某些特殊原因，公交车会有更改路线的情况，要注意相关告示，若看到相关告示在上车时可询问司机。

⑤ 独自乘车时要注意安全，要把贵重物品看管好。

⑥ 注意车上的站点提示，不要坐过站。

(2) 学生在小组内相互交流，拓展交流乘坐地铁、火车等交通工具的注意事项。

(3) 各学习小组分享各自的学习成果。

学习活动四 日积月累：了解文化常识

1. 游戏："神探放大镜"？——你发现了什么？

五花马，千金裘，呼儿将出换美酒，与尔同销万古愁。——李白

有时五峰气，散风如飞霜。——杜甫

日暮汉宫传蜡烛，轻烟散入五侯家。——韩翃

城阙辅三秦，风烟望五津。——王勃

荣光休气纷五彩，千年一清圣人在。——李白

五更疏欲断，一树碧无情。——李商隐

五陵年少争缠头，一曲红绡不知数。——白居易

长江一帆远，落日五湖春。——刘长卿

2. 出示学习任务一：理解与"五"相关的词语。

(1) 出示课文中用"五"来概括事物类别或种类的词语，完成以下任务：

学生自由阅读，要求：读准字音，理解意思。"五行"的"行"读作 xíng；"五音"中的"角"读作 jué。

(2) 学生在小组内交流分享词语意思。

(3) 指名学生汇报。教师根据学生回答出示相关图片、资料，帮助了解大致意思。

示例：

[五行]指金、木、水、火、土五种物质。我国古代思想家试图用这五种物质来说明世界万物的起源，中医则用五行来说明生理病理上的种种现象。

[五谷]五种谷物，古书上有不同的说法，如稻、麦、黍、菽、稷，或稻、黍、稷、麦、豆，总之泛指粮食作物。

[五音]我国五声音阶上的五个级，相当于现行简谱上的 1、2、3、5、6。古代叫作宫、商、角、徵、羽。

[五彩]原指黄、青、赤、白、黑五种颜色，后泛指各种颜色。

3. 出示学习任务二：拓展与"五"相关的文化。

(1) 小组成员通过查阅字典，找到用"五"来概括事物类别的词语，依照课本中的例子加以概括。

(2) 学生在小组内交流在课外书中了解到的与"五"相关的文化知识。

(3) 各小组展示学习成果。

示例：

[五官]耳、目、口、鼻、舌

[五毒]蝎、蛇、蜈蚣、壁虎、蟾蜍

[五方]东、西、南、北、中

[五味]酸、甜、苦、辣、咸

[五脏]心、肝、脾、肺、肾

[五常]仁、义、礼、智、信

[五德]温、良、恭、俭、让

[五伦]君臣、父子、兄弟、夫妇、朋友(五种伦理关系)

[五经]《书》《诗》《礼》《易》《春秋》(五种儒家典籍)

总结：其实不仅仅是“五”，其他数字在我国传统文化中也都有着非常特殊的含义。数字文化是我国传统文化中一种有趣的现象，从一到十，几乎涉及了我国传统文化的方方面面。比如“四”，有四方、四海、四呼、四声、四体……再比如“九”，有九天、九鼎、九宫、九泉、九州……课后可以多找找这方面的资料，相信大家会有更多收获。

板书设计

语文园地

欣赏诗词方法

把握主要观点

选择乘车方案

了解文化常识

精彩片段

师：哪个小组来汇报一下你们完成的情况？

生：这一段主要写了马鞭解决了演员在舞台上无法骑马的问题。我们抓住了文中第四句话：“京剧继承、发展了中国传统戏曲的表现手段，终于战胜了这种尴尬——用一根小小的马鞭就彻底解决了，而且解决得无比漂亮。”我觉得这句是这一段的中心句。

师：其他组有没有不同意见？

生：我觉得他们这组抓的关键句很好，但是概括得还不够全面，应该是“马鞭完美地解决了演员在舞台上无法骑马的问题”。

师：不一样在哪儿？你们听出来了吗？

生：多了“完美地”。

师：需要加上吗？

生：可以不加，因为概括时语言要简练一些。

生：我觉得应该加上。因为文中“京剧继承、发展了中国传统戏曲的表现手段，终于战胜了这种尴尬——用一根小小的马鞭就彻底解决了，而且解决得无比漂亮”这句话有承上启下的作用，其中“解决得无比漂亮”启示后文，后面重点写了使用马鞭的妙处。所以，在概括这段内容时要把“完美地”加上。

师：有理有据，很有说服力。说服你们了吗？

（生点头）

师：看来，不仅要抓住关键句好好阅读分析，同时概括的时候还要关照到全段内容。好，请同学们运用这样的方法，各自完成练习 2。

（褚嘉耘老师执教）

点评： 这个片段呈现的是“词句段运用”教学中的一个环节。在这个环节中，教师引导学生就主要任务展开研读和讨论，甚至“辩论”，最精彩的恰恰就是这个“辩”。

三、单元整体学习方案

1. 整体思路

学习情境	学习任务	课时	学习内容
热爱土地 守护家园	阅读成长	6—7	《古诗三首》
			《只有一个地球》
			《青山不老》
			《三黑和土地》
	生活实践	3—4	《口语交际：意见不同怎么办》
			《习作：学写倡议书》
			《语文园地》中的“词句段运用”

⇩

热爱土地守护家园
- 阅读成长
  - 大单元主题沙龙活动
  - 大单元主题阅读活动
- 生活实践
  - 大单元主题练笔活动

2. 设计方案

(1) 大单元主题沙龙活动

基于本单元“保护环境”的主题，设计两个开放的话题。第一个话题可以是：为什么人类一次又一次把环境保护、生态建设提到无比重要的议事日程上来？我们和地球究竟是怎样的关系？第二个话题则是：我们该为维护生态平衡、保护我们赖以生存的地球做些什么？怎样去做？围绕这两个话题，引导学生从本单元的四篇文章中寻找并发现答案，就此展开关于这个单元主题的讨论和分享。

基于本单元的语文核心要素“抓住关键句，把握文章的主要观点”，创设互动话题：尽管三篇文章表达了同一个主题，那就是我们要保护环境，并为此做出努力，但是每篇文章在表达上各有侧重。《只有一个地球》，引导学生找出文中的关键句，把握主要观点，并体会课文是怎样一步一步得出最后结论的。《青山不老》，让学生关注课题，思考为什么说“青山不老”。《三黑和土地》，引导学生结合诗句，把握农民如何用生命爱护土地的情感。当然，在进行单元整体设计时，我们还可以从《只有一个地球》入手，以此为例，和学生一起详细探讨本文的主要观点，归纳语文要素，然后引导学生自读自悟另外两篇文章。

(2) 大单元主题阅读活动

就保护环境这个主题，产生过相当多的文学作品，有记叙性文体，有论述性文体，有科普小品文，也有很多诗歌创作；有的叙写环境对人类的重要性，有的歌颂那些为保护环境献出自己的青春、智慧甚至是生命的人们。教师在进行单元组合教学的时候，除了可以把本单元的四篇课文以组合的方式呈现，还可以选择若干文章进行组合，构成一个拓展的主题阅读小课程，也可以引导学生选择文本进行主题阅读小课程的建设，同伴之间互相交换进行拓展阅读。

(3) 大单元主题练笔活动

本单元《语文园地》的"语句段运用""习作"的教学设计，强调从读到写，从说到写，落实表达训练。在完成本单元的习作任务的同时，我们还可以在单元整体设计中安排小练笔，可以是基于单篇课文的主题小练笔，比如想象《青山不老》中老人在风沙中植树的情景，写一个片段；也可以是基于本单元的主题和语文要素，仿照《只有一个地球》写一篇带有论述的文章，表达同样的观点，选取不同的角度或题材来论述。

四、单元评价与积累

倾听与说话

(一) 听故事，完成相关练习。听三遍。

1. 判断，对的打"√"，错的打"×"。

(1) 女孩刚毕业要去深圳某企业应聘，列车中途会经过父母所在城市的小站。(　　)

(2) 父母给女儿送来了一碗热气腾腾的红烧肉。(　　)

2. 根据听到的内容填空。

列车停靠在小站的时间是________，你估计女孩父母从家里出发的时间最迟是________。故事表达了________________的情感。

【附听力材料】

六点十分的爱

几年前，一位刚毕业的女孩打电话给父母，说她要去深圳一家外企应聘，并无意中提起中途会经过父母所在城市的小站。

那个小站在邻县，距离她父母所在城市有2个小时车程。

列车停靠在那个小站时是早晨六点十分，停靠时间约十分钟，车刚停稳，女孩倚着窗口，隐约听见有人呼唤她的名字，她探身窗外——在朦朦的曙色中是父母的身影。

母亲急急忙忙把用毛巾包着的一个瓷缸递给她，揭开盖子，里面是热气腾腾的肉汤。短暂的十分钟里，她父母几乎不容她说什么，只是那样满足幸福地催促她一口口渴汤，天凉，汤冷得快。

列车开动时，女孩父母握着一个空瓷缸站在月台上向女孩挥手。女孩的喉头堵着，父母身影渐远时，她的泪水流了一脸。

(二) 根据要求进行说话练习。

现在人们的生活水平在不断提高，保护环境的意识越来越强。"保护环境，人人有责"。请你结合环境保护的重要性，给同学们提几点保护环境的建议，让我们的环境更美好。

梳理与积累

(一) 请仔细阅读下面的公交站牌，然后按要求完成题目。

33路　友谊路南→行政中心　首末班7：00—18：30　票价1元

友谊路南	友谊家园	城隍庙	蓝印花布馆	怡园	段家坝	清源广场	天安花园	信访局	行政中心

→

12路　公交公司→长途车站　首末班6：20—22：00　票价1元

公交公司	新桥新村	停车场	蓝印花布馆	怡园	博物苑	更俗剧院	科技馆	体育馆	长途车站

→

1. 比较一下，你就会发现这个公交站牌所在的站点可能是________或________。

2. 小明要去科技馆，他从________上车，乘坐________路车，大约________(数字)站路就可以到了。

3. 就在小明准备上车时，一位老爷爷问他：到信访局怎么乘车？请你代小明回答老爷爷的问话。

(二) 按积累的诗文及对课文的理解填空。

1. 根据情境填诗句：当我们来到桃红柳绿、酒旗招展的江南大地，会情不自禁地想到“________________，________________”；当我们看到水绕陂田、青山连绵的田园风光时，会自然而然地吟诵起“________________，________________”；当我们望着一泻千里的黄河滚滚而来时，又会不由得感叹：“________________，________________”。

2.《只有一个地球》表达了作者的心声，那就是号召全地球的人都要________________________________。

3. 这是我用心为保护环境或节约资源设计的一条宣传标语：____。

4.《少年闰土》中有这样一段描述："我早听到闰土这名字，而且知道他和我仿佛年纪，闰月生的，五行缺土，所以他的父亲叫他闰土。"句中的"五行"指的是________、________、________、________、________。

阅读与运用

(一) 阅读《地球，我的母亲》，关注其中的批注。

地球，我的母亲

郭沫若

地球，我的母亲！
天已黎明了，
你把你怀中的儿来摇醒，
我现在正在你背上匍行。

地球，我的母亲！
你背负着我在这乐园中逍遥。
你还在那海洋里面，
奏出些音乐来，安慰我的灵魂。

地球，我的母亲！
我过去，现在，未来，
食的是你，衣的是你，住的是你，
我要怎么样才能够报答你的深恩？

地球，我的母亲！
从今后我不愿常在家中居处，
我要常在这开旷的空气里面，
对于你，表示我的孝心。

地球，我的母亲！
我羡慕的是你的孝子，
那田地里的农人，

他们是全人类的褓姆，
你是时常地爱顾他们。

地球，我的母亲！
我美慕的是你的孝子，
那炭坑里的工人，
他们是全人类的 Prometheus，
你是时常地怀抱着他们。

地球，我的母亲！
我想除了农工而外，
一切的人都是不肖的儿孙，
我也是你不肖的子孙。

【批注：这首诗歌带着浓浓的时代气息，诗人写自己羡慕农工是与地球母亲接触最多最深的儿女，既突出了自己对地球的爱与依恋，又赞美了辛勤劳动的农工阶级，这是当时特有的进步思想的代表。】

地球，我的母亲！
我美慕那一切的草木，
我的同胞，你的儿孙，
他们自由地，自主地，
随分地，健康地，
享受着他们的赋生。

地球，我的母亲！
我美慕那一切的动物，
尤其是蚯蚓——
我只不美慕那空中的飞鸟：
他们离了你要在空中飞行。

地球，我的母亲！
我不愿在空中飞行，
我也不愿坐车，乘马，著袜，穿鞋，

我只愿赤裸着我的双脚，
永远和你相亲。

地球，我的母亲！
你是我实有性的证人，
我不相信你只是个梦幻泡影，
我不相信我只是个妄执无明。

地球，我的母亲！
我们都是空桑中生出的伊尹，
我不相信那缥缈的天上，
还有位什么父亲。

地球，我的母亲！
我想宇宙中的一切的现象，
都是你的化身：
雷霆是你呼吸的声威，
雪雨是你血液的飞腾。

地球，我的母亲！
我想那缥缈的天球，
只不过是你化妆的明镜，
那昼间的太阳，夜间的太阴，
只不过是那明镜中的你自己的虚影。

地球，我的母亲！
我想那天空中一切的星球，
只不过是我们生物的眼球的虚影；
我只相信你是实有性的证明。

【批注：诗人否定其他星球看似不科学，但这种夸张的表述带有神话式的浪漫色彩，体现了诗人对地球至高的赞美。结合上文，这里又带有隐喻的色彩，天上的星球看似高高在上、光彩夺目，却是虚幻的，只有地球是实实在在的，正如那些看似光鲜亮丽、趾高气扬的统治阶

级，最终也会被推翻，只有脚踏实地、辛勤劳动的农工阶级才是真正可敬、可爱的。】

地球，我的母亲！
已往的我，只是个知识未开的婴孩，
我只知道贪受着你的深恩，
我不知道你的深恩，不知道报答你的深恩。

地球，我的母亲！
从今后我知道你的深恩，
我饮一杯水，
我知道那是你的乳，我的生命羹。

地球，我的母亲！
我听着一切的声音言笑，
我知道那是你的歌，
特为安慰我的灵魂。

地球，我的母亲！
我眼前一切的浮游生动，
我知道那是你的舞，
特为安慰我的灵魂。

地球，我的母亲！
我感觉着一切的芬芳彩色，
我知道那是你给我的赠品，
特为安慰我的灵魂。

地球，我的母亲！
我的灵魂便是你的灵魂，
我要强健我的灵魂来，
报答你的深恩。

地球，我的母亲！

从今后我要报答你的深恩，
我知道你爱我你还要劳我，
我要学着你劳动，永久不停！

地球，我的母亲！
从今后我要报答你的深恩，
我要把自己的血液来
养我自己，养我兄弟姐妹们。

地球，我的母亲！
那天上的太阳——你镜中的影，
正在天空中大放光明，
从今后我也要把我内在的光明来照照四表纵横。

（二）阅读《归园田居》（其三），完成练习。

归园田居（其三）

［东晋］陶渊明

种豆南山下，草盛豆苗稀。
晨兴理荒秽，带月荷锄归。
道狭草木长，夕露沾我衣。
衣沾不足惜，但使愿无违。

1. 诗人写“草盛豆苗稀”有什么样的用意？

____

____

2. 诗人的愿望是什么？这首诗表达了诗人什么样的情感？

____

____

第七单元

一、任务与目标

1. 单元整体思路

要求学生在理解课文的基础上大致感受艺术作品的意境，理解知音难觅的惆怅和一切要从客观事实出发的道理。《文言文二则》包括《伯牙鼓琴》和《书戴嵩画牛》，《伯牙鼓琴》抒写了音乐表现力的神奇，更多的是表达了朋友之间的真挚情谊，传达“知音文化”；《书戴嵩画牛》不仅揭示了绘画要尊重事实，而且引导学生对艺术与生活的关系产生一定的思考。《月光曲》以优美的文字表现传说之美，以丰富的想象展现乐曲之美，以鲜明的形象体现人格之美；《京剧趣谈》是略读课文，介绍了马鞭、亮相等戏剧知识，表达了作者对我国传统艺术的喜爱之情。

借助语言文字展开想象，体会艺术之美是本单元的语文要素。本单元是人文主线和核心要素高度融合的一个单元，在引导学生学习时，也要把这两个学习任务融合在一起。想象是离不开语言文字的，而对艺术之美的感悟必须借助想象来实现。在教学过程中，教师需引导学生通过对语言文字的品读，进行有意想象和创造想象，从而感受艺术作品的形象和情感之美。学习《伯牙鼓琴》和《书戴嵩画牛》时，教师应鼓励学生借助注释和“资料袋”理解课文内容，引导学生结合“巍巍乎若太山”“汤汤乎若流水”等词句想象伯牙鼓琴的“乐之美”和“情之美”，在品读相关动词的过程中体会戴嵩画作之传神。《月光曲》要让学生了解贝多芬是怎样创作出这首曲子的，以及在创作过程中情感的变化，把握文章的明暗两条线索，还要让学生在优美的文字和丰富的想象中，得到美的熏陶，感受音乐艺术的魅力。同时要体会作者在叙事中进行恰当的联想，使文章的表达更充实、感情更深刻的方法。就教学而言，精读是主体，略读只是补充；但就效果而言，精读是准备，略读才是应用。学习《京剧趣谈》，教师需放手让学生采用默读等方式阅读批注、质疑问难、交流分享，引导学生根据自己感兴趣的内容搜集资料，充分感受京剧表演艺术的独特魅力。本单元的习作主题为“我的拿手好戏”。教材先用列举的方式带领学生回顾“拿手好戏”的不同种类，帮助学生聚焦习作题材。写之前的“想一想”和提纲举例，引导学生对自己的习作内容进行大概架构，做到表达有序，详略得当。写完后要求学生读一读，再改一改，能结合自己的拿手好戏，把重点部分写清楚，把感受、看法写出来。《语文园地》分“交流平台”“词句段运用”“日积月累”三部分。“交流平台”重在培养学生做课堂笔记的习惯。“词句段运用”第一板块出示了日常生活中使用的一些与戏曲有关的词语，可与《京剧趣谈》的教学进行整合；第二板块要引导学生在语文实践中形成获取、处理和评价信息的能力。“日积月累”中出现的都是与艺术有关的成语，重在熟读成诵。

2. 核心任务

“借助语言文字展开想象，体会艺术之美”是本单元的核心学习任务。引导学生展开想象是小学阶段阅读教学的重要内容，每个阶段的侧重点都有所不同。本单元侧重引导学生借助语言文字从不同角度展开想象，进入课文情境，感受艺术魅力，以帮助学生加深对课文的理解和感悟。《伯牙鼓琴》引导学生根据锺子期聆听琴声时的想象，感受音乐中传达的志趣之美；《月光曲》引导学生根据兄妹二人聆听琴声时仿佛看到的景象展开想象，感受音乐带来的画面之美；《京剧趣谈》生动记录了京剧舞台上的精彩瞬间，引导学生想象马鞭和亮相在京剧舞台上的运用，体会京剧艺术以“简”展现丰富内涵和宏大画面、曲折情节的奇妙。

3. 学习目标

字词句： 会写“哉、巍”等字，会写“谱写、钢琴”等词语；了解“亮相、行当”等 15 个词语的意思，并选一两个造句；了解“高山流水、天籁之音”等 12 个成语的意思，并背诵积累。

阅读： 能正确、流利地朗读课文；背诵《伯牙鼓琴》和《月光曲》中的精彩片段；理解文言文的意思和各课文的主要内容，并结合“资料袋”说出自己的感受；能够边朗读边想象课文描绘的画面，体会艺术之美以及人物的情感。

口语交际： 能有条理地表达；能和他人深入交谈感兴趣的话题。

书面表达： 仿照例子列提纲，写自己的拿手好戏，语句通顺；能把重点部分写具体，写完之后能修改自己的习作；学习如何做课堂笔记，养成做课堂笔记的习惯。

内容理解： 通过对语言文字的品读欣赏，体会艺术之美与情感之美的相融相生。

二、课文解读与学习设计

22 文言文二则

课文解读

题解

这两则文言文都根据文章记录的主要事件拟题。《伯牙鼓琴》选自《吕氏春秋·本味》，以文章开头第一句为题，“鼓”是弹奏的意思。《书戴嵩画牛》是苏轼创作的散文，题目说明文章的中心事件并不是杜处士收藏书画，而是戴嵩画牛，“书”是写下、记述的意思。

结构分析

《伯牙鼓琴》用四句话讲述了一个千古流传的故事。先写锺子期听伯牙弹琴，运用比喻、反复的修辞手法，体现了伯牙的琴艺高超，更突出了两个好朋友的心意相通、志趣相投。最后一句是故事的结局，锺子期死后，伯牙因为失去知己终身不再弹琴。

《书戴嵩画牛》第 1 自然段写杜处士喜爱书画，收藏了众多珍品，尤其喜欢戴嵩画的《牛》图，体现了《牛》图很珍贵，戴嵩画得也非常好，才能在众多珍品中脱颖而出，为后文的转折作铺垫。第 2 自然段写牧童根据自己日常观察到的经验判断出画家所画有误，杜处士认可了他的说法，由此总结出“有观察才有发言权”“实践出真知”的道理。

词语含义

巍巍： 高大的样子。这里形容伯牙的琴声高亢有力、铿锵铮锹，如同山势。

汤汤： 水流大而急的样子。这里形容伯牙的琴声高低起伏、连绵流畅，如同水势。

句意理解

锺子期死，伯牙破琴绝弦，终身不复鼓琴，以为世无足复为鼓琴者。

“破琴绝弦”是一个具体的动作描写，写伯牙摔碎了琴、扯断了琴弦。琴对于一个技艺高超的音乐家来说，是他创作和演奏的基础条件，是他付诸了深厚感情的朋友，甚至是生命的一部分，也是他表达情感的重要途径。伯牙这种决绝的、带着壮烈色彩和宣誓意味的行为成为“知音文化”的具体表现和阐释。“终身不复鼓琴，以为世无足复为鼓琴者”具有悲情色彩，由此点出伯牙绝弦的原因是他觉得世界上再也没有值得他为之弹琴的人了，伤痛和孤独跃然纸上。

古语有云：“耕当问奴，织当问婢。”

这里的“奴”指的不是奴仆，而是农民；“婢”也不是指侍女，而是指织工。农民和织工在古代地位都比较低，但他们却掌握着最好的耕田与织布技巧，拥有丰富的经验。文中引用了这样一句古语，通俗易懂又具有说服力，简明扼要地道出了实践出真知的道理。

写作特色

这两篇小品文都短小精练，用简单的故事揭示了意蕴丰富的道理。在有限的篇幅中，作者用词生动精准，把画面描绘得栩栩如生。故事的转折和文中隐含的对比，更加为揭示道理作好了铺垫。

《伯牙鼓琴》，开头两句将伯牙的琴艺描述得臻至化境，令人心驰神往，结局的“破琴绝弦，终身不复鼓琴”就更显得悲凉，让人不禁心生怅惘，感叹高山流水从此成为绝响。前文将伯牙与锺子期描写得格外志趣相投、心意相通，后文伯牙失去挚友的伤痛和孤寂也就更加深重。

《书戴嵩画牛》，“好书画”强调杜处士喜爱书画，加之他还收藏书画，由此可以合理推断杜处士对书画有一定的鉴赏力；“所宝以百数”强调他收藏了很多书画珍品，而戴嵩的《牛》图为其“尤所爱”，精心装裱、随身携带，烘托出《牛》图珍贵而且水平很高，也体现了他没有发现这幅画有任何问题。画家自己没有发现问题，收藏家也没有，反而是一个牧童一眼看出了问题所在，两相比较，告诉读者艺术创作不能闭门造车，要留心生活，更能突出文章“实践出真知”的主题。

拓展学习资源

1.《吕氏春秋》推荐阅读。

《吕氏春秋》是战国末期秦国的丞相吕不韦组织门客编写的著作，又称《吕览》。

2.《俞伯牙摔琴谢知音》节选。

伯牙诵云：“忆昔去年春，江边曾会君。今日重来访，不见知音人！但见一抔土，惨然伤我心！伤心伤心复伤心，不忍泪珠纷！来欢去何苦，江畔起愁云。子期子期兮，你我千金义，历尽天涯无足语，此曲终兮不复弹，三尺瑶琴为君死！”

伯牙于衣夹间取出解手刀，割断琴弦，双手举琴，向祭石台上，用力一摔，摔得玉轸抛残，金徽零乱。锺公大惊，问道：“先生为何摔碎此琴？”伯牙道：“摔碎瑶琴凤尾寒，子期不在对谁弹！春风满面皆朋友，欲觅知音难上难。”锺公道：“原来如此，可怜可怜！”

（选自冯梦龙《警世通言》，人民文学出版社 1956 年版）

学习设计

学习目标

1. 会写“哉、巍”等字。

2. 背诵《伯牙鼓琴》，能说出《伯牙鼓琴》最后一句话的意思，并结合拓展阅读资料说出自己的感受，体会伯牙和锺子期彼此欣赏、心意相通的知音之情。

3. 能用自己的话讲讲《书戴嵩画牛》的故事，理解故事中蕴含的艺术尊重事实的道理。

课时

2 课时。

学习活动

【伯牙鼓琴】

学习活动一 朗读课文，正音畅句

1. 出示学习任务：

请同学们朗读这篇文言文。

要求：借助拼音读准生字；借助注释理解每句话的大体意思，然后正确断句，把句子读通顺。

提示：先自己朗读，然后在学习小组里相互检查，帮助正音和正确断句。

2. 学生自由朗读，学写生字。

3. 学生在学习小组组长的带领下互相纠正读音，并进行正确断句。

4. 师生全班交流，用多种方式进行课文的朗读。

（1）指名学生朗读，探讨如何断句。

提示：尤其关注最后一句话的断句，理解关键词语“无”“足”“复”的意思后再进行断句的练习。

（2）师生分工合作朗读。

（3）学习小组轮读。

（4）出示竖排无标点的原文，学生朗读。

学习活动二　入境表达，理解内容

1. 出示学习任务：

请同学们默读课文，根据我们刚才的学习，用自己的话说说课文中每句话的意思，并思考：从课文的哪些地方可以读出伯牙的“善鼓琴”？从哪些地方可以读出锺子期的“善听”？

提示：自己读读、想想，然后在学习小组里交流分享，互相补充。

2. 学生各自阅读并独立思考。

3. 学生在学习小组里交流。

4. 师生交流分享。

在学生表达的基础上，引导他们想象伯牙鼓琴时心中的图景，引导他们想象锺子期聆听琴音时看到的情景和所感悟到的伯牙的志向。

（1）从哪里读出了伯牙“善鼓琴”？从哪里读出了锺子期“善听”？

入境点：伯牙鼓琴志在太山，巍巍乎若太山；志在流水，汤汤乎若流水。如果你是锺子期，你会对伯牙说些什么呢？

（2）伯牙鼓琴为何“志在太山”“志在流水”？锺子期从他的琴声中听懂了什么？

入境点：伯牙终于得一知音，他会有何表现？又会激动地说些什么呢？

5. 有着如此修养和情操的伯牙还有可能会弹奏哪些事物呢？锺子期又会如何表达呢？运用下面的句式说说看。

出示句式：

伯牙鼓琴，锺子期听之。方鼓琴而志在（　　），锺子期曰：“善哉乎鼓琴，（　　）若（　　）。”少选之间而志在（　　），锺子期又曰：“善哉乎鼓琴，（　　）若（　　）。”

（备选：明月、清风、苍松、翠竹、寒梅、幽兰……）

小结：只有听懂心中志向、心中情操的人才是知音。

6. 师生合作诵读课文。

要点：引导学生读出“巍巍乎若太山”“汤汤乎若流水”的舒朗开阔之境界，读出高山流水之情志。

学习活动三 留白想象，体会情感

1. 出示学习任务：

请同学们再次朗读课文，思考：锺子期死后，伯牙为何破琴绝弦，终身不复鼓琴呢？

提示：细细品读课文，想象伯牙、锺子期相遇后成为知己的情景和他们的心情；读一读拓展阅读资料中的相关内容。

2. 出示相关资料：

课文后的“资料袋”。

3. 学生独立阅读课文和“资料袋”并思考。

4. 师生交流分享。

（1）引导想象：当伯牙听到锺子期对自己琴音的解读和赞叹时，心情是怎样的？伯牙有可能会激动地说些什么？从那以后，他们是如何互相思念着对方的？伯牙每次弹琴时又会想到什么呢？

（2）引导想象：当伯牙听到了锺子期的死讯，他会有怎样的表现？

提问：满心欢喜地赶去和知音相会时，却听到了对方的死讯，你会用哪些词语形容伯牙当时的心情呢？

（3）出示《俞伯牙摔琴谢知音》节选。

伯牙诵云：“忆昔去年春，江边曾会君。今日重来访，不见知音人！但见一抔土，惨然伤我心！伤心伤心复伤心，不忍泪珠纷！来欢去何苦，江畔起愁云。子期子期兮，你我千金义，历尽天涯无足语，此曲终兮不复弹，三尺瑶琴为君死！”

伯牙于衣夹间取出解手刀，割断琴弦，双手举琴，向祭石台上，用力一摔，摔得玉轸抛残，金徽零乱。锺公大惊，问道：“先生为何摔碎此琴？”伯牙道：“摔碎瑶琴凤尾寒，子期不在对谁弹！春风满面皆朋友，欲觅知音难上难。”锺公道：“原来如此，可怜可怜！”

提问：现在你能理解锺子期死后，伯牙为何破琴绝弦，终身不复鼓琴了吗？说说你的想法。

5. 师生合作有感情地诵读（背诵）课文。

板书设计

伯牙鼓琴

子期善听

高山流水　知音难得

【书戴嵩画牛】

学习活动一 朗读课文，正音畅句

1. 出示学习任务：

请同学们朗读这篇文言文。

要求：借助拼音读准生字；借助注释理解每句话的大体意思，然后正确断句，把句子读通顺。

提示：先自己朗读，然后在学习小组里相互检查，帮助正音和正确断句。

2. 学生自由朗读，学写生字。

3. 学生在学习小组组长的带领下互相纠正读音，并进行正确断句。

4. 师生交流，用多种方式进行课文的朗读。

（1）指名学生朗读，探讨如何断句。

（2）师生分工合作朗读。

学习活动二 默读课文，理解意思

1. 出示学习任务：

请同学们默读课文，根据我们刚才的学习，再次对照注释，想一想每句话是什么意思。试着连贯地说说这个故事。

提示：先自己读读、想想，讲给自己听听，然后在学习小组里你一句我一句地讲一讲。

2. 学生各自独立阅读并理解文意。

3. 以学习小组为单位，合作把这个故事完整地讲出来。

4. 指名学生复述故事，师生评点。

学习活动三 情境演绎，入境明理

1. 出示学习任务：

请同学们再来讲讲这个故事，这一次，我们要把故事讲得生动、讲得精彩。

提示：想一想：怎样才能把故事讲生动、讲精彩呢？你有哪些好办法？试着用这些办法练习讲故事。

2. 师生交流：有哪些讲好故事的办法？

要点：

讲好人物的语言；

想象人物的神态、动作，并讲出来；

选择一个特定的讲述角度或身份来讲：可以以作者的角度说书；可以以杜处士的角度讲和小牧童相遇的故事；还可以以小牧童的身份来讲这个故事。

3. 学生在学习小组里练习讲故事。

4. 学习小组推选代表在全班讲故事，教师根据学生的讲述，相机提炼故事中蕴含的道理。

要点：

（1）牧童为何大笑？他笑什么？

（2）处士“笑而然之”，说明他认可了什么？

5. 结合我们的生活实际，说说生活中有没有这样的事例。学了这篇文言文，你又是怎样看待这些事情的呢？

板书设计

书戴嵩画牛

杜处士　尤所爱→笑而然之　艺术尊重事实

↓

掉尾而斗

↑

牧童　拊掌大笑　艺术源于生活

精彩片段

师：请同学们再次朗读课文，想一想：锺子期死后，伯牙为何破琴绝弦，终身不复鼓琴呢？想要回答好这个问题，老师建议大家细细品读课文，想象伯牙、锺子期相遇后成为知己的情景和他们的心情，读一读拓展阅读资料中的相关内容。

（出示相关资料：课文后的“资料袋”）

（学生独立阅读课文和“资料袋”并思考）

（学生在学习小组里按照学习任务中的提示说说自己对课文最后一句话的理解）

师：刚才同学们在小组里讨论得很热烈。现在，我们先来想象一下当伯牙听到锺子期对自己琴音的解读和赞叹时，心情是怎样的？伯牙有可能会激动地说些什么？谁先来分享？

生：当伯牙听到锺子期不但赞叹自己的琴艺高超，还能听出自己琴声中如高山流水般的志向和情操时，他无比激动。他大声地对锺子期说："知音啊，知音啊，终于在有生之年遇到了你这个知音，我真是不枉此生了！"

师：是啊，谁接着说？

生：伯牙对着高山流水说："高山啊，流水啊，你们听到了吗？能听懂我琴音的人就在眼前，我终于等到他啦！"

生：伯牙不仅激动异常，还非常感动、欣慰，他可能会对锺子期说："命运待我不薄，在我以为此生无一人能懂我琴声的时候，子期你出现了，世界上只有你能听懂我，理解我，从此我再不孤独，我终于有可以为之弹琴的人了。感谢你呀，子期！"

师：是啊，世间得一知己真不容易啊！相识满天下，知心能几人？真是高山流水遇知音！

师：从此以后，伯牙和锺子期有了约定，他们相约第二年的春天在此相逢。如果你是伯牙，带着这份念想，每当你独自弹琴的时候，你的心里都会想些什么呢？

生：每当我弹琴的时候，我的心情都会非常愉快，我知道等我弹给子期听时，他一定能和我心心相印，一定能听懂我的琴音。

生：我的心里充满期待，我期待和子期相遇时的那份心有灵犀，我期待子期和我同聊琴音中的画卷，琴声中的情感。

师：是啊，当我的琴声志在太山，只有子期能懂我，只有子期才能听出——

生（齐读）：巍巍乎若太山。

师：是啊，当我的琴声志在流水，只有子期能懂我，只有子期才能听出——

生（齐读）：汤汤乎若流水。

师：可就在伯牙满心欢喜地赶去和知音相会时，却听到了子期的死讯，你会用哪些词语形容伯牙当时的心情呢？

生：悲痛欲绝。

生：撕心裂肺。

生：晴天霹雳。

生：肝肠寸断。

……

师：是的，他仰天长哭，痛断肝肠。同学们自己读一读这段资料。

（出示《俞伯牙摔琴谢知音》节选）

师：听老师读读这个故事。

师：现在你能理解锺子期死后，伯牙为何破琴绝弦，终身不复鼓琴了吗？说说你的想法。

生：世上再无子期听我的琴声，便再无人能听懂我的琴音，再无人能理解我的志向，既无人能懂，又何必再弹呢？

师：理解得深刻。是啊，知音少，弦断有谁听？"故人舍我归黄壤，流水高山心自知"，留着这琴也是枉自孤独罢了！《伯牙鼓琴》文章虽短，却把知音相逢、相知、相离的经过和情感表达得真挚动人。我们一起来诵读这篇文章，以此向这段知音佳话致敬！

点评：这个教学片段完整地呈现了"学习活动三"的课堂实践过程，呈现了帮助学生理解文章难点的过程。我们从片段中看到了学生情感的爆发，共情产生的教与学、文与人的美好氤氲弥漫在这个情境表达的时空里。

23 月光曲

课文解读

题解

《月光曲》是音乐家贝多芬的伟大作品，这个题目提示读者，文章的主要内容与《月光曲》有关。《月光曲》在文中还拥有着重要的象征意义，它和它所代表的贝多芬对音乐的热爱以及对平民的关爱，就像是皎洁明亮又温柔的月光，照亮了贫苦兄妹黑暗的生活。

结构分析

课文共有10个自然段，可以分为四个部分。

第一部分(第1自然段)：简单介绍了贝多芬，并点明他创作《月光曲》的故事是一个传说。

第二部分(第2—7自然段)：叙述了贝多芬走进茅屋，为穷鞋匠兄妹俩演奏。

第三部分(第8、9自然段)：描写了贝多芬即兴创作《月光曲》的情景。

第四部分(第10自然段)：讲述了贝多芬奔回客店，记录曲子。

词语含义

微弱： 小而弱，文中用来形容烛光。我们可以想象到，兄妹俩的屋子里只有细小如豆、忽明忽暗的烛光，一定是很昏暗的。在当时的欧洲，蜡烛还是一种昂贵的照明工具，从“微弱”一词推断，兄妹俩可能不仅是只点得起一根蜡烛，这根蜡烛还是一根细细的、矮矮的，可能快要烧完了或是材料劣质的蜡烛，而哥哥要在这样的光线下做鞋维持生计，这更凸显了他们的贫困窘迫。在文中，烛光还具有象征意义，它象征着兄妹俩灰暗生活中的希望——音乐，可他们连听一场音乐会的愿望都得不到满足，这希望自然是微弱的，但又比没有希望要好得多。

清幽： 通常形容风景秀丽而幽静。幽静总是带着一种空无一人的深寂意味，两兄妹的家本应该是温馨的，不该给人这种清冷的感觉，可因为他们生活窘迫，所以屋子里也是空荡荡的、黑暗的。月光美化了这个环境，洒下纯净柔和的光线，让破败的小屋平添了诗情画意的美感，像是一种抚慰。

飞奔： 很快地跑，体现了贝多芬发现自己创作出一首优秀作品时的激动与惊喜。他生怕自己忘掉，急切地想要把它记录下来，侧面证明了音乐家确实是灵感爆发写下了这首传世的经典作品，而贝多芬自己也被这首乐曲陶醉和感动了，突出了这首作品有着深入人心的力量。

句意理解

一阵风把蜡烛吹灭了。

蜡烛是光明和希望的象征，前文中兄妹俩的屋里还有一点微弱的烛光，而现在烛光也被吹灭了，让读者忍不住提起了心，但紧接着月光洒了进来，整个屋子的氛围反而由原先的昏暗压抑变成了明亮梦幻。这是故事中唯一的一处转折，也是蓄势、反衬手法的运用。原先音乐是兄妹俩生活中的一点烛光，如今烛光消失，取而代之的是满屋的月光，这也预示着从此音乐对他们的意义更加不同。

微波粼粼的海面上，霎时间洒满了银光。

海面在晚风的吹拂下漾起微波，给人一种宁静温情又宽厚的感觉，如同母亲哄婴儿入睡的怀抱。大海本就广阔无边，而月光洒满整个海面，通过蔚蓝海水的反射，海面华丽耀眼而又深邃纯净，更何况这景象是“霎时间”变幻出现在兄妹俩眼前，更加动人心魄。这种豁然开朗的震撼和惊喜是《月光曲》给予他们的，体现了《月光曲》直击人心的魅力。

语段分析

第 9 自然段

这一段是故事的最高潮部分，作者花费了大量笔墨描绘兄妹俩听到《月光曲》后，脑海中出现的月光照耀大海的场景。仅仅是听着音乐就能让人在脑海中描绘出这样的画卷，甚至连盲妹妹都仿佛看到了自己从未见过的美丽风景，足见这首乐曲旋律有多么动人。音乐是支撑着兄妹俩积极生活的精神力量源泉，这首曲子中描绘的风景自然也具有非同寻常的象征意义。起初，海面是平静而温柔的，乐曲就像这海面一样，抚慰着他们的疲惫与伤痛。月亮从海面上升起，光明骤然降临，这也意味着新生，不光是月亮的新生，更是人的新生。月亮越升越高，穿透了云层，乐曲给他们的心灵带来的光明也越来越盛，穿透了曾经的阴霾。当大风掀起巨浪时，那些浪头并不显得狰狞、令人生畏，反而在月光的照耀下像巨大的银色花束一般向岸上涌来，仿佛在鼓舞、欢迎兄妹俩向前走，勇敢地挑战那些难关和挫折，走向更美好的生活。

写作特色

以人物对话推动情节发展。课文第二部分的三轮对话叙述了贝多芬即兴创作《月光曲》的具体背景。皮鞋匠兄妹俩手足情深，贝多芬同情兄妹俩，也被兄妹俩的手足情深打动，进屋弹起了盲姑娘刚才弹的那首曲子。盲姑娘爱音乐，懂音乐，贝多芬遇到知音，不由得产生了创作激情，想再给盲姑娘弹一首曲子。这三轮对话描写很精彩，语言简练，饱含着皮鞋匠兄妹和贝多芬的情感，内涵丰富；设计巧妙，揭示了贝多芬弹完一曲又弹一曲的原因，推动着故事的发展。

用环境描写营造氛围。课文第8自然段中对环境的描写营造了宁静清幽、安详恬淡的氛围，为《月光曲》的创作和曲调定下基调。第9自然段中虽然是想象中的情景，但是足以令读者产生身临其境的感受，从而体会乐曲的节奏和情感。

拓展学习资源

1. 音乐家简介。

贝多芬(1770—1827)，维也纳古典乐派代表人物之一。贝多芬自幼跟随父亲学习音乐，1778年首次登台演出，1792年定居维也纳，1796年开始听觉衰弱，晚年两耳失聪。但他并没有就此放弃创作。他曾经说过："我要扼住命运的咽喉！"

贝多芬经历了法国大革命前后欧洲社会的激烈变革，他的作品反映了那个时代的进步思想。他的作品既壮丽又朴实，很容易为广大听众接受并理解。贝多芬集古典音乐之大成，开浪漫主义之先河，为人类留下了永恒的音乐遗产，对世界音乐的发展产生了巨大的影响，被尊称为"乐圣"。

贝多芬的创作体裁广泛，数量众多，包括歌剧《费德里奥》、戏剧配乐《爱格蒙特》、五首钢琴协奏曲、一首小提琴协奏曲、十六首弦乐四重奏、三十二首钢琴奏鸣曲等等。贝多芬的九部交响曲在他的全部创作中占有极其独特的地位，其中尤以《降E大调第三交响曲"英雄"》《c小调第五交响曲"命运"》《d小调第九交响曲"合唱"》最为著名。

2. 关于贝多芬谱写《月光曲》的传说。

课文《月光曲》是关于贝多芬谱写《月光曲》的一个传说。传说，就是民间流传的故事，不一定真的有这件事情。根据研究，这首奏鸣曲的创作确实与月光没有关系，作品的名字也并非《月光曲》，而是《第十四号钢琴奏鸣曲》。德国诗人路德维希·雷尔施塔勃用"瑞士琉森湖上的明媚月光"来形容这首奏鸣曲的第一乐章，于是有了《月光曲》这个名字。那么为什么会有这样的传说呢？因为贝多芬非凡的音乐才华和惊人的毅力，以及他创作的一大批伟大的音乐作品，使人们非常喜欢他、崇拜他，所以就会流传出各种关于他的传说。

学习设计

学习目标

1. 会写"谱、莱"等字，会写"谱写、钢琴"等词语。

2. 背诵第9自然段。

3. 了解贝多芬创作《月光曲》的经过，体会他在创作过程中情感的变化，感受他对兄妹俩的同情和关爱。

4. 想象课文描绘的画面，感受乐曲的美妙。

课时

2 课时。

学习活动

学习活动一 初读课文，整体感知

1. 出示学习任务：

请同学们自由朗读课文。

要求：

读准生字词，学会生字的书写。

对照补充资料，简要了解伟大的音乐家贝多芬的生平和创作。

想一想课文主要讲了一个什么故事，用一两句话概括出来。

2. 学生各自按照要求独立学习。

3. 学习小组组长组织组员对初读部分三个要求的完成情况进行互查。

4. 指名学生分自然段朗读课文，或小组分自然段轮读课文。

5. 指名学生概括课文的主要内容，提醒学生按照故事的发展顺序（起因、经过、结果）来说。

学习活动二 默读课文，理清脉络

1. 出示学习任务：

“但凡伟大的艺术作品的诞生，都源于艺术家灵感迸发的刹那。灵感往往来自于特殊的境遇，特殊的时刻，特殊的人物……使艺术家处于情绪激动、思路畅通、创造力极强的思维状态。”

请同学们默读课文，思考：课文是关于贝多芬创作《月光曲》的一个传说。在这个传说中，是一次怎样的特殊的境遇、特殊的相逢给了他创作的灵感呢？请同学们按照故事的发展顺序理清课文的脉络，给课文分段。

2. 学生各自默读课文，独立思考。

3. 以学习小组为单位展开讨论。

4. 师生全班交流分享。

学习活动三 角色对话，入境悟情

1. 出示学习任务：

请同学们再细细品读课文，思考：究竟是什么给了贝多芬创作《月光奏鸣曲》的艺术灵感呢？

提示：回答这个问题之前，首先想一想：贝多芬为什么会为盲姑娘弹琴呢？为什么弹了一曲又弹一曲呢？先读课文的第2—7自然段。

2. 学生自由朗读课文第2—7自然段，独立思考。

3. 学生在学习小组里交流分享。

提醒学生从兄妹俩的对话中寻找第一个小问题的答案，从贝多芬和盲姑娘的对话中寻找第二个小问题的答案。

4. 师生班级交流分享并朗读对话。

(1) 交流：这位伟大的音乐家被盲姑娘对音乐的热爱以及这对兄妹的手足情深打动了，所以为盲姑娘弹奏了一曲。

(2) 师生合作诵读：男同学读哥哥的话，女同学读妹妹的话，老师来读叙述语言。

(3) 交流：贝多芬之所以决定再为盲姑娘弹一曲，是因为他被盲姑娘入神的聆听所打动了。盲姑娘对贝多芬的曲子是那么了解和熟悉，这让贝多芬感到意外和激动。

(4) 想象说话并朗读：大家想象一下盲姑娘入神聆听的模样和她说话时激动的样子，然后自己试着读一读盲姑娘的话。

5. 分角色朗读课文第2—7自然段。

(1) 出示贝多芬的名言：我的音乐只应当为穷苦人造福，如果我做到这一点，该是多么幸福。

(2) 分角色朗读三轮对话。

提示：我们再来分角色朗读贝多芬和盲姑娘之间的这段对话，注意，要想读好人物的语言，就要揣摩人物当时的心情和心中所想。体会盲姑娘对音乐的热爱、盲姑娘的善良懂事、兄妹俩的手足情深，同时体会贝多芬作为一位伟大艺术家的善良。

相机板书：灵感←美好的情感

学习活动四 聆听乐曲，想象表达

1. 出示学习任务：

请同学们朗读课文第8、9自然段。思考：贝多芬创作的灵感还来自于什么？

(1) 想一想：贝多芬望着身旁的兄妹俩，他的心里有怎样的感叹？

(2) 第8自然段的环境描写有什么作用？

(3) 用心朗读课文第9自然段，边读边想象画面，感受《月光曲》节奏的变化。

2. 学生自由朗读并独立思考。

3. 以学习小组为单位讨论三个小问题，教师巡视并适当指导。

4. 师生进行交流分享，互相补充，不断完善。

5. 播放《月光奏鸣曲》片段，让学生默读课文，静静地聆听，感受乐曲的节奏和自己的想象是否吻合。

6. 学生有感情地朗读并背诵第9自然段。

7. 引导回答：贝多芬的创作灵感还来自于什么？

相机板书：灵感←美妙的情境

8. 播放二胡名曲《二泉映月》，学生补充阅读文章《二泉映月》。或播放二胡名曲《赛马》，指导学生想象写话。

板书设计

23 月光曲

伟大作品的诞生

		触动		微波粼粼
幽静		感动		刮风卷浪
清幽		激动		波涛汹涌
环境	+	心境	+	意境

精彩片段

师：请同学们再细细品读课文，想一想：究竟是什么给了贝多芬创作《月光奏鸣曲》的艺术灵感呢？

师：回答这个问题之前，首先想一想：贝多芬为什么会为盲姑娘弹琴呢？为什么弹了一曲又弹一曲呢？我们先来读读课文的第2—7自然段。

（学生自由朗读课文第2—7自然段，独立思考）

师：现在，请学习小组组长组织讨论交流。

师：我们可以从兄妹俩的对话中寻找第一个小问题的答案，从贝多芬和盲姑娘的对话中寻找第二个小问题的答案。

（学生在学习小组里交流分享）

师：好，大家应该都找到了答案。谁愿意和全班同学分享呢？

生：我来回答第一个小问题，贝多芬之所以会为盲姑娘弹琴，是因为他被盲姑娘感动了。

师：哦，能具体说说吗？

生：贝多芬从盲姑娘和哥哥的对话中听到了盲姑娘对自己乐曲的喜爱，这个时候，他肯定是挺惊喜的。接着，他听到了盲姑娘对哥哥说特别想听贝多芬亲自弹一弹，因为自己总是弹不好，可是哥哥说家里太穷，买不起音乐会的入场券。贝多芬听到这里对盲姑娘产生了同情。

师：理解得很准确，有补充吗？

生：我自己还有补充。贝多芬愿意为盲姑娘弹琴，不仅因为同情，还因为兄妹俩的对话让贝多芬感受到兄妹俩之间的爱。哥哥为不能给妹妹买音乐会的入场券感到难过，妹妹听出了哥哥的难过，为了安慰哥哥，就说："哥哥，你别难过，我不过随便说说罢了。"妹妹心里其实是非常渴望能听到贝多芬的演奏的。所以，这个时候，贝多芬心里是很感动的。

师：是的，这位伟大的音乐家被盲姑娘对音乐的热爱以及这对兄妹的手足情深打动了。于是，他推开门，轻轻地走了进去。

师：谁能读好盲姑娘和哥哥的对话？

师：男同学读哥哥的话，女同学读妹妹的话，老师来读叙述语言。

（师生合作朗读）

师：那么，贝多芬为什么弹完了一首曲子又弹一曲呢？同学们一定已经从贝多芬和盲姑娘的对话中找到了答案。

生：我认为，贝多芬之所以决定再为盲姑娘弹一曲，是因为他被盲姑娘入神的聆听所打动了。

生：盲姑娘竟然听出了弹曲子的人就是贝多芬先生本人，说明盲姑娘非常喜爱贝多芬的曲子，并且对贝多芬的曲子是那么了解和熟悉，这让贝多芬感到意外和激动。

师：两位同学的理解都非常深刻。大家想象一下盲姑娘入神聆听的模样和她说话时激动的样子，然后自己试着读一读盲姑娘的话。

师：我们再来分角色朗读贝多芬和盲姑娘之间的这段对话，注意，要想读好人物的语言，就要揣摩人物当时的心情和心中所想。

（师生分角色朗读）

师：盲姑娘对音乐的热爱、盲姑娘的善良懂事、兄妹俩的手足情深，深深地打动了这位伟大的音乐家，当然，这里也让我们感受到这位音乐天才善良敏感的心。正如他自己说的那样——我的音乐只应当为穷苦人造福，如果我做到这一点，该是多么幸福。

师：现在，同学们知道所谓艺术创作的灵感来自于什么了吗？

生：来自于这段意外的相遇，这些美好的感情给了贝多芬创作的灵感。

师：是的，能给人们带来真善美体验的艺术才是真正的艺术，拥有高尚品质并能够感受美好情感的人才能成为真正的艺术家，灵感来自于美好的情感。

（褚嘉耘老师执教）

点评： 这个片段呈现的是本课“学习活动三”的教学现场，也是文章的重点教学部分。这个片段的精彩之处就在于引导学生在语言情境中想象人物的心理，体验人物的情绪，从而朗读好课文中精彩的三轮对话。

24* 京剧趣谈

课文解读

题解

“京剧趣谈”这个题目直截了当地告诉读者文章介绍的对象是京剧，而“趣”则提示我们，文章的内容是有趣的，也就是说，京剧本身是有趣的，文章的写作风格同样是幽默风趣的，一下子就引起了读者的阅读兴趣。

结构分析

《马鞭》共3个自然段，分为两个部分。第一部分为第1自然段，写的是马鞭成为舞台道具的原因和使用马鞭的妙处。文章先提出京剧表演中无法在舞台上骑马的问题，然后从三个方面写了马鞭是如何将这个问题解决得“无比漂亮”的：一是表演方式符合中国美学；二是给演员更多的表演自由；三是马鞭本身具备一定的装饰美，形成了约定俗成的使用方法。第二部分为第2、3自然段，从马鞭这种道具拓展开去，举例介绍了实在的道具——鞋底、酒壶、酒杯，以及虚拟的道具——针线、酒水、饭菜等，进一步说明了京剧善于运用虚实结合的道具辅助演员表演的特点。

《亮相》共3个自然段，分为两个部分。第一部分为第1、2自然段，介绍了静态的亮相。第二部分为第3自然段，介绍了动态的亮相。

词语含义

驰骋： 指(骑马)奔驰，给人一种开阔、矫健、自由的感觉。舞台面积有限，不可能给马儿奔跑的空间，于是演员们就用马鞭来展现骑马的姿态。“驰骋”这个词语也提示我们想象演员用马鞭模拟骑马时那种舒展、矫健、充满力量的美感。

狠狠做戏： 这个词组中的“狠狠”并不是指动作粗暴，而是指下功夫、重细节。是针对“唱念做打”四种艺术手段中的“做”，对演员的形体动作进行细致巧妙的设计。

风雨不透： 描写演员要兵器时将长兵器挥舞旋转，转得非常迅速娴熟，留下的残影好像形成了一个圆形的“罩子”。因为兵器转的速度比风吹雨落的速度还要快，所以风和雨都会被挡住，透不过“罩子”。这个词不仅体现了演员技艺的熟练，更展现出他们所表现的角色之武艺高强、虎虎生威。

句意理解

然而也怪，就在双方打得不可开交之际，那紧张而又整齐的锣鼓声忽然一停，人物的动作也戛然而止——双方脸对着脸，眼睛对着眼睛，兵器对着兵器，一切都像被某种定身术给制服了！

“戛然而止”的意思是突然中止，演员“亮相”时本来在激烈地打斗，突然地、毫无征兆地静止不动，连背景音乐也一下子从锣鼓喧天变成悄无声息，动与静的对比极其鲜明。观众原本沉浸在热闹的氛围中，忽然中止，观众往往一时不知道发生了什么，这种神秘感将紧张的氛围推向极点，也让观众对接下来的剧情更加期待。“一切都像被某种定身术给制服了”，这种夸张的表演方式也增添了京剧的趣味性。“双方脸对着脸，眼睛对着眼睛，兵器对着兵器”，这组排比看似重复，但其不仅强调了动作的完全静止，也是对演员的一个特写——虽然动作静止，但眼神的威压不减、武器的招式不散，剑拔弩张的气氛更强，好像之前的打斗是弓弦被慢慢拉满，现在终于绷到最紧，为下面最精彩的“羽箭离弦”而蓄势。由此，我们就不难理解为什么“静”能展示武艺的高强和胜利的信心了。

俗话说“一动不如一静”，古诗也说“此时无声胜有声”，讲的就是这种情况。

这里连续两次引用，有力地说明了京剧中“亮相”这一表演艺术的用意巧、效果妙。“一动不如一静”通常用来讲没有把握或是无益的事，还是不做为好，而这里不仅指穿插静态的“亮相”比一直激烈地打斗要好，也体现了双方势均力敌，都武艺高强，所以暂时“休战”，一方面展示自己必胜的信心，给对方压力，一方面静待时机，寻找对方的破绽。“此时无声胜有声”出自白居易的《琵琶行》，其后两句“银瓶乍破水浆迸，铁骑突出刀枪鸣”，描写的就是琵琶曲中琴声暂息后忽然激昂而起，铮铮有力，正与京剧“亮相”的艺术特点相符。这一句承上启下，既强调了“亮相”的好，又提示了读者它究竟好在哪儿。

小孩子和外宾忍不住要问：“如果他们当中哪个先‘醒’了，拿起兵器朝着对方一刺，对方不就‘完’了吗？”

这，哪里还是戏剧？

这两处反问句用得极好，看上去似乎是质疑，实际上引出了亮相表演貌似不合理的地方，而这恰恰突出了京剧表现人物形象的高妙之处，这种高妙之处出乎想象，有着意想不到的艺术效果。

语段分析

《马鞭》第3自然段

这一段用了吃饭这个例子，在比较中说明了实物道具和虚拟道具运用时不同的舞台效果。作者并没有直接点明这两种道具究竟有什么舞台效果，差别究竟在哪里，而是通过描写演员的动作细节让读者自己感受。吃酒席时，饭菜碗筷是虚拟道具，而酒壶酒杯却是实物道具，因为在“酒席”这样的场景中，饮酒本来就是最重要的元素，相比之下，饭菜碗筷就没有那么重要，只要有酒壶酒杯，配合上唱词动作，观众就能够理解这个场景在表现什么。宴席当中菜肴应该十分丰盛，如果用实物道具碗筷，占用空间大，又琐碎，不利于快速布置场景，出于这种实际的考虑，只保留了最有代表性的酒壶酒杯，碗筷则虚拟化了。此外，京剧是一种雅俗共赏的戏剧艺术，融合了徽剧、秦腔和昆曲，宴席这样的场景应该是雅致的，举杯对饮在中国文化中常常代表着一种风雅，而大张旗鼓地表现吃饭则未免俗气了一些，因此道具的选择也体现了京剧的这一特点。而在《金玉奴》中，男主角莫稽仅仅是喝了一碗豆汁，如果连碗都不出现，演员就很难用动作表现出他究竟在干什么。这个场景是剧中极重要的一个场景：男主角莫稽饥寒交迫之时，女主角金玉奴给了他一碗豆汁，两人由此结缘。有了碗筷，演员就可以表演“舔筷子”这个细节，从而突出莫稽当时饥寒交迫的狼狈，也符合这个人物看似是个高才书生，实则是个贪婪小人的特点。两相比较，我们就可以分析出，实物道具通常是能够代表整个场景的道具，有助于反映场景气氛和人物性格、情感；虚拟道具则能够给演员更大的表演空间，使动作更具艺术性，有“留白”的效果。由此，我们再回顾前文，可以发现前两段虽然分别侧重于讲实物道具和虚拟道具，但马鞭也有相应的虚拟道具“马”，针线也有相对的实物道具“鞋底”，这两组道具同样符合本段中体现出来的选择原因和舞台效果，比如“针线”设为虚拟道具是因为针线太细，观众看不到，演员反而可能会扎不穿鞋底或扎到自己的手。设为虚拟道具以后，演员就可以用超出线长的、更舒展的动作表现纳鞋底的场景，更能体现角色的心灵手巧。

写作特色

多种说明方法的运用。课文运用分类别、举例子等方法，分别以马鞭等道具、亮相等舞台动作为例，把京剧表演在道具运用及动作造型方面的一些特点介绍得清清楚楚。

生动有趣的表达风格。这是一篇散文化的说明文，用生动有趣的例子和描写启发读者自己去思索其中隐藏的规律与奥妙，具有互动感的写法更激发读者的兴趣，引发读者的共鸣。课文内容新鲜，语言简洁，叙述方式生动有趣，画面感强，适合学生自学。另外，课文所配插图也能非常直观地帮助学生了解京剧艺术的一些特点。

拓展学习资源

1. 京剧艺术特色简介。

京剧艺术是在民族戏剧长期发展过程中形成的具有鲜明民族特色和高度美学成就的戏

剧艺术。它在艺术创造上，无论编剧方法、唱白、表演，还是音乐、美术，都继承发扬了民族戏剧艺术综合、夸张和虚实相生、疏密相间的表现特点，而且广采博纳，熔为一炉，相当严密地构成了有机的整体。

2. 京剧名曲。

据统计，京剧剧目总计五千八百余个。其中绝大多数是传统剧目。在传统剧目中又可分为几大类。一类是徽班原有剧目，以及汉调剧目或徽、汉共有剧目，如《大回朝》《奇双会》《打樱桃》《贵妃醉酒》《罗成叫关》《状元谱》《战长沙》《击鼓骂曹》《当锏卖马》《四进士》《李陵碑》等。另一类是从梆子移植过来的剧目，如《铁弓缘》《辛安驿》《玉堂春》《大劈棺》等。再一类是昆腔的剧目，如《思凡》《闹学》《游园》《惊梦》《打虎》《山门》等。其他还有些唱"啰啰""纽丝"的小戏，如《打面缸》《小放牛》《打花鼓》《探亲家》等。这些来自徽、汉、昆、梆的剧目，在唱腔曲调、表演方法的艺术风格上，多少还保留着其前身的遗韵。

京剧形成后艺人编演的剧目，大多取材于《三国演义》《西游记》《说岳》等长篇说部。较早的有卢胜奎编的三十六本《三国志》(一说四十本)，杨隆寿编演的《双心斗》，沈小庆等人根据《施公案》编演的"八大拿"(即以黄天霸为主角的一批剧目)。在此前后，上海的京剧艺人王鸿寿等也编演了一些剧目，其中一至十二本《铁公鸡》，据传即出自他手。尔后，在清末民初京剧改良运动中，涌现了更多的文人和艺人参与编写的新戏。在上海，汪笑侬等的《党人碑》《瓜种兰因》，以及《新茶花》《血泪碑》《恨海》等，都具有一定社会意义。稍后，周信芳在新文艺工作者帮助下也编演了《宋教仁》《学拳打金刚》等。在北京，文人齐如山、罗瘿公、陈墨香、金仲荪等先后为"四大名旦"编写了许多新戏，如《霸王别姬》《青霜剑》《钗头凤》等。20世纪20年代起，上海的尤金圭等人编写了大量的连台本戏。

京剧传统剧目中有不少剧目具有较高思想内容，如《铡美案》《打渔杀家》《四进士》等。更多剧目从各个角度反映古代的生活，丰富人们的知识，给人以艺术享受，如《群英会》《空城计》《玉堂春》等。

学习设计

学习目标

1. 默读课文，说说自己对京剧的了解。
2. 展开想象，感受京剧艺术的魅力。

课时

1课时。

学习活动

学习活动一 阅读欣赏，初步感知京剧

1. 出示学习任务：

请同学们结合课前所阅读的关于京剧的介绍，一起来欣赏一段京剧。结合自己已有的知识，说说京剧给你的感受。

提示：可以从演员、道具、情节等不同的角度来说。

2. 学生欣赏京剧选段。

3. 以学习小组为单位进行充分交流。

4. 师生交流欣赏这段京剧的感受。

学习活动二 默读课文，了解京剧知识

1. 出示学习任务：

请同学们默读课文，思考：

你从《马鞭》和《亮相》中读懂了有关京剧的哪些知识？

结合上下文理解下列词语的意思：

驰骋　尴尬　虚拟　约定俗成　纳鞋底

不可开交　风雨不透　戛然而止

2. 学生各自默读课文，并独立思考。

3. 以学习小组为单位，讨论交流要求完成的两项任务。

4. 全班交流分享，互相补充。

要点：

(1) 为什么要以马鞭代替真马？好处是什么？

(2) 这些道具有什么特点？

(3)《亮相》让我们感受到京剧表演的什么特点？

相机板书：虚实相生　动静结合

学习活动三 展开想象，感受艺术魅力

1. 出示学习任务：

请同学们再次阅读课文，选择你感兴趣的地方细细品味，想象画面，甚至可以和小伙伴配合表演。

提示：先独立阅读思考，圈圈画画，想想说说，然后在学习小组里交流分享，配合表演。

2. 学生独立阅读，想想说说。

3. 学生代表全班交流，师生合作表演。

这里注意引导学生先集中研读欣赏《马鞭》一文，后集中研读欣赏《亮相》一文。

4. 出示美学家对京剧艺术的评价，对京剧作为我国的国粹表达发自内心的赞叹。

5. 引导学生以“朗读者”的身份或“京剧栏目主持人”的身份，向外国友人介绍京剧。

要点：

（1）结合课文中的精彩句段进行介绍。

（2）《语文园地》中“词句段运用”的第一部分有一些和戏曲有关的词语，这些词语现在已经成为我们日常生活中的常用词，把这些词语的本义和我们现在通常使用的意思作比较，并介绍给外国友人，一定有趣极了。

板书设计

24* 京剧趣谈

虚实相生　　动静结合

妙趣无限

精彩片段

师：请同学们再次阅读课文，选择你感兴趣的地方细细品味，想象画面，甚至可以和小伙伴配合表演。

师：同学们可以先独立阅读思考，圈圈画画，想想说说，然后在学习小组里交流分享，配合表演。

（学生独立阅读，想想说说）

师：现在请各学习小组的组长组织组员分享交流，还可以进行合作表演，待会儿我们在全班进行交流和展示。建议小组汇报时，按照这样的程序来汇报：先朗读课文中你们最感兴趣的部分，然后说说你们想到了怎样的画面，最后合作表演。

（学生在学习小组里交流展示）

师：哪个学习小组先来汇报？

生：我们小组，我先代表我们小组来汇报我们读《马鞭》时的想象和感受。首先请大家听我朗读："巨大的马匹被整个省略，但骑马人那种特定和优美的姿态却鲜明地显现出来。同时这一根虚拟的马鞭，给演员以无穷无尽的表演自由：可以高扬，可以低垂；可以跑半天还在家门口，可以一抬手就走了一百里。"当我读到这里的时候，我仿佛看到了演员在舞台上扬着马鞭，驰骋在大草原上的情景；我们组还有同学说仿佛看到了演员跨着骏马在沙场上英勇杀敌的样子；还有同学说仿佛看到了春天里，英俊的少年骑着骏马漫步在杨柳岸边，潇洒踏青的样子。接下来，我们组三位同学想模仿演员扬着马鞭在舞台上表演我们刚才想象的画面。

（师生鼓掌）

（小组代表上台表演表现不同情境的"扬马鞭"）

师：读得好，想得美，演得妙！我们再请一个小组汇报一下。

生：老师，我们可以边读边表演吗？因为我们刚才已经商量好并排练出来了。

师：当然可以，掌声有请。

生：大家上来吧，我来朗读，其他两位同学根据我的朗读表演，觉得我们表演得好的各位观众就多给些掌声，觉得还不够好的观众，欢迎大家多提宝贵意见。

（师生大笑）

（一生读，两生表演，小组其他成员敲着桌子和文具盒以代替敲锣打鼓）

生：双方正在对打，激烈到简直是风雨不透，台下看的人非常紧张，一个个大气儿不敢出，都把眼睛睁得大大的……一切都像被某种定身术给制服了！

（师生鼓掌）

生：大家觉得我们的表演怎么样？请提出宝贵意见。

生：你们表演得太精彩了！你读得也非常好！打斗的场面，你读得很快很激动，后来读到锣鼓突然停了，你又用刚才那样的语气读，就是那种紧张兮兮的语气，听得我们也很紧张，表演的同学也能跟着你读的节奏表演，给你们点赞！

（董一红老师执教）

点评： 这个片段呈现的是“学习活动三”的教学现场，是本课的高潮。学生通过对语言文字的揣摩，想象并还原舞台现场，学生到位的表演和朗读正是对课文内容深刻理解的体现，学生在角色体验中感受京剧艺术的魅力，激发他们对京剧艺术的喜爱之情。

口语交际：聊聊书法

学习设计

学习目标

1. 学会在交流特定话题前，搜集资料、整理想法。
2. 能深入交流感兴趣的话题，学会有条理地表达自己的观点。
3. 学会对感兴趣的话题进行补充性、追问式交流。

课时

1 课时。

学习活动

学习活动一 趣聊作品，走进书法世界

1. 课件出示王羲之的《兰亭集序》(局部)。

2. 提问：这幅作品的名称是什么？撰文者是谁？书写者是谁？这种书体是什么体？你知道《兰亭集序》这幅作品的创作故事吗？关于这幅作品的书法家，你有哪些了解？

3. 教师小结：中国的书法艺术始兴于汉字的产生阶段，汉字书法为中国文化的独特表现艺术，被誉为无言的诗、无形的舞、无图的画、无声的乐。

学习活动二 讲讲故事，感受艺术的魅力

1. 漫谈书法家，聊故事。

提示 1：出示讲述要求——简短、生动。

提示 2：请学生讲一讲自己喜欢的书法家的故事。学生在讲故事的时候，可以用投影或者其他方式出示主人公的图片，拉近学生和书法家的距离。

2. 聚焦王羲之，聊精神。

每一个书法家都有许多练习书法方面的故事，被后人尊称为“书圣”的王羲之的故事更是广为流传。

提示1：出示王羲之的故事二则，自主阅读。

（1）墨池：一次，王羲之来到天台山，被神奇秀丽的天台山风景吸引住了，便在山顶住了下来。他尽情欣赏日出奇观和云涛雾海，这些山光胜景使他的书法也得到润色。他不停地练字，不停地洗笔洗砚，竟把一个澄澈清碧的水池都染黑了，“墨池”就是这样得名的。

（2）换鹅帖：据说，品性高洁的王羲之对做官没有多大兴趣，就离开京城，来到了风景宜人的江南。他在绍兴一带居住时，经常漫步在水乡泽国，观察群鹅。王羲之在长期的对鹅体态和生活习性的观察中，得到了启示，悟出了独特的书法用笔之妙。南朝《论书表》记载，时人以拥有王羲之墨宝为荣。山阴有一道士，想求王羲之写一本《黄庭经》，他听说王羲之爱鹅，特地养了一群又肥又大的白鹅。凑巧，一日，王羲之坐船路过山阴一带，看到青山绿水之间游着一群白鹅，羽毛白净，形态优美，于是便停船观看，恋恋不舍。得知鹅是道士养的，欲开价购买。道士提出以墨宝相交换，请王羲之为他写了一卷《黄庭经》。

提示2：王羲之为什么能成为著名的书法家？请从这两则故事及自己知道的事迹中，归纳原因。

提示3：亮出观点，结合材料，同桌交流。

教师小结：刻苦练习、潜心研究是书法家成功的基石，对艺术的执着追求、不图名利的高风亮节则是其书法造诣的魂之所系。

学习活动三 谈谈体会，宣传国粹价值

1. 回忆经历，聊体会。

提示1：请班级里学习过书法的同学谈谈自己学习书法的经历及感受。

提示2：可以先说观点再结合具体事例，也可以先谈经历再说感受；如果感受有多个，需分点列举。一个同学讲述完以后，其他的同学继续讲述。要求：讲出不一样的经历、感受。没有练习过书法的同学倾听之后，可以向发言同学提问。

提示3：在多个同学聊完以后，请学生加以总结。要点：教师在这个环节中注意捕捉讲述得特别好的观点，引导关注和学习。

2. 探讨价值，聊传承。

提示1：不少人认为，现在已经进入了信息高度发达的时代，电脑、手机等电子输入设备使用越来越广泛，手写的书法已经没有多少价值了。对于这样的说法，你怎么看？

提示2：请正在学习书法的同学谈谈自己的想法。你觉得学习书法带给你什么样的改变？

提示3：请没有学习书法的同学谈谈自己的想法。课后你打算接触书法吗？为什么？

要点：书法艺术是世界上独一无二的珍宝，是中华文化的灿烂之花。书法艺术典型地体现了东方艺术之美和东方文化的精髓，是我们民族值得自豪的艺术瑰宝。在书坛走向多元化的今天，书法艺术升华到观念变革的层次。时代在进步，当代书法艺术需要体现、传导现代社会的价值趋向。

学习互动四 总结汇报，深入探讨

1. 通过这一课的学习，你对书法有了什么认识？
2. 布置课后作业：每人回家后，就今天形成的对书法的认识，和父母进行交流。

精彩片段

师：同学们，生活处处皆语文。只要有一双善于发现的眼睛，无论在哪都能够学到知识。刚刚我们欣赏了书法大家的作品，相信大家一定陶醉其中，课前老师布置的导学单作业，你完成了吗？挑选自己最感兴趣的书法家和书法故事进行介绍。谁愿意先来？

生：老师，我先来吧！我想给大家讲一讲伟大领袖毛泽东的故事。我们对毛泽东并不陌生，他是著名的思想家、革命家、诗人，是他带领我们中国人民站起来，建立了新中国，但是很少有人知道，其实毛泽东还是位书法家。请大家看这幅作品——《清平乐 · 六盘山》……（讲述《清平乐 · 六盘山》的由来）

师：没想到，毛主席还有这样一段故事，真有趣。大家觉得他讲得怎么样？哪些地方值得我们学习？哪些地方还可以更好？

生：我觉得他讲故事的时候声音洪亮、吐字清晰、字正腔圆。

师：与人交流首先要让别人听得见、听得懂，自然大方。

生：他讲得很有意思，还加上了一些手势、动作，语调会根据故事情节发展有所变化，抑扬顿挫。

师：是的，除了加上手势，还有哪些方式可以让讲述更加生动有趣呢？

生：可以加上一些音乐、视频、照片等，这样更能吸引听众的注意。

生：他还注意和台下的观众进行互动，有问有答，活跃了气氛。

……

师：大家的总结很到位。其实，与人交流是我们每个人必备的生活技能。在与人交流时，我们声音要响亮，字正腔圆，说清楚，说明白，让别人能听懂，这是首要要求。其次，如果能借助外物，丰富听众的感受，注重互动，就更好了。

（褚嘉耘老师执教）

点评： 这个片段呈现的“学习活动二”中的一部分教学现场，在这个片段中，学生通过讲书法家的故事，介绍并鉴赏书法作品，知人品字，更显意味。

习作：我的拿手好戏

学习设计

学习目标

1. 能仿照例子列提纲，写自己的拿手好戏，语句通顺。
2. 能把重点部分写具体，写完之后能修改自己的习作。

课时

2 课时。

学习活动

学习活动一 交流“拿手好戏”

1. 出示学习任务：

同学们，今天我们要介绍自己的拿手好戏，那么，你的拿手好戏是什么呢？想一想，然后告诉大家。

提示：拿手好戏可以是艺术类的，如唱歌、跳舞、画画等；可以是手工类的，如剪纸、捏泥人、做标本等；可以是生活类的，如挑西瓜、做面包、炒菜等；可以是娱乐类的，如吹口哨、玩魔方、钓鱼等。当然，还有很多其他类别的也可以写。

2. 学习小组展开交流。
3. 学生代表全班交流，介绍自己的拿手好戏。

学习活动二 介绍“拿手好戏”

1. 读读书上的提纲《三招挑西瓜》。

提示 1：在介绍自己的拿手好戏时，读者都会关注到这个拿手好戏是什么，是怎样练成的，练习过程中发生了哪些趣事。那么这些内容应该按怎样的顺序来表达呢？在介绍的过程中哪个部分最吸引你，让你想知道更详细的内容呢？（小组讨论）

提示 2：通过讨论，模仿书上的提纲给自己的介绍列出提纲。

2. 以一个学生的提纲为例，指导如何列习作提纲。

（1）集体讨论该同学的提纲存在什么问题。

学生列提纲可能出现的问题：

① 提纲过于啰嗦，有不需要的细节描写；

② 提纲条理不清，分不清顺序和重点；

③ 过于简单、空泛，对写作没有帮助。

（2）总结列提纲的要点知识，全班帮助这位同学修改，然后再各自修改自己的提纲。

学习活动三 如何让“好戏”精彩

1. 如何把这个“拿手好戏”的练就过程和其中趣事写好呢？下面这些语段也许能给我们启示，咱们先来读一读。

提示1：先读一读以下三段文字，再选择一段说说作者是怎么描写的。

片段一：下课时，教室里摆开场子，吸引了一圈黑脑袋，攒着观战，还跺脚拍手，咋咋呼呼，好不热闹。常要等老师进来，才知道已经上课，便一哄作鸟兽散。

上课了，意兴依然不减，手痒痒的，将课本竖在面前当屏风，跟同桌在课桌上又搏将起来，这会儿，嘴里不便咚锵。

偏偏后面的同学不知趣，看得入了迷，伸长脖子，恨不能从我们肩膀上探过来，被那虎视眈眈的老师看出了破绽。

老师大步流星走过来，怒气冲冲伸手一拂，“屏风”颓然倒了，一切秘密暴露无遗。不消说，费了许多功夫做出来的，建立了赫赫伟绩，鏖战犹酣的两个竹节人被一把抓去。

——选自《竹节人》

片段二：皮鞋匠静静地听着。他好像面对着大海，月光正从水天相接的地方升起来。微波粼粼的海面上，霎时间洒遍了银光。月亮越升越高，穿过一缕一缕轻纱似的微云。忽然，海面上刮起了大风，卷起了巨浪。被月光照得雪亮的浪花，一个连一个朝着岸边涌过来……皮鞋匠看看妹妹，月光正照在她那恬静的脸上，照着她睁得大大的眼睛，她仿佛也看到了，看到了她从来没有看到过的景象，月光照耀下的波涛汹涌的大海。

——选自《月光曲》

片段三：数九隆冬剪，三伏盛夏剪，日光下剪，月光下剪，灯光下剪，甚至摸黑剪。姥姥的手就是眼睛，好使的剪刀就像她两根延长的手指。

——选自《姥姥的剪纸》

提示2：学生选择一段说说它带给自己的写作启示。

提示3：总结提炼。片段一写了玩竹节人的过程中的事，片段二写了月光曲给人的感受，片段三写了姥姥练就剪纸技艺的过程。同学们要想写好“拿手好戏”，也要像这样学会描写。

比如《姥姥的剪纸》中描写了姥姥练习剪纸的时间：盛夏三伏、数九隆冬、日光下、月光下，这四个表示时间的词语几乎囊括了所有的日子，让我们看到了姥姥不分昼夜剪纸的画面。同时最后一句又让我们觉得到姥姥已经和剪刀融为一体了。这样的描写让人真实具体地感受到姥姥剪纸技艺的“神”。

2. 在“拿手好戏”练成的过程中，或者在那些不经意间发生的趣事中，你有哪些体悟？

要点1：坚持、热爱；文化的传承；生活的乐趣；等等。

要点2：在这一教学环节中回顾学过的课文或者课外范文的写作方式，既能够让学生的写作有抓手，又能够让阅读和写作结合得更紧密。同时让学生反复体会“拿手好戏”练成及趣事中的感受，可以提升写作立意。对于表达水平较好的学生来说，提升文章立意尤为重要。

学习活动四 写好“拿手好戏”

1. 梳理素材，再次修改提纲。

学生根据之前学的提纲写作知识，考虑立意和中心，再次修改提纲。

提示：如果让大家重新设计自己的作品，你会拟一个怎样的题目，会选择哪些材料，会怎样安排这些材料呢？写好自己的“拿手好戏”，需要介绍你的拿手好戏是怎样练成的，讲讲关于这个“拿手好戏”的故事；也需要考虑表达的先后顺序，叙述的详略得当；若能关注“拿手好戏”背后的生活和情感，你的文章便会与众不同。

2. 确定详略，练习写作重点片段。

学生根据之前学的片段写作要领，使用描写的方法，练习写作重点片段，并在组内交流提示：在练就“绝技”的过程中最有趣或者印象最深的事是什么，为什么印象深刻？在这个过程中你的动作、表情如何，说了什么话，心里怎么想？你周围的人都做了些什么，说了些什么？考虑一下，你可以使用哪些修辞方法？

3. 学生根据之前教学中形成的个人体悟，确定文章中心，围绕修改过的提纲，在已完善的重点片段写作的基础上完成习作。

提示：让学生在充分构思和讨论的基础上进行语言实践活动，完成自己的习作。

4. 请同学们在学习小组里分享自己的完整习作，大家互相点评，并各自修改。

5. 各组推荐代表朗诵自己的或同伴的作品。

精彩片段

师：怎样写你的拿手好戏？哪些内容先写？哪些内容后写？哪些内容作为重点部分？哪些内容可以写得简略一些？

师：先认真阅读教材中的范例《三招挑西瓜》，看看这位小作者是怎样列提纲的。

（学生独立思考）

师：请同学们把自己的学习体会说给学习小组里的成员听。

（学生在学习小组里交流）

师：学习了《三招挑西瓜》的写作提纲，同学们有什么收获？谁来说给大家听。

生：列提纲就是把自己的作文里想要写的内容，按照先后的顺序列出来。

师：对，提纲会帮助我们理清写作思路。还有谁想说？

生：从这个提纲中，我知道了这次作文我应该写哪些方面的内容，还有先写什么，再写什么，重点部分又该写些什么。

师：为你点赞！那么，现在你会给今天的作文列提纲了吗？

生：会。

师：好，那现在就请同学们在作文草稿本上列一个写作提纲。

（学生各自写作文提纲）

师：请同学们在学习小组里交换阅读写作提纲，为写得好的点赞，觉得需要修改的，给出建议。

（学生在学习小组里交流）

师：哪位同学把自己的提纲给大家展示一下？

生：

我的“瞪眼神功”
- 点明拿手好戏是“瞪眼神功”
- 简单介绍我的“瞪眼神功”是怎样练成的
- 具体写我用“瞪眼神功”解决了两件事情
  - 我用“瞪眼神功”吓退了一个欺负低年级小同学的哥哥
  - 我用“瞪眼神功”和妈妈开了一个玩笑，逗乐了全家

师：对于这个提纲，大家有什么想说的吗？

生：我要点赞！这个拿手好戏还是挺有趣的。你的提纲先写什么、再写什么是非常清楚的。这么有趣的拿手好戏，一定有很有趣的事情发生，也就是你要具体写的事情，所以，你在提纲里把要具体写的部分也罗列了出来。

生：谢谢！我一开始并没有把要具体写的两件事情写出来，是我们小组长提醒我修改补充的。

……

（褚嘉耘老师执教）

点评： 这个片段呈现的是本次习作教学的重要训练点，可以和“学习活动三”对应起来看。在这个片段中，我们可以清楚地看到教师引导学生两次对例子进行研究和分析的过程，一是对教材中提供的范例，一是对学生自己的提纲设计。整个过程中，学为主体显得尤其充分。

语文园地

学习设计

学习目标

1. 积累做课堂笔记的方法，懂得做课堂笔记的好处，养成做课堂笔记的好习惯。
2. 理解日常生活中使用的与戏曲有关的词语，并能在具体的语言环境中正确运用。
3. 修改《玩具小台灯制作说明书》，了解说明书的语言要准确、严谨。
4. 诵读积累艺术类成语，理解意思并能正确运用。

课时

2 课时。

学习活动

学习活动一 交流平台：做好课堂笔记

1. 出示学习任务一：梳理课堂笔记。

要求：默读“交流平台”，画出有关课堂笔记可以记录哪些内容，做课堂笔记有哪些好处的语句。

提示：注意泡泡框中的提示文字，结合笔记内容在学习小组里与同学交流讨论。

2. 小组代表汇报交流，教师相机归纳要点。

要点：着重梳理记笔记的方法，如泡泡框中的“记录重要内容”“记录疑问待查”“记录所思所想”；拓展其他记笔记的方法，如“思维导图法”“图表笔记法”等。

3. 出示学习任务二：展示课堂笔记。

要求：翻看自己做的课堂笔记，在学习小组内分享做课堂笔记的其他好方法。

4. 小组推选优秀代表在全班汇报。

提示：可以在班上设置优秀课堂笔记展评区域，既能帮助学习能力较差的同学进一步明晰对课文的认识，又能提升所有同学记课堂笔记的能力。

学习活动二 语句段运用：了解戏曲名词

1. 出示学习任务一：赏析戏曲视频。

要求：欣赏由京剧小演员表演的《说唱脸谱》视频，用有关戏曲的词语介绍或评价该视频。

2. 出示学习任务二：理解戏曲名词。

(1) 出示课本中与戏曲有关的词语，完成以下任务：

① 自由读，要求：读准字音，理解意思。

② 在学习小组内交流分享词语意思。

(2) 指名全班汇报。

教师根据学生回答出示相关图片，帮助其加深理解，强化记忆。

3. 出示学习任务三：运用戏曲名词。

要求：戏曲中的一些专有名词渐渐地成了人们的日常用语，选择自己熟悉的戏曲名词，结合生活实际造句，写在书上。（可以是课本上的词语，也可以是平时积累的词语）

先在小组内分享句子，再推选一名同学全班汇报。

学习活动三 语句段运用：学习说明语言

1. 自己读一读说明书，想一想说明书一般分成几个部分。

提示：师生互动交流阅读说明书这类非连续性文本的方法。

要点：制作类说明书要把制作流程讲述清楚，例如前一步要做到什么，后一步在什么位置要做到什么程度等。

2. 仔细观察图片，根据说明书的描写检查小台灯哪里做错了。

提示：说明书语言表述中的问题在于位置表述不清楚。文中只说“铅丝的头上用橡皮泥做一个小灯泡”，而“铅丝的头上”到底指灯罩内还是灯罩外没有指明，最终导致橡皮泥灯泡做在了灯罩外。在这句话后加上“置于灯罩内”就准确了。

3. 请同学根据发现的问题，修改说明书的表述。

提示：生生互动修改语言表述，进一步体会说明书语言需非常准确、清晰这一特点。

学习活动四 日积月累：积累艺术成语

1. 整体感知，读准词语。

提示 1：学生自读，读准字音。

提示 2：生生互动，交流这一组成语都跟什么有关，平时在哪儿接触过。

2. 理解词语，深化认识。

(1) 四人小组交流自己已经读懂的词语，将不懂的词语做好标记，等全班交流时提出。

(2) 师生互动交流对词语的理解。

提示：一些词语有经典的出处或运用范围，教师要有意识地倾听补充，对能联系典故讲述词语的加以肯定和表扬。

(3) 在理解词语的基础上，有感情地再读词语，读出成语的韵味。

3. 选词造句，学会运用。

(1) 出示语境和句子，请同学根据语境选择合适的成语填入句子中。

(2) 能力较强的同学可以选择词语独立造句，体会成语精练的表达。

(3) 结合作文讲评课，渗透相关成语的使用，进一步提升对成语的认识和运用。

精彩片段

师：你们都带了哪些说明书来？

生：我带的是×××剃须刀的使用说明书。

生：我带的是×××药品的说明书。

生：我带的是我爸爸在淘宝上买的一个书架的安装说明书。

师：看来，我们生活中常常会碰到说明书。这些说明书有什么作用呢？一份好的说明书有什么特点呢？请在学习小组内讨论交流一下。

小组汇报：

生：说明书要将产品的特点、使用方式、安装方法、注意事项等内容说清楚，便于人们了解和正确使用该产品。

生：好的说明书还要将产品可能出现的故障和简单的维修方法说清楚。

生：好的说明书要把内容说准确，用词要精准。

师：是的，说明书的作用不可小觑，正因为如此，说明书不但要把内容说清楚，文中的遣词造句也要准确。

出示课件：这是一份玩具小台灯的制作说明书。

出示课件：这是一位同学根据这份说明书制作的玩具小台灯。请同学们仔细读一读，看一看，完成学习任务。

学生交流：

生：这份说明书中，做法的前两步写得都很正确，第三步说得就不太清楚了。它说：“把铅丝的另一端插入乒乓球的小洞里。”究竟是从外往内插，还是从内往外插呢？没有说清楚。这就导致制作的同学出现了错误。把红色的“灯泡”安装到“灯罩”外面了。我们组将其改为：“把铅丝的另一端从外往内插入乒乓球的小洞里。”

生：前面这组同学把说明书中最关键的错误找出来了，修改得也挺好的。我们组认为第三步中“把洞的两边粘牢”这句话表述得也不够准确，应该像第二步中那样说具体。我们组将其改为：“在靠近乒乓球洞的里外两面，用白色橡皮泥把铅丝粘牢。”

师：你们组真是细心啊！连橡皮泥的颜色都规定好了。为什么要规定用白色橡皮泥呢？

生：图片上是白色的乒乓球，用白色的橡皮泥来固定比较美观。

师：图文结合，还是不错的。不过，其他组对这点有没有高见？

生：也有乒乓球是黄色的。如果是黄色的乒乓球，用白色的橡皮泥就不太好看了。

师：那怎么改好呢？

生：改为“用与乒乓球颜色相似的橡皮泥把铅丝粘牢”。

师：大家觉得怎么样？

（众生点头）

师：集思广益，大家一起将说明书越改越好。还有哪个小组有高见？

生：我们小组觉得，还需要把“材料”中的“一块橡皮泥”改成“各色橡皮泥若干”，这样比较准确一些。

师：嗯。瞻前顾后，考虑周全，很好！

生：我们组还将这幅图修改了一下。你看！

师：拿上来给大家看。（展示）真棒！不仅改了文还改了图，多才多艺的孩子！的确，有了图的辅助，往往能让人更清楚地了解所要说明的事物。但是，如果只用图片来说明，可以吗？这里有一组介绍如何安装照片墙的图片，你能看懂吗？（出示课件，发练习纸）你们看懂了哪一幅，就在这幅图下面写上简短的说明。小组讨论，合作完成。

（学生交流）

师：第一幅图很简单，让我们检查物件是否齐全。除此之外，你们能看明白几幅图片？

生：我们看懂了第三、四、五幅图。第三幅是说把相框里的东西都取下来，第四幅是讲把透明板上的一层膜撕下来，第五幅是让我们把照片放进去。

师：你们同意他们组的意见吗？

生：我补充一点，第五幅应该说清楚按什么顺序安放。我们写的是：按照先放透明板再放照片，最后放背板的顺序来安放。

师：这个补充好，更具体精准了。

师：(出示三幅图下面的说明文字)来读一读，比一比。

生：我们第三幅写的是“把相框里的东西都取下来”，具体是哪些东西没有说明白，原文中说“卸下有机玻璃、衬纸、背板”，更具体明确而且简洁。

师：看到差距是进步的前提。很好！

生：原文中的第五幅图表述得也更简洁。

生：第四幅图，原文中说“撕掉有机玻璃两面的膜”，不看原文，我们都不知道原来两面都有膜，都要撕掉。

师：看来只看图是不够的，图文结合才能说得更明白。其余几幅图，你们看得懂吗？

生：第八幅图简单，就是把相框按到墙上。

师：我们来看看。(出示原文)你来读一读。

生：四角均匀用力将相框按在墙上。

师：你觉得这么说是不是很啰嗦？不如你刚刚说的简洁。

(生点头)

另一生：我觉得原文并不啰嗦，这是给我们的提醒，特别强调把相框按到墙上时，四个角上的力量要差不多，这样相框贴到墙上才好看。

师：特别要提醒那些“小马虎”——做事只图快的人，对不对？

(生笑)

师：还有四幅图，哪个小组来汇报一下？

生：我们组在第九幅图下面写的是：用水平仪测量相框是否摆正。

师：看来你们组有高手，知道相框上面的是水平仪，还知道水平仪的用处。厉害了！能否教教大家，怎样使用这款水平仪来测量呢？

生：看那个气泡，气泡在中间就说明相框是正的。

师：看来，考不倒你们啊！原文是这样的。(出示)

师：只剩三幅了。越往后越不容易，也越显水平。

(生默)

师：看来没有文字说明真的很难懂。那好，我来揭示第六幅。(出示)谁来读一读？

(生读)

师：明白啦？好。接着写第七幅。谁先写好谁就站起来读。

生：把蓝丁胶放到相框背面。

生：把蓝丁胶粘到相框背面的四个角上。

生：把蓝丁胶粘到相框背面，如图所示。

生：照图上的样子，粘好蓝丁胶。

生：如图所示，粘好蓝丁胶。

师（问第一个发言的学生）：你发现后面几位同学用的动词跟你用的动词有什么不同吗？

生：我用的是“放”，他们用的是“粘”。

师：你觉得哪个更准确？

生：“粘”。

师：为什么？

生：用“粘”说明把蓝丁胶放上去之后还要按一下，让它粘在相框上，不能滚下来。

师：不但知其然，还知其所以然，你是个聪明的孩子，再细心些一定会更优秀。还有第二幅图，看来只能由我来揭开“庐山真面目”了。（出示）

（指名读）

师：哦，原来这是在告诉我们打开背板的方式。准备这份说明书的商家真是很细心啊！同学们，一份好的说明书以把话说清楚、让人看明白为标准。要做到这一点，需要我们考虑周全，表达准确。

（褚嘉耘老师执教）

点评： 这个片段呈现的是“学习活动三”的开展过程。最精彩的地方就在于在这个学习活动的过程中，教师引导学生进入了一个生动真实的学习情境之中，语言实践活动的效果从学生具身参与的美好画面中得到证实。

三、单元整体学习方案

1. 整体思路

学习情境	学习任务	课时	学习内容
走进艺术殿堂	感受艺术魅力	5—6	《文言文二则》《伯牙鼓琴》
			《月光曲》
			《京剧趣谈》
	表达艺术之美	4—5	《书戴嵩画牛》
			《口语交际：聊聊书法》
			《习作：我的拿手好戏》
			《语文园地》中的“词句段运用”“日积月累”

⇩

- 拥抱艺术
  - 任务一：感受艺术魅力
    - 京剧之“趣”
    - 中外世界名曲欣赏
  - 任务二：表达艺术之美
    - 书法家的故事
    - 说说我的“拿手绝活儿”

2. 设计方案

（1）京剧之“趣”。京剧流播全国，影响甚广，有“国剧”之称。京剧是中华民族传统文化的重要表现形式，其中的多种艺术元素被用作中国传统文化的象征符号。但是，学生和京剧之间是有距离的。这个活动设计是《京剧趣谈》一课的延伸。可以选择“京剧表演之趣”“京剧脸谱之趣”“京剧唱腔之趣”“京剧行当之趣”“京剧派别之趣”中的一个方面，小组合作开展探究性活动，让学生在活动中了解京剧，激发热爱中华文化之情。

（2）中外世界名曲欣赏。本单元有两篇课文和名曲有关，一篇是《伯牙鼓琴》，涉及的名曲是中国古典名曲，如《高山流水》《春江花月夜》等。还有一篇是《月光曲》，是德国著名的音乐家贝多芬的代表作之一。在本单元的教学中，可以穿插进行相关的名曲欣赏。

(3) 书法家的故事。本单元的《口语交际》的主题就是“聊聊书法”，所以，结合本单元的主题，在教学设计中穿插了“讲书法家的小故事”环节，让学生通过查找资料，知晓书法家的历史故事，通过讲述，锻炼口头表达能力。

(4) 心摹手追写“绝活儿”。语文教学活动是儿童语言习得的活动，语文学习的本质可归结为语言本身的建构。怎样让学生习得活生生的语言风格，怎样检验学生掌握的方法，最好的方式是趁热打铁。当学生体会到了文本谋篇布局与遣词造句的妙处时，趁着这种认知喜悦，心摹手追。这一活动设计是《习作：我的拿手好戏》教学设计的一个部分，通过列提纲，让学生明晰表述的顺序，通过对《月光曲》《竹节人》等语言的细细品读，感受语言表达的精妙。

四、单元评价与积累

倾听与说话

(一) 听故事，完成相关练习。听三遍。

1. 判断，对的打“√”，错的打“×”。

(1) 皮影戏是由于汉武帝思念李夫人而发明的。(　　)

(2) 皮影戏是最早传入西方的中国传统艺术之一。(　　)

2. 根据听到的内容填空。

本篇文章在点明皮影戏的本质特征后，依次介绍了中国皮影戏的________——皮影制作——________——广泛流传。

【附听力材料】

皮影戏，是一种用灯光照射兽皮或纸板做成的人物剪影以表演故事的民间戏剧。

中国皮影戏有着悠久的历史。两千多年前，汉武帝爱妃李夫人染疾故去，武帝思念心切，神情恍惚，终日不理朝政。术士李少翁一日出门，路遇孩童手拿布娃娃玩耍，影子倒映于地，栩栩如生。李少翁心中一动，用棉帛裁成李夫人影像，涂上色彩，并在手脚处装上木杆。入夜围方帷，张灯烛，恭请武帝端坐帐中观看。武帝看罢龙颜大悦。这个载入《汉书》的爱情故事，被认为是皮影戏最早的渊源。

表演皮影戏要先制作皮影。其制作过程是：先将羊皮、驴皮或其他兽皮的毛、血去净，经药物处理，使皮革变薄，呈半透明状，涂上桐油，然后把皮革镂刻成所需的人物形象。皮人的头、四肢、躯干等各自独立，而又用线连成一体，分别以连杆由演员操纵，令其活动。

皮人涂有各种颜色，表达人物的善恶美丑。绘画也有一定的讲究，女性发饰及衣饰多以凤、花、草、云等纹样为图案，男性衣饰则多用龙、虎、水、云等纹样为图案。人物造型与戏剧人物一样，生、旦、净、丑角色齐全，制成的皮影高的达 55 厘米，矮的仅有 10 厘米左右。

皮影戏表演时，由三五个艺人在白色幕布后面，一边操纵戏曲人物，一边用当地流行的曲调唱述故事，同时配以打击乐和弦乐。表演民间神话、武打、古代故事时，人物可以腾云驾雾，做出各种高难度动作。这是其他戏剧难以做到的，因此深受观众喜爱。皮影戏在宋代已极为盛行，到明代，北京一带的皮影戏班竟达到四五十家。

皮影戏是一门综合了戏剧、音乐等多种艺术表现手段的表演形式，它有着悠久历史，也是最早传入西方的中国传统艺术之一。

公元13世纪，当时的蒙古军营中也演皮影戏，后来皮影戏被随军带到波斯、土耳其等国。之后，又在东南亚各国流传。中国皮影戏18世纪中叶传到欧洲。1767年，法国传教士把它带回法国，并在巴黎、马赛演出，被称为“中国灯影”，曾轰动一时。后经法国人改造，成为“法兰西灯影”。中国皮影戏对丰富世界艺坛作出了独特的贡献。

(二) 根据下列要求进行说话练习。

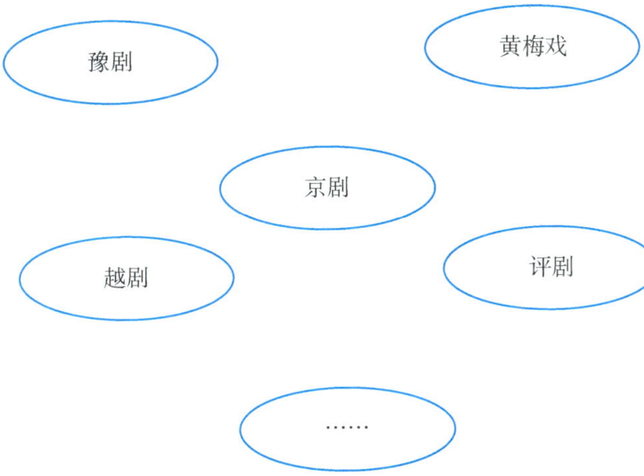

在本单元中，我们了解了京剧中的“马鞭”与“亮相”，还学习了不少和戏曲有关的词语，你一定对国粹京剧充满了好奇。其实，中华民族绵延五千年，有着许多传统文化精粹，戏曲文化更是特别丰富。中国戏曲种类繁多，据不完全统计，中国各民族地区的戏曲约有三百六十多种，传统剧目数以万计。其中，最著名的五大戏曲是：京剧、越剧、黄梅戏、评剧、豫剧。请你利用课余时间，了解关于中国传统戏曲的小知识，在班上开展“我是中国戏曲介绍人”活动，介绍你所了解的一种戏曲。可以是上面圆框中的五大戏曲，也可以是其他的地方戏曲。

梳理与积累

(一) 判断、选择。

(1) 戴嵩是宋代的画家，他的代表作有《斗牛图》。(　　)

(2) 人们常用“高山流水”来比喻知音难觅或乐曲高妙。(　　)

(3) 贝多芬是英国著名的音乐家。(　　)

(4) 俗语“一个唱红脸，一个唱白脸”中的“唱白脸”指的是扮好人。(　　)

(5) 与“霎时”意思不相近的一个词语是(　　)

A. 顷刻　　B. 刹那　　C. 快速　　D. 瞬间

(6) 戏曲语言中“打圆场”的意思是(　　)

A. 扮好人　　B. 调解纠纷　　C. 扮坏人　　D. 打斗

(二) 按积累的诗文及对课文的理解填空。

(1)《伯牙鼓琴》通过描写春秋时期________与________的动人故事，表现了朋友间________、________的纯真友情。《书戴嵩画牛》写了杜处士曝晒自己珍爱的________，遭到________拍手大笑的故事，告诉我们____________________的道理。

(2)《月光曲》讲述了________(国家)著名音乐家________，因________穷鞋匠兄妹而为他们弹琴，有感于________对音乐的痴爱，即兴创作出《月光曲》的传奇故事。

(3) 锺期一见知，______________。

锺期久已没，______________。

(4) 伯牙当时已经是名震天下的音乐家，他不会缺少赞美，为什么还独独把锺子期看作唯一的知音？

____

____

阅读与运用

(一) 阅读《罗丹的雕刻》，关注其中的批注。

罗丹的雕刻

熊秉明

雕刻的发生源自一种人类的崇拜心理，无论是对神秘力的崇拜，对神的崇拜，或者对英雄的崇拜。把神像放在神龛里，把英雄像放在广场的高伟基座上，都表示这一种瞻仰或膜拜的情操。雕刻家把神与英雄的形象具体化。他的创作是社会交给他的任务。所以雕刻家在工作中，虽然有相当的自由，可以发挥个人才华，但是无论在内容上，在形式上，还要首先服从一个社会群体意识长期约定俗成的要求。有时，我们在庙宇装饰、纪念碑细部也看到日常生活的描写，有趣而抒情，然而那是附带的配曲。

罗丹的出现，把雕刻作了根本性的变革，把雕刻受到的外在约束打破。他不从传统的规格、观众的期待去考虑构思，他以雕刻家个人的认识和深切感受作为创造的出发点。雕刻首先是一座艺术品，有其丰富的内容，有它的自足性，然后取得它的社会意义。所以他的作品呈现的时候，一般观众，乃至保守的雕刻家，都不免惊骇，继之以愤怒、嘲讽，而终于接受、欣赏。他一生的作品，从最早期的《塌鼻子的人》《青铜时代》，一直到他最晚年的《克列孟梭》《教皇伯诺亚第十五》都受到这样的遭遇，只不过引起的波澜大小不同而已。

欣赏罗丹毕生的作品，我们也就鸟瞰了人的生命的全景。从婴孩到青春，从成熟到衰老，人间的悲欢离合，生老病死，爱和欲，哭和笑，奋起和疲惫，信念的苏醒，绝望的呼诉……都写在肉体上。

【批注：这里运用了一整组富有变化的排比，整中有散、散中有整，与上文介绍的罗丹的代表作品相呼应，既体现了罗丹雕塑内容的丰富和统一——统一在于都是围绕着人的生命，丰富在于表现了人生的不同阶段、不同状态、不同情感，又通过跟第 1 自然段中罗丹出现以前的雕塑作品的对比体现了罗丹雕塑主题与功能的独特、超前。这一段起到了承上启下的重要作用，也使读者对于罗丹的雕塑有了一个清晰直观的认识。】

他说“忠于自然”，而在他的手中，人体已经开始扭曲，破裂；他说“尊重传统”，然而他已经把雕刻从纪念碑功能中游离出来。他所做的不是凯旋门，而是“地狱之门”。这是一大转变。凯旋门歌颂历史人物的丰功伟绩，而“地狱之门”上没有英雄。“地狱之门”其实也可以称作“人间之门”，而罗丹所描述的人间固然有鲜美和酣醉，但也弥漫阴影和苦难，烦忧和悲痛，奋起和陨落。罗丹用雕刻自由抒情，捕捉他想象世界中的诸影，诸相。雕刻是他恣意歌唱的语言。在罗丹手中，塑泥变成听话的工具，从此，在他之后的雕刻家可以更大胆地改造人体，更自由地探索尝试，更痛快地设计想象世界中诡奇的形象。现代雕刻从此可能。

【批注：罗丹雕刻出的人体是扭曲、破裂的，但他却说“忠于自然”，因为人体本来就不都是高大完美的，在生活的种种情境下，人的体态就是会有着不同的扭曲，雕塑家只是在用夸张的手法描绘自然。罗丹将歌功颂德的“凯旋门”变为描写人间疾苦的“地狱之门”，却说自己“尊重传统”，因为他保留了传统的“凯旋门”雕刻形式，并且发挥了其记录历史的功能，记录的恰恰是最真实的历史。结合前文对罗丹出现以前的雕刻作品的介绍，通过对比，我们不难看出，罗丹雕塑最大的特点是他用夸张奇诡的手法描绘的却是最真实而多面的人。】

说他的雕刻是最雕刻的雕刻是可以的，因为雕刻本身取得意义；说他的雕刻破坏雕刻的定义，已经不是雕刻，也是可以的，因为雕刻不仅具有坚实的三度实体的造型美，而且侵入诗，侵入哲学。说在他的作品里，我们看见雕刻的源起是可以的；说在他的作品里，我们看到雕刻的消亡也是可以的。因为他的雕刻在生命的波澜中浮现凝定，生命啄破雕刻的外壳又一次诞生。

他说：“在做艺术家之前，先要做一个人。”每天有那么多年轻人、中年人、老年人从世界的各个角落来到巴黎罗丹美术馆，在他的雕像之间徘徊，沉思，因为那些青铜和大理石不只是雕刻，那是，用他自己的话说，“开向生命的窗子”。

（二）阅读《林肯中心的鼓声》，完成练习。

林肯中心的鼓声

木　心

搬到曼哈顿，与林肯中心几乎接邻，听歌剧，看芭蕾，自是方便，却也难得去购票。

开窗，就可望见林肯中心露天剧场之一的贝壳形演奏台。那里每天下午、晚上，各有一场演出。废了室内的自备音响，乐得享受那大贝壳中传来的精神的海鲜。节目是每天和每晚更换的：铜管乐、摇滚乐、歌剧清唱、重奏，还有时髦得名称也来不及定妥又变了花样的什么音乐。我躺着听，边吃喝边听，比罗马贵族还惬意。但夏季没过完，我已经非常厌恶那大贝壳中发出来的声音了：不想“古典”的日子，偏偏是柔肠百转得惹人腻烦；不想摩登的夜晚，硬是以火爆的节奏乱撞耳膜。不花钱买票，就这样受罚了。所以每当雷声起，电光闪，阵雨沛然而下，我开心，看你们还演奏不！

可惜不是天天都有大雷雨，只能时候一到，关紧窗子。如果还是隐隐传来，便开动自己的音响与之抗衡，奇怪的是，但凡抱着这样心态的当儿，就也听不进自选的音乐。可见行事必得出自真心，强求是不会快乐的。

某夜晚，灯下写信，那大贝壳里的频率又发作了，看看窗外的天，不可能下雨，窗是关紧的，别无良策，管自己继续写吧……乐器不多，鼓、圆号、低音提琴，不三不四的配器……管自己写吧……

写不下去了——鼓声，单是鼓声，由徐而疾，疾更疾，忽沉忽昂，渐渐消失，突然又起翻腾，恣肆癫狂，破石惊天，戛然而止。再从极慢极慢的节奏开始，一程一程，稳稳地进展……终于加快……又回复凝重的持续，不徐不疾，永远这样敲下去，永远这样敲下去了，不求加快，不求减慢，不求升强降弱，唯一的节奏，唯一的音量……其中似乎有微茫、偶然的变化，变化太难辨识，却使听觉出奇的敏感，出奇的敏感的绝望者才能感觉到它。之后鼓声似乎有所加快，有所升强……后又加快升强，渐快，更快，越来越快，越来越快……快到不像是人力击鼓，但机械的鼓声绝不会有这“人”味，是人在击鼓，是个非凡的人，否定了旋律、调性、音色，各种记谱符号。这鼓声引醒的不是一向由管乐、弦乐、声乐所引醒的因素，人，除了历来习惯于被管乐、弦乐、声乐所引醒的因素之外，还确有非管乐、弦乐、声乐所能引醒的因素，它们一直沉睡着，淤积着，荒芜着，原始而古老。在尚无管乐、弦乐、声乐伴随时，这些因素出现于打击乐，在漫长的遗弃废置之后，被今晚的鼓声所引醒，显得陌生新鲜。这非音乐的鼓声使我回到古老的蛮荒状态，更接近宇宙的本质。这鼓声接近于无声，最后仿佛只剩下鼓手一个人，而这人必定是遒劲与美貌、粗犷与秀丽浑然一体的无年龄的人——真奇怪，单单鼓声就可以这样顺遂地把一切欲望击退，把一切观念敲碎，不容旁骛，不可方物，把它们粉碎得像基本粒子一样分裂飞扬在宇宙中……

我扑向窗口，猛开窗子，鼓声已经在圆号和低音提琴的抚慰中作激战后的喘息，低音提琴为英雄拭汗，圆号捧上了桂冠，鼓声也将息去——我心里发急，鼓掌呀！为什么不鼓掌，涌上去，把鼓手抬起来，抛向空中，摔死也活该，谁叫他击得这样好啊！

我激动过分，听众在剧烈鼓掌，尖叫……我望不见那鼓手，只听得他在扬声致谢……掌声不停……但鼓声不起，他一再致谢，终于道晚安了，明亮的大贝壳也转为暗蓝，人影憧憧，无疑是散场。

我懊丧地伏在窗口，开窗太迟，没有全部听清楚，还能到什么地方去听他击鼓，冒着大雨我也步行去的。

我不能荏弱得像个被遗弃的人。

又不是从来没有听见过鼓声，我是向来注意各种鼓手的，非洲的，印度的，中国的……然而这个鼓手怎么啦，单凭一只鼓就使人迷乱得如此可怜！我承认他是个幸福的人，我分不到他的幸福。

（有删改）

1. 作者对林肯中心的音乐的态度发生过怎样的变化？这篇文章主要是写鼓声，那么文章的前三段有什么样的作用？

____

____

2. 作者笔下的鼓声是什么样的？读了文章后，你觉得那位鼓手是什么样的人？

____

____

第八单元

一、任务与目标

1. 单元整体思路

本单元的人文主题是“走近鲁迅”。鲁迅先生在中国文学史、思想史、哲学史乃至革命史上都占有非常重要的地位，他是民族精神的象征，是堪称“民族魂”的伟大人物。因此，本单元的教学必定要借助语言文字引导学生体会鲁迅先生忧国忧民的爱国情怀，感受他身上的高尚品质。

本单元的课文教学，自始至终都要引导学生借助资料理解课文的相关内容，但不同的课文所选用的资料又会有所不同。《少年闰土》，可以补充《故乡》中后来“我”与成年闰土相见的片段，通过对比阅读进一步感受少年闰土活泼生动的形象和少年友谊的纯洁珍贵。《好的故事》，充分利用课后的“阅读链接”，同时还可以补充《野草》的《题辞》及关于《野草》的点评，帮助学生理解作者的思想和情感。《我的伯父鲁迅先生》和《有的人——纪念鲁迅有感》可以互为补充阅读，也可以选择名人对鲁迅先生的评价等资料，帮助学生更全面地了解当时的时代背景，从而更真切地认识鲁迅先生其人，了解他的精神和气节。本单元的教学还需十分关注阅读与习作的关联。《少年闰土》和《我的伯父鲁迅先生》都是通过具体事例表现人物特点，同时，这两篇文章还有一个显著的共同点，那就是都借助场景描写烘托气氛和表达感情。这两篇课文是很好的习作范例。

2. 核心任务

“借助相关资料，理解课文内容”是本单元的核心学习任务。由于鲁迅先生生活的时代距离今天的学生比较遥远，当时的语言表达也与现在的语言表达有差异，所以，必须借助资料理解课文内容。在资料的选择上，可以以老师为主导，也可以师生合作完成资料的选择。《少年闰土》可以借助《故乡》的写作背景及节选等资料，帮助理解课文。《好的故事》可以借助课后“阅读链接”中的作品评介，适当补充时代背景资料，进一步理解课文内容。《我的伯父鲁迅先生》可以借助相关时代背景资料，理解课文中含义深刻的句子。《有的人》可以借助前面三篇课文以及其他关于鲁迅先生的资料，读懂诗句，体会鲁迅先生的人格力量和精神影响。

3. 学习目标

字词句： 会写“郑、拜”等字，会写“一望无际、家景”等词语；积累鲁迅的名言，感受他的精神品质。

阅读： 能有感情地朗读课文，能用较快的速度默读相对较长的课文，背诵课文中精彩的段落；能联系上下文、借助资料理解文章内容，通过学习感受鲁迅的伟大人物形象。

书面表达： 能够抓住环境和人物的外貌、动作写出生活中的精彩瞬间；能够通过一件具体的事情用第二人称表达对这个人的情感；能够结合给文章拟题目的方法修改自己的习作题目。

内容理解： 引导学生从不同的角度感受鲁迅先生的光辉形象，初步了解鲁迅先生的文学成就，体会鲁迅先生的性格特点和他高尚的精神境界。

二、课文解读与学习设计

25 少年闰土

课文解读

题解

《少年闰土》这篇文章节选自鲁迅先生的小说《故乡》，“闰土”是主人公的名字。“少年闰土”强调了“少年”这个人生阶段，在《故乡》中少年闰土和成年闰土在作者心中的形象和情感都有着很大的差别。由于闰土生活的历史环境产生了巨大的反差，在作者心中，最珍贵的不是“闰土”，而是“少年”。因为“少年闰土”其实是一种生命和精神状态的代表，更是那个还算美好的时代的代表。

结构分析

文章采用倒叙的手法，由追忆写起，叙写了“我”与闰土相识，共同谈天说地、成为朋友，到最后分开、“我”失去了闰土的消息。

课文可以分为四个部分。

第一部分（第 1 自然段）：描绘了记忆中闰土看瓜刺猹的情景。

第二部分（第 2—5 自然段）：写了“我”与闰土初次相识。

第三部分（第 6—18 自然段）：写了“我”与闰土相处的过程，闰土给“我”讲雪地捕鸟、海边拾贝、看瓜刺猹和看跳鱼儿这四件新鲜事。

第四部分（第 19 自然段）：写了“我”与闰土的分别和友谊。

词语含义

啦啦：文中用来形容小动物穿过瓜田发出的声响。相比于常用来形容这种声音的“哗啦啦”或“哗哗”，“啦啦”这个词语其实带着一点方言色彩、乡土气息，在这里更能体现闰土那种“土生土长”的淳朴、憨厚。“啦啦”有那种一阵一阵带着回音的感觉，越发显示出月夜的宁静和瓜田的广阔、瓜叶的茂密，小小的人与兽置身其中，又使得人与“猹”之间对峙的气氛更加紧张，令人兴奋。

伶俐： 形容聪明、灵活，是一个褒义词。猹是会祸害瓜田的小动物，农民都讨厌它，但闰土却用“伶俐”而非“狡猾”来形容它，尽管打它捉它，但不失赞赏之意，正体现出闰土那种天真纯净的儿童心境，用一种好奇和愉悦的眼光看待世界，把“猹”当成一个新鲜事物，或许还有点儿“棋逢对手、惺惺相惜”之意。

危险： 该词体现了“我”也同样有着天真纯稚的特点。西瓜差点儿被猹吃了在“我”眼中是一段危险的经历，这是把西瓜当作人来看待了，仿佛西瓜也有感情。该词也体现了闰土的故事深深地吸引了“我”，给“我”一种身临其境的感觉。

值年： 基本意思是指在当值的那一年承应差事或担任某项工作。课文中是指那一年“我”家要承办宗族里的大祭祀活动。那时候，宗族里的各分支或家庭要轮流承办这样的宗族祭祀活动。正是因为那一年“我”家是值年，又是三十多年才轮到一回的大事情，所以需要很多人手做事，这样，闰土才来做事，得以和“我”相识。

装弶： 指的是把弶安装好等待鸟进来，也就是安装捕鸟的陷阱。具体做法就是课文第 7 自然段中描述的那样。

句意理解

他们不知道一些事，闰土在海边时，他们都和我一样只看见院子里高墙上的四角的天空。

这一句抒发“我”对闰土见多识广、经历丰富的赞赏与羡慕，以及“我”对自己现状的不满、遗憾。“高墙上的四角的天空”这个描述写出了“我”以及“我往常的朋友”——富人家少爷们眼中的世界是狭窄、呆板、无趣的，生活的环境是森冷、拘束、不自由的。这高墙不仅隔绝了“我”和广阔多彩的世界之间的联系，也隔绝了“我”和闰土的联系，而“高墙”象征的是“我”的身份和阶级，这一句起到了总结性的作用，暗示了文章的主题——让“我”和闰土后来再没见面，使“我”对少年闰土念念不忘又充满遗憾的，是身份阶级在人与人之间所造成的隔阂，这就是作者所要批判的。

语段分析

第 1 自然段

文章以一段虚写开头，描述了闰土在“我”心中留下的深刻印象。一开始是环境描写，深蓝的天空、金黄的圆月、碧绿的西瓜，色彩鲜明又沉静。圆月在中国人的传统观念里象征着一种圆满，寄托了作者心中的喜爱、向往和美好的愿景。一望无际的西瓜，一望无际的绿，显得开阔、纯粹、生机勃勃，给人一种自由生长的轻盈律动感。这样美好静谧的环境一下子吸引住了读者，这种“静”也衬托了下文少年与猹争斗的“动”。少年手捏钢叉，向猹尽力地刺去，银项圈和钢叉在月光下散发着金属的冷光，“尽力的刺去”体现出少年的那种浑身是劲的活力和野性，寥寥数语显得格外抓人。猹也很敏捷狡猾，“一扭”就逃脱了。动物、人、植物都散发着浓烈的活力与野性，极富生命力，正是作者所推崇的；而与之相对的呆板、拘束、隔阂，则是作者要反对和批判的。文章开篇就呈现出深深印刻在“我”脑海中的这幅画面，可见，这样一位鲜明的少年形象给了“我”无限美好的记忆。

写作特色

生动的对话。《少年闰土》这篇课文是小说《故乡》的节选，流畅的情节又带着淡淡的田园散文诗韵味。文中“我”与闰土相识、成为好友后的情节多以对话的形式来表现，并且以闰土讲述他在乡下所见所闻所经历的趣事为主。对话充满了孩童的纯真、稚气，而且符合人物各自的性格特点，甚至能从对话中分明地感受到“我”和闰土各自的生活空间。比如，闰土的话多一些，他的讲述总是有声有色，非常生动，“我”的话大多是提问，简短、天真而略显傻气，因为“我”的生活空间非常狭窄逼仄，又对闰土所讲之事充满兴趣和好奇。

经典的人物外貌描写。这篇文章中对闰土的外貌描写是中国近代文学史上的经典之笔。从对闰土的外貌描写中，我们就能看到这个少年的生活状态。“紫色的圆脸”，一种健康的阳光色和活泼可爱的孩子脸，既可以看出闰土长于乡野广阔的空间，也可以看出少年的基本生活条件尚可；“头戴一顶小毡帽”既写出了时代的穿着特点，也体现了闰土生活的阶层和他长期在户外劳动玩耍的状态；“颈上套一个明晃晃的银项圈，这可见他的父亲十分爱他，怕他死去，所以在神佛面前许下愿心，用圈子将他套住了”，“颈上套一个明晃晃的银项圈”，紧接着就补充说明银项圈的意义，足以说明少年虽然出生在平民家庭，但那时日子也过得不错，至少除了吃饱穿暖，父母还有余力因为对孩子的爱打造一个银项圈。这里的外貌描写虽然简短，却包含着很多言外之意，贴切而又用心独到。

拓展学习资源

1. 作者简介。

鲁迅（1881 年 9 月 25 日—1936 年 10 月 19 日），曾用名周樟寿，后改名周树人，字豫山，后改字豫才，浙江绍兴人，曾留学日本仙台医科专门学校（肄业）。“鲁迅”是他 1918 年发表《狂人日记》时所用的笔名，也是他影响最为广泛的笔名。他是伟大的文学家、思想家、革命家，五四新文化运动的重要参与者，中国现代文学的奠基人。

鲁迅一生在文学创作、文学批评、思想研究、文学史研究、翻译、美术理论引进、基础科学介绍和古籍校勘与研究等多个领域具有重大贡献。他对于五四运动以后的中国社会思想文化发展具有重大影响，蜚声世界文坛，尤其在韩国、日本思想文化领域有极其重要的地位和影响，被誉为“二十世纪东亚文化地图上占最大领土的作家”。

鲁迅作品题材广泛，形式多样灵活，风格鲜明独特，语言幽默。在他55年的人生中，创作的作品，体裁涉及小说、杂文、散文、诗歌等。有《鲁迅全集》二十卷1 000余万字传世。在中华人民共和国成立后，其多篇作品被选入中小学语文教材，对新中国的语言和文学有着深远的影响。

鲁迅的作品主要以小说、杂文为主，代表作有：小说集《呐喊》《彷徨》《故事新编》等；散文集《朝花夕拾》；散文诗集《野草》；杂文集《坟》《热风》《华盖集》《华盖集续编》《南腔北调集》《三闲集》《二心集》《而已集》《且介亭杂文》等。他的作品有数十篇被选入中小学语文课本，并有多部小说被先后改编成电影。其作品对于五四运动以后的中国文学产生了深刻的影响。

2.《故乡》的写作背景。

短篇小说《故乡》的素材，是鲁迅1919年从北京回故乡的见闻，它深刻地概括了1921年前三十年内，特别是辛亥革命后十年间中国农村经济凋敝、农民生活日益贫困的历史，反映了那个时代的社会风貌。1919年12月，鲁迅从北京回到故乡绍兴，与同族十多户人家共同卖掉新台门故宅，带着母亲、三弟及家属来到北京。这次回到乡间，幼年的伙伴、农民章闰水特地从海边农村进城来探望鲁迅。章闰水年纪刚过三十，已是满脸皱纹，形容憔悴，讲述了“农村做人总是难，一点东西拿出去总是要捐三四回”的悲惨处境，引起了鲁迅深切的同情。后来，鲁迅将这次回乡的经历，艺术地再现于小说《故乡》之中，并以章闰水为原型，塑造了闰土这个深刻隽永的人物形象。小说是用第一人称写的，里面“我”的思想感情真实地反映了鲁迅的思想感情，但是，这是文学作品，经过虚构、想象，所以，不能说“我”就是鲁迅。课文是小说中的一段插叙，题目《少年闰土》是编者加的。

学习设计

学习目标

1. 会写“郑、拜”等字，会写“一望无际、家景”等词语。
2. 能抓住关键词句，概括小说事件，读懂人物内心。
3. 品读奇异画面，感受体会闰土在“我”心中的形象。

课时

2课时。

学习活动

学习活动一 抓特殊字，读通课文

1. 鲁迅，笔名。一种解释："鲁"是他母亲鲁瑞的姓，小说中的"鲁镇"；"迅"是他的小名，小说中的"迅哥儿"；一种解释：鲁迅自己的话，"取愚鲁而迅行之意"，这是一种自谦，相当于"笨鸟先飞"的意思。1918 年首次用这个笔名，发表了第一篇白话文小说《狂人日记》；1921 年用这个笔名发表了小说《故乡》，《少年闰土》是其中的一个片段。

2.《少年闰土》是白话文的早期作品，文中有些用字和现在不同。你发现了几处？

"错别字"：带—戴；的—地；检—捡；地—底；他—它；希—稀；阿—啊。

"方言字"：捏—握；缚—系；日里—白天；便是—即使是（就算是）。

"错用字（孩子话）"：管西瓜—看西瓜；走到了，看见猹—走近了，看见猹；没有知道—不知道。

3. 朗读课文，读通顺。

学习活动二 默读课文，理清关系

1. "我"和闰土原来是什么关系？读一读第 2 自然段。

主仆关系："我"是少爷；闰土是忙月的儿子。

2. "我"和闰土后来是什么关系？读一读最后一个自然段。

朋友关系："我"急得大哭；闰土也躲到厨房里，哭着不肯出门；互赠礼物。

3. 从主仆到朋友，用了多长时间？从朋友到难舍难分的好友，用了多长时间？

不到半日："于是不到半日，我们便熟识了"。

一个月："好容易到了年末"，"可惜正月过去了"。

学习活动三 细读课文，读懂内心

1. 这一个月的相处中，"我"和闰土两个人无话不谈。文中只写了一小部分，写了闰土给"我"讲的新鲜事、稀奇事。读一读，文中讲了哪几件新鲜事、稀奇事？

要点：雪地捕鸟、海边拾贝、看瓜刺猹、看跳鱼儿。

2. 哪一件事对"我"来说最新鲜、最稀奇？读一读，比一比。

（1）出示“看瓜刺猹”语段：

“……晚上我和爹管西瓜去，你也去。”

“管贼么？”

“不是。走路的人口渴了摘一个瓜吃，我们这里是不算偷的。要管的是獾猪，刺猬，猹。月亮地下，你听，啦啦的响了，猹在咬瓜了。你便捏了胡叉，轻轻地走去……”

“他不咬人吗？”

“有胡叉呢。走到了，看见猹了，你便刺。这畜生很伶俐，倒向你奔来，反从胯下窜了。他的皮毛是油一般的滑……”

（2）从哪些地方可以看出这件事最新鲜、最稀奇？

要点：“我”没有见过猹，至今都没有见过；“我”觉得这是一段“危险的经历”；“我”脑海里时时闪现的就是这幅画面。

（3）比一比：谁能读得最新鲜、最稀奇？

3. 读懂新鲜、稀奇背后的内心世界。

（1）出示“议论”的语段：

我那时并不知道这所谓猹的是怎么一件东西——便是现在也没有知道——只是无端的觉得状如小狗而很凶猛。

我素不知道天下有这许多新鲜事：海边有如许五色的贝壳；西瓜有这样危险的经历，我先前单知道他在水果店里出卖罢了。

（2）在“叙述”的过程中插入了作者的“议论”，发表感慨。文中还有哪一段也是这样的“议论”？

阿！闰土的心里有无穷无尽的希奇的事，都是我往常的朋友所不知道的。他们不知道一些事，闰土在海边时，他们都和我一样只看见院子里高墙上的四角的天空。

（3）这三段“议论”中，哪个词一连说了四次？作者通过这个词，最想表达的是什么？

要点：“不知道”；对闰土生活世界的向往，对自己生活世界的不满。

4. 这种叙述中插入议论的方法，叫“夹叙夹议”。议论的话，是对叙述的事件发表的看法，读懂这些议论的话，就读懂了作者的内心世界。我们写作的时候，也可以在叙述中插入自己的议论，把自己的想法、看法表达出来，让读者更懂你。

5. 试一试：在雪地捕鸟的叙述后，如果要发表一段议论，可以怎么写？

示例：阿！我从来不知道装弶捉小鸟雀那么好玩，我在图画书中看到的鸟雀，闰土居然都捉到过。

学习活动四 聚焦画面，读出形象

1. 看瓜刺猹，这件新鲜事在“我”的心里蕴藏、发酵，就像米酿成了酒，忽然闪现出这样一幅奇异的图画来：

深蓝的天空中挂着一轮金黄的圆月，下面是海边的沙地，都种着一望无际的碧绿的西瓜，其间有一个十一二岁的少年，项带银圈，手捏一柄钢叉，向一匹猹尽力的刺去。那猹却将身一扭，反从他的胯下逃走了。

2. 这是一个怎样的少年？

英俊的、勇敢的、机灵的、生气勃勃的、欢乐的、充满生活气息的、无拘无束的……海边少年！

3. 这是一幅怎样的图画？

删比朗读：删去表示颜色的词语，少了鲜艳的背景；删去刺猹的描写，少了具体的形象；删去关于猹的描述，少了一个衬托。

4. 朗读，背诵：把这幅奇异的图画留在自己的心里。

学习活动五 延伸阅读，体悟思想

1. “我”和少年闰土从主仆变成了难舍难分的朋友。三十年后，“我”和中年闰土相见，会是怎样的情景呢？

出示：

我这时很兴奋，但不知道怎么说才好，只是说：

“阿！闰土哥，——你来了？……”

我接着便有许多话，想要连珠一般涌出：角鸡，跳鱼儿，贝壳，猹，……但又总觉得被什么挡着似的，单在脑里面回旋，吐不出口外去。

2. 猜一猜：这时候的闰土，会怎么回应？

出示：

他站住了，脸上现出欢喜和凄凉的神情；动着嘴唇，却没有作声。他的态度终于恭敬起来了，分明的叫道：

“老爷！……”

3. 两个人的关系，从朋友回到了主仆。这是为什么呢？欲知其中缘由，请看《故乡》原文。

板书设计

25 少年闰土

少年闰土：勤劳、能干、阳光、健谈、活泼、可爱

↑

羡慕、钦佩、喜欢、想念

↑

“我”：并不知道、也没有知道、素不知道、所不知道

精彩片段

师：请同学们再次朗读课文，想一想：闰土在“我”的眼里是个怎样的少年？“我”对闰土有着怎样的认识和感情？

师：细细品读课文中每一个关于闰土的画面和情节，咀嚼文章的语言，找一找：从哪些地方可以读出少年闰土是个怎样的少年？“我”对闰土又是怎样的感情？

师：我们先来寻找第一个问题的答案，请同学们自己认真阅读，仔细体会，然后和小伙伴交流分享你的所得所悟。

（学生自由阅读并思考）

（学生在学习小组里交流分享）

师：交流得很好，现在，谁愿意和大家就第一个问题进行分享？

生：大家好，我从课文第 1 自然段中读出了闰土是一个很能干很勇敢的少年。“手捏一柄钢叉，向一匹猹尽力的刺去。那猹却将身一扭，反从他的胯下逃走了。”从这里我读出那猹是很难刺的，挺狡猾的，可是，在夜晚的月光下，闰土却一个人去刺猹，真勇敢！而且我从插图上看出他很能干很有力气的样子，真神气！

师：很好，你能把闰土的神气朗读出来吗？这幅画面在文章的一开始就出现了，这情景可是一直刻在“我”的脑海里呢！

（学生有感情地朗读）

师：我们一起来朗读这个刻在“我”心里的画面。

（师生齐读）

师：还有谁想分享？

生：我从课文第 3 自然段中的一句话读出了闰土是个能干的少年。“他是能装弶捉小鸟

雀的。”

师：是啊，好能干的孩子。谁接着说？

生：老师，我从课文第 4 自然段对闰土的外貌描写中看出了他是一个活泼可爱的少年。“他正在厨房里，紫色的圆脸，头戴一顶小毡帽，颈上套一个明晃晃的银项圈，这可见他的父亲十分爱他，怕他死去，所以在神佛面前许下愿心，用圈子将他套住了。”

生：老师，这里我有补充，从他父亲用银项圈套住他，可以看出闰土是很讨人喜欢的孩子，所以，他的父亲希望他平安幸福。

师：读得深，有道理！谁接着说？

生：大家好，我从课文第三部分，也就是第 6—18 自然段中读出了闰土不仅聪明能干，还很有见识，见多识广。

师：说说你的理解。

生：这几个自然段中，闰土在给“我”讲故事，讲月夜看西瓜刺猹，讲雪天捕鸟，讲海边捡贝壳捉鱼。从每次讲故事的语言里能体会到闰土做过许多好玩的事情，他非常能干，而且他懂的东西很多。那些事情一定都是他亲自做过的，不然他不可能讲得那么生动有趣，而且很准确。

师：你可以举个例子说一说，读一读。

生：我就选他讲雪天捕鸟的那一段。我来朗读给大家听。

师：(笑)非常好，希望你的朗读能把老师和同学们带到那样的情境里去，可以吗？

生：可以。

(生读)

(师生鼓掌)

师：还有补充吗？

生：老师，我想和大家分享闰土讲夜晚刺猹的那段，我也可以通过我的朗读，让大家身临其境。

……

师：刚才我们已经充分交流了第一个问题，我们读出了一个活泼可爱、勤劳能干、见多识广的少年闰土。现在我们再一起分享第二个问题，“我”对闰土有着怎样的感情呢？从哪里可以读出来？又该怎样读好这些语句呢？

生：“我”很喜欢闰土。这可以从课文第 3、4 自然段“我也很高兴”“我于是日日盼望新年，新年到，闰土也就到了”“母亲告诉我，闰土来了，我便飞跑地去看”中读出来。我来朗读给大家听。

师：非常棒，还有吗？

生：我读出了“我”很佩服闰土。这体现在“他是能装弶捉小鸟雀的”这句话中，很崇拜的感觉。我能为大家朗读出这种钦佩的语气。

（生读）

生：我有补充。我从他们俩的对话中读出了“我”对闰土的佩服，“我”被他的故事深深吸引了，而且有很多问题请教他。我可以和我的同桌分角色来朗读这段对话吗？

师：当然可以，掌声有请！

（学生分角色朗读对话）

师：还有谁要说？

生：我读出了“我”对闰土的羡慕，羡慕他的生活，也羡慕他的见识。我是从课文第13、16、18自然段中读出来的。尤其是这几个自然段中的“并不知道”“素不知道”“所不知道”“也没有知道”，说明“我”觉得和闰土相比，“我”知道得太少太少了，而闰土知道得很多，所以“我”羡慕他。我也来为大家朗读。

点评：这个片段真实完整地呈现了感知人物形象、体会“我”的内心这一学习过程。抓住两个问题有序地展开重点内容的学习。其中最为精彩的是学生在进行阅读体验的过程中不仅能准确地说，更能够精彩地朗读。

26 好的故事

课文解读

题解

这篇文章其实是一篇散文，并不是一个故事，却以“好的故事”为题。作者在文中写“我在蒙胧中，看见一个好的故事”，但他所“看见”的，也并不是一个有具体情节的故事，而是一些模糊的画面，是一个梦境。梦中看到了远方美好的风景，但这一风景刚一出现就消逝，作者表现出了怅惘和失望，但仍说这是好的故事，体现了鲁迅对美好生活的向往。作者只写意象而不写情节，既是为了给读者丰富的想象空间，也是因为作者所说的“好”正来源于这画面的意蕴与氛围，宁静而美好的故乡风景和人物画面告诉我们这“好的故事”即是一个美好生活的图景，是他要捍卫和追求的理想与目标。

结构分析

课文共分三个部分。

第一部分是第 1—2 自然段，写“我”在“昏沉的夜”闭目养神的情状。

第二部分是第 3—9 自然段，写“我”在梦境中“看见一个好的故事”，水乡各种奇妙的景物以及“许多美的人和美的事”依次展现开来。

第三部分是第 10—12 自然段，写“我”骤然惊醒，梦境中“好的故事”消失了，重新回到“昏沉的夜”。

这篇文章的结构特点是四重回环：“昏沉的夜”“《初学记》”“美丽、幽雅、有趣”“云锦”，都是回环呼应，使这个梦有了确定性，给读者打开了“入乎其内”的通道。

词语含义

参差：本指高低、长短不齐，这里的参差指的是景物的边缘粗糙、模糊。文中说景物在水中的倒影“边缘都参差如夏云头”，突出了水中倒影因为水波荡漾而颤抖、变形、看不清楚的那种朦胧感和不确定性。这种模糊、不确定表现了梦里那些美好事物的脆弱、易碎、可望而不可即，正是所谓“镜花水月”。但这种模糊又有一种特殊的美感，弱化了具体的形象而凸显了画面宁静、清新、优美的意蕴，激发了读者探寻画面背后的故事的兴趣。这些故乡的美好画面是模糊的，这不仅表现了作者身处梦中——梦本来就是模糊而易变的，也暗示了作者对于家乡美好景象的记忆本身是模糊的，一来作者离家日久，二来这样的宁静美好早就被打破并且再也没有恢复，但这份美丽又体现了作者依然深深地牵挂着它。

泼剌奔迸：这个词既有形又有声，动态感十足。“泼刺”是象声词，原本用来形容鱼在水中跳跃、溅起水花的声响，这里用来形容“红锦带”展开时的声响，“红锦带”是红花在水中被拉长的倒影，所以用“泼刺”形容打桨时的水声，而花影伴随船桨搅弄河水而摇动、拉长是很贴切的；“奔迸”形容打桨时水花的迸溅，倒影随着水流一同涌动，同样富有画面感。但我们也可以把这个词理解为就是形容“红锦带”的，“泼刺”形容红锦带展开时布料摩擦的声音，锦带能发出这样响亮的摩擦声，足以说明这匹锦带拥有很好的质感，厚重而宽阔，这么活泼的声音也展示了一种轻快与热情；“奔迸”是“奔涌”和“迸发”的结合，“奔”是速度上的快，也体现了这“红”的阔大，更是情感上的热烈奔放，“迸发”，那一定是很鲜艳的红才能带来的视觉效果，透出极强的活力与生命力。总而言之，这个词展现了“红”的盛大与热烈。

句意理解

这故事很美丽，幽雅，有趣。许多美的人和美的事，错综起来像一天云锦，而且万颗奔星似的飞动着，同时又展开去，以至于无穷。

这一句承上启下，说明了“好的故事”“好”在哪儿，也引出了下文对“美的人和美的事”的罗列、描写。上文中，作者还在昏沉的夜里，那昏暗、冷清，并且光亮越来越小即将熄灭的夜，就象征着社会进入了黑夜——混乱、冷漠、残酷，那么这“美丽、幽雅、有趣”形容的既是“故事”的内容，也是“故事”本身。故事的内容，那些画面、景物固然是美丽幽静的，而“故事”本身，虽然模糊且不可即，但在“黑夜”里给作者精神的抚慰与栖息之所，唤起作者对美好的向往和追求美好的斗志，当然也是美丽、幽雅、有趣的。消去了真实喧嚣的幽静、交错变幻的趣味正与梦的遥远、不真实相契合。“错综”“飞动”“展开”“无穷”，运用两个唯美的比喻生动凝练地概括出这梦中景物错杂变幻又连绵不绝的特点。

水中的青天的底子，一切事物统在上面交错，织成一篇，永是生动，永是展开，我看不见这一篇的结束。

这一句同样是一个过渡句。水是清澈的，天是明净的，一切事物以“水中的青天”为底，就都显得干净明朗，对上文描写的景物进行了一个总结。水透明但总在流逝，天澄澈却高不可及，梦中的景物也是一般高远而不可得。“织成一篇”承上乂启下，既符合上一段中的景物交错，又引起下一段——“织成一篇”，用什么织？用“红锦带”。“永是生动，永是展开”，于是下一段中景物更加生动，花影展开、伸长……这些景物总是那么生动，让作者“看不见这一篇的结束”，体现出这些景物被他牢刻在心中，永远不能忘怀，时时浮现，更表达了他即使身处黑暗之中，也不会抛弃这份美好，会执着地追寻、捍卫和建设它。

语段分析

我真爱这一篇好的故事，趁碎影还在，我要追回他，完成他，留下他。我抛了书，欠身伸手去取笔，——何尝有一丝碎影，只见昏暗的灯光，我不在小船里了。

这是全文的第三部分，到这一段，文章的主旨基本揭示出来了。在结构上，这一段具有重要的作用。文章从作者入梦前开始写起，写作者身处的昏暗的环境，暗示着作者所处社会环境的黑暗，这一段再一次提到“昏暗的灯光”，又回到了那昏沉、清冷、逼仄的环境中，从梦到现实的回归，使文章的结构和主题趋于完整。梦与现实的落差巨大，但第1自然段中写“灯火渐渐地缩小了”“石油已经不多”，这一段中仍然有灯火，即使昏暗，也并没有熄灭，暗示着光明和希望依然存在，值得追寻。“追回他，完成他，留下他”，三个简短有力的动词以递进的情绪直接宣告了作者的态度和目标。梦的彻底消逝，意味着作者清醒地意识到如今的黑暗已经完全摧毁了曾经的美好，于是情绪又从激昂转变为伤痛，但这二者相互交织，激情让伤痛更加锥心刺骨，而伤痛激发了更为强烈的斗志，于是在情绪的一波三折中引出最后一段“但我总记得见过这一篇好的故事”，最终留下的依然是希望与信念，让读者更加印象深刻、受到感染。

写作特色

四重回环的结构。第一重回环是最直观的，这就是“昏沉的夜”，开头写道：“鞭炮的繁响在四近，烟草的烟雾在身边：是昏沉的夜。”鲁迅写作的时间，正是新年的农历正月初五，在这样的喧闹时刻，充满孤独感的鲁迅精神是在苦苦思索的，于是就有了一个梦。文章又以“昏沉的夜”收笔。这样就如孙玉石教授所说，文章形成了“圆形的结构”，收尾呼应，看落花缤纷，其实内在结构是严谨的。

第二重回环是作者“做梦”时手里拿的《初学记》这本书，作者在第2自然段写自己进入梦境时，“捏着《初学记》的手搁在膝髁上”，梦醒时分，“我无意识地赶忙捏住几乎坠地的《初学记》”。《初学记》是什么书？为什么是《初学记》？鲁迅先生的故乡绍兴是由山阴县和会稽县在民国以后合并而成，鲁迅对故乡美景是眷恋和自豪的，鲁迅先生曾说：“唉！你莫说，到底是‘山阴道上，应接不暇’，也有些好风景！”《好的故事》写“捏着”、“捏住”《初学记》，大致决定了这个梦的内容，是“山阴道”一路所见的江南水乡风情画。

第三重回环是对“好的故事”定性。梦境开始，作者就写道：“这故事很美丽，幽雅，有趣。”梦醒之前又写道：“我所见的故事清楚起来了，美丽，幽雅，有趣，而且分明。”“美丽、幽雅、有趣”是作者对梦境特质的概括，这样的梦境，以“水中的青天”为底子，以自身经验为基础，两岸美景，迭现而出，打桨之间，变幻无常，且“凡是我所经过的河，都是如此”。这幅生动图画与“昏沉的夜”形成了鲜明的对比。

第四重回环是云锦，这是给“好的故事”赋形。“美丽、幽雅、有趣”是美景的特质，具体是什么样的形状呢？梦境展开时，“许多美的人和美的事，错综起来像一天云锦”，梦醒时分，“骤然一惊，睁开眼，云锦也已皱蹙，凌乱”。从教学的角度看，“云锦”是一个核心意象，“山阴道上，应接不暇”的景色，“美丽，幽雅，有趣”，如同一幅五彩缤纷的云锦。“好的故事”正因为是梦境，所以给人“错综”“凌乱”的感觉，但作者的非凡之处在于为这“错综”“凌乱”的梦境赋形，用“云锦”这个意象把一切景物凝为一体。看，“水中的青天的底子”，“山阴道”上变幻无穷的景物倒映其中，又有村女种的“一丈红”染上主色调，“无数美的人和美的事”闪烁变幻，“诸景诸物”的出现，交错变化，都是“织”，都是融合，以至巧夺天工，“永是生动，永是展开”，如冯雪峰所说“这一幅美丽的生活图画也绝不是模糊的，而是十分清楚和真实的”。这样的一切读者也就可以把握，可以感知，可以体味了。

象征的手法。文章的开头结尾和主体在色调上具有鲜明的反差，从而形成了二者象征意义上的对比，由此揭示文章的主旨。“昏沉的夜”表面是指作者写作的夜晚时分，其实暗指当时中国的黑暗社会。当时正值北洋军阀统治时期，政治混乱，民生凋敝，身处其中的正直知识分子倍感压抑。因此，文中“昏沉的夜”具有深刻的象征意义。而文中梦境里的美好幻象则象征着美好的愿景。

拓展学习资源

1.《野草》的创作背景。

《野草》中的23篇作品，作于1924年9月至1926年4月。这期间，鲁迅经受了一场持久、广泛、深刻、严峻的考验。先是1925年1月的女师大风潮，接着是1926年的“三・一八惨案”，这中间贯穿了他同反动军阀及其形形色色走狗们的斗争。这期间，他还同许广平发生了爱情。所有这些，在他的心灵深处形成了一股风暴，这风暴旋转着，升腾着，啸叫着，化作了《野草》。这是一组心灵的交响乐，是研究鲁迅1925年前后思想情绪，甚至是研究鲁迅全部哲学的一本最有价值的著作。这组交响乐的主旋律充满了骚动，充满了矛盾：有理想与现实的矛盾，有希望与绝望的矛盾，有光明与黑暗的矛盾，有偏要向黑暗与虚无“作绝望的抗争”的硬骨头精神。《野草》洋溢着作家的人格力量，激荡着批判的浪花，磅礴着无畏的气概，闪耀着希望的光芒，充满了向上的精神，响动着“求索”的鼓点。虽然也蒙上了阴暗的气氛，夹杂着颓唐的干扰，但其基本精神是积极的，体现了人民的情绪和希望。正如胡绳所说的那样：“《野草》这一散文诗的结集最深刻地表现着他在大革命过程中的悲观、绝望、矛盾、愤慨和苦痛的追求的心情。……整个中国都沸腾在大矛盾、大分裂中，鲁迅的苦痛是与整个时代相关联着的。这不是引向退婴萎缩的失败主义者的心情，恰恰相反，倒是向前跨进更大一步的新的因素，虽然里面包含着悲观绝望的成分：鲁迅的伟大就在于他能够通过大悲观而走向真实的大希望，通过绝望而开始去学习‘别种方法的战斗’。”(《鲁迅思想发展的道路》)

（选自夏明钊《中国现代文学名著题解》，有删改）

2.《野草》的艺术特征。

《野草》在艺术上的最大特征，是象征手法的广泛运用。如《秋夜》中的天空与月亮象征反动势力及其帮闲们，写他们的变幻莫测、冷酷、卑鄙、怯弱；枣树象征同反动势力坚决斗争的英雄，写他们备受摧残却顽强不屈，坚韧地战斗；小粉红花象征一般的人，他们善良、无力，有着美的憧憬；小青虫象征着无数不惜牺牲生命追求光明的革命青年，他们不畏险难，前仆后继，死而后已。两篇《复仇》的象征意味更浓，而且都是总体意境的象征。其他如《求乞》《影的告别》《雪》《好的故事》《过客》《死火》《失掉的好地狱》等篇，象征意味也非常分明。

诗情和哲理的结合，是《野草》艺术上的第二个特征。鲁迅最具有诗人气质，而在《野草》中，这种诗情又常常巧妙、和谐地同哲理交织在一起。如《过客》中的一段场景：“东，是几株杂树和瓦砾；西，是荒凉破败的丛葬；其间有一条似路非路的痕迹。一间小土屋向这痕迹开着一扇门；门侧有一段枯树根。”由生到死，由生之门走向死之坟，这是生命的必然。作家通过这场景提出了这样的哲理思考：人们应该如何走完这条通向“丛葬”的若明若暗、“似路非路的痕迹”呢？其他如《秋夜》《影的告别》《希望》《雪》《风筝》《好的故事》《死火》《失掉的好地狱》《墓碣文》《颓败线的颤动》《腊叶》《淡淡的血痕中》等，莫不完美地体现了这种诗情与哲理相统一的特征。

《野草》艺术上的第三个特征，是语言精练、隽永而富于生命力。如一篇短短的《秋夜》，竟塑造了那么众多、丰富的艺术形象，给人印象极深；《希望》中不仅有隽永得似格言式的警句，如“绝望之为虚妄，正与希望相同”，而且有关心灵和“身外的青春”的描绘也实在令人倾倒；还有《雪》对“江南的雪”和“朔方的雪”的传神描写，《风筝》对故乡风筝时节的回忆，《好的故事》对美如云锦般的故事的展开等等。

（选自夏明钊《中国现代文学名著题解》，有删改）

3. 云锦艺术简介。

南京云锦是中国传统的丝制工艺品，有“寸锦寸金”之称，至今已有约 1 600 年的历史，因其色泽光丽灿烂，美如天上云霞而得名。云锦浓缩了中国丝织技艺的精华，是中国丝绸文化的璀璨结晶。它是在继承历代织锦的优秀传统基础上发展而来的，代表了中国丝织工艺的最高成就。云锦用料考究，织造精细，图案精美，锦纹绚丽，集历代丝织工艺之大成，又融会了其他各种丝织工艺的宝贵经验，达到了丝织工艺的巅峰状态。

学习设计

学习目标

1. 会写“搁、综”等字，会写“预告、烟雾”等词语。
2. 能联系上下文，借助资料理解难懂的词语，在此基础上正确、流利地朗读课文。
3. 能把握课文首尾呼应、回环圆融的独特结构。
4. 能抓住关键词句，体会这故事的美丽、幽雅、有趣。
5. 能结合拓展资料，体会作者的思想和感情。

课时

2 课时。

学习活动

学习活动一 初读课文，理解字、词、句意

1. 出示学习任务一：

请同学们自由朗读课文，学会生字，读准读顺课文句子，并在学习小组里互查互助。

2. 学生各自朗读课文，学习生字的读音和书写，并读顺课文中的长句、难句。

提示：

（1）第 5 自然段的第一句很长，指导学生读流畅。

（2）第 7 自然段第二、三句是运用了列锦手法的两个长句，指导学生读通顺。

（3）第 10 自然段的第一句也是一个比较难读的长句，首先指导学生读好“骤然”“皱蹙”“凌乱”“陡然”几个词语，从而指导正确断句。

3. 学习小组组长组织组内检查和纠错。

4. 指名学生分自然段朗读课文。

5. 出示学习任务二：

请同学们再读课文，找出课文中你不理解的词语和句子，圈画出来，然后借助注释，并联系上下文试着理解。

提示：先各自尝试理解，再在学习小组里讨论交流。

6. 学生各自阅读并尝试理解难懂的词句。

7. 学习小组展开讨论，教师巡视并适当指导。

8. 全班交流课文中特别生僻和难懂的词句。

提示：主要交流下面这些对学生来说比较生僻的词语和包含这些词语的句子。

膝髁、参差、伽蓝、泼剌奔迸、皱蹙

学习活动二 默读课文，了解文章结构

1. 出示关于《好的故事》的文学批评片段。

《好的故事》文字的精美，联想的新颖，构思的独特，都是《野草》中此前的作品中少见的。

——孙玉石（北京大学中文系教授）

2. 出示学习任务：

请同学们默读课文，看看鲁迅先生是怎样写这篇文章的，究竟有怎样独特的构思呢？

提示：找出课文中哪几个自然段写了“好的故事”，其余的部分又写了什么。把课文分成三个部分，再体会构思的独特之处。

3. 学生自读自悟。

4. 学生在学习小组里交流。

5. 全班交流。

提示：文章的独特结构就在于首尾呼应，营造了一个与“好的故事”完全冲突的现实氛围和背景，把“好的故事”放在首尾呼应回环的包围之中。

要点：开始的环境是“昏沉的夜”，梦醒后依然是“昏沉的夜”。

6. 体会大结构中的小结构。

提问：课文中除了这个大的结构是一个首尾呼应的回环结构，在每一部分的具体描写和记叙中，还有多个这样的小圆环结构，你能找出来吗？

要点：

（1）作者“做梦”时手里拿的《初学记》这本书，作者在第2自然段写自己进入梦境时，“捏着《初学记》的手搁在膝髁上”，梦醒时分，再一次写到“我无意识地赶忙捏住几乎坠地的《初学记》”。

（2）梦境开始，作者就写道：“这故事很美丽，幽雅，有趣。”梦醒之前又写道：“现在我所见的故事清楚起来了，美丽，幽雅，有趣，而且分明。”这幅生动图画不仅反复出现，并且反复与“昏沉的夜”形成了鲜明的对比。

（3）所有“美丽、幽雅、有趣”的美景具体是什么样的形状呢？这“错综”“凌乱”的梦境又是怎样让我们感受到美丽、幽雅、有趣的呢？这些景物都织在了“云锦”上。第4—10自然段，美丽、幽雅、有趣都在云锦的织就上反复表现。

学习活动三 品读课文，读出故事之“好”

1. 出示学习任务一：

请同学们再来细细阅读课文第 4—8 自然段，这个好的故事究竟是一个怎样的故事？好在哪里？这里就是文章的第四个回环，请找出来，细细品读。

2. 学生自由阅读课文。

3. 指名学生回答：这故事很美丽，幽雅，有趣。

4. 出示第 4 自然段。

指导朗读第 4 自然段，并板书：美丽、幽雅、有趣。

提问：云锦是什么样子呢？

出示自然界云霞的照片，出示云锦艺术的相关图片和服饰，引导学生欣赏“万颗奔星似的飞动着，同时又展开去，以至于无穷”。

5. 提问：和第 4 自然段形成了回环结构的是哪一自然段？找到了吗？（第 8 自然段）

6. 出示第 8 自然段。

师生朗读课文第 4 自然段和第 8 自然段。

7. 出示学习任务二：

请同学们品读课文第 5—7 自然段，找一找，想一想：这故事的美丽、幽雅、有趣体现在哪些地方？你从哪些地方读出来了？

8. 出示课文第 5—7 自然段。

学生自由朗读，并在学习小组里分享交流“从哪里读出了美丽、幽雅、有趣”。

师生全班交流分享这个话题，并相机指导朗读。

9. 出示学习任务三：

现在，我们把这好的故事放进课文的大回环之中，前有课文第 1—2 自然段的“昏沉的夜”，后有第 10—12 自然段的“昏暗的灯光”“昏沉的夜”，再读中间这段“好的故事”，你有怎样的感受呢？你觉得这样写的好处是什么？

10. 师生就这个话题展开讨论交流，进一步感悟“好的故事”在这“昏沉的夜”显得更加美好和珍贵，同时感受课文对比手法以及回环结构的妙处。

学习活动四 拓展阅读，体悟思想、情感

1. 出示补充资料：

《野草》的艺术特征之一：

象征手法的广泛运用。如《秋夜》中的天空与月亮象征反动势力及其帮闲们，写他们的变幻莫测、冷酷、卑鄙、怯弱；枣树象征同反动势力坚决斗争的英雄，写他们备受摧残却顽强不屈，坚韧地战斗；小粉红花象征一般的人，他们善良、无力，有着美的憧憬；小青虫象征着无数不惜牺牲生命追求光明的革命青年，他们不畏险难，前仆后继，死而后已。……其他如《求乞》《影的告别》《雪》《好的故事》《过客》《死火》《失掉的好地狱》等篇，象征意味也非常分明。

提问：请同学们想一想，说一说：《好的故事》中有哪些象征手法的运用？“昏沉的夜”和“好的故事”分别象征着什么？其中寄托着鲁迅先生怎样的情感和思想？

2. 出示补充资料：

《野草》的创作背景：

这组交响乐的主旋律充满了骚动，充满了矛盾：有理想与现实的矛盾，有希望与绝望的矛盾，有光明与黑暗的矛盾，有偏要向黑暗与虚无“作绝望的抗争”的硬骨头精神。《野草》洋溢着作家的人格力量，激荡着批判的浪花，磅礴着无畏的气概，闪耀着希望的光芒，充满了向上的精神，响动着“求索”的鼓点。虽然也蒙上了阴暗的气氛，夹杂着颓唐的干扰，但其基本精神是积极的，体现了人民的情绪和希望。……鲁迅的苦痛是与整个时代相关联着的。这不是引向退婴萎缩的失败主义者的心情，恰恰相反，倒是向前跨进更大一步的新的因素，虽然里面包含着悲观绝望的成分：鲁迅的伟大就在于他能够通过大悲观而走向真实的大希望，通过绝望而开始去学习“别种方法的战斗”。

提问：你从课文的大回环中，读出鲁迅先生情绪的变化了吗？请你画出情绪变化的图示，尤其重读课文最后一部分，说说从哪里可以读出鲁迅先生最终依然充满希望。

板书设计

26 好的故事

现实：昏沉的夜—— 失望

梦境：好的故事—— 希望

（美丽、幽雅、有趣）

现实：昏沉的夜—— 失望

未来：好的故事—— 希望

精彩片段

师：请同学们再来细细阅读课文第4—8自然段，这个好的故事究竟是一个怎样的故事？好在哪里？这里也有一个小的回环结构，请找出来。

（生自由阅读课文）

师：谁来说说这是一个怎样的故事？你从哪里直接读出来的？

生：我从课文第4自然段中直接读出来了，这是一个美丽、幽雅、有趣的故事。我来为大家朗读。

（生读）

师：这里有一个很难懂的句子，同学们能理解吗？

（出示：许多美的人和美的事，错综起来像一天云锦，而且万颗奔星似的飞动着，同时又展开去，以至于无穷。）

生：不懂。

师：我们来欣赏一幅天空中“云锦”的照片，这是大自然的杰作留在了摄影师的镜头中。这云霞朝四周晕开去的样子，就是“展开去，以至于无穷”的样子。

师：我们再来欣赏一下南京的云锦艺术（出示经典云锦图样），再次感受这句话所描绘的画面。

师：你们还从哪里直接读出了这个好的故事是美丽的、幽雅的、有趣的？

生：我从第8自然段中直接读出了这是一个美丽的、幽雅的、有趣的故事。我来为大家朗读这一自然段。

（生读）

师：现在，谁来说说，和第4自然段形成了回环结构的是哪一自然段？

生：第8自然段。

师：我来朗读第4自然段，你们朗读第8自然段，感受一下这个小回环里的首尾呼应。

（师生朗读课文第4自然段和第8自然段）

师：请同学们品读课文第5—7自然段，找一找，想一想：这故事的美丽、幽雅、有趣体现在哪些地方？你从哪些地方读出来了？我们先来读一读课文的第5自然段。这一自然段是好的故事的一部分，同时也是鲁迅先生对童年故乡的真实记忆。谁愿意来分享？

生：我从第5自然段中读出了这个故事的有趣。“两岸边的乌桕，新禾，野花，鸡，狗，丛树和枯树，茅屋，塔，伽蓝，农夫和村妇，村女，晒着的衣裳，和尚，蓑笠，天，云，竹，……都倒映在澄碧的小河中，随着每一打桨，各各夹带了闪烁的日光，并水里的萍藻游鱼，一同荡漾。”这句话里有人物、事物19个，这些人物和事物都在乡村里，都显得特别有趣。

师：哦，怎么有趣？

生：我也说不出来，我就是觉得乡村里鸡呀，狗呀，都自由自在的，各种各样的树自由自在地生长，各种各样的人相安无事地生活在一起，一定会有很多有趣的故事。总之，我觉得这句话描绘的情景有趣。

师：(笑)你说得很好，即使说不出来也没有关系，有强烈的“有趣”的感觉就很好！

师：为何觉得这里的生活是自由自在的呢？谁有补充？

生：这19种人物和事物，都倒映在水中，有种恬静的感觉。

师：说得真好！这里就只有19种人物和事物吗？

生：不止，这里有个省略号，还有很多美好的事物。

师：刚才，你其实还说出了除了“有趣”之外的另一种感觉——幽静，对吗？

生：对的。

师：你们觉得说出这种感觉有点难，那么可以读出这份有趣和幽雅吗？

……

师：现在，我们把这好的故事放进课文的大回环之中，前有课文第1—2自然段的“昏沉的夜”，后有第10—12自然段的“昏暗的灯光”“昏沉的夜”，再读中间这段“好的故事”，你有怎样的感受呢？你觉得这样写的好处是什么？

生：我感觉到，在这昏沉的夜，昏沉的灯光里，鲁迅先生梦到的好的故事显得更加美好了，更加珍贵了。

生：我读出了这好的故事就是鲁迅先生在这个黑暗的世界里渴望的美好生活，是他的希望。

师：是啊，“好的故事”在这“昏沉的夜”里显得更加美好和珍贵，这就是课文对比写作和回环结构的妙处。

点评： 这个片段呈现的是引导学生进行难点突破的学习现场，也就是对“学习活动三”的课堂实践。这个片段的精彩之处在于，一是通过形象化的图像资料，来帮助学生理解抽象、疏离甚至有些拗口的句子的意思；二是引导学生发现课文回环结构的独特价值。

27* 我的伯父鲁迅先生

课文解读

题解

“我的伯父鲁迅先生”开门见山地告诉读者这是一篇写人叙事类的文章，描写的对象是鲁迅先生。“我的伯父”告诉了读者作者的身份，提示我们作者作为鲁迅先生最亲近的亲人，作为晚辈，或许会从一些生活细节上描写鲁迅先生，让我们看到一个更立体的、不一样的伟人形象。

结构分析

课文可以根据文中的空行分为六个部分。先写伯父去世后，“我”看到他深受很多人的爱戴。接着，转入对伯父生前的回忆，分别叙述了五件事情。第一件事：伯父借谈《水浒传》启发教育“我”认真读书。第二件事：伯父在笑谈“碰壁”中抨击旧社会。第三件事：伯父除夕夜放花筒时显露慈祥愉快的表情。第四件事：伯父救护和帮助黄包车车夫。第五件事：伯父关心女佣阿三。最后总结伯父是一个怎样的人，呼应开头，点明主题。

词语含义

囫囵吞枣：把枣子整个吞下去，比喻读书等不加分析地笼统接受。这里用来形容作者小时候读书不认真、不走心。

张冠李戴：把姓张的帽子戴到姓李的头上，比喻弄错了对象或弄错了事实。这里写作者因为读《水浒传》不认真，所以回答伯父问题的时候把这个梁山好汉做的事情安在另一个人身上。

和谐：意思是和睦协调，多用于形容一个群体的多个个体之间的关系。作者说鲁迅先生放花筒时，“他的脸上充满了自然而和谐的美”，这和谐当然不是指五官的协调与美观，而是指神情的平和与生动。在大众的印象中，鲁迅先生的神色多是严肃乃至严厉的，正所谓“横眉冷对千夫指”，而放烟花时鲁迅先生是愉悦的，这种轻松和愉快体现在他的神情上，使他不再显得那么难以接近，他身边的人也感受到这种轻松和温暖，自然产生“和谐”与“美”的感受。

句意理解

“你想，四周黑洞洞的，还不容易碰壁吗？”

这句话是鲁迅先生回答小时候的作者“怎么会碰壁把鼻子碰扁”的问题时说的。小孩子理解不了这句话的真正含义，只是听懂了这句话的表层意思——天太黑，看不见路，自然就容易撞在墙上，而鲁迅先生实际上用这样一句暗喻点明了他自身的处境。当时的社会环境十分黑暗，像鲁迅先生这样为自由、民主、民族独立和人民解放斗争的先进知识分子，在各方反动势力的夹缝中艰难求存、孤军奋战，屡屡遭到监视、打压、迫害，所以说“四周”都是黑的，并且时常碰壁。而这“碰壁”又不仅仅指受到来自外界的阻力和迫害，整个世界的局势都是混乱的，先进的知识分子们也没有明确的斗争方向，只能不断摸索，探求一条适合中国的、救国救民的道路，在这个过程中，他们也经历了很多失败，即使同为民主人士，也常常因为意见不统一发生内部的争执乃至争斗，这也是一层“碰壁”的含义。鲁迅先生对着不谙世事的小侄女说出这番话，可见他也对这样的境况感到郁闷乃至愤懑，这样的情绪只能借着与家人的闲聊稍加排遣；从另一方面来讲，鲁迅先生能用这样幽默而轻描淡写的语气说出自己的遭遇，可见他内心依然是沉稳、坚定，充满希望和信念的，即使身处困境，也不改自己的目标。

语段分析

爸爸放完爆竹，轮到伯父放花筒了。火花在我们眼前飞舞，艳丽的色彩映照在伯父的脸上。我突然注意到他脸上的表情，那么慈祥，那么愉快，眉毛，眼睛，还有额上一条条的皱纹，都现出他心底的欢笑来。那时候，他的脸上充满了自然而和谐的美，是我从来没看见过的。

这一段的描写丰富细致。一个场面描写，用火花飞舞的动态之美和艳丽明亮的色彩营造了一个温馨又充满活力的环境氛围，首先感染了读者。“那么慈祥，那么愉快”，尤其是“慈祥”，表现出鲁迅先生在日常生活中也是一个普通的、慈爱的长辈，丰富了鲁迅先生的形象，让读者更能亲近、喜爱他。“眉毛，眼睛，还有额上一条条的皱纹”这一组细节描写更让读者仿佛能亲眼目睹鲁迅先生的表情，“额上一条条的皱纹”代表了岁月的流逝，也是鲁迅先生时常为国家人民劳心劳力、心情沉重留下的印记，而此时，欢笑抚平了皱纹，这场景就显得更加温情。过年放烟花的活动让鲁迅先生如此愉悦，一来是因为有了孩子的欢笑和家人的陪伴，他可以短暂忘却他所看到的不幸和遭遇过的不公，二来是因为春节是中国最盛大的传统节日，到处弥漫着欢笑和喜悦的情绪，它预示着新的一年即将开始，新年的到来，新一代的成长，给了他莫大的安慰和希望。

写作特色

侧面描写恰到好处。文章从鲁迅先生去世后写起，第 1 自然段没有出现鲁迅先生的正面描写，读者却可以通过侧面描写推知鲁迅先生是一个怎样的人。各色各样的人都来追悼他，因为鲁迅先生是著名作家，有着很大的社会影响力，有人甚至在灵堂里失声痛哭，这样情真意切的表现更突出了鲁迅先生受到人民的爱戴，可以想见，这是因为他一生都在为了国家和人民奋斗，代表人民说话。作者作为鲁迅先生的侄女，她也哭了，却是因为不能再见到伯父，再得到他的爱抚，可见鲁迅先生在世时是一位慈祥的长辈。两段侧面描写暗示了全文在对鲁迅先生形象刻画上的两个维度——和蔼可亲的伯父和忧国忧民的民主斗士。作者朴素而真挚的哀伤更能感染读者，让他们投入地阅读全文。

环境描写的妙用。课文中的环境描写不仅起到了连缀的作用，同时也具有烘托作用和象征意义。尤其是作者当时感觉自己的鼻尖冷得像冰，脚和手也有些麻木了，极具说服力和感染力地凸显了天气的寒冷，这使得车夫的遭遇显得更加悲惨，也让读者感受到鲁迅先生兄弟对他的救助多么重要，就如同雪中送炭一般。鲁迅先生兄弟不畏寒风，来来回回地帮车夫清洗包扎，更体现了鲁迅先生“为自己想得少，为别人想得多”的高尚精神。昏暗而寒冷的自然环境也象征着黑暗冷酷的社会环境，车夫的遭遇归根结底是由当时的社会造成的，为后面写鲁迅先生表情严肃、叹气作了铺垫。

这篇文章不论直接描写还是间接描写，语言都朴素自然，透着家常的气息，又很符合作者幼年时期那种天真懵懂的状态，记叙流畅，使人读来耳目一新。

拓展学习资源

1. 名人对鲁迅的评价。

鲁迅是中国文化革命的主将，他不但是伟大的文学家，而且是伟大的思想家和伟大的革命家。鲁迅的骨头是最硬的，他没有丝毫的奴颜和媚骨，这是殖民地半殖民地人民最可宝贵的性格。鲁迅是在文化战线上，代表全民族的大多数，向着敌人冲锋陷阵的最正确、最勇敢、最坚决、最忠实、最热忱的空前的民族英雄。鲁迅的方向，就是中华民族文化的方向，就是新生命的方向。

——毛泽东

与其说鲁迅先生的精神不死，不如说鲁迅先生的精神正在发芽滋长，播散到大众的心里。

——叶圣陶

2. 推荐作品。

推荐篇目	《悼鲁迅先生》 （作者：巴金）

28* 有的人——纪念鲁迅有感

课文解读

题解

“有的人”其实是一个宽泛的概念，有的人究竟是指哪些人，是怎样的人，来自什么样的阶级，有着什么样的性格特征，都没有讲，只是告诉读者，诗人想要描写的是一群人。而副标题中写着“纪念鲁迅有感”，这里提示我们，“有的人”是以鲁迅先生为代表的一群人。诗人没有直白地用“纪念鲁迅”作为标题，而是用“有的人”，将鲁迅先生视为一种人的代表、典型、楷模，表达了对鲁迅先生的高度赞美和敬佩之情，也蕴含着呼吁后辈们向鲁迅先生学习，成为“有的人”中的一员的号召。

结构分析

全诗分三个部分。

第一部分（第 1 节）：开门见山，以两种对立阶级的人为代表提出了不同的人，其生与死的价值和意义迥异。

第二部分（第 2—4 节）：列举两种人对待人民的不同态度，热情赞扬了鲁迅先生的伟大的精神。

第三部分（第 5—7 节）：点明人民对待两种人的不同态度，抒发了作者及人民永远怀念鲁迅的深厚感情。

词语含义

不朽： 常用义为永不磨灭或是长存于人们的记忆、记载中，多用来形容正面的抽象事物。文中写那些欺压人民、作威作福的人把名字刻在石头上，想“不朽”，这里是反用其字面义——石头是不会腐朽的，但那些人的名字却会被唾骂、抛弃，直至湮灭在历史的长河中。于是，声名“不朽”成了这些人的痴心妄想，恰与石头上名字的“不朽”形成鲜明对比，具有极强的讽刺意义。

摔垮： 突出了人民“摔”的力度之大，不仅仅是“摔下”，而是要把他们“摔垮”，可见用力之大，从而显出憎恶之深。这个“垮”又突出了结果，危害人民的人必然会被推翻，并且是彻底崩溃。

抬举： 多形容称赞、提拔或推荐某人，有时也形容给予某人不符合其能力水平的称赞或提拔。但在这首诗中，“抬举”是使用其字面义，就是指抬起、举起。抬、举并用，体现了人民对于为他们服务、奉献的人的爱戴与赞美之情。

句意理解

有的人

情愿作野草，等着地下的火烧。

这句诗化用了鲁迅先生在他的作品《野草》中的语句：“我自爱我的野草，但我憎恶这以野草作装饰的地面。地火在地下运行，奔突；熔岩一旦喷出，将烧尽一切野草，以至乔木，于是并且无可朽腐。”野草是以鲁迅先生为代表的革命斗士的象征，然而他们始终在黑暗的社会大环境里勉力求存、艰难生长。因此，鲁迅先生爱着野草，但他憎恶“以野草作装饰的地面”，他憎恶黑暗的、冷酷的、混乱的社会大环境，而期待着“地火”——轰轰烈烈的大革命，彻底改变社会，摧毁腐朽的统治阶级和旧制度、旧秩序，即使为此牺牲自己的生命也在所不惜。

只要春风吹到的地方

到处是青青的野草。

野草虽然平凡，但有着顽强的生命力，就如同以鲁迅先生为代表的民主斗士，有着顽强的斗志，他们的精神和队伍也有着旺盛的生命力，只要看到一点希望，只要还有一点生存的空间，他们就能够发挥出自己的最大力量，让革命的思想和精神传遍中国大地。这也说明了像鲁迅先生这样的人在群众中有着强大的号召力，只要他们站出来振臂一呼，就会有许许多多的人加入他们，让他们的队伍更加壮大。

语段分析

有的人活着，

他已经死了；

有的人死了，

他还活着。

第 1 节统领全诗，第一个“活着”和“死了”指的是生理上的生存和死亡，第二个“活着”和“死了”则是一种凝练的抽象表达，结合全诗可以明白，第二个“活着”和“死了”具有多重含义。诗中以“人民永远记住他”“群众把他抬举很高，很高”表达了人民群众对第二类“有的人”，即无私为人民奉献，为人民的幸福斗争的民主斗士的感激、赞美、爱戴，所以，他们虽死犹生，他们的名字会被历史铭记，他们永远活在人民的心中。“到处是青青的野草”又提示我们，他们虽然死了，但是还有更多的人继承他们的精神，继续为他们未完成的事业奋斗，“活着”也是精神的传承和延续。志士们的心血和生命汇聚在为人民争取解放的斗争之中，成为新中国建立和建设的基石，未来，当人们幸福地生活在自由民主的天空下时，总会想起他们，因此，他们会永久地“活着”。相反，那些欺压剥削人民的当时的统治阶级，他们“名字比尸首烂得更早”，他们的名字被群众唾骂，哪怕还活着，人民都时时刻刻希望推翻他们、消灭他们，从人类的历史来看，他们活着没有为历史和国家作出任何贡献，虽然活着，但没有任何活着的意义，也就相当于“死了”。同时，这腐朽的统治阶级是完全与时代发展的潮流相悖的，注定要走向灭亡，所以，在他们还活着的时候，“死”的结局已经注定了。

写作特色

这首现代诗对对比手法的运用十分巧妙，处处对比，多层对比，给读者留下深刻的印象。

每节诗的前两句都是指反动统治者，他们虽然“活着”，但在人民的心中就是“行尸走肉”，他们欺压百姓，下场可耻。每节诗的后两句都是指鲁迅和像鲁迅这样的人，他们虽死犹生，永远活在人民心中，赢得人民的尊敬和歌颂。第 1 节中的两个“活”和两个“死”通过对比加以区分：第一个“活”字充满了作者的鄙夷和蔑视，第二个“活”字表达了作者对鲁迅伟大一生的充分肯定和赞美；第一个“死”字充满了作者的痛恨和咒骂，第二个“死”字表达了作者的惋惜和怀念之情。

拓展学习资源

《〈野草〉题辞》。

当我沉默着的时候，我觉得充实；我将开口，同时感到空虚。

过去的生命已经死亡。我对于这死亡有大欢喜，因为我借此知道它曾经存活。死亡的生命已经朽腐。我对于这朽腐有大欢喜，因为我借此知道它还非空虚。

生命的泥委弃在地面上，不生乔木，只生野草，这是我的罪过。

野草，根本不深，花叶不美，然而吸取露，吸取水，吸取陈死人的血和肉，各各夺取它的生存。当生存时，还是将遭践踏，将遭删刈，直至于死亡而朽腐。

但我坦然，欣然。我将大笑，我将歌唱。

我自爱我的野草，但我憎恶这以野草作装饰的地面。

地火在地下运行，奔突；熔岩一旦喷出，将烧尽一切野草，以及乔木，于是并且无可朽腐。

但我坦然，欣然。我将大笑，我将歌唱。

天地有如此静穆，我不能大笑而且歌唱。天地即不如此静穆，我或者也将不能。我以这一丛野草，在明与暗，生与死，过去与未来之际，献于友与仇，人与兽，爱者与不爱者之前作证。

为我自己，为友与仇，人与兽，爱者与不爱者，我希望这野草的死亡与朽腐，火速到来。

要不然，我先就未曾生存，这实在比死亡与朽腐更其不幸。

去罢，野草，连着我的题辞！

一九二七年四月二十六日

鲁迅记于广州之白云楼上

学习设计

学习目标

1. 能用较快的速度默读课文。

2. 能用小标题的形式概括《我的伯父鲁迅先生》所写的关于鲁迅的几件事情。

3. 能够借助诗歌《有的人——纪念鲁迅有感》理解文章《我的伯父鲁迅先生》，借助文章使诗歌具象化、情节化，从而更好地体会诗情。在文和诗的交叉阅读中体会鲁迅先生的不朽精神。

4. 能借助相关资料理解课文中的难点，感受鲁迅先生的人物形象。

课时

2 课时。

学习活动

学习活动一 诗歌导入，感受初步印象

1. 谈话导入。

今天我们要学的这篇课文是周晔写的《我的伯父鲁迅先生》，一看题目就能知道，作者和鲁迅是什么关系？鲁迅先生是谁，到底是个怎样的人呢？（介绍、评价）

2. 出示学习任务：

在读《我的伯父鲁迅先生》这篇文章前，我们可以先来读读《有的人》这首诗。

思考：哪些诗句是写鲁迅先生的？鲁迅先生到底是怎样的人？这首诗歌是为了纪念鲁迅先生的，那为什么还要写别人呢？

3. 学生自由朗读《有的人》，并思考问题。

4. 学生在学习小组里交流。

5. 全班交流“谈话导入”中的三个问题。

6. 师生对比朗读诗歌中的两个部分。

他就是那样的人，虽然身死了，依然活在人民心中，俯下身子……

他就是这样的人，只要春风吹过的地方，他的精神永远蓬蓬勃勃地生长……

所以，鲁迅先生逝世的时候，身上覆盖的是一面大大的旗帜，上面写着三个字“民族魂”。

学习活动二 读文识人，佐证人物形象

1. 出示学习任务一：

同学们，在他的侄女周晔的笔下，我们可以从一个一个情景，一个一个故事中，看到鲁迅先生就是这样的人。请同学们打开书本，读一读课文。思考：文章中写了关于鲁迅的哪几件事？从哪件事中你能读出他是这样的人？

提示：在读的过程中，试着把小标题列出来。

2. 学生自读自悟，并自拟小标题。

3. 学生在学习小组里讨论交流，并互相展示自己的小标题。

4. 学生代表展示自己的小标题，师生共同点评完善。

你们觉得他的小标题列得怎么样？好在哪里？还有什么地方要完善的吗？

5. 出示学习任务二：

请同学们再快速阅读课文，想一想：在写这五件事之前，课文写了什么？为什么不直接写鲁迅先生的故事？课文最后一段又写了什么？

提示：先弄清楚阅读的目的，然后有针对性地选择阅读的方法。

6. 师生交流。

7. 出示学习任务三：

一个小标题就是一个小故事，一个小情景，一个小镜头，从这些事中你看到了怎样的鲁迅？找出你最有感觉的句子并读给小组的同学听。

8. 学生在学习小组里分享朗读和体会。

学习活动三 阅读资料，刻画突出印象

1. 出示学习任务：

同学们，这些故事，我们都能读懂，但有一个故事情节，读起来有点难度，很有意味，请大家找出来。同样，诗歌中也有一句特别难懂，请大家找出来，好好理解。

提示：同学们可以读一读资料，联系当时的社会背景进行思考。

2. 学生阅读《我的伯父鲁迅先生》中关于“碰壁”的那部分和《有的人》中关于“野草”的那句诗，并结合拓展资料理解。

3. 学生在学习小组内交流阅读心得，理解《我的伯父鲁迅先生》和《有的人》中这两处难点。

4. 教师提问，帮助释疑解疑。

小结：当你结合当时的社会背景来思考这些内容的时候，你的理解就更加深刻了。再来读读课文，从中我们看到了面对危险坚强不屈，处处碰壁不屈不挠，甘愿为人民献出自己生命的鲁迅先生。

学习活动四　深情表达，建构心中的鲁迅

1. 出示学习任务：

相信通过刚才的学习，同学们的心中已经有了鲁迅的形象，你们想对自己脑海中的鲁迅先生说些什么呢？

2. 学生在学习小组内交流。

3. 学生代表全班交流。

4. 师生诵读诗歌《有的人》。

读懂了故事，也认识了鲁迅，让我们用最深情的朗诵，向伟大的爱国主义战士鲁迅先生以及千千万万像鲁迅先生一样的人致以最崇高的敬意！

板书设计

我的伯父鲁迅先生 · 有的人

笑谈“水浒” 趣谈“碰壁” 欢放花筒 救助车夫 关心女佣	他是这样的人	有的人死了，他还活着 俯下身子给人民当牛马 情愿作野草，等着地下的火烧 他活着为了多数人更好地活 人民永远记住他

精彩片段

师：在他的侄女周晔的笔下，我们可以从一个一个情景，一个一个故事中，看到鲁迅先生就

是这样的人。请同学们打开书本，读一读课文，找一找：文章中写了关于鲁迅的哪几件事？从哪件事中你能读出他是这样的人？在读的过程中，试着把小标题列出来。

师：同学们，你们还记得列小标题的要求吗？

生：简洁凝练，但要能概括主要内容。

师：是的，你是从内容上来说的。从形式上看，还有什么要求？

生：最好是一个词、词组或者短语，也有句子的，但比较少。

师：对的，那就开始吧。

（生读书、列小标题）

师：你们觉得他的小标题列得怎么样？

生：好的。

师：好在哪里？

生：简洁明了，概括了故事的内容。

师：还有什么地方要完善的吗？

生：我觉得"笑谈《水浒传》"是五个字，其他都是四个字，好像不整齐。

师：那怎么改更好呢？

生：把"传"去掉，变成"笑谈《水浒》"。

师：陆老师是个精益求精的老师，如果细微的地方能改进一下就更好了，你发现了吗？

生：书名号改成引号。

师：还有一个词也加引号比较好。

生：趣谈"碰壁"。

师：笑谈"水浒"、趣谈"碰壁"、欢放花筒、救助车夫、关心女佣。你还发现，这些标题好在哪里呢？

生：词性相当。

师：有慧眼更有慧心！那么，在写这五件事之前，课文写了什么呢？

生：写很多人悼念鲁迅先生。

师：为什么不直接写鲁迅先生的故事呢？这个开头有什么作用？

生：设置悬念，引出下文。

师：你关注到了这里的哪个关键句？

生："那时候我有点儿惊异了，为什么伯父得到这么多人的爱戴？"

师：课文最后一段又写了什么？谁来读读。

生（读）：的确，伯父就是这样的一个人，他为自己想得少，为别人想得多。

师：这样的结尾又有怎样的作用呢？你发现了吗？

生：解答了开头的疑惑，总结全文，点明中心。

师：同学们，你们非常棒！读书前先弄清楚阅读的目的，然后有针对性地选择了阅读的方法。通过快速默读，不但读懂了课文的内容，还理清了课文的层次，列出了小标题，为你们点赞！

师：一个小标题就是一个小故事，一个小情景，一个小镜头，从这些事中你看到了怎样的鲁迅？找出你最有感觉的句子并读给小组的同学听。

生：“伯父摸着胡子，笑了笑，说：‘哈哈！还是我的记性好。’听了伯父这句话，我又羞愧，又悔恨，比挨打挨骂还难受。”我感觉，鲁迅是个懂得教育方法的人。

生：“我突然注意到他脸上的表情，那么慈祥，那么愉快，眉毛，眼睛，还有额上一条条的皱纹，都现出他心底的欢笑来。那时候，他的脸上充满了自然而和谐的美，是我从来没看见过的。”我感觉，鲁迅是个和蔼可亲的人。

生：“他们把那个拉车的扶上车子，一个蹲着，一个半跪着，爸爸拿镊子夹出碎玻璃片，伯父拿硼酸水给他洗干净。他们又给他敷上药，扎好绷带。”“伯父又掏出一些钱来给他，叫他在家里休养几天，把剩下的药和绷带也给了他。”我感觉鲁迅是个乐于助人的，关心劳动人民疾苦的人。

生：阿三说：“周先生自己病得那么厉害，还三更半夜地写文章。有时候我听着他一阵阵接连不断地咳嗽，真替他难受。他对自己的病一点儿也不在乎，倒常常劝我多休息，不叫我干重活儿。”我感觉他是个关心他人，自己工作勤奋，把健康抛在脑后的人。

生：我从“你想，四周黑洞洞的，还不容易碰壁吗？”中读出鲁迅是个幽默风趣的人。

师：同学们，你们读出了这么多面的鲁迅的形象。其实，人物的性格是复杂而多样的，我们如果想要用文字来塑造一个人物形象，就要从不同的视角来进行观察和刻画，这样才能使人物形象更加立体，更加饱满，更加鲜活。

师：《我的伯父鲁迅先生》语言平实，我们好像都能读懂。但其中有一个故事情节，读起来有点难度，很有意味，你能找出来吗？提示：其实，读懂了这个情节，《有的人——纪念鲁迅有感》中特别难懂的“有的人情愿作野草，等着地下的火烧”也就能理解了。

生：我觉得是“笑谈‘碰壁’”那段。

师：你们觉得呢？大家都找的这段吗？

生(齐答)：是。

师：要理解这段话，就得了解当时的社会背景。同学们可以读一读资料，联系当时的社会背景进行思考：他究竟想说什么呢？

生：“黑洞洞”就是指国民党反动派的黑暗统治。鲁迅先生想说的是自己试图唤醒中国老百姓起来反抗，遭到了国民党反动派的迫害，所以表面上说的是鼻子被墙壁碰扁，其实说的是他的生命遭受了威胁。

师：你看，当你们结合历史来思考这一段话的时候，理解就更加深刻了。由此，你读懂“被火燃烧的野草”，读懂“民族魂”了吗？

生：把鲁迅先生比作被火燃烧的野草，就是指鲁迅先生为了人民的幸福生活愿意奉献自己的生命。

生：因为鲁迅先生有这种不屈不挠、勇于献身的精神，所以被称为“民族魂”。

师：是的，他一心寻求民族解放道路，一生都在同黑暗势力作斗争，因为具有这种斗争精神和牺牲精神所以被称为“民族魂”。

师：相信通过刚才的学习，同学们的心中已经有了鲁迅的形象，你们想对自己脑海中的鲁迅先生说些什么呢？

生：鲁迅先生，中国人民已经被唤醒，我们建立了伟大的新中国，现在过上了幸福的生活，请您安息吧！

师：语言平实、从容，真好。还有谁来说？

生：鲁迅先生，您的精神犹如一束光，召唤着人们觉醒，指引着人民前进，我要向您学习！

师：短短的一两句话，满含深情。同学们，你们真棒，读懂了故事，也认识了鲁迅。

（师生合作诵读诗歌《有的人——纪念鲁迅有感》）

师：这篇课文的学习，是我们认识鲁迅先生的开始。认识人的方法很多，回忆一下，我们通过阅读人物简介、名人评价和诗歌，初步感知了鲁迅的形象；接着，通过阅读故事得到了相对比较全面、鲜活的生活中的鲁迅的形象；后来，我们又通过什么样的方法获得了鲁迅最突出最典型的形象呢？（查阅资料）人物的形象是复杂的，认识和了解人物的方法是多样的，查阅资料能帮助我们深入了解人物。其实还有很多方法，比如：观看影片，阅读原著等。课后，请同学们观看电影《鲁迅》，阅读他的作品《朝花夕拾》。

点评：这个片段呈现的是《我的伯父鲁迅先生》和《有的人——纪念鲁迅有感》中两个难点部分的突破，这两个难点是具有共同点的，所以，在文和诗交叉融合学习的设计中，用同样的补充资料同时完成两篇课文中的难点理解是很有价值的。

习作：有你，真好

学习设计

学习目标

1. 能选择一个人，运用第二人称叙事，表达自己对这个人的情感。
2. 能通过对印象深刻的场景的描述，把事情写具体。

课时

2课时。

学习活动

学习活动一　聆听歌曲，找到“好的你”

1. 播放歌曲，导入新课。

同学们，让我们伴着一首歌，开启今天的习作之旅。（播放孙天亮的歌曲《有你真好》）闭上眼睛用心聆听，听着听着，你的脑海中慢慢地浮现出谁的身影？

2. 组织交流，打开思绪。

请大家缓缓睁开眼睛。谁愿意来分享心中的那个“你”是谁？有没有同学脑海中浮现出的不是近在身旁的熟悉的“你”，而是那个远方的，甚至素未谋面的“你”……

学习活动二　穿越时光，回味“你的好”

1. 继续听歌，回忆那些事。

为什么会想到他呢？请你再次闭上眼睛，走进时光隧道，细细回想，慢慢回味他的好。想好后试着完成下面表格。

2. 填写表格，整理思绪。

	概括“好”的事例	提炼“好”的缘由
有你真好		

3. 小组交流，推荐代表。

4. 代表发言，教师点评。

点评要点：①教师要从学生发言中提炼出觉得他好的原因。之所以觉得他好，可能是他对自己产生过积极的影响，比如：在生活上关心爱护我、体贴帮助我，在学习上鼓励我、辅导我，在成长的道路上给予我指导和影响……也许是他为集体做出了贡献，比如：为班级争得了荣誉，为抗击疫情做出了贡献……或者是他创造了一个美好的、温暖的情境，比如：那位小红车的主人对损坏他汽车反光镜的“我”说一声：“有你真好！”

② 在点评时，要帮助学生对事件进行分类和筛选。引导学生从不同的角度去选择事例，写入习作。在几个事例中，选择感触最深或者最能表现“好”的事例详细写。

学习活动三 聚焦场景，写出“你的好”

1. 确定事件，列出提纲。

请同学们以这张表为基础，编写习作提纲，然后小组交流、修改。

提纲参考如下：

A.

	选择的事例(概述)	选择的原因	详或略
有你真好			

B.

	事例及原因	事件经过	详或略
有你真好		起因：	
		经过：	
		高潮：	
		结果：	

2. 学习例文，写好片段。

课题	主要人物	人物特点	表现方法
《桥》	老支书		
《穷人》	桑娜		
《少年闰土》	闰土		
《我的伯父鲁迅先生》	鲁迅		

大家回忆一下，这学期我们学过的课文中有哪些人物给你留下了深刻的印象？作者是怎样表现人物特点的？每组选择一至两篇课文，结合文中具体语句谈谈。

参考答案：

课题	主要人物	人物特点	表现方法
《桥》	老支书	临危不乱，舍己为人	环境描写，对比烘托
《穷人》	桑娜	勤劳善良	心理描写，环境描写
《少年闰土》	闰土	见多识广，活泼健康	语言描写，外貌描写
《我的伯父鲁迅先生》	鲁迅	爱憎分明，忧国忧民	动作描写，神态描写

请你试着运用这些方法，将下面这段话写具体。

记得有一次数学考试，我没有考好，心里很难过。你安慰我，鼓励我。

学生练笔，小组交流点评，大组汇报。

3. 指导布局，完成初稿。

学生讨论交流：根据习作主题，采用怎样的结构比较合适？

(1) 美句领段。用一句话紧扣文题，将精心打造的具有概括性的富有文采的一句话作为总起句统领全段。

(2) 排比构段。排比构段在结构上有一种整齐美。段落内容可以各有侧重，角度不同，形式上具有美感。适用于通过几件事情来表现人物特点的习作。

(3) 一唱三叹。一唱三叹就是在文中反复使用相同的一句话或一段话来抒情写志，强化表达效果，使文章具有穿插之美、层次之美。

4. 写作提示：假想这个“你”就在眼前，用文字和他(她)对话，注意全文用第二人称来写。

学习活动四 精心修改，让“你”更加好

1. 回顾习作要求，讨论评价标准。

请同学们回忆一下本次习作的要求是什么？根据这样的要求，我们可以从哪些角度来点评我们的习作呢？

学生讨论，教师出示点评的角度供学生参考：

① 这篇习作是向某个人倾吐心声的吗？

② 这篇习作写出了这个人的“好”吗？

③ 这篇习作是否选择了典型事例来体现这个人的“好”？

④ 典型事例中印象深刻的场景是否写具体了？

⑤ 习作中有没有生动、细腻的细节描写？

⑥ 是否流露出“我”的真情实感？

2. 请同学们在学习小组里朗读自己的习作，组员互相点评，并提出修改意见。

3. 学生在学习小组里交流、点评，并修改习作。

4. 各组推荐修改后的优秀习作在全班朗读展示。

5. 建议学生把写好的习作通过合适的渠道赠送给那个“你”。

精彩片段

师：哪个小组愿意来分享一下？

生：我想推荐我们小组陆哲和周依依两位同学写的片段，请周依依先读一下。

周：记得有一次数学考试，老师把试卷发下来的时候，我心里很紧张，拿起笔认认真真地做着每一道题。可是试卷似乎特别难，不断有“拦路虎”出现在我的眼前。不知不觉中交卷的时间就到了，老师把试卷收了上去。我怀着无比焦灼的心情等待着老师公布成绩。几天后，老师终于把卷子发下来了，我一看只有 80 几分，顿时觉得无比难过，心里想：这回家可不是要吃“竹笋炒肉”了吗？想着想着，我不禁趴在桌上哭了

起来。这时你走过来，拍拍我的肩膀，安慰我说："这次试卷那么难，你已经考得不错了，我才刚刚 80 分。谁能保证每次都考得很好呢？没事的，失败是成功之母，你只要把试卷上的错题弄懂了，下次再遇到它们，你不就能打败它们了吗？"

陆：那天，我数学考试考砸了。灰心丧气的我走在回家的路上，蒙蒙细雨让周围的景物都黯然失色。雨越下越密，我没有伞，却不想飞奔回家，只想就这样任绵绵细雨击打我的脸颊，仿佛在训斥我学习的失败。这时，你从我身后走来，一把七彩的雨伞遮住了昏暗的天空。你走上来，把手搭在我肩上说："不经历风雨怎么见彩虹？你刚刚就是在直面风雨，相信阳光就在风雨后，振作起来，宝贝！"一番意味深长的话让我重拾信心，不再悲伤。天空，似乎也不那么昏暗了。

生：我们觉得两位同学都写清楚了事情的经过，抓住了人物的语言和心理活动来描写，写得都很具体。虽然周依依写得字数更多更具体，但是我们觉得陆哲写得更好一些。周依依究竟哪儿不足我也说不出来。

师：其他组的同学，谁来帮帮忙？

生：他们写得都很具体。我也觉得陆哲写得更好一些，特别是环境描写能衬托出"我"考得不好时心情很郁闷。从"蒙蒙细雨让周围的景物都黯然失色"这句能看出来。

师：（点头）环境描写侧面烘托出郁闷的心情，的确很妙。还有谁来说说？

生：我觉得陆哲将这件事发生的背景设计为一个雨天颇具匠心，让后面"你"的鼓励显得很自然又有深意。

师：（竖起大拇指）会欣赏！这真是很了不起的构思。

生：陆哲的这个片段还妙在不仅用环境描写烘托心情，还用环境描写暗示心情的变化，并做到前后呼应。结尾那一句"天空，似乎也不那么昏暗了"貌似写景，其实是在说经过"你"的鼓励，"我"的心情变好了一些。还与前文的"昏暗的天空"相照应。

师：（鼓掌）你简直就是"伯乐"呀！你这样一赏析，让我顿时崇拜作者了。看来巧妙地进行环境描写，不仅有助于烘托人物的心情，还能推动事情的发展，让一件平平常常的事情在你的笔下熠熠生辉。你还有其他发现吗？

生：是的。他还有一个小设计，"一把七彩的雨伞遮住了昏暗的天空"，我想他之所以不说"一把雨伞"而是强调"七彩的雨伞"，是为了与后文中的"不经历风雨怎么见彩虹"相照应。七彩的伞就像七色彩虹，我家也有这样一把彩虹伞。

老师转身询问作者：是吗？你是有意这样设计吗？

学生点头。

师：真是心思缜密，构思精巧！你有成为小说家的潜质。也感谢一下欣赏你的同学们吧。

生：谢谢大家！你们都是我们的知音。

众生笑。

师：大家对陆哲一番猛夸，周依依写的片段呢？请你们也“把把脉”，看看问题出在哪里，怎样才能写得更好些。

生：虽然事情说得很具体，但读着没味儿。

生：可能关键的部分写得不够，而前面的部分写得有点多。

师：我知道你的意思，你再捋一捋思路，把意思表达得更清楚些。

生：周依依将考试时的内容写得太多，这个可以不写，应该直接从试卷发下来时开始写起。

师：也就是说，叙事时如果不抓住重点情节来写，前情铺垫太多往往会喧宾夺主。

点评： 这个片段呈现的是引导学生通过鉴赏两位同学写的片段，在赏析中学写作。针对班上部分学生叙事啰嗦、重点不突出这一不足，引导学生学会抓住主要情节叙事，恰当运用环境描写让习作有味儿。

语文园地

学习设计

学习目标

1. 能总结和交流把握文章主要内容的方法。
2. 学习给文章拟题的方法。
3. 能从词语展开想象,写一段话。
4. 欣赏柳公权的书法作品《玄秘塔碑》。
5. 积累鲁迅的名言,感受其精神品质。

课时

2 课时。

学习活动

学习活动一 交流平台：学会方法 灵活运用

1. 自学并交流,了解把握主要内容的一般方法。

提问:本单元的学习目标之一就是学会把握课文的主要内容。那么,我们阅读一篇文章,怎样才能把握住文章的主要内容呢?请大家读读语文园地“交流平台”中的内容,画出关键句子,再在学习小组中交流。

2. 小组汇报,教师适当概括:

(1) 从文章的题目中读懂文章的主要内容。

(2) 抓住关键句子了解文章的主要内容。

(3) 理清事情的起因、经过和结果,从而把握主要内容。

(4) 了解文章每个部分主要讲的是什么,再把各部分的主要意思连起来,就能把握文章的主要内容。

3. 出示学习任务。

怎样把握文章的主要内容,不同的文章有不同的方法,以上几种为我们通常运用的方法。请选择合适的方法概括以下课文的主要内容——《只有一个地球》《少年闰土》《开国大典》《桥》，每位同学至少以一篇课文为例说一说。

4. 小组交流，然后选代表全班汇报。

学习活动二 词句段运用：围绕中心 收放自如

1. 出示学习任务一。

(1) 请同学们读下面各组题目，借助提示，说说你的发现，并在学习小组里交流。

四组题目：

少年闰土	狼牙山五壮士	军神
开国大典	“诺曼底号”遇难记	草船借箭
竹节人	桥	芦花鞋
在牛肚子里旅行	“精彩极了”和“糟糕透了”	慢性子裁缝和急性子顾客

(2) 学生交流。

第一行以主人公的身份或特点作题目。

第二行以主要事件作题目。

第三行以文章中的事物作题目。

(3) 重点讨论第四行的命题。

提示学生：先想一想这些课文的内容，然后想一想这些题目有意思在哪里。

(4) 同学们，文章的题目就是文章的灵魂，它往往是对全文的高度凝练。我们已经了解了基本的拟题方法：以人物命题，以事件命题，以事物命题，还可以把题目拟得特别吸引读者。请同学们认真阅读手中的文章，这是余秋雨先生的散文节选，希望大家帮忙拟一个好题目。我们每个人拟个题目，写在小组的卡片上，然后在小组里评议，选出各自小组里最棒的题目，向全班推荐，并说明推荐的理由。

(5) 学生按照要求完成任务，并在全班交流。

2. 出示学习任务二。

刚刚我们学习了将长长的文章凝练成一个词语或短语，这是高度的概括，接下来，我们要反过来，将一个短语扩展成一幅画面。

读下面的词语，你想到了什么？选择一个词语，把你想到的画面用一段话写下来。

饱经风霜的脸　饱经风霜的老屋　饱经风霜的大树

树林的深处　　秋天的深处　　　心灵的深处

(1) 学生各自写话。

(2) 小组交流，推荐优秀作品，全班交流并赏析。

(3) 教师根据学生发言，出示相关画面。在引导学生赏析时，注意围绕以下问题进行：是否凸显中心？是否言之有物？是否言之有序？

学习活动三 书写提示：展示作品 尝试鉴赏

1. 请班上的书法爱好者展示自己的作品并简单介绍。

2. 留下柳体作品，学生尝试鉴赏。

3. 出示柳公权简介：

柳公权(778—865)，唐代著名书法家。柳公权的书法以楷书著称，初学王羲之，后来遍观唐代名家书法，吸取了颜真卿、欧阳询之长，融汇新意，自创独树一帜的“柳体”，以骨力遒劲见长。与颜真卿齐名，人称“颜柳”，又与欧阳询、颜真卿、赵孟頫并称“楷书四大家”。传世碑刻有《金刚经刻石》《玄秘塔碑》《冯宿碑》等。

提问：读了这个介绍，再结合课本上的介绍，说说柳公权楷书有什么显著特点。

4. 出示《玄秘塔碑》局部拓片图。

要求：对照课本中小方框里的翻译，试着读读这两块拓片上的内容，然后选择其中的一两个字细细鉴赏“柳体”瘦硬挺拔、骨力遒劲的特点。

5. 学生尝试欣赏留在黑板上的同学的作品。

学习活动四 日积月累：读鲁迅的名言 学先生的情怀

1. 出示学习任务一：

请同学们阅读鲁迅先生的这四句名言，要求读准确，并读懂每一句话的意思。

提示：可以回忆我们在学习本单元课文时读到的资料，借助资料理解鲁迅先生这些话的意思。

2. 出示学习任务二：

请同学们联系本单元所学的课文，说说鲁迅先生这几句话的深刻含义，再次体会鲁迅先生的思想境界和理想追求。

提示：表达的时候，可以这样说：我从《我的伯父鲁迅先生》这篇课文中，读懂了“无情未必真豪杰，怜子如何不丈夫”的含义，课文中的鲁迅先生对晚辈慈祥温和，满是慈爱，对穷苦百姓温暖可亲，但，当他面对黑恶势力的时候，他就是战士……

3. 出示学习任务三：

请同学们背诵鲁迅先生的这些名言。从鲁迅先生的作品中，找出一到两句让你感觉含义深刻，对你有触动的话语，推荐给同学，并说说你推荐的理由。

精彩片段

师：请同学们联系本单元所学的课文，说说鲁迅先生这几句话的深刻含义，再次体会鲁迅先生的思想境界和理想追求。

师：表达的时候，可以这样说：我从《我的伯父鲁迅先生》这篇课文中，读懂了“无情未必真豪杰，怜子如何不丈夫”的含义，课文中的鲁迅先生对晚辈慈祥温和，满是慈爱，对穷苦百姓温暖可亲，但，当他面对黑恶势力的时候，他就是战士……好，同学们自己阅读思考并交流。

（生交流）

师：谁愿意来和大家分享你的理解？

生：“我们从古以来，就有埋头苦干的人，有拼命硬干的人，有为民请命的人，有舍身求法的人……这就是中国的脊梁。”我读这句话的时候，自然地想到了课文《好的故事》中的一句话，那就是：“我真爱这一篇好的故事，趁碎影还在，我要追回他，完成他，留下他。”通过课文的学习，再看名言，我就很清楚地理解了它的含义，鲁迅先生始终坚信美好的社会一定会出现，他和所有有脊梁的中国人一样不会放弃和黑暗势力的斗争。

师：所谓学以致用，就是像你这样，为你点赞！谁接着说？

生：我有补充。《好的故事》一课中的最后一句话也可以帮助我理解第四句名言。“但我总记得见过这一篇好的故事，在昏沉的夜……。”说明鲁迅先生坚信只要坚持战斗下去，就一定会赢得胜利。

师：补充得很好！谁接着说？

生：“其实地上本没有路，走的人多了，也便成了路。”对于这句话，我本来是不太理解的。但是当我读到课文《我的伯父鲁迅先生》中女佣阿三的话时，我好像有点懂了。阿三说：“周先生自己病得那么厉害，还三更半夜地写文章。”鲁迅先生是以笔为枪在战斗，在为民族寻找光明的道路。

师：你不是好像懂了，你是真的懂了，了不起！还有谁想说？

……

（褚嘉耘老师执教）

点评： 这个教学片段着眼于整个单元，对于《语文园地》的教学具有一定的示范作用。

三、单元整体学习方案

1. 整体思路

学习情境	学习任务	课时	学习内容
走近鲁迅	感受鲁迅作品魅力	6—8	《少年闰土》
			《好的故事》
			《习作：有你，真好》
	感受鲁迅人格魅力	3—4	《我的伯父鲁迅先生》
			《有的人——纪念鲁迅有感》
			《语文园地》中的"日积月累"

⇩

- 走近鲁迅
  - 任务一：感受鲁迅作品魅力
    - 主题阅读活动
    - 主题诵读展示
  - 任务二：感受鲁迅人格魅力
    - 主题创作活动
    - 主题演讲活动

2. 设计方案

（1）主题阅读活动

设置大单元主题阅读的话题：同学们，学校的下一期校报主题是"走向伟大的心灵"，我们班级的任务是从不同的角度提供"鲁迅先生专版"。让我们从多角度阅读开始。

话题驱动阅读：从鲁迅先生的两篇作品和别人写鲁迅先生的作品中，我读出了一个伟大的先生！

（2）主题创作活动

以"先生，我要把您追寻"为主题，进行课文阅读心得体会的撰写和诗歌散文的创作，在班级开展作品朗读沙龙，并将优秀作品制作成展板在学校进行展示。

（3）主题诵读活动

诵读内容：课文节选或全文；《野草》中的作品；《故乡》中除课文外的其他段落节选；《朝花夕拾》中的作品。

诵读形式：小组诵读比赛、年级诵读邀请赛、班级“音诗画”舞台诵读。

（4）主题演讲活动

演讲主题：横眉冷对千夫指，俯首甘为孺子牛。

演讲内容：可以选择教师提供或学生自行选择的关于鲁迅先生的补充阅读资料作为演讲的内容，也可以将自己的单元课文学习后的读书笔记作为演讲内容。

演讲形式：各学习小组内进行演讲比赛，通过初选，推荐出优秀的选手参加班级演讲。

四、单元评价与积累

倾听与说话

(一) 听故事,完成相关练习。听三遍。

1. 判断,对的打“√”,错的打“×”。

(1) 为了去看社戏,“我”和小伙伴们借了船,双喜和“我”一前一后地撑船去看戏。( )

(2) 小朋友们撑船的动作,既说明了驾船技术高超,又体现了看戏心情急切。( )

2. 根据听到的内容填空。

这段话主要写了“我”在看社戏途中的所见所闻。从________、________、________、________四个方面写“我”的心情。

【附听力材料】

一出门,便望见月下的平桥内泊着一支白篷的航船,大家跳下船,双喜拔前篙,阿发拔后篙,年幼的都陪我坐在舱中,较大的聚在船尾。母亲送出来吩咐“要小心”的时候,我们已经点开船,在桥石上一磕,退后几尺,即又上前出了桥。于是架起两支橹,一支两人,一里一换,有说笑的,有嚷的,夹着潺潺的船头激水的声音,在左右都是碧绿的豆麦田里的河流中,飞一般径向赵庄前进了。

两岸豆麦和河底的水草所发散出来的清香,夹杂在水气中扑面的吹来;月色便朦胧在这水气里。淡黑的起伏的连山,仿佛是踊跃的铁的兽脊似的,都远远地向船尾跑去了,但我却还以为船慢。他们换了四回手,渐望见依稀的赵庄,而且似乎听到歌吹了,还有几点火,料想便是戏台,但或者也许是渔火。

那声音大概是横笛,宛转,悠扬,使我的心也沉静,然而又自失起来,觉得要和他弥散在含着豆麦蕴藻之香的夜气里。

那火接近了,果然是渔火;我才记得先前望见的也不是赵庄。那是正对船头的一丛松柏林,我去年也曾经去游玩过,还看见破的石马倒在地下,一个石羊蹲在草里呢。过了那林,船便弯进了叉港,于是赵庄便真在眼前了。

(二) 根据下列要求进行说话练习。

在本单元中,我们走近鲁迅,亲近鲁迅,你一定对鲁迅有了多方面的了解。在侄女周晔眼中,伯父是一个为别人想得多,为自己想得少的人;在臧克家眼中,鲁迅先生是一个被群众

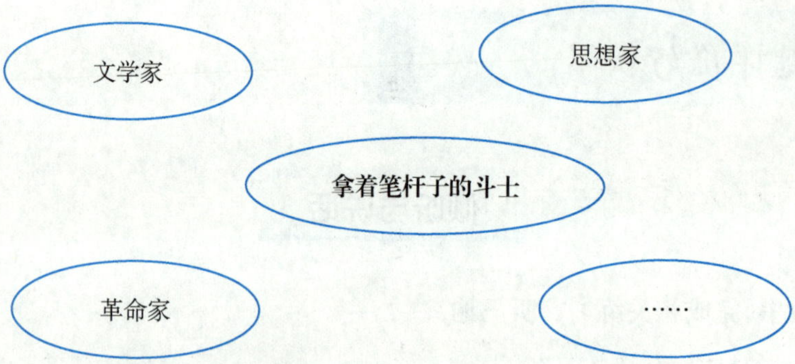

抬举得很高很高的人；毛主席评价鲁迅是伟大的革命家；胡适评价鲁迅是自由主义者，绝不受外力所屈服……那么，通过课内、课外的学习和了解，在你眼中，鲁迅是一个怎样的人？想一想，再和同学聊一聊：你眼中的鲁迅是什么样子的？为什么？

梳理与积累

（一）选择题。

（1）《少年闰土》这篇课文节选自鲁迅先生的小说（　　）

A.《呐喊》　　B.《故乡》　　C.《彷徨》　　D.《野草》

（2）下列不是用文章的主要人物作题目的一项是（　　）

A.《少年闰土》　　B.《黄继光》　　C.《竹节人》　　D.《我的伯父鲁迅先生》

（二）根据积累的诗文及对课文的理解填空。

（1）________________，怜子如何不丈夫。

（2）我们从古以来，就有________，有________，有________，有________……这就是中国的脊梁。

（3）书写国粹，彰显文明。我国古代的“楷书四大家”分别是________、________、________、________。

（4）《少年闰土》一文通过“我”的回忆，刻画了一个________、________、________的农村少年——________的形象，反映了“我”与他儿时________的友谊以及“我”对他的________之情。

（5）《我的伯父鲁迅先生》一文通过回忆伯父生前给自己留下深刻印象的五件事：________、________、________、________、________。说明鲁迅先生是一个为自己________，为别人________的人。

阅读与运用

(一) 阅读《鸭的喜剧》,关注其中的批注。

鸭的喜剧

鲁 迅

俄国的盲诗人爱罗先珂君带了他那六弦琴到北京之后不久,便向我诉苦说:"寂寞呀,寂寞呀,在沙漠上似的寂寞呀!"

这应该是真实的,但在我却未曾感得;我住得久了,"入芝兰之室,久而不闻其香",只以为很是嚷嚷罢了。然而我之所谓嚷嚷,或者也就是他之所谓寂寞罢。

【批注:爱罗先珂说的"寂寞"不仅仅是孤身一人在异国他乡的寂寞,"沙漠"是荒芜的、缺乏生命迹象的,可见这寂寞带着一种压抑的氛围,反映了当时的北京乃至中国,大批仁人志士受到迫害,人们没有言论自由,社会没有公理法制可言的"白色恐怖"。而鲁迅先生却觉得是"嚷嚷",因为鲁迅先生更了解中国当时的社会状况,这"嚷嚷"是反动派的嚣张,是时时掀起却屡屡失败的斗争。两个角度,其实反映了相同的社会环境。】

我可是觉得在北京仿佛没有春和秋。老于北京的人说,地气北转了,这里在先是没有这么和暖。只是我总以为没有春和秋;冬末和夏初衔接起来,夏才去,冬又开始了。

一日就是这冬末夏初的时候,而且是夜间,我偶而得了闲暇,去访问爱罗先珂君。他一向寓在仲密君的家里;这时一家的人都睡了觉了,天下很安静。他独自靠在自己的卧榻上,很高的眉棱在金黄色的长发之间微蹙了,是在想他旧游之地的缅甸,缅甸的夏夜。

"这样的夜间,"他说,"在缅甸是遍地是音乐。房里,草间,树上,都有昆虫吟叫,各种声音,成为合奏,很神奇。其间时时夹着蛇鸣:'嘶嘶!'可是也与虫声相和协……"他沉思了,似乎想要追想起那时的情景来。

我开不得口。这样奇妙的音乐,我在北京确乎未曾听到过,所以即使如何爱国,也辩护不得,因为他虽然目无所见,耳朵是没有聋的。

"北京却连蛙鸣也没有……"他又叹息说。

"蛙鸣是有的!"这叹息,却使我勇猛起来了,于是抗议说,"到夏天,大雨之后,你便能听到许多虾蟆叫,那是都在沟里面的,因为北京到处都有沟。"

"哦……"

过了几天,我的话居然证实了,因为爱罗先珂君已经买到了十几个科斗子。他买来便放在他窗外的院子中央的小池里。那池的长有三尺,宽有二尺,是仲密所掘,以种荷花的荷池。从这荷池里,虽然从来没有见过养出半朵荷花来,然而养虾蟆却实在是一个极合式的处所。

科斗成群结队的在水里面游泳；爱罗先珂君也常常踱来访他们。有时候，孩子告诉他说，“爱罗先珂先生，他们生了脚了。”他便高兴的微笑道，“哦！”

然而养成池沼的音乐家却只是爱罗先珂君的一件事。他是向来主张自食其力的，常说女人可以畜牧，男人就应该种田。所以遇到很熟的友人，他便要劝诱他就在院子里种白菜；也屡次对仲密夫人劝告，劝伊养蜂，养鸡，养猪，养牛，养骆驼。后来仲密家果然有了许多小鸡，满院飞跑，啄完了铺地锦的嫩叶，大约也许就是这劝告的结果了。

从此卖小鸡的乡下人也时常来，来一回便买几只，因为小鸡是容易积食，发痧，很难得长寿的；而且有一匹还成了爱罗先珂君在北京所作唯一的小说《小鸡的悲剧》里的主人公。有一天的上午，那乡下人竟意外的带了小鸭来了，咻咻的叫着；但是仲密夫人说不要。爱罗先珂君也跑出来，他们就放一个在他两手里，而小鸭便在他两手里咻咻的叫。他以为这也很可爱，于是又不能不买了，一共买了四个，每个八十文。

小鸭也诚然是可爱，遍身松花黄，放在地上，便蹒跚的走，互相招呼，总是在一处。大家都说好，明天去买泥鳅来喂他们罢。爱罗先珂君说，“这钱也可以归我出的。”

他于是教书去了；大家也走散。不一会，仲密夫人拿冷饭来喂他们时，在远处已听得泼水的声音，跑到一看，原来那四个小鸭都在荷池里洗澡了，而且还翻筋斗，吃东西呢。等到拦他们上了岸，全池已经是浑水，过了半天，澄清了，只见泥里露出几条细藕来；而且再也寻不出一个已经生了脚的科斗了。

“伊和希珂先，没有了，虾蟆的儿子。”傍晚时候，孩子们一见他回来，最小的一个便赶紧说。

“唔，虾蟆？”

仲密夫人也出来了，报告了小鸭吃完科斗的故事。

“唉，唉！……”他说。

待到小鸭褪了黄毛，爱罗先珂君却忽而渴念着他的“俄罗斯母亲”了，便匆匆的向赤塔去。

【批注：这篇文章是作者对于“大爱”的反思。鸭的喜剧是“科斗”（现在写作“蝌蚪”）的悲剧，爱罗先珂的博爱却造成了“科斗”被吃的后果。鲁迅先生通过这一事例揭示了弱肉强食的自然规律，当时正是达尔文的进化论风靡全球的时候，而随自然进化论一同出现的“社会进化论”也深刻地影响了一批进步知识分子。鲁迅先生反对爱罗先珂式的“博爱”，点明了人间不可能无所不爱的道理。只有反抗强暴，才能保护弱小。】

待到四处蛙鸣的时候，小鸭也已经长成，两个白的，两个花的，而且不复咻咻的叫，都是“鸭鸭”的叫了。荷花池也早已容不下他们盘桓了，幸而仲密的住家的地势是很低的，夏雨一降，院子里满积了水，他们便欣欣然，游水，钻水，拍翅子，“鸭鸭”的叫。

现在又从夏末交了冬初，而爱罗先珂君还是绝无消息，不知道究竟在那里了。

只有四个鸭，却还在沙漠上“鸭鸭”的叫。

(二) 阅读《故乡》(节选)，完成练习。

故乡(节选)

鲁 迅

一日是天气很冷的午后，我吃过午饭，坐着喝茶，觉得外面有人进来了，便回头去看。我看时，不由的非常出惊，慌忙站起身，迎着走去。

这来的便是闰土。虽然我一见便知道是闰土，但又不是我这记忆上的闰土了。他身材增加了一倍；先前的紫色的圆脸，已经变作灰黄，而且加上了很深的皱纹；眼睛也像他父亲一样，周围都肿得通红，这我知道，在海边种地的人，终日吹着海风，大抵是这样的。他头上是一顶破毡帽，身上只一件极薄的棉衣，浑身瑟索着；手里提着一个纸包和一支长烟管，那手也不是我所记得的红活圆实的手，却又粗又笨而且开裂，像是松树皮了。

我这时很兴奋，但不知道怎么说才好，只是说：

“阿！闰土哥，——你来了？……”

我接着便有许多话，想要连珠一般涌出：角鸡，跳鱼儿，贝壳，猹，……但又总觉得被什么挡着似的，单在脑里面回旋，吐不出口外去。

他站住了，脸上现出欢喜和凄凉的神情；动着嘴唇，却没有作声。他的态度终于恭敬起来了，分明的叫道：

“老爷！……”

我似乎打了一个寒噤；我就知道，我们之间已经隔了一层可悲的厚障壁了。我也说不出话。

他回过头去说：“水生，给老爷磕头。”便拖出躲在背后的孩子来，这正是一个廿年前的闰土，只是黄瘦些，颈子上没有银圈罢了。“这是第五个孩子，没有见过世面，躲躲闪闪……”

母亲和宏儿下楼来了，他们大约也听到了声音。

“老太太。信是早收到了。我实在喜欢的了不得，知道老爷回来……”闰土说。

“阿，你怎的这样客气起来。你们先前不是哥弟称呼么？还是照旧：迅哥儿。”母亲高兴的说。

“阿呀，老太太真是……这成什么规矩。那时是孩子，不懂事……”闰土说着，又叫水生上来打拱，那孩子却害羞，紧紧的只贴在他背后。

“他就是水生？第五个？都是生人，怕生也难怪的；还是宏儿和他去走走。”母亲说。

宏儿听得这话，便来招水生，水生却松松爽爽同他一路出去了。母亲叫闰土坐，他迟疑了一回，终于就了坐，将长烟管靠在桌旁，递过纸包来，说：

“冬天没有什么东西了。这一点干青豆倒是自家晒在那里的，请老爷……”

我问问他的景况。他只是摇头。

“非常难。第六个孩子也会帮忙了，却总是吃不够……又不太平……什么地方都要钱，没有规定……收成又坏。种出东西来，挑去卖，总要捐几回钱，折了本；不去卖，又只能烂掉……”

他只是摇头；脸上虽然刻着许多皱纹，却全然不动，仿佛石像一般。他大约只是觉得苦，却又形容不出，沉默了片时，便拿起烟管来默默的吸烟了。

母亲问他，知道他的家里事务忙，明天便得回去；又没有吃过午饭，便叫他自己到厨下炒饭吃去。

他出去了；母亲和我都叹息他的景况：多子，饥荒，苛税，兵，匪，官，绅，都苦得他像一个木偶人了。母亲对我说，凡是不必搬走的东西，尽可以送他，可以听他自己去拣择。

下午，他拣好了几件东西：两条长桌，四个椅子，一副香炉和烛台，一杆抬秤。他又要所有的草灰（我们这里煮饭是烧稻草的，那灰，可以做沙地的肥料），待我们启程的时候，他用船来载去。

夜间，我们又谈些闲天，都是无关紧要的话；第二天早晨，他就领了水生回去了。

又过了九日，是我们启程的日期。闰土早晨便到了，水生没有同来，却只带着一个五岁的女儿管船只。我们终日很忙碌，再没有谈天的工夫。来客也不少，有送行的，有拿东西的，有送行兼拿东西的。待到傍晚我们上船的时候，这老屋里的所有破旧大小粗细东西，已经一扫而空了。

我们的船向前走，两岸的青山在黄昏中，都装成了深黛颜色，连着退向船后梢去。

宏儿和我靠着船窗，同看外面模糊的风景，他忽然问道：

“大伯！我们什么时候回来？”

“回来？你怎么还没有走就想回来了。”

“可是，水生约我到他家玩去咧……”他睁着大的黑眼睛，痴痴的想。

我和母亲也都有些惘然，于是又提起闰土来。母亲说，那豆腐西施的杨二嫂，自从我家收拾行李以来，本是每日必到的，前天伊在灰堆里，掏出十多个碗碟来，议论之后，便定说是闰土埋着的，他可以在运灰的时候，一齐搬回家里去；杨二嫂发见了这件事，自己很以为功，便拿了那狗气杀（这是我们这里养鸡的器具，木盘上面有着栅栏，内盛食料，鸡可以伸进颈子去啄，狗却不能，只能看着气死），飞也似的跑了，亏伊装着这么高底的小脚，竟跑得这样快。

老屋离我愈远了；故乡的山水也都渐渐远离了我，但我却并不感到怎样的留恋。我只觉得我四面有看不见的高墙，将我隔成孤身，使我非常气闷；那西瓜地上的银项圈的小英雄的影像，我本来十分清楚，现在却忽地模糊了，又使我非常的悲哀。

母亲和宏儿都睡着了。

我躺着，听船底潺潺的水声，知道我在走我的路。我想：我竟与闰土隔绝到这地步了，但我们的后辈还是一气，宏儿不是正在想念水生么。我希望他们不再像我，又大家隔膜起来……然而我又不愿意他们因为要一气，都如我的辛苦展转而生活，也不愿意他们都如闰土的辛苦麻木而生活，也不愿意都如别人的辛苦恣睢而生活。他们应该有新的生活，为我们所未经生活过的。

我想到希望，忽然害怕起来了。闰土要香炉和烛台的时候，我还暗地里笑他，以为他总是崇拜偶像，什么时候都不忘却。现在我所谓希望，不也是我自己手制的偶像么？只是他的愿望切近，我的愿望茫远罢了。

我在朦胧中，眼前展开一片海边碧绿的沙地来，上面深蓝的天空中挂着一轮金黄的圆月。我想：希望本是无所谓有，无所谓无的。这正如地上的路；其实地上本没有路，走的人多了，也便成了路。

1. 中年闰土和少年闰土相比，发生了哪些变化？是什么造成了这些变化？

2. 中年闰土对“我”的态度是怎样的？为什么少年时闰土和“我”像兄弟一样，中年时闰土与“我”之间却有了很深的隔阂？

3. 作者在文中两次提到闰土要香炉和烛台，这反映了闰土什么样的心理？作者为什么要设计这个情节？

4. 作者在文中描写宏儿和水生之间的友情有什么用意？